Wilke (Hrsg.)
Fallsammlung
Internationales Steuerrecht

AF752915

Zusätzliche digitale Inhalte für Sie!

Dieses Buch bietet Ihnen mehr als nur eine gedruckte Version! Nutzen Sie die folgenden Möglichkeiten, die Ihnen für dieses Produkt in der NWB Datenbank zur Verfügung stehen.

Online-Version

Sie haben das gedruckte Exemplar Ihres Buches nicht zur Hand oder möchten etwas schnell recherchieren? Dann nutzen Sie die Online-Version Ihres Buches. Diese steht Ihnen nach Eingabe des folgenden Freischaltcodes direkt zur Verfügung.

Schalten Sie sich das Buch inklusive Mehrwert direkt frei.

Scannen Sie den QR-Code **oder** rufen Sie die Seite www.nwb.de auf.
Geben Sie den Freischaltcode ein und folgen Sie dem Anmeldedialog. Fertig!

Ihr Freischaltcode

TGOH-FVJN-HXRF-SEEP-QMVA-G

www.nwb.de

Steuerfachkurs · Training

Fallsammlung Internationales Steuerrecht

Herausgegeben von
Prof. Dr. iur. Kay-Michael Wilke
Vorsitzender Richter am Finanzgericht a. D.

Bearbeitet von

Anke King
Richterin am Finanzgericht

Dr. Heike Niklaus
Richterin am Finanzgericht

Benjamin Wagner
Steuerberater und Fachberater für Internationales Steuerrecht

16., überarbeitete Auflage

nwb AUSBILDUNG

Bildnachweis des Buchumschlags:
George Doyle/Stockbyte via Getty Images

Bearbeiterhinweis:

Niklaus:	Fälle: 1–3, 5, 9–15, 56–59, 65–66, 90–100, 113
Wilke:	Fälle: 4, 6–8, 16–20, 34–55, 60–64, 67–89, 101–112, 114–121, 135–137
King:	Fälle: 21–33
Wagner:	Fälle: 122–134

ISBN 978-3-482-**65916**-4

16., überarbeitete Auflage 2025

Satz: PMGi Agentur für intelligente Medien GmbH, Hamm
Druck: Druckerei Hachenburg PMS GmbH, Hachenburg

Um eine gute Lesbarkeit zu gewährleisten, verwenden wir in Fachtexten in der Regel geschlechtsspezifische Personenbezeichnungen. Selbstverständlich sind damit alle Menschen gleichermaßen gemeint.

VORWORT

Die Zielsetzung dieses kleineren Buches bleibt unverändert: Denjenigen, die sich im Rahmen von Prüfungen – Studenten, Steuerberateranwärter, Interessenten für den Fachberater für internationales Steuerrecht – mit dem internationalen Steuerrecht befassen müssen oder wollen, Hilfestellung durch 137 verschiedene kleinere und größere Fälle im Rahmen des Selbststudiums zu bieten. Dabei haben sich die Autoren in erster Linie von der Rechtsprechung des Bundesfinanzhofes leiten lassen; soweit sich dabei zwischen der Auffassung der Finanzgerichtsbarkeit und der Finanzverwaltung Differenzen ergeben, wurden diese deutlich gemacht.

Nicht verhehlen möchten die Autoren, dass im Rahmen einer Fallsammlung natürlich auch eine Auswahl der Themen getroffen werden muss, und dass daher nicht alle Gebiete abgedeckt werden können und auch nicht in der jeweiligen relevanten Intensität. So ist bewusst auf Fälle zur Funktionsverlagerung wegen des damit verbundenen Umfangs des Sachverhalts verzichtet worden. Ferner sind nur einfachere Fälle zum Problem des in der Praxis häufig komplizierten Bereichs der Verrechnungspreise aufgenommen worden, die in die Problematik einführen sollen.

Gesetzgebung, Verwaltung und Rechtsprechung sind auf dem Stand vom 15. August 2025.

Im Rahmen der 16. Auflage sind viele der bisherigen Fälle überarbeitet bzw. einige gestrichen worden, und eine Reihe von neuen Fällen hinzugekommen, um die Aktualität der Fallsammlung sicherzustellen (Bsp.: Homeoffice, Blockarbeitszeit).

Beim Autorenteam hat es Veränderungen gegeben: Prof. Dr. Weber und Vorsitzende Richterin am Finanzgericht Baden-Württemberg Karl haben sich aus privaten Gründen aus dem Autorenteam verabschiedet; neu hinzugekommen sind Richterin am Finanzgericht Baden-Württemberg Anke King sowie StB und Fachberater für Internationales Steuerrecht Benjamin Wagner.

Bei unserer Leserschaft bedanken wir uns für die Anregungen und Hinweise, die wir auch weiterhin gerne berücksichtigen.

Karlsruhe, im Sommer 2025 — Kay-Michael Wilke

INHALTSVERZEICHNIS

		Seite
Vorwort		V
Literaturverzeichnis		XV
Abkürzungsverzeichnis		XVII
Internet-Verzeichnis		XXIII
Arbeitshinweise		XXV
Kapitel 1:	**Abgabenordnung**	**1**
Fall 1	Wohnsitz natürlicher Personen (§ 8 AO)	1
Fall 2	Mehrfacher Wohnsitz (§ 8 AO)	2
Fall 3	Wohnsitz natürlicher Personen (§ 8 AO) – Standby-Wohnung	4
Fall 4	Mehrere Wohnsitze (§ 8 AO) im In- und Ausland, Lebensmittelpunkt im Ausland	5
Fall 5	Geschäftsleitung (§ 10 AO)	7
Fall 6	Ermittlung der ausländischen Einkünfte, Buchführungspflicht (§§ 140 ff. AO)	10
Fall 7	Gesonderte Feststellung (§ 180 AO)	11
Kapitel 2:	**Einkommensteuer**	**13**
Fall 8	Erweitert unbeschränkte Steuerpflicht (§ 1 Abs. 2 EStG)	13
Fall 9	Fiktive unbeschränkte Steuerpflicht (§ 1 Abs. 3 EStG)	15
Fall 10	Fiktive unbeschränkte Steuerpflicht und Zusammenveranlagung (§ 1a Abs. 1 EStG)	18
Fall 11	Erweitert unbeschränkte Einkommensteuerpflicht und Zusammenveranlagung (§ 1a Abs. 2, § 1 Abs. 3 EStG)	20
Fall 12	Wechselnde Steuerpflicht bei DBA (§ 2 Abs. 7 Satz 3 EStG)	22
Fall 13	Negative ausländische Einkünfte (§ 2a EStG)	25
Fall 14	Progressionsvorbehalt und passive außerordentliche Einkünfte (§§ 32b, 2a EStG)	28
Fall 15	Anrechnung/Abzug bei einem DBA (§ 34c Abs. 6 EStG)	29
Fall 16	Auslandstätigkeitserlass (§ 34c Abs. 5 EStG)	32
Fall 17	Ermittlung der ausländischen Einkünfte (§§ 34c, 34d EStG)	37

		Seite
Fall 18	Ermittlung der ausländischen Einkünfte (§ 4 Abs. 1, § 4 Abs. 3 EStG)	38
Fall 19	Verwertung (§§ 34d, 49 EStG)	40
Fall 20	Verwertung (§§ 34d, 49 EStG)	42
Fall 21	Beschränkte Steuerpflicht (§ 49 EStG)	43
Fall 22	Beschränkte Einkommensteuerpflicht – Einkünfte aus Gewerbebetrieb (§ 49 Abs. 1 Nr. 2 Buchst. a) EStG)	45
Fall 23	Beschränkte Einkommensteuerpflicht – Einkünfte aus Gewerbebetrieb (§ 49 Abs. 1 Nr. 2 Buchst. a) EStG)	46
Fall 24	Beschränkte Einkommensteuerpflicht – Einkünfte aus Gewerbebetrieb (§ 49 Abs. 1 Nr. 2 Buchst. d) EStG)	47
Fall 25	Beschränkte Einkommensteuerpflicht – Einkünfte aus Gewerbebetrieb (§ 49 Abs. 1 Nr. 2 Buchst. e) EStG)	48
Fall 26	Beschränkte Einkommensteuerpflicht – Einkünfte aus Gewerbebetrieb (§ 49 Abs. 1 Nr. 2 Buchst. f) EStG)	49
Fall 27	Beschränkte Einkommensteuerpflicht – Einkünfte aus Gewerbebetrieb (§ 49 Abs. 1 Nr. 2 Buchst. g) EStG)	51
Fall 28	Beschränkte Einkommensteuerpflicht – Einkünfte aus selbständiger Arbeit (§ 49 Abs. 1 Nr. 3 EStG)	52
Fall 29	Beschränkte Einkommensteuerpflicht – Einkünfte aus selbständiger Arbeit (§ 49 Abs. 1 Nr. 3 EStG)	53
Fall 30	Beschränkte Einkommensteuerpflicht – Einkünfte aus nichtselbständiger Arbeit (§ 49 Abs. 1 Nr. 4 EStG)	54
Fall 31	Beschränkte Einkommensteuerpflicht – Einkünfte aus nichtselbständiger Arbeit (§ 49 Abs. 1 Nr. 4 EStG)	55
Fall 32	Beschränkte Einkommensteuerpflicht – Einkünfte aus Kapitalvermögen (§ 49 Abs. 1 Nr. 5 EStG)	56
Fall 33	Beschränkte Einkommensteuerpflicht – Einkünfte aus Vermietung und Verpachtung / Lizenzeinnahmen (§ 49 Abs. 1 Nr. 2 Buchst. f), Nr. 6 EStG)	58
Fall 34	Beschränkte Einkommensteuerpflicht – Rentenbezüge/Versorgungsbezüge (§ 49 Abs. 1 Nr. 7, 10 EStG)	59
Fall 35	Beschränkte Einkommensteuerpflicht – Veranlagung von beschränkt Steuerpflichtigen (§ 50 Abs. 1 Satz 1 EStG)	61
Fall 36	Beschränkte Einkommensteuerpflicht – Veranlagung von beschränkt Steuerpflichtigen (§ 50 Abs. 2 und 3 EStG)	62
Fall 37	Beschränkte Einkommensteuerpflicht – Veranlagung von beschränkt Steuerpflichtigen (§ 50 Abs. 4 EStG)	63

		Seite
Fall 38	Steuerabzug bei beschränkt Steuerpflichtigen (§ 50a EStG)	64
Fall 39	Steuerabzug bei beschränkt Steuerpflichtigen (§ 50a EStG)	65
Kapitel 3:	**Körperschaftsteuergesetz**	**67**
Fall 40	Anrechnung ausländischer Körperschaftsteuer (§ 26 KStG)	67
Fall 41	Freistellung ausländischer Einkünfte mit Progressionsvorbehalt im Körperschaftsteuerrecht (§ 8 KStG, § 32b EStG)	69
Fall 42	Beteiligung an anderen Körperschaften und Personenvereinigungen (§ 8b KStG)	70
Fall 43	Ausländische Körperschaftsteuer bei Verlusten	73
Fall 44	Beschränkte Körperschaftsteuerpflicht (§ 2 Nr. 1 KStG)	76
Fall 45	Beschränkte Körperschaftsteuerpflicht (§ 2 Nr. 1 KStG)	78
Fall 46	Beschränkte Körperschaftsteuerpflicht (§ 2 Nr. 1 KStG)	79
Fall 47	Grenzüberschreitende verdeckte Gewinnausschüttung (§ 8 Abs. 3 Satz 2 KStG)	81
Kapitel 4:	**Erbschaftsteuergesetz**	**83**
Fall 48	Anrechnung ausländischer Erbschaftsteuer (§ 21 ErbStG)	83
Fall 49	Ausländische Immobilien in der Erbschaftsteuer	85
Fall 50	Ausländische Immobilien in der Erbschaftsteuer, Progressionsvorbehalt (§ 19 ErbStG)	87
Kapitel 5:	**OECD-Musterabkommen**	**90**
Fall 51	Persönlicher Geltungsbereich und Personengesellschaften (Art. 1, 3, 4 OECD-MA)	90
Fall 52	Persönlicher Geltungsbereich, Drittstaateneinkünfte, Anrechnung von Steuern (Art. 4, 21 OECD-MA)	91
Fall 53	Geltungsbereich DBA, Dreieckskonstellation (Art. 1, 4 OECD-MA)	93
Fall 54	Doppelansässigkeit natürlicher Personen, Mittelpunkt der Lebensinteressen (Art. 4 Abs. 1 und 2 OECD-MA)	95
Fall 55	Doppelansässigkeit einer anderen als einer natürlichen Person (Art. 4 Abs. 3 OECD-MA)	97
Fall 56	Betriebsstätte (Art. 5 OECD-MA)	99
Fall 57	Betriebsstätte (Art. 5 OECD-MA)	100

		Seite
Fall 58	Betriebsstätte (§ 12 AO)	102
Fall 59	Betriebsstätte (Art. 5 OECD-MA)	104
Fall 60	Betriebsstätte, Verfügungsbefugnis (§ 12 AO, Art. 5 Abs. 1, 2 OECD-MA)	106
Fall 61	Betriebsstätte -Verfügungsbefugnis (§ 12 AO, Art. 5 Abs. 1, 2 OECD-MA)	108
Fall 62	Betriebsstätte – Homeoffice als Betriebsstätte des Arbeitgebers (§ 12 AO, Art. 5 OECD-MA)	110
Fall 63	Betriebsstätte, Schiffe (§ 12 AO, Art. 5 Art. 1, 2 OECD-MA)	111
Fall 64	Montage-Betriebsstätte (§ 12 Nr. 8 AO, Art. 5 Abs. 3 OECD-MA)	113
Fall 65	Betriebsstättenausnahmen (Art. 5 Abs. 4 OECD-MA)	116
Fall 66	Betriebsstättenausnahmen (Art. 5 Abs. 4 OECD-MA)	117
Fall 67	Server als Betriebsstätte (§ 12 AO, Art. 5 Abs. 1, 4 OECD-MA)	119
Fall 68	Vertreterbetriebsstätte (Art. 5 Abs. 5 und 6 OECD-MA)	121
Fall 69	Vertreterbetriebsstätte (Art. 5 Abs. 5 und 6 OECD-MA)	123
Fall 70	Einkünfte aus Vermietung und Verpachtung / unbeweglichem Vermögen (§ 34d Nr. 7 EStG, Art. 6 OECD-MA)	126
Fall 71	Einkünfte aus unbeweglichem Vermögen (Art. 6 OECD-MA)	129
Fall 72	Einkünfte aus unbeweglichem Vermögen (Art. 6, Art. 21 OECD-MA)	131
Fall 73	Einkünfte aus unbeweglichem Vermögen, land- und forstwirtschaftliche Betriebsstätte (§ 12 AO, § 32b Abs. 1 Nr. 3 EStG, Art. 6 OECD-MA)	133
Fall 74	Einkünfte aus unbeweglichem Vermögen (Art. 6 OECD-MA)	134
Fall 75	Unternehmensgewinne, Gründungsaufwendungen (Art. 7 OECD-MA)	136
Fall 76	Unternehmensgewinne, Beteiligung an ausländischen Personengesellschaften (Art. 7 OECD-MA, § 15 EStG)	138
Fall 77	Unternehmensgewinne, Beteiligung an inländischen Personengesellschaft (Art. 7 OECD-MA, § 15 EStG)	139
Fall 78	Unternehmensgewinne, Beteiligung an hybrider ausländischer Gesellschaft (Art. 7, Art. 21 OECD-MA)	141
Fall 79	Nachträgliche Betriebsstätteneinkünfte (Art. 7 Abs. 1 OECD-MA)	142
Fall 80	Dividenden (Art. 10 OECD-MA)	144
Fall 81	Dividenden (Art. 10 OECD-MA)	146
Fall 82	Dividenden, Betriebsstättenvorbehalt, andere Einkünfte (Art. 10 Abs. 4, Art. 21 Abs. 2 OECD-MA)	148
Fall 83	Zinsen (Art. 11 OECD-MA)	150

		Seite
Fall 84	Zinsen (Art. 11 OECD-MA)	151
Fall 85	Lizenzgebühren (Art. 12 OECD-MA)	152
Fall 86	Gewinne aus der Veräußerung von Vermögen (Art. 13 Abs. 1, 2 und 5 OECD-MA)	155
Fall 87	Gewinne aus der Veräußerung von Vermögen, Anteil an Personengesellschaft (Art. 13 Abs. 2 OECD-MA)	157
Fall 88	Selbständige Arbeit (Art. 14 OECD-MA a. F.)	159
Fall 89	Selbständige Arbeit, Tätigkeitsdauer als Ersatz für feste Einrichtung (Art. 14 OECD-MA a. F.)	160
Fall 90	Einkünfte aus unselbständiger Arbeit – Ort der Tätigkeit (Art. 15 Abs. 1 OECD-MA)	161
Fall 91	Einkünfte aus unselbständiger Arbeit – 183-Tage-Frist (Art. 15 Abs. 2 OECD-MA)	163
Fall 92	Einkünfte aus unselbständiger Arbeit – Arbeitsortsprinzip (Art. 15 Abs. 1 Satz 2 OECD-MA)	166
Fall 93	Einkünfte aus unselbständiger Arbeit – Abfindung (Art. 15 Abs. 1 OECD-MA)	167
Fall 94	Einkünfte aus unselbständiger Arbeit – Stock Options (Art. 15 OECD-MA)	170
Fall 95	Einkünfte aus unselbständiger Arbeit – Arbeitgeber (Art. 15 Abs. 2 OECD-MA)	171
Fall 96	Einkünfte aus unselbständiger Arbeit, Ansässigkeit (Art. 15 Abs. 1, Art. 4 OECD-MA)	173
Fall 97	Einkünfte aus unselbständiger Arbeit (Art. 15 Abs. 1, 2 OECD-MA)	174
Fall 98	Einkünfte aus unselbständiger Arbeit – Sozialversicherungsbeiträge (Art. 15 OECD-MA)	176
Fall 99	Einkünfte aus unselbständiger Arbeit – Arbeitnehmerverleih (Art. 15 OECD-MA)	178
Fall 100	Einkünfte aus unselbständiger Arbeit – Grenzgänger (Art. 15a DBA-Schweiz)	179
Fall 101	Einkünfte aus unselbständiger Arbeit, Berufskraftfahrer (Art. 15 OECD-MA)	183
Fall 102	Einkünfte aus unselbständiger Arbeit an Bord von Seeschiffen im internationalen Verkehr (Art. 15 Abs. 3 OECD-MA)	185
Fall 103	Einkünfte aus unselbständiger Arbeit im internationalen Luftverkehr (Art. 15 Abs. 3 OECD-MA)	187
Fall 104	Einkünfte aus unselbständiger Arbeit, Blockmodell, Altersteilzeit, Aufstockungsbetrag (Art. 15 Abs. 1 OECD-MA)	188

Seite

Fall 105 Einkünfte aus unselbständiger Arbeit, Geschäftsführer von Kapitalgesellschaften (Art. 15 OECD-MA) 190
Fall 106 Einkünfte aus unselbständiger Arbeit, Mitarbeiterbeteiligung (Art. 15 OECD-MA) 195
Fall 107 Aufsichtsrats- und Verwaltungsratsvergütungen (Art. 16 OECD-MA) 197
Fall 108 Aufsichtsrats- und Verwaltungsratsvergütungen (Art. 16 OECD-MA) 198
Fall 109 Künstler und Sportler (Art. 17 OECD-MA) 199
Fall 110 Künstler und Sportler (Art. 17 OECD-MA) 201
Fall 111 Künstler und Sportler (Art. 17 OECD-MA) 203
Fall 112 Künstler und Sportler – Schiedsrichter, Trainer (Art. 17 OECD-MA) 205
Fall 113 Ruhegehälter (Art. 18, 21 OECD-MA) 206
Fall 114 Renten, Altersrenten (Art. 18, Art. 21 OECD-MA) 208
Fall 115 Öffentlicher Dienst (Art. 19 OECD-MA), Grenzgänger 211
Fall 116 Öffentlicher Dienst, Pension, Versorgungsbezüge (Art. 19 OECD-MA) 212
Fall 117 Öffentlicher Dienst, Entwicklungshilfeklausel (Art. 19 OECD-MA) 213
Fall 118 Studenten (Art. 20 OECD-MA) 215
Fall 119 Studenten (Art. 20 OECD-MA) 216
Fall 120 Gastdozenten 217
Fall 121 Diskriminierungsverbot (Art. 24 OECD-MA, DBA-USA) 219

Kapitel 6: Außensteuergesetz 221

Fall 122 Berichtigung von Einkünften, Geschäftsbeziehungen, Verrechnungspreise (§ 1 AStG) 221
Fall 123 Berichtigung von Einkünften, Verrechnungspreise, Darlehen/Finanzdienstleistung, Konzernrückhalt (§ 1 AStG) 223
Fall 124 Berichtigung von Einkünften, Verrechnungspreise Lieferungen (§ 1 AStG) 228
Fall 125 Berichtigung von Einkünften, Marke, Logo (§ 1 AStG) 231
Fall 126 Erweitert beschränkte Einkommensteuerpflicht (§ 2 AStG) 233
Fall 127 Vermögenszuwachsbesteuerung (§ 6 AStG) 236
Fall 128 Hinzurechnungsbesteuerung (§§ 7 bis 13 AStG) 239
Fall 129 Hinzurechnungsbesteuerung (§§ 7 bis 13 AStG) 241
Fall 130 Hinzurechnungsbesteuerung (§§ 7 bis 13 AStG) 244

		Seite
Fall 131	Hinzurechnungsbesteuerung (§§ 7 bis 13 AStG)	247
Fall 132	Hinzurechnungsbesteuerung (§§ 7 bis 13 AStG)	248
Fall 133	Hinzurechnungsbesteuerung (§§ 7 bis 13 AStG)	249
Fall 134	AStG und DBA (§ 20 AStG)	251

Kapitel 7: Komplexe Fälle **255**

Fall 135	Komplexer Fall 1	255
Fall 136	Komplexer Fall 2	259
Fall 137	Komplexer Fall 3	262

Stichwortverzeichnis 267

LITERATURVERZEICHNIS

Dräger, Internationales Steuerrecht, 2. Aufl., Stuttgart, 2025,

Egner, Internationale Steuerlehre, 2. Aufl., Heidelberg, 2019

Flick/Wassermeyer/Ditz/Schönfeld, Außensteuerrecht – Kommentar, Loseblatt, Köln

Frotscher/Lampert/Hummel, Internationales Steuerrecht, 6. Aufl., München, 2025

Fuhrmann/Geurts/Nientimp/Wilmanns, Außensteuergesetz – Kommentar, 4. Aufl., Herne, 2023

Gosch/Kroppen/Grotherr, DBA-Kommentar, Loseblatt, Herne

Greil/Hummel, Außensteuergesetz, Düsseldorf 2024

Grotherr/Herfort/Kaminski/Rundshagen/Endert/Gebhardt, Internationales Steuerrecht, 4. Aufl., Achim, 2022

Haase, Internationales und Europäisches Steuerrecht, 7. Aufl., Heidelberg, 2023

Haase, Außensteuergesetz – Doppelbesteuerungsabkommen, 4. Aufl., Heidelberg, 2024

Haase/Hofacker, Klausurenkurs im Internationalen und Europäischen Steuerrecht, 3. Aufl., Heidelberg, 2023

Jacobs, Internationale Unternehmensbesteuerung, 9. Aufl., München, 2023

Korts, Grundzüge im internationalen Steuerrecht, 3. Aufl., Stuttgart, 2022

Kraft, Außensteuergesetz (AStG) – Kommentar, 3. Aufl., München, 2025

Kroppen, Handbuch Internationale Verrechnungspreise, Loseblatt, Köln

Mennel/Förster, Steuern in Europa, Amerika und Asien, Loseblatt, Herne

Mössner (u. a.), Steuerrecht international tätiger Unternehmen, 6. Aufl., Köln, 2023

Musil/Weber-Grellet, Europäisches Steuerrecht, 2. Aufl., München, 2022

Oppel/Martini/Oertel, Internationales Steuerrecht, Düsseldorf, 2025

Rupp/Hüll/Kubik, Internationales Steuerrecht, 6. Aufl., Stuttgart, 2025

Schaumburg/Englisch/Dobratz, Europäisches Steuerrecht, 3. Aufl., Köln, 2024

Schaumburg, Internationales Steuerrecht, 5. Aufl., Köln, 2022

Schönfeld/Ditz, DBA – Kommentar, 3. Aufl., Köln, 2025

Strunk/Kaminski/Köhler, Außensteuergesetz – Doppelbesteuerungsabkommen, Loseblatt, Bonn

Vogel/Lehner, Doppelbesteuerungsabkommen (DBA) der Bundesrepublik Deutschland auf dem Gebiet der Steuern vom Einkommen und Vermögen, 7. Aufl., München, 2021

Vögele/Borstell/van der Harn, Verrechnungspreise, 6. Aufl., München, 2024

Wassermeyer, Doppelbesteuerung: DBA, Loseblatt, München

Wassermeyer/Baumhoff/Ditz, Verrechnungspreise international verbundener Unternehmen, 2. Aufl., Köln, 2022

Wilke, Lehrbuch Internationales Steuerrecht, 17. Aufl., Herne, 2024

ABKÜRZUNGSVERZEICHNIS

A

ABl	Amtsblatt der Europäischen Union
Abs.	Absatz
Abschn.	Abschnitt
AEAO	Anwendungserlass zur AO
AEUV	Konsolidierte Fassung des Vertrags über die Arbeitsweise der Europäischen Union
AktG	Aktiengesetz
AmtshilfeRLUmsG	Amtshilferichtlinie-Umsetzungsgesetz
AO	Abgabenordnung
AOA	Authorised OECD Approach
APA	Advanced Pricing Agreements
Art.	Artikel
AStG	Außensteuergesetz
AStG-AE	Grundsätze zur Anwendung des Außensteuergesetzes
ATAD	Anti Tax Avoidance Directive - Richtlinie (EU) 2016/1164
ATADUmsG	Gesetz zur Umsetzung der Anti-Steuervermeidungsrichtline (ATAD-Umsetzungsgesetz ATADUmsG)
ATE	Auslandstätigkeitserlass

B

BEPS	Base Erosion and Profit Shifting
BewG	Bewertungsgesetz
BFH	Bundesfinanzhof
BFHE	Entscheidungen des BFH
BFH/NV	Sammlung der Entscheidungen des BFH (Zeitschrift)
BGB	Bürgerliches Gesetzbuch
BGBl	Bundesgesetzblatt
BGH	Bundesgerichtshof
BGHZE	Sammlung der Entscheidungen des Bundesgerichtshofs in Zivilsachen
BMF	Bundesministerium der Finanzen
BR-Drs.	Bundesrat-Drucksache
BsGaV	Betriebsstättengewinnaufteilungsverordnung
Bsp.	Beispiel
BS-VwG	Betriebsstätten-Verwaltungsgrundsätze
BStBl	Bundessteuerblatt
BT-Drs.	Bundestag-Drucksache
Buchst.	Buchstabe
BVerfG	Bundesverfassungsgericht
BVerfGE	Entscheidungen des BVerfG
BZSt	Bundeszentralamt für Steuern

C

CRS	Automatic Exchange of Financial Account Information – Common Reporting Standard

D

DB	Der Betrieb (Zeitschrift)
DBA	Abkommen zur Vermeidung der Doppelbesteuerung/ Doppelbesteuerungsabkommen
DBG	(Schweizer) Bundesgesetz über die direkte Besteuerung
DStR	Deutsches Steuerrecht (Zeitschrift)
DStZ/E	Deutsche Steuerzeitung/Eildienst (Zeitschrift)

E

EFG	Entscheidungen der Finanzgerichte (Zeitschrift)
EGV	Vertrag zur Gründung der Europäischen Gemeinschaft
ErbStG	Erbschaft- und Schenkungsteuergesetz
ErbStH	Hinweise zu den Erbschaftsteuer-Richtlinien
ErbStR	Erbschaftsteuer-Richtlinien
EStDV	Einkommensteuer-Durchführungsverordnung
EStG	Einkommensteuergesetz
EStH	Einkommensteuer-Richtlinien, Amtliche Hinweise
EStR	Einkommensteuer-Richtlinien
EU	Europäische Union
EuGH	Europäischer Gerichtshof
EUV	Konsolidierte Fassung des Vertrags über die Europäische Union
EWG	Europäische Wirtschaftsgemeinschaft
EWIV	Europäische Wirtschaftliche Interessenvereinigung
EWR	Europäischer Wirtschaftsraum

F

FA	Finanzamt
FATCA	(US-amerikanischer) Foreign Account Tax Compliance Act
FG	Finanzgericht
FGO	Finanzgerichtsordnung
f./ff.	folgend/fortfolgend
FinBeh	Finanzbehörde
FinMin	Finanzministerium
FKAustG	Finanzkonten-Informationsaustauschgesetz
FVerlV	Funktionsverlagerungsverordnung
FVG	Finanzverwaltungsgesetz

G

GAufzV	Gewinnabgrenzungsaufzeichnungsverordnung
GbR	Gesellschaft bürgerlichen Rechts
GG	Grundgesetz
GmbH	Gesellschaft mit beschränkter Haftung
GmbHG	GmbH-Gesetz

H

H	Hinweis
HGB	Handelsgesetzbuch
HS	Halbsatz

I

IFSC	International Financial Service Centre Dublin
i. d. R.	in der Regel
i. S.	im Sinne
IStR	Internationales Steuerrecht (Zeitschrift)
i. V. m.	in Verbindung mit

J

JStG	Jahressteuergesetz

K

KG	Kommanditgesellschaft
KGaA	Kommanditgesellschaft auf Aktien
KStG	Körperschaftsteuergesetz
KStR	Körperschaftsteuer-Richtlinien
KWG	Kreditwesengesetz

L

LOB	Limitation-on-Benefits-Klausel
LStDV	Lohnsteuer-Durchführungsverordnung
LStR	Lohnsteuer-Richtlinien

M

Mio.	Million
MLI	Multilaterales Instrument
MLIUmsG	Gesetz zu dem Mehrseitigen Übereinkommen vom 24. 11. 2016 zur Umsetzung steuerabkommensbezogener Maßnahmen zur Verhinderung der Gewinnverkürzung und Gewinnverlagerung – Multilaterales Instrument Umsetzungsgesetz (MLIUmsG)
MV	Mecklenburg-Vorpommern
m. w. N.	mit weiteren Nachweisen

N

n.v.	nicht veröffentlicht

O

OECD	Organization for Economic Cooperation and Development
OECD-MA	Musterabkommen zur Vermeidung der Doppelbesteuerung der OECD
OECD-MK	Musterkommentar zum OECD-MA der OECD
OFD	Oberfinanzdirektion
OHG	Offene Handelsgesellschaft

P

PPT	Principal-Purpose-Test

R

Rn.	Randnummer
REIT	Real Estate Investment Trusts
RFH	Reichsfinanzhof
RStBl	Reichssteuerblatt

S

S.	Seite
SE	Societas Europaea (= Europäische Gesellschaft)
SGB	Sozialgesetzbuch
StandOG	Standortsicherungsgesetz
StÄndG	Steueränderungsgesetz
StBereinG	Steuerbereinigungsgesetz
StEd	Steuer-Eildienst (Zeitschrift)
StEK	Steuererlasse in Karteiform
SteuerHBekG	Gesetz zur Bekämpfung der Steuerhinterziehung
SteuerHBekV	Steuerhinterziehungsbekämpfungsverordnung
StGB	Strafgesetzbuch
StHG	(Schweizer) Bundesgesetz über die Harmonisierung der direkten Steuern der Kantone und Gemeinden
StRefG	Steuerreformgesetz
StUmgBG	Gesetz zur Bekämpfung der Steuerumgehung und zur Änderung weiterer steuerlicher Vorschriften (Steuerumgehungsbekämpfungsgesetz)
st. Rspr.	ständige Rechtsprechung
StVergAbG	Steuervergünstigungsabbaugesetz

T

TIEA	Tax Information Exchange Agreement
TNMM	Transactional net margin method
Tz.	Textziffer

U

UmwG	Umwandlungsgesetz
UmwStG	Umwandlungssteuergesetz
UmwStE	Umwandlungssteuererlass 2011

V

vGA	verdeckte Gewinnausschüttung
VG-DBA	(Deutsche) Verhandlungsgrundlage für Doppelbesteuerungsabkommen im Bereich der Steuern vom Einkommen und Vermögen
vgl.	vergleiche
VwG	Verwaltungsgrundsätze für die Prüfung der Einkunftsabgrenzung bei international verbundenen Unternehmen

Z

z. B.	zum Beispiel
ZIV	Zinsinformationsverordnung

INTERNET-VERZEICHNIS

1. Gerichte

Bundesfinanzhof: www.bundesfinanzhof.de

Bundesgerichtshof: www.bundesgerichtshof.de

Bundesverfassungsgericht: www.bundesverfassungsgericht.de

Europäischer Gerichtshof: https://curia.europa.eu

2. Verwaltungen

a) national

Bundeszentralamt für Steuern: www.bzst.de

Bundesfinanzministerium: www.bundesfinanzministerium.de

b) ausländische Finanzverwaltungen (Auswahl)

Frankreich: www.impots.gouv.fr

Großbritannien: https://www.gov.uk/government/organisations/hm-revenue-customs

Irland: www.revenue.ie

Kanada: www.cra-arc.gc.ca

Liechtenstein: www.liechtenstein.li

Niederlande: https://www.belastingdienst.nl

Österreich: www.bmf.gv.at

Schweiz: www.estv.admin.ch

USA: www.irs.gov

3. Sonstige Institutionen

Bundestag: www.bundestag.de

Bundesrat: www.bundesrat.de

Europäische Union: www.europa.eu

Europäisches Parlament: www.europarl.europa.eu

Europarat: www.coe.int

OECD: www.oecd.org

Vereinte Nationen: www.un.org

4. Verkündungsblätter/Rechtssammlungen

Amtsblatt der Europäischen Union (EUR-Lex): http://eur-lex.europa.eu

Bundesgesetzblatt: www.bundesgesetzblatt.de

Bundessteuerblatt: www.bundessteuerblatt.de

Sammlung des deutschen Bundesrechts: www.gesetze-im-internet.de

ARBEITSHINWEISE

Die nachfolgenden Fälle sind grundsätzlich mit dem jeweiligen Gesetzestext (EStG, KStG, AO) nach dem Stand vom 15.8.2025 bzw. dem Text des OECD-MA in der Fassung des Update 2017 zu lösen. Das OECD-MA und der Musterkommentar dazu sind von den Internetseiten der OECD herunterladbar; ferner findet man verschiedene nichtamtliche deutsche Übersetzungen im Internet.

Soweit die Fälle zum Abkommensrecht sich in konkreten DBA-Staaten abspielen, ist zuerst der Fall über die Bestimmungen des OECD-MA zu lösen. In manchen Fällen ergibt sich aber die endgültige Lösung aus dem jeweiligen DBA, das vom OECD-MA abweicht; d. h., in dem jeweiligen Fall wird eine abweichende Besonderheit dargestellt (Beispiel: Dienstleistungsbetriebstätte nach dem DBA-China). Diese Abweichung wird dann ausführlich besprochen. Damit soll dem Leser das Gefühl dafür gegeben werden, dass er – unabhängig von der Lösung nach dem OECD-MA – immer in das konkrete DBA hineinsehen und sich vergewissern muss, ob das DBA dem OECD-MA entspricht oder nicht. Die Texte der Abkommen sowie ergänzender Vereinbarungen können über die Internetseiten des BMF heruntergeladen werden.

Am Ende jeder Lösung finden sich – neben einem Ergebnis in plakativer Form – in der Regel Hinweise auf einschlägige Urteile bzw. Verwaltungsanweisungen, insbesondere in Form von BMF-Schreiben. Diese Hinweise sollen es dem Leser ermöglichen, die Lösungshinweise selbständig zu vertiefen. Die BFH-Urteile können im Regelfall über die Internet-Seiten des BFH heruntergeladen werden; Urteile des EuGH sind unter Angabe des Aktenzeichens auf den Internetseiten des Gerichts einsehbar; die BMF-Schreiben können auf den Internet-Seiten des BMF gefunden werden. Die Rechtsprechung ist auf dem Stand vom Spätsommer 2025.

Kapitel 1: Abgabenordnung

FALL 1

Wohnsitz natürlicher Personen (§ 8 AO)

Sachverhalt

Der frühpensionierte Lehrer L verbringt seinen Lebensabend gemeinsam mit seiner Ehefrau auf einer spanischen Ferieninsel. Die zuvor von ihm und seiner Ehefrau bewohnte Eigentumswohnung in Stuttgart ist nun vermietet. Einmal pro Monat hält er sich für ein Wochenende in Deutschland auf, um an der Volkshochschule Spanisch zu unterrichten. Dann übernachtet er im Haus seiner hochbetagten Eltern in seinem früheren Kinder- und Jugendzimmer und erledigt für seine Eltern schriftliche Angelegenheiten.

Einer seiner Kursteilnehmer, der Studierende S, wirft während einer Kaffeepause die Frage nach einem inländischen Wohnsitz des L auf.

Frage

Hat L einen Wohnsitz in Deutschland inne?

LÖSUNG

Die Frage, ob eine natürliche Person im Inland einen Wohnsitz hat, beurteilt sich nach § 8 AO. Hat eine Person einen Wohnsitz im Inland, so ist sie unbeschränkt einkommensteuerpflichtig gemäß § 1 Abs. 1 EStG. Nach § 8 AO kommt es darauf an, ob die betroffene Person im Inland eine Wohnung unter Umständen innehat, die darauf schließen lassen, dass sie die Wohnung beibehalten und benutzen wird. Der Steuerpflichtige muss über die Wohnung tatsächlich verfügen können. Jeder Steuerpflichtige kann mehrere Wohnungen und mehrere Wohnsitze im Sinne des § 8 AO haben. Diese können im In- und/oder im Ausland gelegen sein.

Nicht genügend ist, dass sich jemand, der dauernd und langfristig mit seiner Familie im Ausland wohnt, nur gelegentlich im Urlaub, zu Besuchszwecken oder zu Verwaltungszwecken in einer Wohnung oder in Räumen aufhält, die ihm nicht zur jederzeitigen Nutzung zur Verfügung gestellt werden. L kann über die ihm von seinen Eltern zur Nutzung überlassenen Räume nicht ohne deren Genehmigung jederzeit verfügen. In einem solchen Fall nutzt er die zur kurzfristigen Nutzung zur Verfügung gestellten Räume nicht als Bleibe und damit nicht als Wohnsitz.

Ergebnis

L hat keinen Wohnsitz in Deutschland inne.

Rechtsprechungshinweise

BFH v. 24.1.2001 - I R 100/99, BFH/NV 2001, 1402

FALL 2

Mehrfacher Wohnsitz (§ 8 AO)

Sachverhalt

Manager M war von 2023 bis einschließlich Mai 2025 im Inland als Geschäftsführer einer ausländischen Firma tätig. Er hatte in dieser Zeit neben seinem (Haupt-)Wohnsitz in der Schweiz im Inland eine Wohnung angemietet. Die Wohnung ließ von ihrer Ausstattung und Größe her die Unterbringung einer weiteren Person zu. Seine Ehefrau F war in der Schweiz als Lehrerin berufstätig. Der gemeinsame Sohn ging dort zur Schule. Die Ehefrau und der Sohn haben die Wohnung im Inland an zwei bis drei Tagen im Monat und während der großen Ferien mitbewohnt.

Das FA lehnt eine Zusammenveranlagung von M und seiner Ehefrau F für 2024 ab. F habe jedenfalls den Mittelpunkt ihrer Lebensinteressen in der Schweiz. Somit gelte sie gemäß Art. 4 Abs. 2 Buchst. a) OECD-MA bzw. Art. 4 Abs. 2 Buchst. a) DBA Schweiz als im Ausland ansässig.

Frage

Kommt für 2024 eine Zusammenveranlagung in Betracht?

LÖSUNG

Gemäß § 26 Abs. 1 Satz 1 Nr. 1 EStG können Ehegatten, die beide unbeschränkt einkommensteuerpflichtig sind, unter weiteren Voraussetzungen die Zusammenveranlagung (§ 26b EStG) wählen. Unbeschränkt einkommensteuerpflichtig sind nach § 1 Abs. 1 Satz 1 EStG natürliche Personen, die im Inland einen Wohnsitz oder ihren gewöhnlichen Aufenthalt haben.

1. Einen Wohnsitz hat jemand gemäß § 8 AO dort, wo er eine Wohnung unter Umständen innehat, die darauf schließen lassen, dass er die Wohnung beibehalten und benutzen wird. Für jede Person (hier für M und F) ist gesondert zu prüfen, ob an einem bestimmten Ort ein Wohnsitz besteht.

   Entscheidend ist zum einen, dass M eine Wohnung im Inland für Zwecke des eigenen Wohnens innehat. Als Mieter stehen ihm in Deutschland Räume zum Wohnen zur jederzeitigen Nutzung zur Verfügung. M hat damit einen Wohnsitz im Inland. Einem solchen steht ein Wohnsitz in der Schweiz nicht entgegen. Ein Steuerpflichtiger kann gleichzeitig mehrere Wohnungen und Wohnsitze haben, die im In- und/oder Ausland belegen sind. Nach § 8 AO reicht für einen Wohnsitz „eine Wohnung" im Inland aus, die beibehalten und benutzt wird. § 8 AO differenziert nicht zwischen „Hauptwohnsitz" und „Nebenwohnsitz".

   Zum anderen muss F einen Wohnsitz im Inland haben. Sie besitzt eine von M abgeleitete jederzeitige Nutzungsmöglichkeit und hat sich auch tatsächlich regelmäßig in der Wohnung aufgehalten. Ein erforderliches hinreichendes Zeitmoment war 2024 gegeben. Auch F kann mehrere Wohnungen und Wohnsitze im In- und/oder Ausland haben.

Es ist nicht erforderlich, dass der Steuerpflichtige sich während einer Mindestzahl von Tagen oder Wochen im Jahr tatsächlich in der Wohnung aufhält. Auch unregelmäßige Aufenthalte in einer Wohnung können zur Begründung und Aufrechterhaltung eines dortigen Wohnsitzes führen.

Entscheidend ist allein, ob objektiv erkennbare Umstände dafürsprechen, dass der Steuerpflichtige die Wohnung für Zwecke des eigenen Wohnens beibehält. Es kommt nicht darauf an, ob der Steuerpflichtige von der Wohnung aus seiner täglichen Arbeit nachgeht. Es ist damit unerheblich, dass F als Lehrerin in der Schweiz arbeitet. Für die Frage eines inländischen Wohnsitzes kommt es auch nicht darauf an, ob Deutschland die im Ausland erzielten Einkünfte besteuern darf. Zunächst ist die persönliche, dann die sachliche Steuerpflicht zu prüfen.

2. Nach dem Wortlaut des § 1 Abs. 1 EStG kommt es auch nicht darauf an, ob der Wohnsitz zugleich den Mittelpunkt der Lebensinteressen der betreffenden Person darstellt. Dementsprechend hat der BFH wiederholt entschieden, dass ein inländischer Wohnsitz auch dann zur unbeschränkten Einkommensteuerpflicht eines Steuerpflichtigen führt, wenn der Mittelpunkt seiner Lebensinteressen sich im Ausland befindet. Es gibt lt. BFH auch keinen „allgemeinen Grundsatz des internationalen Steuerrechts", nach dem jede Person nur von demjenigen Staat als unbeschränkt steuerpflichtig behandelt werden darf, in dem sich der Mittelpunkt ihrer Lebensinteressen befindet. Es ist somit auch nicht entscheidend, ob es sich bei dem gemeinsamen Wohnsitz (hier von M und F) im Ausland um den „Familienwohnsitz" handelt.

3. Die Frage der unbeschränkten Steuerpflicht im Inland ist zu trennen von der Frage, wo eine Person im Sinne eines DBA als ansässig gilt. Der doppelbesteuerungsrechtliche Begriff der Ansässigkeit ist allein auf die Anwendung des jeweiligen Abkommens beschränkt. Die Begriffe Wohnsitz und gewöhnlicher Aufenthalt in Art. 4 OECD-MA/ Art. 4 DBA-Schweiz haben nur die Bedeutung von Merkmalen, nach denen sich die Verteilung einzelner Steuergüter auf die beiden Vertragsstaaten bestimmt. Im Übrigen verändert Art. 4 OECD-MA/Art. 4 Abs. 2 Buchst. a) DBA Schweiz die Vorschriften des innerstaatlichen Rechts über Art und Höhe der Besteuerung nicht, lässt also auch die innerstaatlichen Vorschriften, die eine unbeschränkte Steuerpflicht begründen, unberührt.

Ergebnis

Für 2024 kommt eine Zusammenveranlagung in Betracht. M und F sind unbeschränkt einkommensteuerpflichtig gemäß § 1 Abs. 1 EStG.

Rechtsprechungshinweise

BFH v. 14.4.2021 - X R 17/19, BFH/NV 2021, 1494; BFH v. 23.10.2018 - I R 74/16, BFH/NV 2019, 388; BFH v. 7.4.2011 - III R 77/09, BFH/NV 2011, 1351; BFH v. 22.8.2007 - III R 89/06, BFH/NV 2008, 351; BFH v. 7.3.2007- I R 17/06, BFH/NV 2007, 1638 m. w. N.; BFH v. 28.1.2004 - I R 56/02, BFH/NV 2004, 917

FALL 3

Wohnsitz natürlicher Personen (§ 8 AO) – Standby-Wohnung

Sachverhalt

Pilot P hat seinen Hauptwohnsitz im Ausland und ist bei einer Fluggesellschaft mit Einsatzflughafen Stuttgart unbefristet angestellt. Aufgrund innerbetrieblicher Regelungen war P für die Dauer von sechs Monaten verpflichtet, in der Nähe des Flughafens eine Unterkunft zu unterhalten, von der er seinen Flugdienst kurzfristig nach einer entsprechenden Benachrichtigung antreten konnte. Um dieser Verpflichtung zu genügen, vereinbarte er mit acht anderen Piloten, eine Wohnung zur wechselseitigen Nutzung anzumieten.

Der ebenfalls im Ausland wohnhafte Pilot M schloss sodann als Hauptmieter einen Mietvertrag über eine in Stuttgart gelegene Wohnung ab. Im Mietvertrag wurde die Zahl der Nutzer auf höchstens vier Personen gleichzeitig festgelegt. Nach den dienstlichen Gegebenheiten konnten auch nie mehr als maximal vier Personen zeitgleich anwesend sein.

M vereinbarte mit P und den anderen Piloten, dass nur drei Nutzer gleichzeitig auf die am Flughafen Stuttgart im Postfach des M hinterlegten Wohnungsschlüssel zugreifen können. Waren die drei verfügbaren Schlüssel vergriffen, mussten die weiteren Interessenten mit einer anderen Übernachtungsmöglichkeit, z. B. in einem Hotel, Vorlieb nehmen.

Frage

Hat P einen Wohnsitz in Deutschland inne?

LÖSUNG

Die Frage, ob eine natürliche Person im Inland einen Wohnsitz hat, beurteilt sich nach § 8 AO. Danach kommt es darauf an, ob die betroffene Person im Inland eine Wohnung unter Umständen innehat, die darauf schließen lassen, dass sie die Wohnung beibehalten und benutzen wird. Es ist für jede Person mit der Möglichkeit der Mitnutzung gesondert zu prüfen, „ob an einem bestimmten Ort ein Wohnsitz besteht oder nicht".

Der Begriff des Wohnsitzes setzt voraus, dass der Steuerpflichtige die Wohnung innehat. Danach muss die Wohnung in objektiver Hinsicht dem Steuerpflichtigen jederzeit (wann immer er es wünscht) als Bleibe zur Verfügung stehen und zudem in subjektiver Hinsicht von ihm zu einer entsprechenden Nutzung, d. h. für einen jederzeitigen Wohnaufenthalt, bestimmt sein. In dieser zur objektiven Eignung hinzutretenden subjektiven Bestimmung liegt der Unterschied zwischen dem bloßen Aufenthaltnehmen in einer Wohnung und dem Wohnsitz. Diese Anforderungen gelten gleichermaßen auch für im Inland belegene sog. Standby-Wohnungen, die beispielsweise von Piloten zusammen mit anderen Berufsangehörigen für die Ausübung ihrer nichtselbständigen Tätigkeit genutzt werden. Auf eine Mindestzahl von Nutzungstagen kommt es nicht an. P kann mehrere Wohnungen haben. Maßgebend für eine Wohnung sind Räume, die zum Wohnen geeignet sind. Eine bescheidene Bleibe reicht aus. Eine Mindestgröße ist nicht erforderlich. Auf den Lebensmittelpunkt kommt es nicht an. Daher kann die Mitnutzung einer Wohnung ausreichen.

P hat die Wohnung jedoch nicht innegehabt, weil nach der unter den neun Nutzern (Piloten) getroffenen Vereinbarung nur jeweils bis zu vier Piloten gleichzeitig in der Wohnung übernachten durften und diese Nutzungsbeschränkung durch die Vergabe der zentral deponierten Wohnungsschlüssel gesichert war.

Kein anderes Ergebnis folgt aus dem Umstand, dass nach der Dienstplangestaltung nie mehr als maximal vier Personen zeitgleich anwesend sein konnten. Es kommt insoweit nicht auf die tatsächliche Nutzung der Wohnung, sondern darauf an, ob P jederzeit auf die Wohnung zum Zwecke der Wohnnutzung zugreifen konnte und ob er das Objekt für eine solche (jederzeitige) Nutzung bestimmt hat. Letzteres ist ungeachtet dessen zu verneinen, ob und mit welcher Wahrscheinlichkeit P in den Zeiten seiner dienstlich veranlassten Anwesenheit in Stuttgart mit einer Überbelegung der Wohnung rechnen musste.

P hatte auch keinen gewöhnlichen Aufenthalt im Sinne des § 9 AO in Deutschland inne, da kein mehr als sechs Monate dauernder Aufenthalt im Inland geplant war.

Eine andere Frage ist, ob P im Inland beschränkt steuerpflichtig nach § 1 Abs. 4 i. V. m. § 49 Abs. 1 Nr. 4 Buchst. e EStG oder Grenzgänger ist (vgl. BFH v. 1.8.2024 - VI R 32/21, BStBl 2025 II 182).

Ergebnis

P hatte im Inland keinen Wohnsitz inne. P ist ohne einen Wohnsitz oder gewöhnlichen Aufenthalt im Inland nicht unbeschränkt einkommensteuerpflichtig gemäß § 1 Abs. 1 EStG.

Rechtsprechungshinweise

BFH v. 24.7.2018 - I R 58/16, BFH/NV 2019, 104; BFH v. 13.11.2013 - I R 38/13, BFH/NV 2014, 1046; BFH 10.4.2013 - I R 50/12, BFH/NV 2013, 1909

FALL 4

Mehrere Wohnsitze (§ 8 AO) im In- und Ausland, Lebensmittelpunkt im Ausland

Sachverhalt

Andreas Alassi (AA), italienischer Staatsbürger, verheiratet, 2 minderjährige Kinder, hat seinen Familien-Wohnsitz in La Spezia/Italien, und ist von Beruf Vertriebsbeauftragter der X-AG, Rom, welche Spezialteile für Getriebemotoren herstellt. Wegen seiner häufigen Tätigkeit in Deutschland hat er eine 2-Zimmer-Wohnung in Stuttgart/Deutschland angemietet. Er hält sich durchschnittlich 55 Tage in Deutschland auf; dabei nutzt er die angemietete Wohnung; die restlichen Arbeitstage ist AA in Italien sowie auf Dienstreisen nach Spanien, Frankreich und Großbritannien tätig.

Abwandlung

AA hat seinen Familienwohnsitz in San Marino.

Hinweis

San Marino ist ein selbständiger Staat – kein EU- bzw. EWR-Mitgliedstaat; Deutschland hat mit San Marino nur ein Abkommen über die Unterstützung in Steuer- und Steuerstrafsachen durch Informationsaustausch (BGBl 2011 II 908).

Frage

Das FA in Stuttgart möchte AA der deutschen unbeschränkten Einkommensteuerpflicht unterwerfen und das Welteinkommen von AA besteuern – zulässig?

LÖSUNG

Nach § 1 Abs. 1 Satz 1 EStG sind natürliche Personen, die im Inland einen Wohnsitz oder ihren gewöhnlichen Aufenthalt haben, unbeschränkt einkommensteuerpflichtig. Die unbeschränkte Einkommensteuerpflicht erfasst nach § 2 Abs. 1 Satz 1 EStG die dort aufgeführten Einkünfte; dies gilt unabhängig davon, ob die Tätigkeiten im In- oder Ausland ausgeübt werden. Die unbeschränkte Steuerpflicht erstreckt sich nach § 2 Abs. 1 EStG grundsätzlich auch auf ausländische Einkünfte i. S. des § 34d EStG.

Die Frage, ob eine natürliche Person im Inland einen Wohnsitz hat, beurteilt sich nach § 8 AO. Dies ist im vorliegenden Sachverhalt zu bejahen.

Nach herrschender BFH-Rechtsprechung kann ein Steuerpflichtiger gleichzeitig mehrere Wohnsitze i. S. des § 8 AO innehaben. Diese können im In- und/oder Ausland belegen sein. § 8 AO geht erkennbar von der Gleichwertigkeit aller Wohnsitze einer Person aus, da die Vorschrift ohne weitere Unterscheidung nur das Vorliegen „eines" Wohnsitzes verlangt. Vor diesem Hintergrund verbietet sich die Annahme, dass nur ein „qualifizierter" Wohnsitz zur unbeschränkten Einkommensteuerpflicht führt. Entscheidend ist allein, ob objektiv erkennbare Umstände dafürsprechen, dass der Steuerpflichtige die Wohnung für Zwecke des eigenen Wohnens beibehält. In diesem Zusammenhang kommt es nicht auf einen Vergleich der Wohnung mit einer anderen nach Größe und Ausstattung an.

Es gibt auch keinen allgemeinen Grundsatz des internationalen Steuerrechts, nach dem jede Person nur von demjenigen Staat als unbeschränkt steuerpflichtig behandelt werden darf, in dem sich der Mittelpunkt ihrer Lebensinteressen befindet. Insoweit ist die Frage, ob unbeschränkte Steuerpflicht im Inland besteht, von derjenigen streng zu trennen, wo eine Person im Sinne eines DBA als ansässig gilt.

Für die Frage der unbeschränkten Steuerpflicht einer Person im Inland kommt es danach nicht darauf an, ob diese Person im Sinne eines DBA als im Inland ansässig gilt, sondern allein, ob sie einen Wohnsitz im Inland besitzt. Erst in einem zweiten Schritt ist dann zu prüfen, ob die unbeschränkte Steuerpflicht durch die Normen eines DBA beschränkt werden.

Ergebnis

Das FA hat beim Vorliegen eines Wohnsitzes im Inland grundsätzlich von einer unbeschränkten Einkommensteuerpflicht und dem Grundsatz der Besteuerung des Welteinkommens auszugehen. Erst in einem zweiten Schritt ist dann zu prüfen, ob ein DBA das Besteuerungsrecht Deutschlands beschränkt. Angesichts des Lebensmittelpunkts in Italien gilt, dass AA für die Anwendung des DBA als in Italien ansässig anzusehen ist (Art. 4 Abs. 2 Buchst. a) DBA-IT) mit der Folge, dass das deutsche Besteuerungsrecht eingeschränkt wird.

Abwandlung

Auch in dieser Fallvariante hat das FA in Stuttgart von einer unbeschränkten Einkommensteuerpflicht von AA in Deutschland auszugehen. Mangels eines DBA besteht das deutsche Besteuerungsrecht uneingeschränkt. Eine Doppelbesteuerung wird in Deutschland lediglich durch Anrechnung nach § 34c EStG der im Ausland entrichteten Einkommensteuer auf die dort erzielten Einkünfte (§ 34d EStG) gemindert; der Lebensmittelpunkt in San Marino spielt für die Besteuerung keine Rolle mit der Konsequenz, dass AA einer doppelten unbeschränkten Einkommensteuerpflicht unterliegt.

Rechtsprechungshinweise

BFH v. 23.10.2018 - I R 74/16, BFH/NV 2019, 388; BFH v. 24.7.2018 - I R 58/16, BFH/NV 2019, 104; BFH v. 28.1.2004 - I R 56/02, BFH/NV 2004, 917; BFH v. 19.3.2002 - I R 15/01, BFH/NV 2002, 1411; BFH v. 24.1.2001 - I R 100/99, BFH/NV 2001, 1402

Verwaltungsanweisungen

AEAO vor § 8, 9 AO; AEAO zu § 8 AO

FALL 5

Geschäftsleitung (§ 10 AO)

Sachverhalt

Die nach schweizerischem Recht gegründete Zuliefer-GmbH (Z) mit Sitz in Bern (Schweiz) hat ihrem kaufmännischen Geschäftsführer K ein Büro für die Wahrnehmung seiner kaufmännischen Aufgaben in dessen Wohnung in Stuttgart zur Verfügung gestellt. Dort werden ein Großteil der Geschäftsunterlagen aufbewahrt, die Korrespondenz geführt und sonstige Kontorarbeiten erledigt. Daneben verfügt K über ein Büro in Bern, wo er sich in der Regel zwei Tage in der Woche aufhält. Am Sitz des Unternehmens in Bern arbeiten grundsätzlich der Gesellschafter und technische Geschäftsführer T.

Frage

Ist die Z im Inland körperschaftsteuerpflichtig?

Abwandlung

Der im Libanon wohnhafte L gründete in Berlin die vermögensverwaltende V-GmbH & Co-KG, die Auslandsimmobilien vermietet. Er ist sowohl einziger Gesellschafter von deren, zur Geschäftsführung berufenen, Komplementär-GmbH als auch einziger Kommanditist. Als Geschäftsführer der Komplementär-GmbH engagierte L den in Stettin/Polen bei dessen Familie wohnhaften P, dem er einen Heimarbeitsplatz eingerichtet hat. P erledigt von Stettin aus die Buchführung, fertigt Steuererklärungen und kümmert sich online um laufende Geschäftsvorfälle. Geschäfte und Rechtshandlungen, die über den gewöhnlichen Geschäftsbetrieb der V-GmbH & Co-KG hinausgehen (z. B. Kauf/Verkauf von Immobilien), darf P nur mit vorheriger Einwilligung des L vornehmen.

Frage

Ist L im Inland steuerpflichtig?

LÖSUNG

Unbeschränkt körperschaftsteuerpflichtig ist die Z, wenn sie ihre Geschäftsleitung (§ 10 AO) oder ihren Sitz (§ 11 AO) im Inland hat, § 1 Abs. 1 Nr. 1 KStG.

Die nach ausländischem Recht gegründete Z, eine GmbH, ist nach dem sog. „Typenvergleich" eine Kapitalgesellschaft i. S. des § 1 Abs. 1 Nr. 1 KStG.

Gemäß § 10 AO ist die Geschäftsleitung der Mittelpunkt der geschäftlichen Oberleitung. Dieser befindet sich dort, wo der für die Geschäftsführung maßgebliche Wille gebildet wird. Entscheidend ist, wo nach den tatsächlichen Verhältnissen des Einzelfalles dauernd die für die Geschäftsführung nötigen Maßnahmen von einiger Wichtigkeit angeordnet werden. Regelmäßig ist das der Ort, an dem die zur Vertretung befugten Personen die ihnen obliegende laufende Geschäftsführertätigkeit entfalten, d. h. an dem sie die tatsächlichen und rechtsgeschäftlichen Handlungen vornehmen, die der gewöhnliche Betrieb der Gesellschaft mit sich bringt (sog. Tagesgeschäfte). Der Begriff der Geschäftsleitung entspricht im Wesentlichen dem Begriff des tatsächlichen Verwaltungssitzes.

Für die Beurteilung sind Art und Umfang, Struktur und Eigenart des Unternehmens zu berücksichtigen. Bei einer Gesellschaft befindet sich der Mittelpunkt der geschäftlichen Oberleitung regelmäßig an dem Ort, an dem die zur Vertretung der Gesellschaft befugte Person die ihr obliegende, geschäftsführende Tätigkeit entfaltet. Dies ist bei einer Kapitalgesellschaft im Allgemeinen der Ort, wo sich das Büro ihres Geschäftsführers/Vorstands befindet. Bei einer Aufteilung in kaufmännische und technische Leitung kommt es nicht auf die oberste (technische) Betriebsleitung an, sondern darauf, wo sich das kaufmännische Büro, notfalls auch der Wohnsitz des leitenden Geschäftsführers befindet.

Bei einer an mehreren Orten tätigen Geschäftsführung ist der Mittelpunkt der geschäftlichen Oberleitung dort, wo sich die nach dem Gesamtbild der Verhältnisse in organisatorischer und wirtschaftlicher Hinsicht bedeutungsvollste Stelle befindet. Die an diversen Orten ausgeübten Tätigkeiten sind nach ihrer Bedeutung für die Kapitalgesellschaft zu gewichten, um auf diese Weise den Ort der Geschäftsleitung zu bestimmen (so BFH v. 23.3.2022 - III R 35/20, BStBl 2022 II 844).

Der kaufmännische Geschäftsführer K führt die Tagesgeschäfte zum überwiegenden Teil (mindestens drei Tage die Woche) von seiner Wohnung in Stuttgart aus, wo auch ein Großteil der Geschäftsunterlagen aufbewahrt werden. Somit befindet sich der Mittelpunkt der geschäftlichen Oberleitung im Inland. Die Geschäftsleitung i. S. des § 10 AO ist im Inland. Der Sitz der Gesellschaft in Bern steht nicht entgegen. Gewinne eines Unternehmens können am Ort der Betriebsstätte besteuert werden. Eine „Betriebsstätte" ist eine feste Geschäftseinrichtung, in der die Tätigkeit des Unternehmens ganz oder teilweise ausgeübt wird. Umfasst ist der Ort der Leitung (vgl. Art. 7 i. V. m. Art. 5 Abs. 1, Abs. 2 Buchst. a DBA-Schweiz).

Ergebnis

Z ist im Inland unbeschränkt körperschaftsteuerpflichtig.

Abwandlung

Gefragt ist nach der Steuerpflicht des L als Gesellschafter einer Personengesellschaft. L hat im Inland weder einen Wohnsitz noch einen gewöhnlichen Aufenthalt. Er ist nicht nach § 1 Abs. 1 EStG unbeschränkt einkommensteuerpflichtig.

Zu prüfen ist, ob L nach §§ 1 Abs. 4, 49 Abs. 1 Nr. 2 Buchst. a), 15 Abs. 3 Nr. 1 EStG beschränkt einkommensteuerpflichtig ist.

Die V-GmbH & Co. KG ist eine Personengesellschaft. § 15 Abs. 3 Nr. 1 EStG i. V. m. § 15 Abs. 1 Satz 1 Nr. 1 oder Nr. 2 EStG i. V. m. § 15 Abs. 2 EStG ist zu prüfen. Einkünfte aus Gewerbebetrieb sind gegenüber einer privaten Vermögensverwaltung abzugrenzen (EStR 15.7). Die Vermietung von Immobilien ist Vermögensverwaltung. Unbewegliches Vermögen wird vermietet (§ 14 Satz 3 AO). Liegt eine Vermögensverwaltung vor, schließt dies gewerbliche Einkünfte aus. Einkünfte gemäß § 15 Abs. 3 Nr. 1 EStG liegen nicht vor. L kann nach §§ 1 Abs. 4, 49 Abs. 1 Nr. 2 Buchst. a), 15 Abs. 3 Nr. 2 Satz 1 EStG beschränkt steuerpflichtig sein, wenn ausschließlich Kapitalgesellschaften persönlich haftende Gesellschafter sind und nur diese oder Personen, die nicht Gesellschafter sind, zur Geschäftsführung befugt sind (gewerblich geprägte Personengesellschaft). Die Komplementär-GmbH ist die persönlich haftende Gesellschaft. Sie ist zur Geschäftsführung befugt. Ihr Geschäftsführer P ist kein Gesellschafter. § 15 Abs. 3 Nr. 2 Satz 1 EStG kommt zur Anwendung.

§ 49 Abs. 1 Nr. 2 Buchst. a) EStG erfordert, dass im Inland eine Betriebsstätte unterhalten wird oder ein ständiger Vertreter bestellt ist. Nach § 12 Satz 1 AO ist eine Betriebsstätte jede feste Geschäftseinrichtung oder Anlage, die der Tätigkeit eines Unternehmens dient. Als Betriebstätte ist nach der beispielhaften Aufzählung in Satz 2 des § 12 AO insbesondere die Stätte der Geschäftsleitung (Nr. 1) anzusehen. Für Personengesellschaften bedeutet dies, dass sich der Mittelpunkt der Geschäftsleitung (§ 10 AO) regelmäßig dort befindet, wo die zur Vertretung befugten Personen die ihnen obliegende Geschäftsführertätigkeit entfalten. Für die zur Geschäftsführung berufene Komplementär-GmbH einer KG ist deshalb entscheidend, an welchem Ort die für die GmbH handelnde Geschäftsführung die Geschäfte, die der gewöhnliche Betrieb des Handelsgewerbes mit sich bringt, tatsächlich wahrnimmt. Mit den Tagesgeschäften sind diejenigen Geschäfte gemeint, die in die alleinige Zuständigkeit des Komplementärs fallen und keines Gesellschafterbeschlusses bedürfen. Ist der Komplementär verpflichtet, zu bestimmten Geschäften (im Sinne der „über den gewöhnlichen Betrieb des Handelsgewerbes hinausgehenden" Handlungen i. S. des § 164 HGB) die Beschlussfassung des Kommanditisten einzuholen, so ist ein derartiger Vorbehalt nicht geeignet, den mehr durch das Tagesgeschäft als durch die gesellschaftsrechtlichen Kontroll- oder Weisungsbefugnisse bestimmten Mittelpunkt der geschäftlichen Oberleitung vom geschäftsführenden Komplementär auf die Kommanditisten zu verlagern.

Die Tagesgeschäfte der zur Geschäftsführung der V-GmbH & Co KG berufenen Komplementär-GmbH nimmt P an dessen Heimarbeitsplatz in Polen wahr. Ist keine andere feste Geschäftseinrichtung vorhanden, so ist regelmäßig die Wohnung des Geschäftsleiters als Geschäftsleitungsbetriebstätte anzusehen, wenn dort die geschäftliche Planung vorgenommen wird. P übt Leitungsfunktionen aus. In solch einem Fall kann auch das „Home-Office" eine Betriebsstätte sein (vgl. BFH v. 16.12.1998 - I R 138/97, BStBl 1999 II 437; AEAO zu § 10 Ziff. 4; AEAO zu § 12 Ziff. 4 Satz 5). Somit befindet sich die Stätte der Geschäftsleitung gemäß § 10 AO nicht im Inland, so dass durch sie keine Betriebstätte im Sinne des § 12 Satz 2 Nr. 1 AO der V-GmbH & Co KG im Inland unterhalten wird. § 49 Abs. 1 Nr. 2 Buchst. a) EStG ist für L also nicht einschlägig.

L besorgt nicht die Geschäfte der V-GmbH & Co. KG und ist daher kein ständiger Vertreter gemäß § 13 AO.

Ergebnis

L ist im Inland weder unbeschränkt noch beschränkt einkommensteuerpflichtig.

Rechtsprechungshinweise

BFH v. 23.3.2022 - III R 35/20, BStBl 2022 II, 844; BFH v. 23.10.2018 - I R 54/16, BStBl 2019 II 365; BFH v. 20.12.2017 - I R 98/15, BFH/NV 2018, 497; BFH v. 29.11.2017 - I R 58/15, BFH/NV 2018, 684; BFH v. 5.11.2014 - IV R 30/11, BStBl 2015 II 601; BFH v. 3.4.2008 - I B 77/07, BFH/NV 2008, 1445 m. w. N.; BFH v. 23.6.1992 IX R 182/87, BStBl 1992 II 972

FALL 6

Ermittlung der ausländischen Einkünfte, Buchführungspflicht (§§ 140 ff. AO)

Sachverhalt

Die Fides AG mit Sitz in Vaduz/Fürstentum Liechtenstein, ist eine Immobiliengesellschaft, die weltweit Immobilien erwirbt und verwaltet. In München/Deutschland gehört ihr das Bürogebäude Grünwalder Landstraße 328, welches in vollem Umfang an die Fiducianera Versicherung GmbH vermietet ist; die Fides AG unterhält in Deutschland weder eine Betriebsstätte noch hat sie einen ständigen Vertreter. Zwischen dem Finanzamt und der Fides AG besteht Streit über die Frage, auf welche Weise die Einkünfte aus V + V zu ermitteln sind, nach § 4 Abs. 1 EStG oder § 4 Abs. 3 EStG.

Frage

Wie sind die inländischen Einkünfte einer beschränkt steuerpflichtigen Körperschaft zu ermitteln?

Hinweis

Die liechtensteinische AG ist nach Art. 1045 ff. des Personen- und Gesellschaftsrechts (PGR) vom 20.1.1926 zur Buchführung in Liechtenstein verpflichtet.

LÖSUNG

Da die AG – unstreitig ein Steuersubjekt i. S. des § 1 Abs. 1 KStG – im Inland weder über einen Sitz, Geschäftsleitung einer Betriebsstätte noch für sie ein inländischer Vertreter bestellt ist, ist sie lediglich mit ihren inländischen Einkünften beschränkt körperschaftsteuerpflichtig (§ 2 Abs. 1 KStG). Aus der Vermietung des Grundstücks in München erzielt die AG nach § 49 Abs. 1 Nr. 2 Buchst. f) EStG i. V. m. § 8 Abs. 1 Satz 1 KStG beschränkt steuerpflichtige gewerbliche Einkünfte.

Fraglich ist, ob die AG zur Buchführungspflicht nach § 141 Abs. 1 Nr. 4 AO durch das FA gemäß § 141 Abs. 2 Satz 1 AO aufzufordern ist oder ob sich die Buchungsführungspflicht bereits aus

§ 140 AO i. V. m. den Bestimmungen des liechtensteinischem PGR ergibt. Diese Streitfrage hat der BFH abschließend in seinem Urteil vom 14.11.2018 - I R 81/16, BStBl 2019 II 390, entschieden: Der Leitsatz dieses Urteils lautet: „Andere Gesetze" i. S. des § 140 AO können auch ausländische Rechtsnormen sein. Eine in Deutschland beschränkt körperschaftsteuerpflichtige Aktiengesellschaft liechtensteinischen Rechts ist daher im Inland nach § 140 AO i. V. m. ihrer Buchführungspflicht aus liechtensteinischem Recht buchführungspflichtig.

Ergebnis

Die inländischen Einkünfte sind durch Bilanzierung gemäß § 4 Abs. 1 EStG, § 140 AO zu ermitteln.

Rechtsprechungshinweise

Vgl. die in der Lösung genannten Entscheidungen

FALL 7

Gesonderte Feststellung (§ 180 AO)

Sachverhalt

Daniel, wohnhaft in Rosenheim/Deutschland, ist selbständiger Augenarzt und Mitgesellschafter der augenärztlichen Gemeinschaftspraxis in der Rechtsform der österreichischen GdbR (entspricht den Regeln der deutschen GdbR) mit Sitz in Salzburg/Österreich. Die übrigen Mitgesellschafter – alle selbständigen Augenärzte – sind die in Österreich ansässigen Anton, Bruno und Caspar. Der Gewinn der Augenarztpraxis wird durch einen Feststellungsbescheid gemäß § 196 der österreichischen Bundesabgabenordnung (BAO) – entspricht der Regelung in der AO – durch das Finanzamt Salzburg festgestellt. Die von Daniel in Österreich erzielten Einkünfte sind nach Art. 14 Abs. 1 i. V. m. Art. 5 Abs. 1, Art. 23 Abs. 1 Buchst. a) DBA-AU in Deutschland nach § 32b Abs. 1 Satz 1 Nr. 3 EStG unter Beachtung des Progressionsvorbehalts von der Einkommensteuer befreit.

Abwandlung

Außer Daniel ist außerdem Erich, wohnhaft in Berchtesgaden/Deutschland freiberuflicher Augenarzt Mitglied der Gemeinschaftspraxis.

Frage

Wie werden die ausländischen Einkünfte für Zwecke der deutschen Besteuerung ermittelt?

LÖSUNG

Daniel ist in Deutschland ansässig und unbeschränkt einkommensteuerpflichtig mit seinem Welteinkommen. Er erzielt ausländische freiberufliche Einkünfte nach § 34d Nr. 3 i. v. m. § 18 Abs. 1 EStG.

Die österreichische GdbR ist in Österreich kein Steuerrechtssubjekt; der Gewinn der Gesellschaft wird – entsprechend den Regelungen im deutschen Steuerrecht – auf Ebene der Gesellschaft festgestellt und auf die Gesellschafterinnen und Gesellschafter – einschließlich Daniel – verteilt.

Jeder Gesellschafter ist für den auf ihn entfallenden Gewinnanteil einkommensteuerpflichtig, d. h. Daniel ist in Österreich beschränkt einkommensteuersteuerpflichtig (§ 1 Abs. 3 öEStG).

Von den vier Gesellschafter der Gemeinschaftspraxis ist in Deutschland lediglich Daniel einkommensteuerpflichtig. Nach § 180 Abs. 3 Nr. 1 AO scheidet eine gesonderte Feststellung nach § 180 Abs. 1 Nr. 2 Buchst. a) AO aus, wenn – wie im Ausgangsfall – lediglich eine im Inland unbeschränkt steuerpflichtige Person an der ausländischen Personengesellschaft beteiligt ist (Verwaltungsvereinfachung – BT-Drs. VI/1982, S. 157 zu § 161 Abs. 2 des Entwurfs einer Abgabenordnung – EAO –). Findet ein Feststellungsverfahren nicht statt, sind die Besteuerungsgrundlagen von dem für die Besteuerung zuständigem Finanzamt zu ermitteln und in die Steuerfestsetzung einzubeziehen (FG Düsseldorf v. 17.7.2018 - 15 K 3568/16 E, EFG 2018, 1548), ggf. kann das zuständige FA einen negativen Feststellungsbescheid erlassen – § 180 Abs. 3 Satz 2 AO (BFH v. 9.6.2021 - I B 58/20, BFH/NV 2022, 26). Die in Österreich erzielten freiberuflichen Einkünfte wird das deutsche FA steuerfrei belassen und im Rahmen des Progressionsvorbehalts nach §32b Abs. 1 Nr. 3 EStG berücksichtigen.

Abwandlung

Da nunmehr lt. Sachverhalt zwei im Inland unbeschränkt steuerpflichtige natürliche Personen beteiligt sind, ist zwingend ein Feststellungsverfahren nach § 180 Abs. 1 Nr. 2 Buchst. a), Abs. 5 Nr. 1 AO durchzuführen. Ein Verfahren zur gesonderten und einheitlichen Feststellung muss bereits dann durchgeführt werden, wenn zweifelhaft ist oder es nur möglich erscheint, dass Einkünfte vorliegen, an denen mehrere im Inland ansässige Personen beteiligt sind (BFH v. 19.2.2020 - I B 38/17, BFH/NV 2021, 4), ggf. negativer Feststellungsbescheid. Der Bescheid ist an die an der Gesellschaft beteiligten Gesellschafter zu richten (BFH v. 24.7.2013 - I R 57/11, BStBl 2016 II 633).

Ergebnis

Lediglich in der Abwandlung hat eine Festsetzung nach § 180 AO zu erfolgen.

Rechtsprechungshinweise

Vgl. die in der Lösung genannten Entscheidungen.

Kapitel 2: Einkommensteuer

FALL 8

Erweitert unbeschränkte Steuerpflicht (§ 1 Abs. 2 EStG)

Sachverhalt

Anton Karras (AK), beschäftigt beim Auswärtigen Amt (AA) in Berlin als Diplomat, wird ab 1.1.01 an die Deutsche Botschaft in Riad/ Saudi Arabien für die Dauer von drei Jahren entsendet. Seine Ehefrau Berta Karras (BK) und die gemeinsame minderjährige Tochter Dagmar (DK) ziehen mit nach Riad; alle besitzen die deutsche Staatsangehörigkeit; DK besucht die Deutsche internationale Schule in Riad; BK hat außer Mieteinkünfte aus einer Eigentumswohnung in München keine steuerpflichtigen Einkünfte; die bisherige Mietwohnung der Familie Karras in Berlin wird gekündigt. Saudi-Arabien erhebt nach seinen nationalen Steuergesetzen keine Einkommensteuer bei natürlichen Personen.

Frage

AK begehrt für seine Tochter DK Kindergeld – zu Recht?

Abwandlung

Frank Stolz (FS) ist deutscher Staatsangehöriger. Er war vom 1.1.02 bis 31.12.03 in Peking Arbeitnehmer des Goethe-Instituts e. V. mit Sitz in München (privater Verein i. S. des BGB), wo er mit seiner Ehefrau, der Chinesin Mi Ly (nicht berufstätig, keine Einkünfte, chinesische Staatsangehörige), in einer Vierzimmerwohnung im Diplomatenviertel lebte. Vor dem Umzug nach Peking lebten die Eheleute in Köln. Für 02 beantragte FS beim zuständigen deutschen FA Zusammenveranlagung mit seiner Ehefrau. Dies lehnte das FA mit der Begründung ab, FS sei lediglich beschränkt steuerpflichtig.

Frage

Verweigert das FA zu Recht die Zusammenveranlagung?

LÖSUNG

Da AK und seine Familienangehörigen in Deutschland weder Wohnsitz noch ständigen Aufenthalt haben, sind sie nicht nach § 1 Abs. 1 EStG unbeschränkt steuerpflichtig; Kindergeld kann nach § 62 Abs. 1 Nr. 1 EStG nur beantragen, wer im Inland unbeschränkt steuerpflichtig ist. Da die in Saudi Arabien lebende Tochter weder einen Wohnsitz noch ihren gewöhnlichen Aufenthalt im Inland, in einem Mitgliedstaat der EU oder in einem Staat hat, auf den das Abkommen über den EWR Anwendung findet, kann für jenes Kind nach § 63 Abs. 1 Satz 3 EStG nur dann ein Kindergeldanspruch bestehen, wenn sie im Haushalt eines Berechtigten i. S. des § 62 Abs. 1 Nr. 2 Buchst. a EStG lebt.

Da AK zu einer inländischen juristischen Person des öffentlichen Rechts in einem Dienstverhältnis steht (Arbeitgeber: Bundesrepublik Deutschland, vertreten durch das AA) und dafür Arbeitslohn aus einer inländischen öffentlichen Kasse (Definition in BFH v. 11.7.2024 - VI R 35/21, BStBl

2024 II 710, Rz. 23) bezieht, ist er nach § 1 Abs. 2 Satz 1 EStG unbeschränkt steuerpflichtig. Dies gilt auch für zu seinem Haushalt gehörende Angehörige, die die deutsche Staatsangehörigkeit besitzen, demnach auch für BK und DK; BK hat lediglich Einkünfte, die ausschließlich in Deutschland einkommensteuerpflichtig sind. Damit sind für alle Beteiligten die Voraussetzungen des § 1 Abs. 2 Satz 1 EStG erfüllt. Nach § 62 Abs. 1 Nr. 2 Buchst. a EStG ist kindergeldberechtigt, wer nach § 1 Abs. 2 EStG unbeschränkt einkommensteuerpflichtig ist.

Als weitere Voraussetzung für die unbeschränkte Steuerpflicht verlangt Satz 2 des § 1 Abs. 2 EStG, dass die natürlichen Personen, die in dem Staat, in dem sie ihren Wohnsitz haben (hier: Saudi-Arabien), lediglich in einem der beschränkten Einkommensteuerpflicht ähnlichen Umfang zu einer Steuer vom Einkommen herangezogen werden.

Ob eine Person in dem Staat, in dem sie ihren Wohnsitz hat, lediglich in einem der beschränkten Einkommensteuerpflicht ähnlichen Umfang zu einer Steuer vom Einkommen herangezogen wird, ist nach den Vorschriften des maßgebenden ausländischen Steuerrechts zu prüfen, wobei allerdings die nach dem deutschen Einkommensteuerrecht prägenden Merkmale der beschränkten Steuerpflicht zu beachten sind. Insbesondere ist dabei zu berücksichtigen, ob im Wohnsitzstaat nur die inländischen Einkünfte (nicht das Welteinkommen) erfasst werden, und persönliche Verhältnisse weitgehend außer Betracht bleiben. Allein der Bezug steuerfreier Einkünfte ist dem nicht gleich zu stellen. Unerheblich ist, ob der Stpfl. in seinem Wohnsitzstaat tatsächlich besteuert wird; maßgeblich ist allein die objektive Rechtslage.

Sinn und Zweck von § 1 Abs. 2 Satz 2 EStG (hierzu ausführlich BFH v. 18.12.2013 - III R 20/12, BFH/NV 2014, 684) ist es, den Auslandsbediensteten deutscher staatlicher Stellen die personenbezogenen Vorteile der unbeschränkten Steuerpflicht für sich und ihre Haushaltsangehörige zu erhalten. Umgekehrt soll verhindert werden, dass ein Steuerpflichtiger sowohl in seinem Wohnsitzstaat als auch über § 1 Abs. 2 EStG in Deutschland diese Vorteile mehrfach in Anspruch nehmen kann. Demnach bedarf es dieser erweiterten unbeschränkten Einkommensteuerpflicht dann nicht, wenn die Person nach den Regeln des maßgeblichen ausländischen Steuerrechts unbeschränkt einkommensteuerpflichtig ist und dadurch im Ausland die Berücksichtigung der persönlichen Merkmale gesichert ist (BFH v. 5.9.2001 - I R 88/00, BFH/NV 2002, 623, Abs. 12).

Nach den nationalen Steuergesetzen in Saudi-Arabien besteht keine individuelle Einkommensteuer-Regelung; es wird somit keine Einkommensteuer auf die Einkünfte einer natürlichen Person erhoben. Da auch nicht unterschieden wird zwischen beschränkter und unbeschränkter Einkommensteuerpflicht, kann AK auch nicht „lediglich" in einem der beschränkten Einkommensteuerpflicht in Saudi-Arabien besteuert werden. Ausgehend von der gesetzgeberischen Intension kann somit auch nicht der Fall der doppelten Inanspruchnahme von personenbezogenen steuerlichen Vorteilen einer unbeschränkten Steuerpflicht eintreten. Demnach sind AK (und seine Familienangehörigen) erweitert unbeschränkt steuerpflichtig. Damit besteht auch ein Anspruch auf deutsches Kindergeld nach § 62 Abs. 1 EStG.

Abwandlung

Nach §§ 26, 26b EStG können Ehegatten die Zusammenveranlagung nach § 26b EStG wählen, wenn sie beide unbeschränkt einkommensteuerpflichtig sind (§ 26 Abs. 1 Satz 1 EStG). FS und seine Ehefrau haben in 02 weder einen Wohnsitz noch ihren gewöhnlichen Aufenthalt im Inland. Die Voraussetzungen des § 1 Abs. 1 Satz 1 EStG liegen daher nicht vor.

FS und seine Ehefrau sind auch nicht unbeschränkt einkommensteuerpflichtig i. S. des § 1 Abs. 2 EStG. Hierfür wäre u. a. zum einen erforderlich, dass FS als deutscher Staatsangehöriger zu einer inländischen juristischen Person des öffentlichen Rechts in einem Dienstverhältnis steht und dafür Arbeitslohn aus einer inländischen öffentlichen Kasse bezieht, zum anderen, dass er in China lediglich in einem der beschränkten Einkommensteuerpflicht ähnlichen Umfang zu einer Steuer vom Einkommen herangezogen wurde (§ 1 Abs. 2 Satz 2 EStG). Beide Voraussetzungen liegen nicht vor: FS steht nicht zu einer inländischen juristischen Person des öffentlichen Rechts in einem Dienstverhältnis, sondern zum Goethe-Institut e. V., welcher als Verein und somit als juristische Person des privaten Rechts konstituiert ist. Dass dieser Verein durch die Bundesrepublik Deutschland (mit-)getragen und finanziert wird, macht den Verein nicht zu einer juristischen Person des öffentlichen Rechts.

Auch die zweite Voraussetzung ist nicht erfüllt. Ob der Steuerpflichtige im Ansässigkeitsstaat lediglich in einem der beschränkten Steuerpflicht ähnlichen Umfang zu einer Steuer vom Einkommen herangezogen wird, beurteilt sich nach ausländischem Recht. FS war zusammen mit seiner Ehefrau in den Streitjahren in China ansässig und war daher dort unbeschränkt steuerpflichtig. Auch China besteuert dort ansässige Steuerrechtssubjekte, unabhängig von der Staatsangehörigkeit, nach dem Welteinkommensprinzip. Anhaltspunkte dafür, dass Mitarbeiter des Goethe-Instituts – abweichend hiervon – in China als nicht ansässig gelten, sind nicht ersichtlich; insbesondere haben sie keinen Diplomatenstatus.

Auch § 1 Abs. 3 EStG – unbeschränkte Steuerpflicht auf Antrag – scheidet aus, da FS keine inländischen Einkünfte i. S. des § 49 Abs. 1 EStG erzielt.

Ergebnis

Grundfall: Kindergeld ist zu gewähren, da AK und seine Familienangehörigen die Voraussetzungen für eine erweitert unbeschränkte Steuerpflicht nach § 1 Abs. 2 EStG erfüllen, und nach § 62 Abs. 1 Nr. 2 Buchst. a EStG kindergeldberechtigt ist, wer nach § 1 Abs. 2 EStG unbeschränkt einkommensteuerpflichtig ist.

Abwandlung: Das FA hat zu Recht die Zusammenveranlagung verweigert, da weder die Voraussetzungen des § 1 Abs. 1 noch des § 1 Abs. 2 EStG erfüllt sind.

Rechtsprechungshinweise

BFH v. 18.12.2013 - III R 20/12, BFH/NV 2014, 684; BFH v. 19.9.2013 - V R 9/12, BStBl II 2014, 715; BFH v. 22.2.2006 - I R 60/05, BStBl 2007 II 106

Verwaltungsanweisungen

OFD Frankfurt v. 17.1.2014, S 2102 A-8-St 56

FALL 9

Fiktive unbeschränkte Steuerpflicht (§ 1 Abs. 3 EStG)

Sachverhalt

G mit österreichischer Staatsangehörigkeit wohnt in Österreich und bezieht seit Januar 2024 im Inland aus einer ganzjährig ausgeübten Tätigkeit Einkünfte aus nichtselbständiger Arbeit in Höhe von 81 009 €. Er wohnt in Österreich nicht in der Grenzzone und fährt regelmäßig mit dem Fahrzeug zu seiner Tätigkeitsstätte im Inland. G hat bei einer Bank in Österreich Geld angelegt und erzielt hieraus 2024 Zinsen in Höhe von 4 000 €. Außerdem bezog er im Januar 2024 noch in Österreich Arbeitslosengeld in Höhe von 4 904 € für den Verlust des Arbeitsplatzes in Österreich im Jahr 2023.

Frage

Ist G unbeschränkt einkommensteuerpflichtig? Kann er einen Antrag gemäß § 1 Abs. 3 EStG stellen?

Abwandlung

G als österreichischer Staatsbürger wohnt anstatt in Österreich in den Niederlanden, erhält niederländisches Arbeitslosengeld, das in den Niederlanden besteuert wird, und hat sein Geld bei einer Bank in den Niederlanden angelegt. Er pendelt von den Niederlanden zu seinem Arbeitsort in Deutschland.

Frage

Ist G unbeschränkt einkommensteuerpflichtig? Kann er einen Antrag gemäß § 1 Abs. 3. EStG stellen?

LÖSUNG

G ist nicht nach § 1 Abs. 1 EStG unbeschränkt einkommensteuerpflichtig. Er hat im Inland weder seinen Wohnsitz (§ 8 AO) noch seinen gewöhnlichen Aufenthalt (§ 9 AO).

Seine Einkünfte aus nichtselbständiger Arbeit führen grundsätzlich zur beschränkten Einkommensteuerpflicht (§ 1 Abs. 4 EStG, § 49 Abs. 1 Nr. 4 Buchst. a EStG). Bei den Einkünften aus nichtselbständiger Arbeit gilt die Einkommensteuer durch den Steuerabzug als abgegolten gilt (§ 50 Abs. 2 Satz 1 EStG). G kann die Veranlagung nach § 50 Abs. 2 Satz 2 Nr. 4 Buchst. b EStG beantragen. Er erfüllt als österreichischer Staatsangehöriger mit Wohnsitz in Österreich die besonderen Voraussetzungen des § 50 Abs. 2 Satz 7 EStG. Nach EuGH (EuGH v. 14.2.1995 - C-279/93, IStR 1995, 126; EuGH v. 1.7.2004 - C-169/03, BFH/NV 2004, 348) ist es nicht mit Gemeinschaftsrecht vereinbar, wenn der Gebietsfremde in seinem Wohnsitzstaat keine nennenswerten Einkünfte hat, sein Einkommen im Wesentlichen aus einer Tätigkeit im Beschäftigungsstaat bezieht und im Wohnsitzstaat seine persönlichen Verhältnisse unberücksichtigt bleiben. Infolgedessen hat der Gesetzgeber § 1 Abs. 3 EStG eingeführt. Erzielt der Gebietsfremde seine Einkünfte fast ausschließlich im Quellenstaat, ist er mit einem Gebietsansässigen vergleichbar und wie ein solcher zu behandeln. G kann dann anstatt der Veranlagung nach den Vorgaben des § 50 Abs. 1 EStG einen Antrag nach § 1 Abs. 3 EStG stellen.

Gemäß § 1 Abs. 3 EStG werden auf Antrag natürliche Personen als unbeschränkt einkommensteuerpflichtig behandelt, die im Inland weder einen Wohnsitz noch einen gewöhnlichen Aufenthalt haben, soweit sie inländische Einkünfte im Sinne des § 49 EStG haben. Dies gilt gemäß Satz 2 nur, wenn ihre Einkünfte im Kalenderjahr mindestens zu 90 Prozent der deutschen Einkommensteuer unterliegen (sog. relative Wesentlichkeitsgrenze) oder die nicht der deutschen Einkommensteuer unterliegenden Einkünfte den Grundfreibetrag (§ 32a Abs. 1 Satz 2 Nr. 1 EStG) nicht übersteigen (sog. absolute Wesentlichkeitsgrenze). Weitere Voraussetzung ist nach § 1 Abs. 3 Satz 5 EStG, dass die Höhe der nicht der deutschen Einkommensteuer unterliegenden

Einkünfte durch eine Bescheinigung der zuständigen ausländischen Steuerbehörde nachgewiesen wird.

Maßgebend sind die Einkünfte, die der deutschen Einkommensteuer unterliegen. Inländische Einkünfte, die nach einem DBA nur der Höhe nach beschränkt besteuert werden dürfen, gelten hierbei als nicht der deutschen Einkommensteuer unterliegend, § 1 Abs. 3 Satz 3 EStG (zur Auslegung vgl. BFH v. 11.10.2023 - I R 37/20, BFH/NV 2024, 375).

1. Die Einkünfte aus nichtselbständiger Arbeit gemäß § 49 Abs. 1 Nr. 4 Buchst. a EStG können gemäß Art. 15 Abs. 1 Satz 2 OECD-MA/Art. 15 Abs. 1 Satz 2 DBA-Österreich in Deutschland, dem Tätigkeitsstaat, besteuert werden; Abs. 2 Buchst. a) führt nicht zu einem ausschließlichen Besteuerungsrecht des Staates Österreich. G wird auch nicht als Grenzgänger in Österreich besteuert, da er seinen Wohnsitz nicht in der Grenzzone hat (Art. 15 Abs. 6 DBA-Österreich).
2. Die Zinseinnahmen in Höhe von 4 000 € unterfallen nicht den Einkünften des § 49 Abs. 1 Nr. 5 EStG. Es handelt sich um Zinsen gemäß § 20 Abs. 1 Nr. 7 EStG, die die besonderen Voraussetzungen des § 49 Abs. 1 Nr. 5 Buchst. c EStG nicht erfüllen und keine inländischen Einkünfte sind. § 1 Abs. 3 Satz 3 EStG ist daher nicht zu prüfen.
3. Das in Österreich bezogene Arbeitslosengeld gehört grundsätzlich als wiederkehrender Bezug im Sinne von § 22 Nr. 1 EStG zu den sonstigen Einkünften. Es gehört bei der Bestimmung der Einkunftsgrenzen nicht zu den inländischen, sondern zu den ausländischen Einkünften. Der Ansatz erfolgt dabei abzüglich des Werbungskostenpauschbetrages gemäß § 9a Satz 1 Nr. 3 EStG in Höhe von 102 € (vgl. BFH v. 1.10.2014 - I R 18/13, BStBl 2015 II 474). Das Arbeitslosengeld bleibt jedoch nach § 1 Abs. 3 Satz 4 EStG bei der Ermittlung der nicht der deutschen Einkommensteuer unterliegende Einkünfte unberücksichtigt, wenn es im Ausland nicht besteuert wird und vergleichbare Einkünfte im Inland steuerfrei sind. Arbeitslosengeld ist nach § 3 Nr. 2 Buchst. a EStG steuerfrei. In Österreich ist das Arbeitslosengeld auch steuerfrei. Das Arbeitslosengeld bleibt bei der Ermittlung der Einkunftsgrenzen unberücksichtigt.
4. Zusammenfassung: Die nicht der deutschen Einkommensteuer unterliegenden Einkünfte (hier: Zinsen in Höhe von 4 000 €) übersteigen den Grundfreibetrag nach § 32a Abs. 1 Satz 2 Nr. 1 EStG nicht. Der Grundfreibetrag ist nicht nach § 1 Abs. 3 Satz 2 Halbsatz 2 EStG zu kürzen (vgl. die zu § 33a Abs. 1 Satz 6 EStG ergangene Ländergruppeneinteilung ab 1.1.2024 des BMF v. 18.12.2023, BStBl 2023 I 2236, die angewandt wird). G wird auf Antrag fiktiv unbeschränkt einkommensteuerpflichtig. Er wird dadurch nicht nach dem DBA mit Deutschland im Inland ansässig.

Ergebnis

G hat ein Wahlrecht. Er kann die Veranlagung als beschränkt Steuerpflichtiger wählen oder einen Antrag gemäß § 1 Abs. 3 EStG stellen.

Abwandlung

Auf die Staatsangehörigkeit des G kommt es nicht an. Entscheidend sind sein Wohnsitz in den Niederlanden und sein Tätigkeitsort in Deutschland (vgl. Art. 14 Abs. 1 DBA-Niederlanden). Der Unterschied besteht darin, dass das niederländische Arbeitslosengeld in den Niederlanden besteuert wird. Es ist dennoch nicht bei der Bemessung der Wesentlichkeitsgrenze nach § 1 Abs. 3 Satz 2 EStG zu berücksichtigen, da vergleichbare Einkünfte im Inland nach § 3 Nr. 2 Buchst. a

i. V. m. § 3 Nr. 2 Buchst. e EStG steuerfrei sind. Die nicht der deutschen Einkommensteuer unterliegenden Einkünfte übersteigen den (nicht zu kürzenden) Grundfreibetrag nicht. § 1 Abs. 3 Satz 4 EStG kann nicht entnommen werden, dass Einkünfte, die im Ausland steuerpflichtig sind, nur deshalb in die Wesentlichkeitsgrenze einzubeziehen sind.

Ergebnis

G hat ein Wahlrecht. Er kann die Veranlagung als beschränkt Steuerpflichtiger wählen oder einen Antrag nach § 1 Abs. 3 EStG stellen.

Hinweis für beide Varianten: Die Zinseinkünfte unterliegen im Gegensatz zum bezogenen Arbeitslosengeld nicht dem Progressionsvorbehalt nach § 32 Abs. 1 Satz 1 Nr. 5 Halbsatz 1 EStG.

Rechtsprechungshinweise

BFH v. 1.6.2022 - I R 3/18, BFH/NV 2022, 1344 (Abgrenzung zu BFH v. 1.10.2014 - I R 18/13, BStBl 2015 II 474); BFH v. 12.8.2015 - I R 18/14, BStBl 2016 II 201; BFH v. 20.8.2008 - I R 78/07, BStBl 2009 II 708; BFH v. 17.9.2007 - I B 96/07, BFH/NV 2008, 205; BFH v. 20.9.2006 - I R 13/02, BFH/NV 2007, 410

FALL 10

Fiktive unbeschränkte Steuerpflicht und Zusammenveranlagung (§ 1a Abs. 1 EStG)

Sachverhalt

Der bulgarische Arbeitnehmer B ist in Stuttgart wohnhaft und bezieht 2022 und 2023 Einkünfte aus nichtselbständiger Arbeit jährlich in Höhe von 80 000 € im Inland. Seine Ehefrau F ist türkische Staatsangehörige ohne Einkommen. Sie lebt mit den Kindern in der gemeinsamen Familienwohnung in Frankreich und kommt nicht regelmäßig nach Deutschland. B bezieht dort Kapitaleinkünfte von 10 000 €, die nach dem DBA-Frankreich in Deutschland steuerfrei zu stellen sind.

Frage

Können B und F 2022 und 2023 in Deutschland zusammen veranlagt werden?

Abwandlung

Auch B ist nur in der gemeinsamen Familienwohnung in Frankreich wohnhaft.

LÖSUNG

Nach § 26 Abs. 1 Satz 1 EStG können Ehegatten, die beide unbeschränkt einkommensteuerpflichtig i. S. des § 1 Abs. 1 EStG sind und nicht dauernd getrennt leben und bei denen diese Voraussetzungen zu Beginn des Veranlagungszeitraums vorgelegen haben oder im Laufe des Veranlagungszeitraums eingetreten sind, die Zusammenveranlagung (§ 26b EStG) wählen. F hat im Inland weder einen Wohnsitz noch ihren gewöhnlichen Aufenthalt im Inland. Sie hat sich im Inland tatsächlich nicht aufgehalten. Sie ist nicht unbeschränkt einkommensteuerpflichtig i. S. des § 1 Abs. 1 EStG.

B ist hingegen nach § 1 Abs. 1 EStG unbeschränkt einkommensteuerpflichtig. Er verfügt (auch) im Inland über einen Wohnsitz gemäß § 8 AO, da er (auch) im Inland eine Wohnung unter Umständen innehat, die darauf schließen lassen, dass er auch diese Wohnung beibehalten und benutzen wird.

B ist Staatsangehöriger eines Mitgliedsstaates der EU. Für Staatsangehörige eines Mitgliedstaats der EU, die nach § 1 Abs. 1 EStG unbeschränkt einkommensteuerpflichtig sind, eröffnet § 1a Abs. 1 Nr. 2 EStG eine Möglichkeit der Zusammenveranlagung. Danach wird auf Antrag der nicht dauernd getrenntlebende Ehegatte ohne Wohnsitz oder gewöhnlichen Aufenthalt im Inland für die Anwendung des § 26 Abs. 1 Satz 1 EStG als unbeschränkt einkommensteuerpflichtig behandelt.

F hat ihren Wohnsitz im Hoheitsgebiet eines anderen Mitgliedsstaates der EU (§ 1a Abs. 1 Nr. 2 Satz 2 i. V. m. Nr. 1 Satz 2 Buchst. a EStG). Die Frage des Wohnsitzes oder gewöhnlichen Aufenthalts in einem anderen Mitgliedstaat der EU richtet sich nach deutschem Recht (§ 8 AO, § 9 AO). Auf die Staatsangehörigkeit kommt es nicht an. F selbst kann die Staatsangehörigkeit eines Drittlandes besitzen. § 1 Abs. 1 Nr. 2 EStG greift dem Wortlaut nach nur dann nicht ein, wenn F im Drittstaat Türkei ansässig wäre.

Ergebnis

B und F können auf Antrag zusammen veranlagt werden. Der Splittingtarif des § 32a Abs. 5 EStG kann angewandt werden.

Abwandlung

Weder B noch F sind in dieser Sachverhaltsgestaltung nach § 1 Abs. 1 EStG unbeschränkt einkommensteuerpflichtig. Beide haben ihren Wohnsitz gemäß § 8 AO in Frankreich, einem Mitgliedstaat der EU. Da B und F nicht getrennt leben, kann § 1a Abs. 1 Nr. 2 Satz 3 EStG einschlägig sein. § 1a Abs. 1 Nr. 2 Satz 3 EStG ermöglicht die fiktive unbeschränkte Steuerpflicht von EU-Staatsangehörigen und eine Zusammenveranlagung, wenn der Staatsangehörige eines Mitgliedstaats der EU (hier: B) nach § 1 Abs. 3 EStG als unbeschränkt einkommensteuerpflichtig zu behandeln ist.

Entscheidend ist einerseits, ob die Einkünfte von B nach § 1 Abs. 3 Satz 2 EStG zu mindestens 90 % der deutschen Einkommensteuer unterliegen. Diese Voraussetzung ist nicht erfüllt (80 000 €/(80 000 € + 10 000 €) = 88,9 %). Die der Abgeltungsteuer unterliegenden Kapitaleinkünfte sind bei der Berechnung der Einkunftsgrenzen einzubeziehen. Andererseits ist zu prüfen, ob die nicht der deutschen Einkommensteuer unterliegenden Einkünfte den Grundfreibetrag übersteigen. Die nicht der deutschen Einkommensteuer unterliegenden Einkünfte in Höhe von 10 000 € übersteigen den Grundfreibetrag 2022 gemäß § 32a Abs. 1 Satz 2 Nr. 1 EStG. Diese übersteigen jedoch 2023 nicht den Grundfreibetrag. Für 2023 ist eine Zusammenveranlagung möglich.

In Bezug auf 2022 ist allerdings noch zu beachten, dass nach § 1a Abs. 1 Nr. 2 Satz 3 EStG bei Anwendung des § 1 Abs. 3 Satz 2 EStG auf die Einkünfte der Ehegatten abzustellen und der Grundfreibetrag zu verdoppeln ist. Die zusammengerechneten, nicht der deutschen Einkommensteuer unterliegenden Einkünfte aus Kapitalvermögen in Höhe von 10 000 € übersteigen den verdoppelten Grundfreibetrag nach § 32a Abs. 1 Satz 2 Nr. 1 EStG nicht, so dass B und F zusammen veranlagt werden können.

Ergebnis

B und F können 2022 und 2023 auf Antrag zusammen veranlagt werden.

Rechtsprechungshinweise

BFH v. 28.2.2024 - I R 26/21, BFH/NV 2024, 757; BFH v. 12.8.2015 - I R 18/14, BStBl 2016 II 201; BFH v. 6.5.2015 - I R 16/14, BStBl 2015 II 957; BFH v. 22.10.2014 - I B 101/13, BFH/NV 2015, 201; BFH v. 8.9.2010 - I R 28/10, BStBl 2011 II 269

FALL 11

Erweitert unbeschränkte Einkommensteuerpflicht und Zusammenveranlagung (§ 1a Abs. 2, § 1 Abs. 3 EStG)

Sachverhalt

Der deutsche Staatsangehörige D ist als Diplomat für die Bundesrepublik Deutschland in einem Staat in Afrika (A) tätig und bezieht Einkünfte aus nichtselbständiger Arbeit in Höhe von 130 000 €. Seine Ehefrau F hat die türkische Staatsangehörigkeit und lebt mit den Kindern in der ehegemeinsamen Wohnung am Dienstort in A. Die Wohnung in Deutschland wurde im Vorjahr aufgelöst. F bezieht in der Türkei Kapitaleinkünfte von 2 000 €. A ist dem Wiener Übereinkommen über diplomatische Beziehungen (WÜD) beigetreten.

Frage

Können D und F 2024 in Deutschland zusammen veranlagt werden?

Abwandlung

D ist Staatsangehöriger Österreichs und als Beamter des Landes Baden-Württemberg in A tätig.

LÖSUNG

Nach § 26 Abs. 1 Satz 1 EStG können Ehegatten, die beide unbeschränkt einkommensteuerpflichtig i. S. des § 1 Abs. 1 oder 2 EStG sind und nicht dauernd getrennt leben und bei denen diese Voraussetzungen zu Beginn des Veranlagungszeitraums vorgelegen haben oder im Laufe des Veranlagungszeitraums eingetreten sind, die Zusammenveranlagung (§ 26b EStG) wählen. D und F, die nicht dauernd getrennt leben, haben weder einen Wohnsitz (§ 8 AO) noch einen gewöhnlichen Aufenthalt (§ 9 AO) im Inland. Sie sind nicht unbeschränkt einkommensteuerpflichtig im Sinne des § 1 Abs. 1 EStG.

Nach § 1 Abs. 2 Satz 1 EStG ist unbeschränkt einkommensteuerpflichtig, wer als deutscher Staatsangehöriger im Inland weder einen Wohnsitz noch einen gewöhnlichen Aufenthalt hat und zu einer inländischen juristischen Person des öffentlichen Rechts in einem Dienstverhältnis steht und dafür Arbeitslohn aus einer inländischen öffentlichen Kasse bezieht. D ist deutscher Staatsangehöriger ohne Wohnsitz und gewöhnlichem Aufenthalt im Inland. § 1 Abs. 2 Satz 1 Nr. 1 EStG ist erfüllt. D ist als Diplomat ein Regierungsbeauftragter. Er ist für eine Bundesbehörde tätig. Zu den juristischen Personen des öffentlichen Rechts gehören Gebietskörperschaften wie der Bund. Öffentliche Stellen des Bundes sind die Behörden (vgl. § 6 Abs. 1, Abs. 1a AO). D steht damit zu einer inländischen juristischen Person des öffentlichen Rechts in einem Dienstverhältnis (vgl. § 1 Abs. 2 LStDV). Er bezieht Arbeitslohn (vgl. § 2 Abs. 1 LStDV) aus einer inländischen öffentlichen Kasse, einer Kasse im hoheitlichen Bereich. Die Voraussetzungen des § 1 Abs. 2 Satz 1 Nr. 2 EStG sind auch erfüllt.

Nach § 1 Abs. 2 Satz 2 EStG gilt die unbeschränkte Einkommensteuerpflicht nur, wenn der Steuerpflichtige in dem Staat, in dem er den Wohnsitz oder gewöhnlichen Aufenthalt hat (hier: D in A), lediglich in einem der beschränkten Einkommensteuerpflicht ähnlichen Umfang zu einer Steuer vom Einkommen herangezogen wird. Dies beurteilt sich nach ausländischem Recht (hier grundsätzlich nach dem Recht des Staates A). Diplomaten mit diplomatischen Beziehungen i. S. des Art. 1 WÜD werden allgemein im Tätigkeitsstaat von allen staatlichen Steuern befreit (vgl. Art. 34 WÜD). Danach unterliegt D im Staat A nicht der unbeschränkten Einkommensteuerpflicht. Diplomaten und in ihrem Haushalt lebende Angehörige werden nach den Regelungen des WÜD im Tätigkeitsstaat wie beschränkt Steuerpflichtige behandelt. D ist infolgedessen im Inland nach § 1 Abs. 2 Satz 1 EStG unbeschränkt einkommensteuerpflichtig.

Unbeschränkt einkommensteuerpflichtig sind nach § 1 Abs. 2 Satz 1 Halbsatz 2 EStG auch zum Haushalt (hier: des D) zugehörige Angehörige, die die deutsche Staatsangehörigkeit besitzen oder keine Einkünfte oder nur Einkünfte beziehen, die ausschließlich im Inland einkommensteuerpflichtig sind. F ist Angehörige des D nach § 15 Abs. 1 Nr. 2 AO. Sie ist türkische Staatsangehörige. Sie bezieht Einkünfte aus Kapitalvermögen, die nicht ausschließlich im Inland einkommensteuerpflichtig sind. Sie ist daher nicht nach § 1 Abs. 2 EStG unbeschränkt einkommensteuerpflichtig.

Eine weitere Möglichkeit der Zusammenveranlagung eröffnet auf Antrag § 1a Abs. 2 EStG. Danach gilt für unbeschränkt einkommensteuerpflichtige Personen i. S. des § 1 Abs. 2 EStG (hier: D), die die Voraussetzungen des § 1 Abs. 3 Satz 2 bis 5 EStG erfüllen, die Regelung des § 1a Abs. 1 Nr. 2 EStG entsprechend mit der Maßgabe, dass auf den Wohnsitz oder gewöhnlichen Aufenthalt im Staat des ausländischen Dienstortes abzustellen ist.

D erfüllt die Voraussetzungen des § 1 Abs. 3 Satz 2 bis 5 EStG. Seine Einkünfte (D erzielt lediglich Einkünfte aus nichtselbständiger Arbeit) unterliegen zu mindestens 90 % der deutschen Einkommensteuer (zur Vereinbarkeit der sog. „Wesentlichkeitskriterien" mit Unionsrecht und deutschem Verfassungsrecht und zum Vorrang des Kassenstaatsprinzips vgl. BFH v. 22.2.2023 - I R 45/19, BFH/NV 2023, 947).

F hat ihren Wohnsitz gemeinsam mit D im Staat des ausländischen Dienstortes (§ 1a Abs. 2 i. V. m. Abs. 1 Nr. 2 Satz 2, Nr. 1 Satz 2 EStG).

Die zusammengerechneten, nicht der deutschen Einkommensteuer unterliegenden Einkünfte aus Kapitalvermögen in Höhe von 2 000 € übersteigen den verdoppelten Grundfreibetrag nach § 32a Abs. 1 Satz 2 Nr. 1 EStG nicht (§ 1a Abs. 2 i. V. m. Abs. 1 Nr. 2 Satz 3 i. V. m. § 1 Abs. 3 Satz 2 EStG). Der Grundfreibetrag kann zwar grundsätzlich nach den Verhältnissen im Wohnsitzstaat zu kürzen sein (§ 1 Abs. 3 Satz 2 Halbsatz 2 EStG), aber nach der Ländergruppeneinteilung (BMF 20.10.2016, BStBl 2016 I 1183, ab 2024 BMF v. 18.12.2023, BStBl 2023 I 2236) ist jedenfalls der Grundfreibetrag mit ¼ zu berücksichtigen und die Einkünfte übersteigen den Betrag von ¼ des Grundfreibetrags nicht.

Ergebnis

D ist erweitert unbeschränkt einkommensteuerpflichtig. Er kann 2024 mit F zusammen veranlagt werden (§ 1a Abs. 2 EStG).

Abwandlung

D ist als österreichischer Staatsangehöriger nicht nach § 1 Abs. 2 EStG unbeschränkt einkommensteuerpflichtig (§ 1 Abs. 2 Satz 1 EStG).

Somit ist die zweite Alternative des § 1a Abs. 2 EStG zu prüfen, nämlich ob D nach § 1 Abs. 3 EStG als unbeschränkt einkommensteuerpflichtig zu behandeln ist, er die Voraussetzungen des § 1 Abs. 2 Satz 1 Nr. 1 und 2 EStG erfüllt und an einem ausländischen Dienstort tätig ist.

D hat weder einen Wohnsitz noch seinen gewöhnlichen Aufenthalt im Inland (§ 1 Abs. 2 Satz 1 Nr. 1 EStG).

Er steht zu einer inländischen Person des öffentlichen Rechts (Land Baden-Württemberg) in einem Dienstverhältnis und bezieht dafür Arbeitslohn aus einer inländischen öffentlichen Kasse (§ 1 Abs. 2 Satz 1 Nr. 2 EStG). D ist für eine Landesbehörde tätig. Zu den juristischen Personen des öffentlichen Rechts gehören Gebietskörperschaften wie das Land. Öffentliche Stellen des Landes sind die Behörden (vgl. § 6 Abs. 1b AO). D steht damit zu einer inländischen juristischen Person des öffentlichen Rechts in einem Dienstverhältnis (vgl. § 1 Abs. 2 LStDV). Er bezieht Arbeitslohn (vgl. § 2 Abs. 1 LStDV) aus einer inländischen öffentlichen Kasse, einer Kasse im hoheitlichen Bereich.

Er ist an einem ausländischen Dienstort tätig.

Er erfüllt als österreichischer Staatsangehöriger (Österreich ist Mitglied der EU) mit ausschließlich Einkünften aus nichtselbständiger Arbeit die Voraussetzungen des § 1 Abs. 3 EStG.

F hat ihren Wohnsitz mit D in A. Die Einkünfte der Eheleute, die nicht der deutschen Einkommensteuer unterliegen, übersteigen den doppelten Grundfreibetrag nicht.

Ergebnis

Die Eheleute können auf Antrag zusammen veranlagt werden.

Rechtsprechungshinweise

BFH v. 19.9.2013 - V R 9/12, BStBl 2014 II 715

FALL 12

Wechselnde Steuerpflicht bei DBA (§ 2 Abs. 7 Satz 3 EStG)

Sachverhalt

W ist bis 30.6.2024 im Inland wohnhaft und verzieht zum 1.7.2024 ins Nicht-DBA-Ausland Chile (vgl. Schreiben betr. Stand DBA 1.1.2025, BMF v. 20.1.2025, BStBl 2025 I 291). Er hat im Inland wie im Ausland Chile Grundbesitz verpachtet, woraus er jeweils einen Jahresüberschuss von 36 000 € erzielt. Im Oktober 2024 erzielt W aus einem Gebrauchtwagen-An- und -verkauf (zwischen An- und Verkauf liegen weniger als 12 Monate) in Frankfurt am Main einen Überschuss in Höhe von 2 000 €.

Frage

Wie sind die Einkünfte 2024 einkommensteuerrechtlich in Deutschland zu behandeln?

Abwandlung

W verzieht zum 1.7.2024 ins DBA-Ausland Island. Er hat im Inland sowie in Island Grundbesitz verpachtet, woraus er jeweils einen Jahresüberschuss von 36 000 € erzielt. Am 2.7.2024 bezieht er Einkünfte in Höhe von 300 000 € aus der Veräußerung einer hälftigen Beteiligung an einer inländischen GmbH, an der er seit 10 Jahren beteiligt ist.

Hinweis

Das OECD-MA ist mit Ausnahme von Art. 23 B anzuwenden.

LÖSUNG

W ist vom 1.1. - 30.6.2024 infolge eines Wohnsitzes (§ 8 AO) im Inland unbeschränkt einkommensteuerpflichtig (§ 1 Abs. 1 EStG). Es gilt das Welteinkommensprinzip. W erzielt in diesem Zeitraum inländische und ausländische Einkünfte aus Vermietung und Verpachtung (§ 21 Abs. 1 Satz 1 Nr. 1 EStG). Mit der Aufgabe des inländischen Wohnsitzes endet die unbeschränkte Einkommensteuerpflicht. W ist ab dem 1.7.2024 beschränkt einkommensteuerpflichtig, da er unbewegliches Vermögen verpachtet, das im Inland belegen ist (§ 1 Abs. 4 EStG i. V. m. § 49 Abs. 1 Nr. 6 EStG). Die Einkünfte aus Vermietung und Verpachtung des ausländischen Grundbesitzes führen nicht zur beschränkten Einkommensteuerpflicht.

Die inländischen Vermietungseinkünfte (aus Vereinfachungsgründen die Hälfte) fließen vom 1.1. - 30.6.2024 in Höhe von 18 000 € in die steuerliche Bemessungsgrundlage ein. Ab dem 1.7.2024 unterliegen seine inländischen Einkünfte aus Vermietung und Verpachtung in Höhe von 18 000 € der beschränkten Steuerpflicht. W wechselt jedoch innerhalb eines Veranlagungszeitraums von der unbeschränkten zur beschränkten Einkommensteuerpflicht. Nach § 2 Abs. 7 Satz 2 EStG sind die Grundlagen für die Festsetzung der Einkommensteuer für das gesamte Kalenderjahr zu ermitteln. Es ist im Wechseljahr nur eine Veranlagung zur unbeschränkten Steuerpflicht durchzuführen. Besteht während eines Kalenderjahres sowohl unbeschränkte als auch beschränkte Einkommensteuerpflicht, so sind die während der beschränkten Einkommensteuerpflicht erzielten inländischen Einkünfte (hier: 18 000 €) in eine Veranlagung zur unbeschränkten Einkommensteuerpflicht einzubeziehen (§ 2 Abs. 7 Satz 3 EStG). Die Einkünfte aus Vermietung und Verpachtung von inländischem Grundbesitz betragen damit 36 000 €. Die Einkünfte aus der Vermietung und Verpachtung von Grundbesitz im Ausland sind ausländische Einkünfte. Diese werden für den Zeitraum 1.1. - 30.6. infolge des Welteinkommensprinzips in Höhe von 18 000 € (aus Vereinfachungsgründen die Hälfte von 36 000 €) in die steuerliche Bemessungsgrundlage einbezogen. Es gibt mit dem Belegenheitsstaat Chile kein zwischenstaatliches Abkommen, nach dem diese Einkünfte im Inland von der Besteuerung ausgenommen werden. Ab 1.7. gilt infolge der beschränkten Einkommensteuerpflicht das Welteinkommensprinzip nicht mehr. Die ausländischen Einkünfte aus Vermietung und Verpachtung in Höhe von 18 000 € sind nicht steuerbar. Sie unterliegen jedoch dem Progressionsvorbehalt gemäß § 32b Abs. 1 Nr. 2 EStG. Es handelt sich insoweit um ausländische Einkünfte (§ 34d Nr. 7 EStG), die nicht der deutschen Einkommensteuer unterliegen.

Der Verkauf des Fahrzeugs im Oktober 2024 führt nicht zur beschränkten Einkommensteuerpflicht nach § 1 Abs. 4, § 49 Abs. 1 Nr. 8, § 22 Nr. 2 EStG, § 23 Abs. 1 Satz 1 Nr. 2 EStG, W veräußert keinen inländischen Grundbesitz und keine inländischen Rechte.

Ergebnis

Der Gesamtbetrag der Einkünfte (§ 2 Abs. 3 EStG) beträgt (36 000 € + 18 000 € =) 54 000 €. 18 000 € unterliegen dem Progressionsvorbehalt.

Abwandlung

Verzieht W in das DBA-Ausland Island ergeben sich keine Änderungen in Bezug auf die unbeschränkte Einkommensteuerpflicht (§ 1 Abs. 1 EStG) und die beschränkte Einkommensteuerpflicht (§ 1 Abs. 4 EStG i. V. m. § 49 Abs. 1 Nr. 6 EStG, § 2 Abs. 7 Satz 3 EStG). Die Einkünfte aus der Verpachtung des inländischen Grundbesitzes in Höhe von 36 000 € fließen in die steuerliche Bemessungsgrundlage ein.

Die Einkünfte aus Vermietung und Verpachtung aus Grundbesitz in Island sind jedoch im Inland von der Besteuerung auszunehmen (Art. 6 Abs. 1, 23 Abs. 1 OECD-MA/Art. 6 Abs. 1, Art. 23 Abs. 1 Buchst. a DBA-Island).

Nach einem DBA steuerfreie ausländische (Vermietungs-)Einkünfte (§ 34d Nr. 7 EStG) unterliegen grundsätzlich gemäß § 32b Abs. 1 Satz 1 Nr. 3 EStG dem Progressionsvorbehalt. Nach § 32b Abs. 1 Satz 2 Nr. 3 EStG findet jedoch § 32b Abs. 1 Satz 1 Nr. 3 EStG keine Anwendung für Einkünfte aus der Vermietung oder Verpachtung von unbeweglichem Vermögen, wenn dieses in einem anderen Staat als in einem Drittstaat belegen ist. Der Progressionsvorbehalt ist damit ausgeschlossen bei Vermietungseinkünften, die im EU- oder EWR-Raum erzielt werden (vgl. § 2a Abs. 2a Satz 1 Nr. 1, Satz 2 EStG). Island ist EWR-Raum und infolgedessen ist kein besonderer Steuersatz anzuwenden.

Für die im Zeitraum 1.7.-31.12.2024 erzielten ausländischen Vermietungseinkünfte in Höhe von 18 000 € (§ 34d Nr. 7 EStG) kommt der besondere Steuersatz nach § 32b Abs. 1 Satz 1 Nr. 2 EStG zur Anwendung, da W zeitweise unbeschränkt einkommensteuerpflichtig gewesen ist. Besteht mit Island ein DBA, kann sich keine andere Beurteilung aus einem sonstigen zwischenstaatlichen Übereinkommen ergeben. Bei positiven Einkünften ist nicht § 32b Abs. 1 Satz 3 EStG i. V. m. § 2a Abs. 2a EStG zu prüfen.

W erzielt außerdem einen Gewinn aus der Beteiligung an einer inländischen Kapitalgesellschaft. Die Veräußerung erfolgt nach dem Wegzug. Zu diesem Zeitpunkt ist W nicht mehr unbeschränkt einkommensteuerpflichtig. Das Welteinkommensprinzip gilt nicht. W ist insoweit beschränkt einkommensteuerpflichtig (§ 1 Abs. 4, § 49 Abs. 1 Nr. 2 Buchst. e Doppelbuchst. aa, § 17 Abs. 1 Satz 1 EStG). Diese Einkünfte können nach Art. 13 Abs. 5 OECD-MA/Art. 13 Abs. 3 DBA-Island in Deutschland nicht besteuert werden. Sie sind nicht nach § 2 Abs. 7 Satz 3 EStG in die Veranlagung zur unbeschränkten Einkommensteuerpflicht einzubeziehen. Handelt es sich um inländische Einkünfte unterliegen sie nicht dem Progressionsvorbehalt (vgl. § 32b Abs. 1 Satz 1 Nr. 2 EStG).

Ergebnis

Der Gesamtbetrag der Einkünfte beträgt 36 000 €. In den Progressionsvorbehalt werden 18 000 € einbezogen.

Rechtsprechungshinweise

BFH v. 21.5.2025 - I R 5/22, ECLI:DE:BFH:U.210525.IR5.22.0; BFH v. 1.2.2012 - I R 34/11, BStBl 2012 II 405; BFH v. 19.11.2003 - I R 19/03, BStBl 2004 II 549 m. w. N.; BFH v. 19.12.2001 - I R 63/00, BStBl 2003 II 302

FALL 13

Negative ausländische Einkünfte (§ 2a EStG)

Sachverhalt

W, ein Dipl.-Kaufmann ohne Zulassung als Steuerberater, wohnhaft im Inland mit einem weiteren Wohnsitz in Angola, betreibt ein Buchhaltungsbüro mit mehreren Mitarbeitern in einem angemieteten Gebäude in dem Nicht DBA-Staat Angola. Er betreut dort deutsche Unternehmen mit geschäftlichen Aktivitäten in Angola. Er bezieht auch Einkünfte aus der Vermietung von Grundstücken zu Wohnzwecken aus dem Nicht-DBA-Staat Angola. 2020 ist für W infolge der Pandemie ein schlechtes Jahr. Sowohl seine Einkünfte aus seinem Buchhaltungsbüro als auch die Einkünfte aus der Vermietung sind negativ. Sein Gewinn aus dem Buchhaltungsbüro beträgt ./. 20 000 €. Seine Einkünfte aus Vermietung und Verpachtung betragen ./. 15.000 €. W ist außerdem selbständiger Unternehmensberater. Er berät Unternehmen in Bezug auf geschäftliche Aktivitäten in Afrika. Diese Tätigkeit führt er von seinem inländischen Wohnsitz aus. Insoweit sind seine Einkünfte auch 2020 positiv. Sein Gewinn aus den Einkünften aus Gewerbebetrieb als Unternehmensberater beträgt 30 000 €.

Frage

Wie sind diese Einkünfte bei der Veranlagung 2020 zu erfassen?

LÖSUNG

W ist unbeschränkt einkommensteuerpflichtig, da er im Inland einen Wohnsitz (§ 8 AO) hat (§ 1 Abs. 1 EStG). Es gilt grundsätzlich das Welteinkommensprinzip.

W übt sowohl als selbständiger Unternehmensberater als auch als selbständiger Buchhalter eine gewerbliche Tätigkeit gemäß § 15 Abs. 1 Satz 1 Nr. 1 EStG aus. Als Dipl.-Kaufmann ohne Zulassung als Steuerberater handelt es sich nicht um einen Katalogberuf i. S. des § 18 Abs. 1 Nr. 1 Satz 2 EStG. Weder als Buchhalter noch als Unternehmensberater übt W einen ähnlichen Beruf i. S. des § 18 Abs. 1 Nr. 1 EStG aus. W erzielt keine Einkünfte aus selbständiger Arbeit. Die Einkünfte aus Gewerbebetrieb als Unternehmensberater betragen 30 000 €, die als Buchhalter ./. 20 000 €. Sowohl die Qualifizierung der Einkunftsart als auch die Ermittlung der Höhe negativer ausländischer Einkünfte richten sich nach deutschem Recht.

Die Frage ist, ob W seine positiven inländischen Einkünfte mit seinen negativen ausländischen Einkünften aus Gewerbebetrieb verrechnen kann. Grundsätzlich ist ein Verlustausgleich möglich, so dass die Einkünfte aus Gewerbebetrieb 10 000 € wären. Die ausländischen Einkünfte sind nicht nach einem DBA von der Besteuerung auszunehmen.

Nach § 2a Abs. 1 Satz 1 Nr. 2 EStG können jedoch negative Einkünfte aus einer in einem Drittstaat belegenen gewerblichen Betriebsstätte nur mit positiven Einkünften der jeweils selben Art aus demselben Staat ausgeglichen werden. § 2a EStG erfasst Einkünfte aus Gewerbebetrieb, jedoch keine freiberuflichen Einkünfte. Drittstaaten sind nach § 2a Abs. 2a Satz 1 Nr. 1 EStG Staaten, die nicht Mitglieder der EU sind. Den Mitgliedstaaten der EU gleichgestellt sind nach § 2a Abs. 2a Satz 2 EStG Staaten, auf die das Abkommen über den EWR anwendbar ist, sofern zwischen Deutschland und dem anderen Staat vereinbart worden ist, Auskünfte zu erteilen, die erforderlich sind, um die Besteuerung durchzuführen. Angola ist danach ein Drittstaat. Das Abkommen über den EWR ist nicht anwendbar. Entscheidend ist infolgedessen, ob W in Angola eine Betriebsstätte i. S. des § 12 AO hat. W hat dort eine feste Geschäftseinrichtung, in der nicht nur Hilfstätigkeiten ausgeübt werden. Dies führt grundsätzlich dazu, dass W seine negativen ausländischen Einkünfte nicht mit seinen positiven inländischen Einkünften aus Gewerbebetrieb ausgleichen kann. Sie dürfen auch nicht nach § 10d EStG abgezogen werden. Dies gilt aber nicht, wenn W nachweist, dass die negativen Einkünfte aus einer gewerblichen Betriebsstätte in einem Drittstaat stammen, die ausschließlich oder fast ausschließlich die Herstellung oder Lieferung von Waren, außer Waffen, die Gewinnung von Bodenschätzen sowie die Bewirkung gewerblicher Leistungen zum Gegenstand hat, soweit es sich nicht um bestimmte, die konkret im Gesetz genannten Tätigkeiten, handelt (sog. Aktivitätsklausel; § 2a Abs. 2 Satz 1 EStG). Die Betriebsstätte in Angola muss gewerblich i. S. des § 15 Abs. 2 EStG sein. W übt eine – nach deutschem Recht – gewerbliche Tätigkeit aus. Auch für die Zuordnung der Einkünfte zur Betriebsstätte gilt deutsches Recht. W bewirkt gewerbliche Leistungen, da er Leistungen i. S. des § 15 Abs. 2 EStG ausführt. Diese „bestehen" nicht aus den im Gesetz genannten Einrichtungen. Infolgedessen erzielt W Einkünfte gemäß § 2a Abs. 1 Satz 1 Nr. 2 Buchst. a EStG, die jedoch nach § 2a Abs. 2 EStG ausgleichsfähig sind. Diese Einkünfte aus Gewerbebetrieb in Höhe von ./. 20 000 € können daher mit den positiven Einkünften aus Gewerbebetrieb als Unternehmensberater in Höhe von 30 000 € verrechnet werden. Die Einkünfte aus Gewerbebetrieb betragen 10 000 €.

W erzielt aus der Vermietung von Grundstücken in Angola Einkünfte aus Vermietung und Verpachtung gemäß § 21 Abs. 1 Satz 1 Nr. 1 EStG. Diese Einkünfte sind nicht steuerfrei. Das Grundstück ist in einem Staat belegen, mit dem kein DBA besteht, nach dem diese Einkünfte im Inland von der Besteuerung ausgenommen sein können. W erzielt negative Einkünfte aus Vermietung und Verpachtung. Nach § 2a Abs. 1 Satz 1 Nr. 6 Buchst. a EStG dürfen negative Einkünfte aus der Vermietung von unbeweglichem Vermögen, das in einem Drittstaat belegen ist, nur mit positiven Einkünften der jeweils selben Art aus demselben Staat ausgeglichen werden, so dass diese negativen Einkünfte nicht mit seinen positiven inländischen Einkünften aus Gewerbebetrieb ausgeglichen werden können. Sie dürfen auch nicht nach § 10d EStG abgezogen werden. Sie können lediglich die positiven Einkünfte der jeweils selben Art, die W in den folgenden Veranlagungszeiträumen aus demselben Staat erzielt, mindern (§ 2a Abs. 1 Satz 3 EStG). Nach § 2a Abs. 1 Satz 4 EStG ist die Minderung nur insoweit zulässig, als die negativen Einkünfte in den vorangegangenen Veranlagungszeiträumen nicht berücksichtigt werden konnten (verbleibende negative Einkünfte). 2020 sind mithin Einkünfte aus Vermietung und Verpachtung in Höhe von 0 € anzusetzen. Seine Verluste in Höhe von 15 000 € kann er nicht mit seinen positiven Einkünften aus Gewerbebetrieb verrechnen. Sein Verlust in Höhe von 15 000 € ist mit zukünftigen positiven Einkünften aus der Vermietung von Wohnungen in Angola zu verrechnen (vgl. § 2a Abs. 1 Satz 5 EStG).

Ergebnis

Die Summe der Einkünfte beträgt (Einkünfte aus Gewerbebetrieb in Höhe von 10 000 € + Einkünfte aus Vermietung und Verpachtung in Höhe von 0 € =) 10 000 €. § 34c Abs. 1 bzw. Abs. 2 EStG (= Anrechnung oder Abzug der ausländischen Steuer) ist zu beachten. Die am 31.12.2020 verbleibenden negativen Einkünfte aus Vermietung und Verpachtung in Höhe von ./. 15 000 € sind gesondert festzustellen; § 10d Abs. 4 EStG gilt sinngemäß (§ 2a Abs. 1 Satz 5 EStG).

1. Hinweis:

Ist W in einem DBA-Staat als Gewerbetreibender und Vermieter tätig, ist nach dem jeweiligen DBA zu prüfen, welchem Staat das Besteuerungsrecht zusteht.

Steht das Besteuerungsrecht nicht allein dem ausländischen Staat zu und ein Ausgleich der Doppelbesteuerung erfolgt über eine Steueranrechnung gemäß DBA i. V. m. § 34c EStG (Anrechnungsmethode), ist für den Ansatz der Verluste § 2a EStG zu beachten.

Steht nach DBA das Besteuerungsrecht nur dem Betriebsstättenstaat zu, hat Deutschland nur das Recht, diese Einkünfte beim Progressionsvorbehalt gemäß DBA i. V. m. § 32b Abs. 1 Satz 1 Nr. 3 EStG i. V. m. § 2a EStG zu berücksichtigen.

2. Hinweis:

Hat W seine Betriebsstätte und seinen vermieteten Grundbesitz in einem Mitgliedstaat der EU, ist § 2a Abs. 1 EStG nicht anzuwenden.

In Fällen, in denen in einem DBA die Anrechnungsmethode vereinbart ist, können Verluste mit inländischen Einkünften ausgeglichen werden.

In Fällen, in denen in einem DBA die Freistellungsmethode vereinbart ist, ist die Nichtberücksichtigung der Verluste lediglich Folge der Aufteilung der Besteuerungsrechte. Die Verluste sind aber grundsätzlich im Rahmen des Progressionsvorbehaltes gemäß § 32b Abs. 1 Satz 1 Nr. 3 EStG anzusetzen.

Hier ist aber § 32b Abs. 1 Satz 2 Nr. 2 EStG zu beachten. Danach gilt § 32b Abs. 1 Satz 1 Nr. 3 EStG (der anordnet, dass der Progressionsvorbehalt durchzuführen ist) nicht für Einkünfte aus einer anderen als in einem Drittstaat belegenen gewerblichen Betriebstätte, die nicht die Voraussetzungen des § 2a Abs. 2 Satz 1 EStG erfüllt (passive Betriebstätte). Insoweit ist der Progressionsvorbehalt nicht durchzuführen. Der Verweis auf § 2a Abs. 2 Satz 1 EStG bezieht sich nur auf die Aktivitätsforderungen.

Im Falle einer aktiven Betriebstätte findet § 32b Abs. 1 Satz 2 Nr. 2 EStG keine Anwendung, weil diese die Voraussetzungen des § 2a Abs. 2 Satz 1 EStG erfüllt. Somit ist der Progressionsvorbehalt gemäß § 32b Abs. 1 Satz 1 Nr. 3 EStG durchzuführen.

Rechtsprechungshinweise

BFH v. 26.1.2017 - I R 66/15, BFH/NV 2017, 726; BFH v. 19.7.2010 - I B 10/10, BFH/NV 2011, 17; BFH v. 26.3.1991 - IX R 162/85, BStBl 1991 II 704; BFH v. 9.6.2010 - I R 107/09, BFH/NV 2010, 1744

FALL 14

Progressionsvorbehalt und passive außerordentliche Einkünfte (§§ 32b, 2a EStG)

Sachverhalt

Weltbürger W, wohnhaft im Inland, hat aus einer Betriebstätte in einem DBA-Drittstaat i. S. des § 2a Abs. 2a EStG im Veranlagungszeitraum 2018 negative passive gewerbliche Einkünfte als Einzelunternehmer in Höhe von umgerechnet 350 000 € erzielt, die nach § 2a Abs. 1 Satz 5 EStG für Zwecke des Progressionsvorbehalts gesondert festgestellt wurden. Im Veranlagungszeitraum 2019 hat W einen laufenden Gewinn in Höhe von 100 000 € sowie außerordentliche Einkünfte i. S. des § 34 Abs. 1 Satz 2 EStG in Höhe von 1 000 000 € erwirtschaftet.

W meint, die außerordentlichen Einkünfte seien gemäß § 32b Abs. 2 Nr. 2 EStG zu einem Fünftel mit dem Verlust zu verrechnen, so dass die Verluste gemäß § 2a EStG für Zwecke des Progressionsvorbehalts zum 31.12.2019 in Höhe von 50 000 € (= 350 000 € ./. 100 000 € ./. (1 000 000 € * 1/5)) festzustellen seien.

Frage

Hat er Recht?

Hinweis

Art. 23 A OECD-MA ist anzuwenden.

LÖSUNG

W ist infolge seines inländischen Wohnsitzes (§ 8 AO) unbeschränkt einkommensteuerpflichtig (§ 1 Abs. 1 EStG). Er erzielt Einkünfte aus Gewerbebetrieb (§ 15 Abs. 1 Satz 1 Nr. 1 EStG). Gemäß Art. 7 Abs. 1 OECD-MA steht das Besteuerungsrecht dem Sitzstaat des Unternehmens zu; dies gilt nicht, soweit im anderen Staat eine Betriebsstätte betrieben wird; dann steht dem Betriebsstättenstaat das Besteuerungsrecht für den Betriebsstättengewinn zu. W hat in einem DBA-Drittstaat eine Betriebsstätte i. S. des § 12 Satz 1 AO. Die Einkünfte aus Gewerbebetrieb werden im Inland von der Besteuerung ausgenommen. Nach Art. 23 A Abs. 3 OECD-MA ist bei der Ermittlung der Einkommensteuer der Progressionsvorbehalt gemäß § 32b Abs. 1 Satz 1 Nr. 3 EStG zu beachten. Ein negativer Progressionsvorbehalt ist 2018 jedoch nicht anzusetzen (§ 2a Abs. 1 Satz 1 Nr. 2, § 2a Abs. 2 EStG). Es kommt zur gesonderten Feststellung (§ 2a Abs. 1 Satz 5 EStG) auch für Zwecke des Progressionsvorbehalts.

Bei der Durchführung der Veranlagung 2019 ist im Rahmen des Progressionsvorbehalts der 2018 erlittene Verlust mit den positiven Einkünften zu verrechnen (§ 2a Abs. 1 Satz 3 EStG). Somit mindern sich die zum 31.12.2018 gesondert festgestellten verbleibenden negativen Einkünfte von 350 000 € um den laufenden Gewinn von 100 000 € auf 250 000 €. Fraglich ist, ob die außerordentlichen Einkünfte von 1 000 000 € zu einem Fünftel hinzuzurechnen sind oder in voller Höhe.

Nach dem Wortlaut ordnet § 32b Abs. 2 Nr. 2 EStG zur Berechnung des besonderen Steuersatzes im Wege der Hinzurechnungsmethode an, dass das nach § 32a Abs. 1 EStG zu versteuernde Einkommen um die nach DBA befreiten Einkünfte (§ 32b Abs. 1 Satz 1 Nr. 3 EStG) vermehrt oder vermindert wird, und hierbei die darin enthaltenen außerordentlichen Einkünfte für Zwecke des Progressionsvorhalts nur zu einem Fünftel anzusetzen sind. Die Berechnung des besonderen Steuersatzes sagt aus systematischen Gründen nichts über die Einkünfteermittlung aus. § 2a Abs. 1 EStG regelt die Ermittlung der Einkünfte eigenständig und gegenüber § 32b EStG vorrangig. Der in § 2a Abs. 1 Satz 1 EStG angeordnete Verlustausgleich gibt sowohl nach seinem Wortlaut als auch nach seinem Zweck, Fehlentwicklungen im Bereich der Verlustverwertung zu begegnen, keinerlei Anhalt dafür, die aus passiven Betriebsstätten erzielten Verluste nicht mit den außerordentlichen Einkünften derselben Art zu verrechnen. Die aus passiven Betriebsstätten erzielten Verluste sind mit den außerordentlichen Einkünften derselben Art zu verrechnen. Die Fünftelregelung kommt nur für den nach vorheriger Verrechnung mit den laufenden negativen Betriebsstätteneinkünften verbleibenden Teil der außerordentlichen Einkünfte zum Tragen.

Den verbleibenden negativen Einkünften von 250 000 € sind demnach die außerordentlichen Einkünfte von 1 000 000 € in voller Höhe zuzurechnen. Der übersteigende Betrag von 750 000 € ist zu einem Fünftel (150 000 €) bei der Einkommensteuerveranlagung 2019 anzusetzen, § 34 Abs. 1 EStG.

Ergebnis

Die verbleibenden negativen Einkünfte auf den 31.12.2019 sind in Höhe von 0 € festzustellen.

Rechtsprechungshinweise

BFH v. 25.11.2014 - I R 84/13, BFH/NV 2015, 664

FALL 15

Anrechnung/Abzug bei einem DBA (§ 34c Abs. 6 EStG)

Sachverhalt

Der im Inland wohnhafte Einzelunternehmer U (Maler) hält Aktien einer Kapitalgesellschaft mit Sitz im DBA-Ausland Kanada, an der er weniger als 10 % beteiligt ist, im Betriebsvermögen. Er erhält Dividenden in Höhe von 1 000 €; dem stehen Betriebsausgaben in Höhe von 100 € gegenüber; 25 % Quellensteuer werden einbehalten. Die Summe der Einkünfte beträgt 17 140 €. Nach Abzug von 5 000 € Sonderausgaben beläuft sich sein zu versteuerndes Einkommen auf 12 140 €, dem Progressionsvorbehalt unterliegen 42 860 €.

Frage

Ist einkommensteuerlich die Anrechnungs- oder die Abzugsmethode günstiger?

Abwandlung

U hält die Aktien der Kapitalgesellschaft mit Sitz in Kanada in seinem Privatvermögen.

Hinweis

Das OECD-MA ist mit Ausnahme von Art. 23 B anzuwenden. Beachte Art. 10 Abs. 2 Satz 1 zweiter Halbsatz Buchst. b) OECD-MA.

LÖSUNG

U ist infolge seines inländischen Wohnsitzes unbeschränkt einkommensteuerpflichtig (§ 1 Abs. 1 EStG). Er erzielt Einkünfte aus Gewerbebetrieb (§ 15 Abs. 1 Satz 1 Nr. 1 EStG). Die Dividenden sind Betriebseinnahmen. Sie fließen in die inländische Bemessungsgrundlage ein. U entrichtet auch kanadische Quellensteuer. Die Doppelbesteuerung kann durch die Anrechnungsmethode nach § 34c Abs. 1 EStG vermieden werden. Gemäß § 34c Abs. 6 Satz 2 EStG sind die Absätze 1 Satz 2 bis 5 (Anrechnung) und Absatz 2 (Abzug) entsprechend auf die nach einem Abkommen anzurechnende ausländische Steuer anzuwenden, soweit in einem DBA die Anrechnung einer ausländischen Steuer auf die deutsche Einkommensteuer vorgesehen ist.

Art 23 A Abs. 2 OECD-MA/Art. 23 Abs. 2 Buchst. b Doppelbuchst. aa DBA-Kanada sieht eine Anrechnung vor: Wenn eine in einem Vertragsstaat ansässige Person (hier: U in Deutschland) Einkünfte bezieht, die nach Art. 10 OECD-MA/Art. 10 DBA-Kanada im anderen Staat (Ausland) besteuert werden können, rechnet der erstgenannte Staat (Deutschland) auf die vom Einkommen dieser Person zu erhebenden Steuer den Betrag an, der der im anderen Staat gezahlten Steuer entspricht.

Hier bezieht U Dividenden, die gemäß Art. 10 Abs. 2 Satz 1 OECD-MA/Art. 10 Abs. 2 Satz 1 DBA-Kanada auch in dem Vertragsstaat, in dem die Dividenden zahlende Gesellschaft ansässig ist, besteuert werden. Die Quellensteuer darf aber 15 % des Bruttobetrages der Dividenden nicht übersteigen, Art. 10 Abs. 2 Satz 1 zweiter Halbsatz Buchst. b) OECD-MA/DBA-Kanada, hier also 1 000 € x 15 % = 150 €. Die Quellensteuer entspricht der deutschen Einkommensteuer, da sie direkt auf die Besteuerung des Einkommens gerichtet ist (vgl. Art. 2 Abs. 2 OECD-MA/Art. 2 Abs. 2 i. V. m. Art. 2 Abs. 3 DBA-Kanada).

a) Anrechnung

Gemäß § 34c Abs. 6 Satz 2 EStG i. V. m. Abs. 1 Satz 2 bis 5 EStG ist bei unbeschränkt Steuerpflichtigen, die mit ausländischen Einkünften in dem Staat, aus dem die Einkünfte stammen, zu einer der deutschen Einkommensteuer entsprechenden Steuer herangezogen werden, die festgesetzte und gezahlte und um einen entstandenen Ermäßigungsanspruch gekürzte ausländische Steuer auf die deutsche Einkommensteuer anzurechnen, die auf die Einkünfte aus diesem Staat entfällt; das gilt nicht für Einkünfte aus Kapitalvermögen, auf die § 32d Abs. 1 und 3 bis 6 EStG anzuwenden ist. Die anteilige deutsche Einkommensteuer stellt damit den Anrechnungshöchstbetrag dar (§ 34c Abs. 1 Satz 2 EStG). Bei der Höchstbetragsberechnung ist die „per-country-limitation" des § 34c Abs. 1 Satz 1-3 EStG zu beachten. Die Berechnung ist für jeden Staat getrennt durchzuführen (hier: für Kanada).

Die Dividendenbezüge unterfallen gemäß § 20 Abs. 8 EStG den Einkünften aus Gewerbebetrieb und unterliegen nicht dem gesonderten Steuertarif gemäß § 32d Abs. 1 EStG. Sie sind gemäß § 3 Nr. 40 Satz 1 Buchst. d) Satz 1 i. V. m. § 3 Nr. 40 Satz 2 EStG in Höhe von 40 % steuerfrei. Hiermit in wirtschaftlichem Zusammenhang stehende Betriebsausgaben dürfen gemäß § 3c Abs. 2 Satz 1 EStG nur zu 60 % abgezogen werden:

Bezüge: 1 000 € x 60 % =	600 €
Betriebsausgaben: 100 € x 60 % =	./. 60 €
	540 €

Für die Berechnung der anrechenbaren ausländischen Steuer bestimmt § 34c Abs. 1 Satz 2 EStG, dass die auf die ausländischen Einkünfte nach Satz 1 erster Halbsatz entfallende deutsche Einkommensteuer in der Weise zu ermitteln ist, dass der sich bei der Veranlagung des zu versteuernden Einkommens, einschließlich der ausländischen Einkünfte, nach den §§ 32a, 32b, 34, 34a und 34b EStG ergebende durchschnittliche Steuersatz auf die ausländischen Einkünfte anzuwenden ist. Bei der Ermittlung des zu versteuernden Einkommens und der ausländischen Einkünfte sind die Einkünfte nach Satz 1 zweiter Halbsatz nicht zu berücksichtigen.

Zu versteuern:	12 140 €
Zuzüglich steuerfreie Einkünfte nach § 32b EStG:	42 860 €
Einkommensteuer auf	55 000 €
Einkommensteuer:	14 478 €
Durchschnittlicher Steuersatz	26,3236%
Bezogen auf das zu versteuernde Einkommen von 12 140 € =	3 195 €

Ermittlung der anrechenbaren ausländischen Steuer:

540 € * 26,3236 % =	142 €
	3 053 €

b) Abzug

Auf Antrag ist die ausländische Steuer bei der Ermittlung der Einkünfte abzuziehen, soweit sie auf ausländische Einkünfte entfällt, die nicht steuerfrei sind, § 34c Abs. 6 Satz 2 i. V. m. Abs. 2 EStG. Die Dividendenbezüge sind gemäß § 3 Nr. 40 Satz 1 Buchst. d) Satz 1 i. V. m. § 3 Nr. 40 Satz 2 EStG in Höhe von 40 % steuerfrei, so dass die Steuer nur zu 60 % abziehbar ist. Die ausländische Steuer ist nach Art. 23 A Abs. 2 Satz 1, Art. 10 Abs. 2 Satz 1 OECD MA/Art. 23 Abs. 2 Buchst. b Doppelbuchst. aa, Art. 10 Abs. 2 Satz 1 Halbsatz 2 Buchst. b DBA-Kanada in Höhe von 150 € anrechenbar. Nur insoweit ist § 34c Abs. 2 EStG über § 34c Abs. 6 EStG bzgl. DBA entsprechend anwendbar. Somit ist die Quellensteuer nur in Höhe von 60 % x 150 € = 90 € abzuziehen.

Bisherige Summe der Einkünfte	17 140 €
./. Quellensteuer	./. 90 €
./. Sonderausgaben	./. 5 000 €
zu versteuerndes Einkommen	12 050 €
für die Ermittlung des Steuersatzes nach § 32b Abs. 2 EStG hinzuzurechnen	42 860 €
	54 910 €
hierauf Einkommensteuer	14 440 €
durchschnittlicher Steuersatz =	26,2976 %
bezogen auf das zu versteuernde Einkommen von 12 050 € =	3 168 €

VG-DBA

Art. 10 Abs. 2 Satz 1 zweiter Halbsatz Nr. 2 VG-DBA weicht nicht vom OECD-MA ab.

Ergebnis

Die Anrechnungsmethode ist günstiger.

Abwandlung

Auf Einkünfte aus Kapitalvermögen i. S. des § 32d EStG, die der Abgeltungssteuer unterliegen, ist § 34c EStG nicht anzuwenden. Anzuwenden ist die speziellere Vorschrift des § 32d Abs. 5 EStG (vgl. § 34c Abs. 1 Satz 1, 2. Halbsatz EStG).

Dividenden werden nach Art. 10 OECD-MA/Art. 10 DBA-Kanada in dem Staat besteuert, in dem der Empfänger der Dividenden ansässig ist. U ist nach Art. 4 Abs. 1 OECD-MA/Art. 4 Abs. 1 DBA-Kanada im Inland ansässig. Die Dividenden, Einkünfte aus Kapitalvermögen, unterliegen der inländischen Besteuerung (§ 20 Abs. 1 Nr. 1, § 32d Abs. 1 EStG). Eine Veranlagung ist durchzuführen, da in Kanada keine deutsche Kapitalertragsteuer einbehalten wurde (§ 32d Abs. 3 EStG). In Kanada wird eine Quellensteuer erhoben. Diese kann als der deutschen Einkommensteuer entsprechende Steuer nach § 32d Abs. 5 EStG maximal bis zur Höhe der deutschen Abgeltungsteuer in Höhe von 25 % angerechnet werden. Die Begrenzung auf einen Anrechnungshöchstbetrag bezieht sich dabei nach § 32d Abs. 5 EStG auf den einzelnen Kapitalertrag („per-item-limitation"). § 32d Abs. 5 Satz 3 EStG begrenzt die Anrechnung zudem auf die Höhe der im jeweiligen Veranlagungszeitraum auf die bezogenen Kapitalerträge i. S. des § 32d Abs. 5 Satz 1 EStG entfallenden deutschen Steuer. Dies gilt entsprechend bei einem Antrag auf „Günstigerprüfung" (§ 32d Abs. 6 Satz 2 EStG, § 32d Abs. 6 Satz 1 EStG). Zu prüfen ist, ob die ausländische Quellensteuer einem Ermäßigungsanspruch unterliegt. Nach Art. 10 Abs. 2 Buchst. b DBA Kanada darf die Quellensteuer 15 % nicht übersteigen. Infolgedessen ist im Inland maximal 15 % Quellensteuer anrechenbar. U hat Abgeltungsteuer nachzuentrichten. In Kanada kann ein Antrag auf Herabsetzung der Quellensteuer auf 15 % gestellt werden.

Rechtsprechungshinweise

BFH v. 23.11.2021 - VIII R 22/18, BFH/NV 2022, 502 (zur Anrechenbarkeit ausländischer Quellensteuerbeträge bei Verrechnung von ausländischen Kapitalerträgen mit inländischen Verlusten aus Kapitalvermögen); BFH v. 30.11.2016 - VIII R 11/14, BFH/NV 2017, 797; BFH v. 6.4.2016 - I R 61/14, BFH/NV 2016, 1351; BFH v. 27.3.1996 - I R 49/95, BStBl 1997 II 91; BFH v. 20.12.1995 - I R 57/94, BStBl 1996 II 261

FALL 16

Auslandstätigkeitserlass (§ 34c Abs. 5 EStG)

Sachverhalt

Der in Karlsruhe/Deutschland wohnhafte alleinstehende Monteur Max Maier (MM) wird von seinem inländischen Arbeitgeber Maschbau GmbH, Karlsruhe, zur Montage einer Klimaanlage in Amman/Jordanien für die Zeit vom Montag, 7.4.01, bis Freitag, 21.8.01, entsandt; er fliegt am Sonntag, 6.4.01, nach Amman. Zur Rücksprache wegen technischer Probleme bei der Montage hält er sich am Sitz des Arbeitgebers in Karlsruhe vom Dienstag, 17.6.01, bis Dienstag, 24.6.01, auf (Hinflug: Montag, 16.6.01, Rückflug: Mittwoch, 25.6.01). Vom 19.7.01 bis 31.7.01 hat er mit seiner Freundin Sabine einen Tauchurlaub in Hurghada/Ägypten absolviert.

1. Abwandlung

a) Wie Grundfall, aber MM ist bei der Usinor S.A. mit Sitz in Saverne/Frankreich angestellt (kein Grenzgängerfall).

b) Die französische Firma ist in Straßburg/Frankreich ansässig (Grenzgängerfall).

2. Abwandlung

Wie Grundfall, aber MM ist bei der Anlagenbau mit Sitz in Basel/Schweiz angestellt.

3. Abwandlung

MM wohnt in Lindau/Deutschland und ist bei der Zweigniederlassung des amerikanischen Maschinenbauunternehmens Engineering Inc. Chicago/USA, in Vaduz/Liechtenstein angestellt.

4. Abwandlung

MM ist als Beamter des Landes Baden-Württemberg für den Aufbau der Kriminalpolizei in Jordanien von dem Bundesinnenministerium entsandt; das Gehalt für die Dauer des Einsatzes in Jordanien wird von der Bundesrepublik Deutschland getragen.

5. Abwandlung

Wie Grundfall, aber MM wohnt in Besançon/Frankreich und arbeitet für die Maschbau GmbH, Freiburg/Deutschland.

Frage

Wie ist die Besteuerung der Lohnbezüge, soweit sie auf die Auslandstätigkeit entfallen, durchzuführen?

Hinweis

In Jordanien ist von den Bezügen eine nationale, der deutschen Einkommensteuer entsprechende Steuer in Höhe von 5 % einbehalten worden; mit Jordanien besteht kein DBA.

LÖSUNG

MM unterliegt lt. Sachverhalt der unbeschränkten Einkommensteuerpflicht. Demnach hat MM sein Welteinkommen einschließlich seiner ausländischen Einkünfte zu versteuern. Als ausländische Einkünfte kommen hier die Einkünfte aus nichtselbständiger Arbeit gemäß § 19 EStG in Betracht, soweit sie auf die in Jordanien geleistete Tätigkeit entfallen – § 34d Nr. 5 EStG. Diese Einkünfte sind – wenn kein DBA abgeschlossen ist, was vorliegend der Fall ist – nach § 34c Abs. 1 EStG grundsätzlich unter Anrechnung der ausländischen Steuer im Inland zu versteuern. Die in Jordanien entrichtete Steuer kann auf die deutsche Einkommensteuer, soweit sie auf die ausländischen Einkünfte entfällt, uneingeschränkt angerechnet werden.

Zu prüfen ist, ob die Voraussetzungen für die Anwendung des sog. Auslandstätigkeitserlasses (ATE) – BMF-Schreiben vom 10.6.2022, BStBl 2022 I 997 – erfüllt sind. Dazu müsste MM sich im Rahmen einer Montagetätigkeit für einen inländischen Arbeitgeber mehr als drei Monate ununterbrochen im Ausland zu Montagezwecken aufgehalten haben. In diesem Falle wären die auf die Montagetätigkeit entfallenden Lohnanteile unter Beachtung des Progressionsvorbehalts steuerfrei.

Zum Begriff des Auslands vgl. BFH v. 14.6.1991 - VI R 185/87, BStBl 1991 II 926, zum Begriff der begünstigten Tätigkeit vgl. Rz. 2,3 des ATE.

Hinweis

Nach verschiedenen FG-Urteilen ist eine rein leitende Tätigkeit bzw. Beratertätigkeit nicht begünstigt.

Vorliegend sind die beiden vorgenannten Voraussetzungen zu bejahen.

Der Begriff des EU-/EWR-Arbeitgebers im Sinne des Erlasses (vgl. Rz. 1) ist auch erfüllt, da der Arbeitgeber Sitz, Geschäftsleitung, Betriebsstätte oder einem ständigen Vertreter in einem Mitgliedstaat der Europäischen Union (EU) oder einem Staat, auf den das Abkommen über den Europäischen Wirtschaftsraum (EWR) Anwendung findet, hat.

Zur Frage des begünstigten Arbeitslohns vgl. Rz. 7 bis 9 des ATE sowie BMF v. 8.10.2024, BStBl 2024 I 1308, Rz. 25 bis 26; zu Sonderausgaben im Zusammenhang mit dem Arbeitslohn nach ATE vgl. FG Düsseldorf v. 10.7.2018 - 10 K 1964/17 E, EFG 2018, 1515, rechtskräftig.

Ferner ist die Aufenthaltsdauer im Ausland zu prüfen. Hierzu bestimmt Rz. 4 bis 6 ATE: Die Auslandstätigkeit muss mindestens drei Monate ununterbrochen in Staaten ausgeübt werden, mit denen kein DBA besteht, in das Einkünfte aus nichtselbständiger Arbeit einbezogen sind. Sie beginnt mit Antritt der Reise ins Ausland und endet mit der endgültigen Rückkehr ins Inland. Eine vorübergehende Rückkehr ins Inland oder ein kurzer Aufenthalt in einem Staat, mit dem ein Abkommen zur Vermeidung der Doppelbesteuerung besteht, in das Einkünfte aus nichtselbständiger Arbeit einbezogen sind, gelten bis zu einer Gesamtaufenthaltsdauer von zehn vollen Kalendertagen innerhalb der Mindestfrist nicht als Unterbrechung der Auslandstätigkeit, wenn sie zur weiteren Durchführung oder Vorbereitung eines begünstigten Vorhabens notwendig sind. Dies gilt bei längeren Auslandstätigkeiten entsprechend für die jeweils letzten drei Monate. Eine Unterbrechung der Tätigkeit im Falle eines Urlaubs oder einer Krankheit ist unschädlich, unabhängig davon, wo sich der Arbeitnehmer während der Unterbrechung aufhält. Zeiten der unschädlichen Unterbrechung sind bei der Dreimonatsfrist nicht mitzurechnen.

Die Unterbrechung zwecks Besprechung technischer Probleme von 8 Tagen lt. Sachverhalt ist unschädlich und unterbricht nicht die 3-Monats-Frist.

Der Urlaub vom 19.7.01 bis 31.7.01 ist unschädlich, zählt aber für die 3-Monats-Frist nicht mit.

Demnach Aufenthalt in Jordanien: 4 Monate 2 $^1/_2$ Wochen abzüglich 2 Wochen Urlaub; dies ist zeitlich für die Anwendung des ATE ausreichend.

Nach Rz. 11 des ATE ist es für die Gewährung der Vergünstigung nach dem ATE – Freistellung der entsprechenden Einkünfte unter Beachtung des Progressionsvorbehalts – Voraussetzung, dass der Steuerpflichtige nachweist, dass die Einkünfte aus nichtselbständiger Arbeit (Arbeitslohn abzüglich der damit in unmittelbarem wirtschaftlichen Zusammenhang stehenden Werbungskosten) in dem Staat, in dem die Tätigkeit ausgeübt wird, einer der deutschen Einkommensteuer entsprechenden Steuer in einer durchschnittlichen Höhe von mindestens 10 % unterliegen, und dass die auf die Einkünfte festgesetzte Steuer entrichtet wurde; zur Ermittlung der durchschnittlichen Steuerbelastung sind die Einkünfte aus nichtselbständiger Arbeit im Tätigkeitsstaat nach deutschem Steuerrecht zu ermitteln (zu DBA-Fällen: § 50d Abs. 8 EStG). Da in Jordanien lt. Sachverhalt lediglich Ertragsteuern in Höhe von 5 % einbehalten und entrichtet worden sind, kann die Steuerfreistellung nicht gewährt werden.

Unterstellt, in Jordanien wären Steuern in Höhe von mindestens 10 % entrichtet worden, dann kann die Steuerfreistellung nach dem ATE entweder vom Arbeitgeber oder vom Arbeitnehmer (im Voraus) beim Betriebstättenfinanzamt (§ 41a Abs. 1 Nr. 1 EStG) beantragt werden. Soweit nicht bereits vom Steuerabzug abgesehen worden ist, hat der Arbeitnehmer die Vergünstigung nach dem ATE im Rahmen der Veranlagung bei seinem Wohnsitzfinanzamt zu beantragen.

Zum Problem der Antragstellung siehe BFH v. 17.6.2020 - I R 7/18, BFH/NV 2021, 87: Der Antrag auf Steuererlass nach § 34c Abs. 5 EStG i. V. m. den Regelungen des ATE wird zeitlich durch die Festsetzungsverjährung und nicht bereits durch die Bestandskraft der Steuerfestsetzung begrenzt.

1. Abwandlung

a) Die Neufassung der ATE verlangt einen Arbeitgeber, der in einem EU- oder EWR-Staat ansässig ist, dort Geschäftsleitung oder eine Betriebsstätte unterhält. Diese Voraussetzung ist bei dieser Abwandlung erfüllt.

Da Art. 13 Abs. 1 Satz 1 DBA-F sowie die übrigen Bestimmungen des Art. 13 DBA-F nicht einschlägig sind (Tätigkeit wird in keinem der Vertragsstaaten ausgeübt), kommt Art. 18 DBA-F zur Anwendung; das Besteuerungsrecht steht dem Wohnsitzstaat (= Deutschland) zu; MM kann die Vergünstigung nach dem ATE im Rahmen der Veranlagung beantragen.

b) Die Tatsache, dass MM nun unter die Grenzgängerregelung des Art. 13 Abs. 5 DBA-F fällt, ändert nichts an dem Ergebnis zur vorstehenden Fallgestaltung; denn nach der Grenzgängerregelung verbleibt das Recht zur Einkommensbesteuerung beim Wohnsitzstaat.

2. Abwandlung

Da der Arbeitgeber nicht die Voraussetzungen eines EU-/EWR-Arbeitgebers erfüllt, kann der ATE nicht zur Anwendung kommen (BFH v. 8.12.2010 - I B 98/10, BFH/NV 2011, 596).

Zu prüfen wäre, ob aufgrund des zwischen der EU und ihren Mitgliedstaaten einerseits und der Schweizerischen Eidgenossenschaft andererseits abgeschlossenen Abkommens über die Freizügigkeit (Freizügigkeitsabkommen – FZA) vom 21.6.1999 (Fundstelle: Amtsblatt der EU, vom 30.4.2002, L 114, S. 6), welches wesentliche Vergünstigungen (aus den Grundfreiheiten des AEUV) gewährt, sich ein anderes Ergebnis ableiten lässt. Diese Auffassung – Anwendung des ATE auch bei einem Schweizer Arbeitgeber – lässt sich zumindest vertreten, wenn man die Rechtsprechung des EuGH zum FZA berücksichtigt. Das FG Hessen hat in seinem Urteil vom 13.11.2024 - 1 K 792/21, juris, zum Auslandstätigkeitserlasses i. d. F. vom 31.10.1983 (BStBl 1983 I 470) diese Auffassung vertreten. Hiergegen ist unter Az. VI R 3/25 Revision anhängig.

3. Abwandlung

Die Fassung der ATE verlangt einen Arbeitgeber, der in einem EU- oder EWR-Staat ansässig ist, dort Geschäftsleitung oder eine Betriebsstätte unterhält. Diese Voraussetzung wird durch die Niederlassung (= Betriebsstätte gem. Art. 5 Abs. 2 Buchst. b) DBA-Liechtenstein, § 12 Satz 1 Nr. 2 AO) in Liechtenstein, welches ein EWR-Mitgliedstaat ist, erfüllt. Demnach ATE anwendbar.

4. Abwandlung

Der Arbeitgeber ist eine Behörde, und die Bezüge werden von einer öffentlichen Kasse (vgl. Rz. 11.1, 13 des ATE) gezahlt mit der Folge, dass auf derartige Bezüge der ATE nicht anwendbar ist.

In der Praxis umstritten ist die Auslegung der Rz. 2.5, 13 des ATE – Tätigkeit im Rahmen der deutschen öffentlichen Entwicklungshilfe, im Rahmen der Technischen oder Finanziellen Zusammenarbeit. Zu diesem Komplex hat der EuGH auf Vorlage des BFH (13.7.2021 - I R 20/18, BFH/NV 2022, 283) in seinem Urteil vom 7.9.2023 - C-15/22, HFR 2023, 1115 Folgendes entschieden:

1. Art. 4 Abs. 3 EUV und Art. 208 i. V. m. Art. 210 AEUV stehen einer nationalen Steuerpraxis nicht entgegen, wonach die Befreiung des Arbeitslohns, den ein Arbeitnehmer für eine Tätigkeit im Zusammenhang mit der öffentlichen Entwicklungshilfe erzielt, von der Einkommensteuer versagt wird, wenn diese Tätigkeit aus einem Europäischen Entwicklungsfonds finanziert wird, während die Befreiung gewährt wird, wenn eine solche Tätigkeit zu mindestens 75 % durch ein für die Entwicklungszusammenarbeit zuständiges Ministerium oder durch eine dem betreffenden Mitgliedstaat gehörende private Entwicklungshilfegesellschaft finanziert wird.
2. Die in Rede stehende nationale Steuerpraxis – es geht um die Praxis der deutschen Finanzverwaltung, Entwicklungshilfemaßnahmen, die aus dem Europäischen Entwicklungsfonds und damit nur mittelbar aus deutschen Finanzmitteln finanziert werden, nicht unter § 34c Abs. 5 EStG i. V. m. dem ATE zu fassen – fällt nicht unter die Kapitalverkehrsfreiheit i. S. von Art. 63 Abs. 1 AEUV.

Nach der Entscheidung des EuGH wird das Verfahren vor dem BFH unter I R 51/23 weiterfortgeführt.

5. Abwandlung

In dieser Abwandlung liegen unstreitig vor: inländischer Arbeitgeber, Montagetätigkeit und ausreichende Aufenthaltsdauer; MM ist jetzt aber nur beschränkt steuerpflichtig gemäß § 49 EStG. Wie sich aus dem Text des BMF-Schreibens ergibt, ist eine unbeschränkte Steuerpflicht nicht Voraussetzung für die Anwendung des ATE. Einkünfte aus nichtselbständiger Arbeit aber, soweit sie auf die Tätigkeit in Jordanien entfallen, unterliegen nicht der beschränkten Steuerpflicht – vgl. Text des § 49 Abs. 1 Nr. 4 Buchst. a Satz 1 EStG (Buchst. b) bis Buchst. e) nicht einschlägig) –, da sie nicht im Inland (= Bundesrepublik Deutschland) ausgeübt wurde; sie wird nach hM auch nicht in Deutschland verwertet (vgl. BFH v. 12.11.1986 - I R 192/85, BStBl 1987 II 383), unabhängig davon, dass der Ausübungstatbestand (hier: Jordanien) vor dem Verwertungstatbestand Vorrang besitzt.

Art. 13 DBA-F ist nicht einschlägig, da die Tätigkeit nicht im anderen Vertragsstaat ausgeübt wird, so dass das Besteuerrecht dem Ansässigkeitsstaat Frankeich nach Art. 18 DBA-F zusteht; demgemäß ist der ATE nicht anwendbar. Dies wird auch in Rz. 12 des ATE klargestellt: Der ATE hat für Fälle der beschränkten Steuerpflicht keinen Anwendungsbereich.

Ergebnis

Im Grundfall, in der 1. Abwandlung und 3. Abwandlung könnten die Einkünfte nach dem ATE von der inländischen Besteuerung unter Progressionsvorbehalt freigestellt werden, sofern im Ausland eine Ertragsteuer in Höhe von mindestens 10 % entrichtet worden ist; in der 2. Abwandlung ist die Anwendung des ATE unter der vorgenannten Voraussetzung vertretbar; in der 4. Abwandlung und 5. Abwandlung scheidet eine Anwendung des ATE aus.

Rechtsprechungshinweise

BFH v. 5.10.2021 - I B 18/21, BFH/NV 2022, 323; BFH v. 27.10.2011 - I B 26/11, BFH/NV 2012, 253; BFH v. 14.6.1991 - VI R 185/87, BStBl 1991 II 926

Verwaltungsanweisungen

BMF v. 10.6.2022, BStBl 2022 I 997

FALL 17

Ermittlung der ausländischen Einkünfte (§§ 34c, 34d EStG)

Sachverhalt

Anton Hallhuber (AH) unterhält einen Betrieb für Event-Sound-Installation in Berchtesgaden; im nahe gelegenen Salzburg/Österreich ist er an der dortigen Alpensound KG beteiligt; auf ihn entfällt ein Gewinnanteil von 25 %. Bei der Gewinnermittlung 01 der österreichischen Gesellschaft, welche nach dem Recht Österreichs zur Bilanzierung verpflichtet ist, ist eine nach dem österreichischen EStG (§ 14 öEStG) zulässige sog. Abfertigungsrückstellung (Rücklage für Zahlung an Arbeitnehmer) in Höhe von 20 000 € gebildet worden. Der Gewinn der KG beträgt unter Berücksichtigung dieser Abfertigungsrückstellung 100 000 €.

Im Rahmen der Ermittlung des besonderen Steuersatzes nach § 32b Abs. 2 EStG hat das zuständige Finanzamt den Gewinn der österreichischen Personengesellschaft nach § 4 Abs. 1 EStG ermittelt und die Abfertigungsrückstellung nicht berücksichtigt.

Frage

Ist die Vorgehensweise des Finanzamts sachlich zutreffend?

LÖSUNG

Der Gewinn aus Gewerbebetrieb einer ausländischen Personenhandelsgesellschaft, die über keine Betriebsstätte im Inland verfügt, ist nach ständiger Rechtsprechung gemäß § 4 Abs. 3 Satz 1 EStG zu ermitteln, soweit er für Zwecke des Progressionsvorbehaltes heranzuziehen ist; das (materielle) Gewinnermittlungswahlrecht nach § 4 Abs. 3 Satz 1 EStG ist ausgeschlossen, wenn nach ausländischen gesetzlichen Vorschriften eine Buchführungs- und Bilanzierungspflicht besteht (vgl. BFH v. 20.4.2021 - IV R 3/20, BFH/NV 2021, 1256); dies ist vorliegend der Fall. Dabei sind sowohl die materiellen Grundsätze ordnungsmäßiger Bilanzierung als auch die vorrangig anzuwendenden (deutschen) steuerlichen Gewinnermittlungsvorschriften zu beachten.

Es gilt der Grundsatz, dass die ausländischen Einkünfte für deutsche Besteuerungszwecke immer nach den Bestimmungen des deutschen Einkommensteuergesetzes zu ermitteln sind (R 34c Abs. 3 Satz 3, 4 EStR). Dies gilt unabhängig von der Frage, welche Schwierigkeiten die Anwendung deutschen Steuerrechts im Einzelfall nach sich zieht. Bei der Ermittlung des Gewinns können Rücklagen und Abschreibungen nicht berücksichtigt werden, soweit es für sie an einer Rechtsgrundlage im deutschen Steuerrecht fehlt.

Hiervon ausgehend hat das FA bei der Ermittlung des Gewinns der KG zutreffend eine Abfertigungsrückstellung gewinnmindernd nicht berücksichtigt. Für die entsprechenden Ansätze fehlt es im deutschen Steuerrecht an einer Rechtsgrundlage. Richtigerweise beträgt der nach deutschem Steuerrecht von der KG im Wirtschaftsjahr 01 erwirtschaftete Gewinn 120 000 €. Aus diesem Gewinn ist der Gewinnanteil des AH abzuleiten und der Steuersatz nach § 32b Abs. 2 EStG zu ermitteln.

Ergebnis

Die Vorgehensweise des Finanzamts ist sachlich zutreffend.

Rechtsprechungshinweise

BFH v. 27.11.2024 - X R 1/23, BStBl 2025 II 236; BFH v. 20.4.2021 - IV R 3/20, BFH/NV 2021, 1256

Verwaltungsanweisungen

R 34c Abs. 3 Satz 3, 4 EStR

FALL 18

Ermittlung der ausländischen Einkünfte (§ 4 Abs. 1, § 4 Abs. 3 EStG)

Sachverhalt

Anton Raff (AR), ansässig in Köln/Deutschland, ist an einer in Luxemburg ansässigen Kommanditgesellschaft mit einer vermögensmäßigen Beteiligung von 99,8 %beteiligt. Unstreitig liegen Unternehmensgewinne (gewerbliche Einkünfte) gemäß Art. 5 Abs. 1 DBA-Lux 2012 aus der mitunternehmerischen Beteiligung an einer Personengesellschaft vor, für welche Luxemburg das Besteuerungsrecht zusteht. In Deutschland unterliegen diese Einkünfte gemäß Art. 22 Abs. 2 DBA-Lux 2012 i. V. m. § 32b Abs. 1 Satz 1 Nr. 3 EStG dem Progressionsvorbehalt (die Ausnahme nach § 32b Abs. 1 Satz 2 Nr. 2 EStG soll hier außer Betracht bleiben). In der beim FA eingereichten ESt-Erklärung wird ein gemäß § 4 Abs. 3 EStG ermittelter Verlust i. H. von 100 000 € geltend gemacht. Im Rahmen der Ermittlungen seitens des FA stellt sich heraus, dass in Luxemburg zwar keine gesetzliche Buchführungspflicht im konkreten Einzelfall besteht, dass aber die Gesellschaft freiwillig eine Bilanz erstellt und auch zeitlich deutlich vor der Abgabe der ESt-Erklärung durch AR bei der luxemburgischen Finanzverwaltung zum Zwecke der Besteuerung eingereicht hat.

Frage

Ist der Einkommensbesteuerung von AR der nach § 4 Abs. 3 ermittelte Verlust zu Grunde zu legen?

LÖSUNG

Da AR im Inland ansässig ist, unterliegt sein Welteinkommen der inländischen Besteuerung.

Nach BFH v. 27.11.2024 - X R 1/23, BFH/NV 2025, 445, ist die Gewinnermittlung durch Betriebsvermögensvergleich der gesetzessystematische Regelfall. Die Gewinnermittlung durch Einnahmen-Überschuss-Rechnung kommt nur bei Erfüllung der in § 4 Abs. 3 Satz 1 EStG genannten Voraussetzungen in Betracht. Ferner können nach der Rechtsprechung des BFH auch ausländische Vorschriften, die eine Buchführungs- und Abschlusspflicht begründen, das (materielle) Gewinnermittlungswahlrecht nach § 4 Abs. 3 Satz 1 EStG ausschließen (BFH v. 20.04.2021 - IV R 3/20, BStBl 2023 II 703). Die sog. Sperrwirkung setzt voraus, dass die ausländischen Gesetze sowohl eine Buchführungs- als auch eine Abschluss- und damit Bilanzierungspflicht normieren.

Besteht keine ausländische Buchführungs- und Abschlusspflicht im vorstehend beschriebenen Sinne, kommt es für die Ausübung des Gewinnermittlungswahlrechts nach § 4 Abs. 3 Satz 1 EStG auf das Verhalten der ausländischen Personengesellschaft als „fiktiver" Normadressatin des § 4 Abs. 3 EStG – und nicht auf das des inländischen Gesellschafters – an (BFH a. a. O.). Dabei sind die Regeln zu befolgen, die auch für den reinen Inlandsfall gelten. Maßgeblich ist danach die tatsächliche Handhabung der Gewinnermittlung. Das Wahlrecht ist ausgeübt, wenn das Gewinnermittlungssubjekt (= hier: die ausländische Personengesellschaft) die Einnahmen-Überschussrechnung oder den Betriebsvermögensvergleich fertiggestellt hat und diese Gewinnermittlung als endgültig ansieht. Möchte die ausländische Personengesellschaft für Zwecke der Ermittlung der nach dem DBA steuerfreien Progressionseinkünfte die Einnahmen-Überschussrechnung wählen, muss das Wahlrecht entsprechend ausgeübt werden, bevor im In- oder Ausland eine Gewinnermittlung durch Betriebsvermögensvergleich erfolgt. Als starkes Beweisanzeichen hierfür kann gewertet werden, dass bei dem inländischen Finanzamt eine Gewinnermittlung nach § 4 Abs. 3 EStG eingereicht wird, bevor der ausländischen Steuerverwaltung ggf. eine Gewinnermittlung durch Betriebsvermögensvergleich zugeleitet worden ist.

Da die ausländische Personengesellschaft bereits ihr Gewinnermittlungswahlrecht ausgeübt hat, ist AR gehindert, seinen Gewinnanteile nach § 4 Abs. 3 EStG zu ermitteln.

Ergebnis

Das Wahlrecht nach § 4 Abs. 3 Satz 2 EStG ist durch die Personengesellschaft und nicht durch den einzelnen Gesellschafter auszuüben; wenn diese es dahingehend ausgeübt hat, dass es eine Bilanz entsprechend § 4 Abs. 1 EStG beim FA eingereicht hat, dann ist eine später erstellte Gewinnermittlung durch den Gesellschafter nach § 4 Abs. 3 EStG nicht mehr möglich (Sperrwirkung).

Umgekehrt: Eine ausländische Personengesellschaft hat ihr Gewinnermittlungswahlrecht nach § 4 Abs. 3 Satz 1 EStG rechtserheblich ausgeübt, wenn sie eine Einnahmen-Überschussrechnung fertigstellt und diese Gewinnermittlung als endgültig ansieht. Eine zeitlich nachfolgende Gewinnermittlung durch Betriebsvermögensvergleich im In- oder Ausland berührt diesen Umstand nicht.

Dies gilt erst recht, wenn für die ausländische Personengesellschaft in ihrem Sitzstaat eine Buchführungs- und Bilanzierungspflicht besteht.

Rechtsprechungshinweise

BFH v. 13.11.2024 - I R 5/21, BFH/NV 664; BFH v. 18.1.2023 - I R 48/19, BFH/NV 2023, 814; BFH v. 20.4.2021 - IV R 3/20, BStBl 2023 II 703; BFH v. 20.4.2021 - IV R 20/17, BFH/NV 2021, 1191

Hinweis

Zu dem Problem des Verlusts des Wahlrechts siehe auch BFH v. 27.11.2024 - X R 1/23, BFH/NV 2025, 445, durch freiwillige Erstellung einer Eröffnungsbilanz, der Einrichtung einer kaufmännischen Buchführung und Erstellung eines Abschlusses aufgrund von Bestandsaufnahmen. Der Abschluss ist in dem Zeitpunkt erstellt, in dem der Steuerpflichtige ihn fertiggestellt hat und objektiv erkennbar als endgültig ansieht.

FALL 19

Verwertung (§§ 34d, 49 EStG)

Sachverhalt

Das deutsche Luftfahrtunternehmen Global Flight GmbH mit Sitz und Geschäftsleitung in Frankfurt unterhält auf den Bahamas (Flughafen Nassau) als rechtlich unselbständige Niederlassung einen sog. Stationsbetrieb, der 01 mit fünf Arbeitnehmern besetzt war. Zu den Aufgaben des Stationsbetriebs gehörte die Abfertigung der Flugzeuge und Passagiere. Hierzu zählte u. a. das Be- und Entladen der Flugzeuge, die Annahme und die Weiterleitung des Passagiergepäcks, die Betreuung der ein- und aussteigenden Passagiere, die Versorgung der Flugzeuge mit Betriebsstoffen und die Bereitstellung von Speisen, Getränken und Zeitungen. Dem Stationsbetrieb obliegt auch die Flug- und Streckenberatung sowie die Wartung der Flugzeuge im Rahmen bestimmter Wartungsstufen.

Aufgrund einer bei der Global Flight in Frankfurt durchgeführten Lohnsteueraußenprüfung erließ das FA einen Haftungsbescheid nach § 42d EStG mit folgender Begründung: Die von den Bediensteten auf den Bahamas ausgeübte Tätigkeit werde von der Global Flight im Inland verwertet, sodass es sich um inländische Einkünfte im Sinne des § 49 Abs. 1 Nr. 4 Buchst. a) EStG handeln würde; im Übrigen würden auch die Löhne der auf den Bahamas Beschäftigten zulasten des deutschen Gewinns verbucht.

Frage

Ist die Rechtsauffassung des FA zutreffend?

LÖSUNG

Der Begriff der Verwertung, der sowohl in § 34d EStG als auch in § 49 Abs. 1 EStG an verschiedenen Stellen auftaucht, ist im Gesetz selbst nicht definiert. Ebenfalls nicht definiert ist das Rangverhältnis von „ausüben“ und „verwerten“ zueinander. Der BFH hat in einer Reihe von Fällen den Begriff der Verwertung zugunsten des Begriffs der Ausübung zurückgedrängt und letztem den Vorrang gegeben.

Unter „verwerten“ ist der Vorgang zu verstehen, durch den der Arbeitnehmer das Ergebnis seiner nichtselbständigen Arbeit seinem Arbeitgeber zuführt. Dies ergibt sich nach Auffassung des

BFH (12.11.1986 - I R 320/83, BStBl 1987 II 381) aus der grammatischen Auslegung und dem Gesamtzusammenhang, in dem das Wort „verwerten" steht. Das Wort „verwerten" kann sich auf einen Gegenstand in dem Sinne beziehen, dass der Wert, der in ihm steckt, herausgeholt wird und zunutze gemacht wird. Der Nutzen der geleisteten Arbeit kann dort gezogen werden, wo die Arbeit ausgeübt wird. Es ist jedoch auch denkbar, den Nutzen an einem anderen Ort zu ziehen, vor allem bei Tätigkeiten, durch die ein geistiges Produkt hervorgebracht wird.

Unter „verwerten" im Sinne des § 49 Abs. 1 Nr. 3 und 4 EStG (gleichlautend § 34d Nr. 3 und 5 EStG) kann nur ein Nutzbarmachen gemeint sein, welches an einem Ort geschieht, der von dem der Ausübung verschieden sein kann. Wenn der Gesetzgeber in § 49 Abs. 1 Nr. 4 Buchst. a) EStG für das Vorliegen inländischer Einkünfte sowohl an die Ausübung als auch an die Verwertung der nichtselbständigen Arbeit anknüpft, kann sich der Begriff der Verwertung nur auf diejenigen Fälle beziehen, in denen die nichtselbständige Arbeit an einem Ort verwertet wird, der nicht mit dem der Ausübung übereinstimmt.

Das Tatbestandsmerkmal „verwerten im Inland"/„verwerten im Ausland" kann nicht davon abhängen, ob der Arbeitslohn zulasten eines inländischen Arbeitgebers gezahlt wird. Das Gesetz stellt in § 49 Abs. 1 Nr. 4 bzw. § 34d Nr. 5 EStG für bestimmte Einkünfte aus nichtselbständiger Tätigkeit darauf ab, ob sie aus inländischen öffentlichen Kassen gewährt werden. Daraus ist zu entnehmen, dass es bei anderen Einkünften aus nichtselbständiger Tätigkeit nicht auf den Zahlungsvorgang ankommen kann.

Nach dieser Auslegung des Wortes „verwerten" in § 49 Abs. 1 Nr. 4 EStG wurde die nichtselbständige Arbeit der auf den Bahamas stationierten Arbeitnehmer nicht im Inland verwertet. Die Arbeitnehmer konnten der Global Flight das Ergebnis ihrer nichtselbständigen Arbeit nur auf den Bahamas zuführen. Dies ergibt sich aus der Art der zu erbringenden Tätigkeiten.

Anders hingegen, wenn – wie im Fall BFH v. 12.11.1986 - I R 69/83, BStBl 1987 II 379 – es Aufgabe des im Ausland ansässigen Arbeitnehmers ist, im Ausland den Markt zu beobachten, Informationen zu sammeln und entsprechende Marktanalyseberichte zu erstellen, die dazu bestimmt sind, als Grundlage für die vom Arbeitgeber im Inland zu treffenden unternehmerischen Entscheidungen zu dienen. Ist dies der Fall, so liegt eine Verwertung der nichtselbständigen Tätigkeit im Inland vor.

Ergebnis

Die Rechtsauffassung des FA ist unzutreffend.

Rechtsprechungshinweise

BFH v. 12.11.1986 - I R 320/83, BStBl 1987 II 381; BFH v. 12.11.1986 - I R 69/83, BStBl 1987 II 379; BFH v. 12.11.1986 - I R 144/80, BFH/NV 1987, 761; BFH v. 12.11.1986 - I R 38/83, BStBl II 1987, 377; BFH v. 12.11.1986 - I R 192/85, BStBl II 1987, 383

Verwaltungsanweisung

R 49.2 EStR

FALL 20

Verwertung (§§ 34d, 49 EStG)

Sachverhalt

Anton Hummel (AH) ist erfolgreicher Autor und hat von seinem Honorar ein Appartement in Monaco erworben, wo er ansässig geworden ist und seiner schriftstellerischen Tätigkeit mit Erfolg nachgeht. Das Manuskript seines neuesten Romans hat er der X-Verlags-AG (X) mit Sitz in München zur Veröffentlichung und Verwertung ausschließlich in Deutschland übergeben; hierfür erhält er in 01 einen Vorschuss von 250 000 €. Das Buch wird von der Druckerei Y-Print GmbH in Hamburg hergestellt und auf Weisung der X an den Buchgroßhandel ausgeliefert.

Ferner hat AH in 01 der in Berlin ansässigen Filmproduktion-GmbH (F) die Rechte an einem anderen Roman zur Verfilmung und zur weltweiten Verbreitung gegen ein Entgelt von 175 000 € übertragen; der Film wurde dann in den Studios in Berlin-Babelsberg (ca. 45 %) sowie in Venedig (ca. 25 %), Athen (ca. 10 %) und Sardinien (ca. 20 %) erstellt.

Frage

Wird eine Tätigkeit im Sinne von § 49 Abs. 1 EStG im Inland „verwertet"?

LÖSUNG

Eine Besteuerung im Inland kann nur dann erfolgen, wenn AH zumindest beschränkt steuerpflichtige Einkünfte i. S. des § 49 EStG erzielt, da er über keinen Wohnsitz oder ständigen Aufenthalt im Inland verfügt. Eine schriftstellerische Tätigkeit ist eine selbständige Tätigkeit i. S. des § 49 Abs. 1 Nr. 3 EStG; die Rechtsprechung hat eine solche bejaht, wenn in selbständiger Gestaltung Gedanken schriftlich für die Öffentlichkeit niedergelegt werden (BFH v. 25.4.2002 - IV R 4/01, BStBl 2002 II 475, Abs. 15; BFH v. 30.10.1975 - IV R 142/72, BStBl 1976 II 192, Abs. 9 ff.).

Eine selbständige Tätigkeit wird grundsätzlich dort ausgeübt, wo sich die ausübende Person physisch aufhält und die betreffende Berufstätigkeit persönlich entfaltet (BFH v. 28.2.1973 - I R 145/70, BStBl 1973 II 660). Bei einem Schriftsteller ist der Ort maßgebend, an dem die schöpferische Leistung erbracht, d. h. die Texte verfasst werden. Diese für die Auslegung des in den DBA verankerten Arbeitsortsprinzips entwickelten Grundsätze gelten in gleicher Weise für die Anwendung des Ausübungstatbestandes in § 49 Abs. 1 Nrn. 3 und 4 EStG.

Verwertet wird eine selbständige schriftstellerische Tätigkeit in der Regel dort, wo der Autor dem Verleger die Autorenrechte überlässt. Dies ist grundsätzlich der Ort der Geschäftsleitung des Verlages (BFH v. 24.10.2018 - I R 69/16, BStBl 2019 II 401, Abs. 14; BFH v. 20.7.1988 - I R 174/85, BStBl 1989 II 87). Wendet man diesen Grundsatz im vorliegenden Fall an, so kommt man zu inländischen Einkünften, da der Ort der Geschäftsleitung des Verlages in der Bundesrepublik Deutschland liegt. Die Einkünfte unterliegen dem Steuerabzug nach § 50a Abs. 1 Nr. 3 EStG.

Zu den Einkünften aus selbständiger Arbeit gehören nach § 18 Abs. 1 Nr. 1 EStG die Einkünfte aus schriftstellerischer Tätigkeit (vgl. § 49 Abs. 1 Nr. 3 EStG). Einkünfte aus dieser Tätigkeit sind nicht nur die aus einem konkreten Auftragsverhältnis (Dienst-, Werk-, Verlagsvertrag o. Ä.) herrührenden Vergütungen, sondern auch Einnahmen aus einer (ggf. späteren) Verwertung des hergestellten Werkes (BFH v. 12.11.1986 - I R 268/83, BStBl 1987 II 372; BFH v. 9.2.1967 - IV 291/64, BStBl 1967 III 310; BFH v. 17.2.1966 - IV 243/63, BStBl 1966 III 450 für GEMA-Zahlungen), die sich im Hinblick auf den nach den Bestimmungen des UrhG bestehenden Schutz regelmäßig in der Verwertung des dem Autor zustehenden Urheberrechts durch Einräumung von Nutzungsrechten vollzieht und damit den Rahmen einer freiberuflichen Tätigkeit nicht überschreitet (vgl. BFH v. 11.5.1976 - VIII R 111/71, BStBl 1976 II 641).

Auch die der F übertragenen Verfilmungsrechte sind Bestandteil des dem AH als Werkschöpfer zustehenden Urheberrechts. AH hat der F das Recht eingeräumt, den Roman zur Herstellung eines Filmwerkes zu benutzen. Es handelt sich hierbei um eine Nutzungsrechtseinräumung an einem vorbestehenden Werk, die einer Verwertungsrechtsübertragung nach dem UrhG entspricht.

Zwar liegt in der Übertragung der urheberrechtlichen Befugnisse zugleich eine zeitlich begrenzte Überlassung von Rechten (schriftstellerischen Urheberrechten) i. S. des § 21 Abs. 1 Nr. 3 EStG. Die hierfür gezahlten Vergütungen rechnen jedoch nicht zu den Einkünften aus Vermietung und Verpachtung, weil dieser Tatbestand durch § 18 EStG verdrängt wird (§ 21 Abs. 3 EStG).

Die Art und Weise der Herstellung des Films spielt für das eingeräumte Recht auf Verwertung des Romanes keine Rolle; die Verwertung findet im Inland statt.

Ergebnis

Es liegt eine Verwertung der von AH ausgeübten schriftstellerischen Tätigkeit im Inland i. S. des § 49 Abs. 1 Nr. 3 EStG vor.

Rechtsprechungshinweise

BFH v. 13.10.2021 - I R 18/18, BStBl 2022 II 376 zur Verwertung von Know-how; BFH v. 13.6.2012 - I R 41/11, BStBl 2012 II 880, sowie BFH v. 4.3.2009 - I R 6/07, BStBl 2009 II 625 zur Verwertung im Sportbereich; BFH v. 15.2.1990 - IV R 13/89, BStBl 1990 II 621, LS. 2 sowie die in der Lösung genannte Entscheidungen.

FALL 21

Beschränkte Steuerpflicht (§ 49 EStG)

Sachverhalt

Der chilenische Einzelunternehmer Pedro Santander (PS) betreibt an seinem Wohnort in der Nähe von Santiago de Chile (Chile) einen Großhandel. Zum Betriebsvermögen seiner Firma gehört eine Lagerhalle in Mannheim. Seit Jahresbeginn wird diese Lagerhalle für monatlich 5 000 € fremd vermietet. Zusätzlich erhält er eine Dividende der D-AG mit Sitz in Düsseldorf i. H. von 1 000 €. Die Aktien an der D-AG gehören ebenfalls zu seinem Betriebsvermögen.

Abwandlung

PS betreibt in Chile keinen Großhandel, sondern ist ausschließlich vermögensverwaltend tätig.

Frage

Erzielt PS inländische Einkünfte im Sinne von § 49 EStG?

LÖSUNG

Ohne Wohnsitz (§ 8 AO) oder gewöhnlichen Aufenthalt (§ 9 AO) in Deutschland ist PS nicht unbeschränkt einkommensteuerpflichtig i. S. von § 1 Abs. 1 Satz 1 EStG. Mit seinen inländischen Einkünften (§ 49 EStG) ist er aber gemäß § 1 Abs. 4 EStG beschränkt einkommensteuerpflichtig. Weil PS im Veranlagungszeitraum weder über eine Betriebsstätte (§ 12 AO) noch über einen ständigen Vertreter (§ 13 AO) im Inland verfügt, liegen keine inländischen Einkünfte im Sinne von § 49 Abs. 1 Nr. 2 Buchst. a) EStG vor. Da PS im Rahmen seiner ausländischen gewerblichen Tätigkeit (i. S. von § 15 Abs. 2 EStG) inländisches unbewegliches Vermögen vermietet, erzielt er mit dieser Tätigkeit inländische Einkünfte aus Gewerbebetrieb i. S. des § 49 Abs. 1 Nr. 2 Buchst. f) Satz 1 Doppelbuchst. aa) EStG. Diese Einkünfte sind nach den Gewinnermittlungsgrundsätzen der §§ 4 ff. EStG und nicht unter Anwendung der §§ 8, 9 EStG zu ermitteln. Ohne eine Betriebsstätte im Inland wird jedoch keine Gewerbesteuer erhoben (vgl. § 2 Abs. 1 Satz 3 GewStG).

Die Dividendenzahlungen der inländischen Kapitalgesellschaft D-AG an den ausländischen, originär gewerblich tätigen Steuerpflichtigen PS unterfallen ohne inländische Betriebsstatte oder inländischen ständigen Vertreter nicht der Besteuerung nach § 49 Abs. 1 Nr. 2 Buchst. a) EStG. Betrachtet man den inländischen Sachverhalt isoliert von der ausländischen gewerblichen Tätigkeit, dann liegen Einkünfte aus Kapitalvermögen gemäß § 20 Abs. 1 Nr. 1 EStG vor. Im Inlandsfall würde die Annahme von Kapitaleinkünften an der Subsidiaritätsklausel des § 20 Abs. 8 Satz 1 EStG scheitern. Die Berücksichtigung dieses im Ausland gegebenen Besteuerungsmerkmals (originär gewerbliche Tätigkeit des PS) steht der Berücksichtigung inländischer Einkünfte entgegen, so dass nach der isolierenden Betrachtungsweise des § 49 Abs. 2 EStG inländische Einkünfte aus Kapitalvermögen gemäß § 49 Abs. 1 Nr. 5 Buchst. a) Doppelbuchst. aa) EStG vorliegen. § 49 Abs. 2 EStG räumt den im Inland verwirklichten Tatbestandsmerkmalen Vorrang für die Bestimmung der Einkunftsart ein und hebt somit die Subsidiaritätsklauseln der Nebeneinkunftsarten (§§ 20 Abs. 8, 21 Abs. 3, 22 Nr. 3 Satz 1 und 23 Abs. 2 EStG) auf. Der Anwendungsbereich von § 49 Abs. 2 EStG wird durch die gesetzgeberische Erweiterung des Katalogs inländischer Einkünfte aus Gewerbebetrieb in § 49 Abs. 1 Nr. 2 Buchst. d) und g) EStG und durch die Rechtsprechung des BFH eingeschränkt. Nach BFH v. 7.11.2001 - I R 14/01, BStBl. 2002 II 861 fingiert § 49 Abs. 2 EStG keine nicht vorhandenen Besteuerungsmerkmale wie z. B. eine fehlende Gewinnerzielungsabsicht.

Abwandlung

Vermietet der beschränkt steuerpflichtige PS die inländische Immobilie im Rahmen einer vermögensverwaltenden (nicht gewerblichen) Tätigkeit, erzielt er keine inländischen Einkünfte aus Gewerbebetrieb im Sinne von § 49 Abs. 1 Nr. 2 Buchst. f) Satz 1 Doppelbuchst. aa) EStG, sondern beschränkt einkommensteuerpflichtige inländische Einkünfte aus Vermietung und Verpachtung im Sinne des § 49 Abs. 1 Nr. 6 Satz 1 EStG, die nicht gewerbesteuerpflichtig sind. Die Gewerblichkeitsfiktion des § 49 Abs. 1 Nr. 2 Buchst. f) Satz 4 EStG gilt nur für ausländische Körperschaften. Bei beschränkt steuerpflichtigen natürlichen Personen müssen gemäß § 49 Abs. 1 Nr. 2

Buchst. f) Satz 1 EStG alle Merkmale des § 15 EStG vorliegen. Die Dividendenzahlungen stellen inländische Einkünfte aus Kapitalvermögen gemäß § 49 Abs. 1 Nr. 5 Buchst. a) Doppelbuchst. aa) EStG dar, ohne dass es einer isolierenden Betrachtung nach § 49 Abs. 2 EStG wie im Ausgangssachverhalt bedürfte.

Ergebnis

PS erzielt inländische Einkünfte im Sinne von § 49 EStG.

Rechtsprechungshinweise

BFH v. 25.10.2023 - I R 35/21, BStBl 2024 II 343 – zur Darlegung der Gewinnerzielungsabsicht

FALL 22

Beschränkte Einkommensteuerpflicht – Einkünfte aus Gewerbebetrieb (§ 49 Abs. 1 Nr. 2 Buchst. a) EStG)

Sachverhalt

Der jordanische Bauunternehmer Karim Gezzar (KG) hat die Errichtung eines Geschäftshauses in München übernommen und dieses in der Zeit vom 2.1.2020 bis 15.10.2020 fertig gestellt. Ursprünglich war nur eine Bauzeit von vier Monaten geplant. Die gesondert erstellte Endabrechnung weist einen Gewinn von 100 000 € aus.

Frage

Darf Deutschland die inländischen Einkünfte des KG besteuern?

LÖSUNG

KG erzielt inländische Einkünfte im Sinne des § 49 Abs. 1 Nr. 2 Buchst. a) EStG, da er im Inland eine Betriebsstätte unterhält. Nach § 12 Satz 2 Nr. 8 AO sind Bauausführungen, die länger als sechs Monate dauern, als Betriebsstätte anzusehen. Für die Fristberechnung kommt es nicht auf die voraussichtliche, sondern nur auf die tatsächliche Dauer der Tätigkeit an. Deshalb liegt auch dann von Anfang an eine Betriebsstätte vor, wenn die Tätigkeit planwidrig die Sechsmonatsfrist überschreitet. Die Voraussetzungen des § 49 Abs. 1 Nr. 2 Buchst. a) EStG sind damit erfüllt. Da mit Jordanien kein DBA besteht, wird das Besteuerungsrecht Deutschlands nicht beschränkt.

Ergebnis

Ohne ein DBA mit Jordanien darf Deutschland die Einkünfte des KG besteuern.

Rechtsprechungshinweise

BFH v. 16.5.2001 - I R 47/00, BStBl 2002 II 846, BFH v. 30.10.1956 - I B 71/56 U; BStBl 1957 III 8

Verwaltungsanweisungen

BMF v. 24.12.1999, BStBl 1999 I 1076, Tz. 1.1.1.2; 1.2.1.2; 4.3 sowie Anlage II

FALL 23

Beschränkte Einkommensteuerpflicht – Einkünfte aus Gewerbebetrieb (§ 49 Abs. 1 Nr. 2 Buchst. a) EStG)

Sachverhalt

Der in Gibraltar ansässige Schiffbauer Pedro Rodrigues (PR) vertreibt seine Yachten in Deutschland über die Maklerfirma M-GmbH in Hamburg. Diese besorgt für ihn die Vermittlung und den Abschluss von Kaufverträgen über bereits fertig gestellte Schiffe und nimmt Bestellungen für den Bau neuer Schiffe entgegen. Die M-GmbH nimmt diese Aufgaben seit Jahren wahr und richtet sich dabei nach den Weisungen von PR.

PR ist Portugiese und hat seine Werft in Faro/Portugal, wo er auch ansässig ist. Mit Portugal existiert ein DBA.

Hinweis

Mit Gibraltar existiert zwar ein Informationsaustauschabkommen (v. 13.8.2009, BGBl 2010 II 985), aber kein DBA; das DBA-UK ist auf Gibraltar nicht anwendbar.

Frage

Bezieht PR Einkünfte, die der deutschen Besteuerung unterliegen?

LÖSUNG

PR erzielt inländische Einkünfte gemäß § 49 Abs. 1 Nr. 2 Buchst. a) EStG. Er unterhält zwar keine Betriebsstätte (§ 12 AO) im Inland, aber die Firma M-GmbH in Hamburg wird für ihn als ständiger Vertreter **i. S. v. § 13 AO** im Inland tätig. Die Voraussetzungen des § 13 AO sind erfüllt. Zugunsten des Steuerpflichtigen nimmt die Finanzverwaltung allerdings (in Nicht-DBA-Sachverhalten) gemäß R 49.1 Abs. 1 Satz 2, 3 EStR Kommissionäre, Makler und Handelsvertreter aus.

Abwandlung

Art. 7 Abs. 1 DBA-P (BGBl 1982 II 130) beschränkt das Besteuerungsrecht Deutschlands auf Einkünfte aus einer im Inland gelegenen Betriebsstätte. Die M-GmbH stellt zwar einen „ständigen Vertreter" i. S. von § 13 AO, aber keinen „abhängigen Vertreter" i. S. von Art. 5 Abs. 5 DBA-P dar. Art. 5 Abs. 5 DBA-P fingiert das Bestehen einer Betriebsstätte, wenn eine Person in einem Vertragsstaat eine Vollmacht gewöhnlich ausübt, es sei denn, es handelt sich um einen unabhängigen Vertreter i. S. von Art. 5 Abs. 6 DBA-P (BGBl 1982 II 130).

Ergebnis

Ohne ein DBA mit Gibraltar dürfte Deutschland die Einkünfte des PR besteuern. Das DBA zwischen Deutschland und Portugal schließt das deutsche Besteuerungsrecht in der Abwandlung grundsätzlich aus.

Rechtsprechungshinweise

BFH v. 23.10.2018 - I R 54/16, BStBl 2019 II 365 – auch Geschäftsführer einer ausländischen GmbH können ständige Vertreter i. S. von § 13 AO sein; BFH v. 3.8.2005 - I R 87/04, BStBl 2006 II 220 – nur vorübergehender Aufenthalt eines Vertreters im Inland genügt nicht; BFH v. 14.9.1994 - I R 116/93, BStBl 1995 II 238 – zur Abgrenzung zwischen abhängigem und unabhängigem Vertreter nach DBA; BFH v. 28.6.1972 - I R 35/70, BStBl 1972 II 785 – zum inländischen (Schiffs-)Makler.

Verwaltungsanweisungen

BMF v. 24.12.1999, BStBl 1999 I 1076, Tz. 1.1.2, 1.2.2 sowie Anlage III; R 49.1 Abs. 1 Satz 2 und 3 EStR

FALL 24

Beschränkte Einkommensteuerpflicht – Einkünfte aus Gewerbebetrieb (§ 49 Abs. 1 Nr. 2 Buchst. d) EStG)

Sachverhalt

Der panamaische Profiboxer Diego Garcia (DG) ist 2024 für einen Vorkampf im Rahmen der Boxveranstaltung eines Hamburger Boxpromoters nach Deutschland gekommen.

Während seines Aufenthalts in Deutschland übertrug DG der ebenfalls in Hamburg ansässigen Merchandising GmbH (M-GmbH) das Nutzungsrecht an seinem Namen und seinem Bild zur Verwendung eines Schriftzugs und eines Logos auf Kappen und T-Shirts. Er erhält hierfür eine von den Verkaufszahlen abhängige Vergütung. Im Dezember 2024 hat ihm die M-GmbH 25 000 € überwiesen.

Hinweis

Mit Panama besteht ein DBA nur für Einkommen betreffend den Betrieb von Seeschiffen oder Luftfahrzeugen im internationalen Verkehr (v. 21.11.2016, BGBl 2017 II 1072).

Frage

Unterliegt DG mit seiner Kampfbörse und den Einkünften aus der Rechteüberlassung der deutschen Einkommensteuer?

LÖSUNG

Als Berufssportler übt DG, der nicht in einem Arbeitsverhältnis steht, nach ständiger Rechtsprechung eine gewerbliche Tätigkeit aus. Das einmalige Auftreten in Deutschland begründet keine Betriebsstätte. Es ist auch kein ständiger Vertreter bestellt, so dass die Voraussetzungen des § 49 Abs. 1 Nr. 2 Buchst. a) EStG nicht gegeben sind.

Es liegen jedoch inländische Einkünfte i. S. von § 49 Abs. 1 Nr. 2 Buchst. d) EStG vor, da es bei Einkünften aus einer sportlichen Darbietung für die Begründung der beschränkten Steuerpflicht nicht darauf ankommt, ob im Inland eine Betriebsstätte unterhalten wird oder ein ständiger Vertreter bestellt worden ist.

Bei dem Erlös aus der Rechteüberlassung an die M-GmbH handelt es sich nicht um unmittelbar mit der sportlichen Darbietung von DG zusammenhängende Leistungen. Sie unterfallen deshalb nicht § 49 Abs. 1 Nr. 2 Buchst. d) EStG. Eine mit einer sportlichen Darbietung zusammenhängende Leistung liegt vor, wenn ein sachlicher und personeller Zusammenhang mit der sportlichen Hauptleistung besteht. Das ist bei Nebenleistungen, die nicht vom Sportler, sondern von einem Vertragspartner aufgrund eines eigenständigen Vertrages erbracht werden, nicht der Fall. Einkünfte aus der zeitlich begrenzten Überlassung von Persönlichkeitsrechten, wozu auch das Recht am eigenen Bild und Namen zählt, stellen aber solche aus Vermietung und Verpachtung gemäß § 21 Abs. 1 Satz 1 Nr. 3 EStG dar. Die Einkünfte aus den an die M-GmbH überlassenen und von dieser in Deutschland verwerteten Rechte unterfallen danach der beschränkten Steuerpflicht gemäß § 49 Abs. 1 Nr. 6 Satz 1 EStG.

Ergebnis

DG ist mit seinen inländischen Einkünften i. S. von § 49 Abs. 1 Nr. 2 Buchst. d) und Nr. 6 EStG Satz 1 EStG nach § 1 Abs. 4 EStG beschränkt einkommensteuerpflichtig. Da hinsichtlich der hier gegebenen Einkünfte kein DBA mit Panama besteht, gilt § 49 EStG ohne Einschränkung.

Rechtsprechungshinweise

BFH v. 6.6.2012 - I R 3/11, BStBl 2013 II 430, Rdn. 15 f. – zur "(ausgeübten) sportlichen Darbietung"; BFH v. 11.10.2000 - I R 44-51/99, BStBl 2002 II 271, Rdn. 15 – zur Gewerblichkeit der Einkünfte von Berufssportlern; BFH v. 16.11.2011 - I R 65/10, BFH/NV 2012 924 – zu „zusammenhängenden Leistungen“

Verwaltungsanweisungen

R 49.1 Abs. 3 EStR

FALL 25

Beschränkte Einkommensteuerpflicht – Einkünfte aus Gewerbebetrieb (§ 49 Abs. 1 Nr. 2 Buchst. e) EStG)

Sachverhalt

Yusuf Ali (YA) hat seinen Wohnsitz und gewöhnlichen Aufenthalt in Amman/Jordanien und besitzt seit 10 Jahren eine 20 %-ige Beteiligung an der Spätzlemaschinenfabrik SMF GmbH mit Sitz in Stuttgart. Am 13.5.2020 veräußert er die Hälfte seiner Beteiligung an seinen jordanischen Geschäftsfreund Mohammed Ibn Saud.

Frage

Hat dieser Vorgang für YA einkommensteuerrechtliche Auswirkungen in Deutschland?

LÖSUNG

YA erzielt durch die Veräußerung der GmbH-Anteile Einkünfte aus Gewerbebetrieb gemäß § 49 Abs. 1 Nr. 2 Buchst. e) Doppelbuchst. aa) EStG. Er veräußert einen Teil einer Beteiligung i. S. des § 17 EStG an einer Kapitalgesellschaft mit Sitz (§ 11 AO) im Inland. Ob die Anteile bei YA zum Betriebs- oder Privatvermögen gehören, ist – anders als bei unbeschränkter Steuerpflicht – wegen der isolierenden Betrachtungsweise nach § 49 Abs. 2 EStG (vgl. Fall 21) unerheblich. Auch wenn die Veräußerung der Anteile im Ausland durch einen Ausländer an einen anderen Ausländer erfolgt, hindert dies deshalb nicht die Annahme inländischer Einkünfte.

Für die Berechnung des Veräußerungsgewinns gelten die allgemeinen Grundsätze des § 17 Abs. 2 und 3 EStG. Im Veranlagungszeitraum 2020 unterliegen die Einkünfte des YA dem Teileinkünfteverfahren, so dass 60 % seiner Einkünfte steuerpflichtig und 40 % seiner Einkünfte nach § 3 Nr. 40 Buchst. c) EStG steuerfrei sind. Die ursprünglichen Anschaffungs- und die Veräußerungskosten werden gemäß § 3c Abs. 2 EStG auch nur zu 60 % in die Ermittlung des Veräußerungsgewinns im Sinne von § 17 Abs. 2 EStG einbezogen. Der Freibetrag nach § 17 Abs. 3 EStG wird nicht nach § 3c Abs. 2 EStG gemindert.

Ergebnis

Der Veräußerungsvorgang unterliegt der beschränkten Einkommensteuerpflicht gemäß § 1 Abs. 4 i. V. m. § 49 Abs. 1 Nr. 2 Buchst. e) Doppelbuchst. aa) EStG. Da ein DBA mit Jordanien nicht besteht, kommt es ausschließlich auf § 49 EStG an.

Rechtsprechungshinweise

BFH v. 27.7.2011 - I R 32/10, BStBl 2014 II 513 – zur isolierenden Betrachtungsweise

Verwaltungsanweisungen

R 49.3 Abs. 1 EStR

FALL 26

Beschränkte Einkommensteuerpflicht – Einkünfte aus Gewerbebetrieb (§ 49 Abs. 1 Nr. 2 Buchst. f) EStG)

Sachverhalt

Der gewerbliche Grundstückshändler Abdul Jamal (AJ) mit Wohnsitz und gewöhnlichem Aufenthalt in Beirut (Libanon) hat in 2017 ein Grundstück in einem Vorort von Frankfurt gekauft. In 2020 verkauft er das Grundstück mit erheblichem Gewinn.

Abwandlung

AJ hat die Anschaffung des Grundstücks in 2017 durch ein Darlehen seines Vaters finanziert. In Abwandlung des Ausgangssachverhalts soll das Grundstück im Wert gesunken sein, so dass AJ bei der Veräußerung in 2020 einen Veräußerungsverlust erleidet. Da AJ durch den Verlust nicht in der Lage ist, das Darlehen seines Vaters ganz zurückzuzahlen, verzichtet sein Vater auf einen Teil der ursprünglichen Darlehenssumme.

Frage

Sind die Einkünfte des AJ in Deutschland steuerpflichtig? Unterliegt in der Abwandlung der durch den Forderungsverzicht verursachte Ertrag der beschränkten Steuerpflicht?

LÖSUNG

Da AJ im Inland weder eine Betriebsstätte unterhält noch einen ständigen Vertreter bestellt hat, liegen keine Einkünfte nach der vorrangigen Vorschrift des § 49 Abs. 1 Nr. 2 Buchst. a) EStG vor. Der gewerbliche Grundstückshändler AJ erzielt aber durch die Veräußerung des inländischen Grundstücks Einkünfte aus Gewerbebetrieb gemäß § 49 Abs. 1 Nr. 2 Buchst. f) Satz 1 Doppelbuchst. bb) EStG. Für die Frage, ob AJ einen gewerblichen Grundstückshandel betreibt, sind auch dessen ausländische Grundstücksverkäufe zu berücksichtigen (§ 49 Abs. 2 EStG). Da AJ inländische gewerbliche Einkünfte erzielt, entfällt die Prüfung des Besteuerungstatbestands des § 49 Abs. 1 Nr. 8 EStG (private Veräußerungsgeschäfte mit inländischen Grundstücken, vgl. auch § 23 Abs. 2 EStG).

Die Ermittlung des Veräußerungsgewinns i. S. des § 49 Abs. 1 Nr. 2 Buchst. f) Satz 1 Doppelbuchst. bb) EStG richtet sich nach den allgemeinen Gewinnermittlungsvorschriften der §§ 4 ff. EStG. Gemäß § 6 Abs. 1 Nr. 1 Satz 1 EStG ist somit bei der Gewinnermittlung von den um die AfA verminderten Anschaffungs- oder Herstellungskosten des betreffenden Grundstücks auszugehen und nicht von dem ausländischen Buchwert.

Abwandlung

Der Ertrag aus dem Forderungsverzicht gehört weder zu den gewerblichen Einnahmen aus Vermietung und Verpachtung nach § 49 Abs. 1 Nr. 2 Buchst. f) Satz 1 Doppelbuchst. aa) EStG noch zu den gewerblichen Einnahmen aus der Veräußerung des inländischen Grundstücks nach § 49 Abs. 1 Nr. 2 Buchst. f) Satz 1 Doppelbuchst. bb) EStG (vgl. BFH v. 7.12.2016 - I R 76/14, BStBl 2017 II 704, Rdn. 29). Zwischen dem Finanzierungsdarlehen und den Veräußerungseinkünften besteht zwar ein Veranlassungszusammenhang; der Verzichtsertrag gehört aber nicht zum Veräußerungsgewinn, da der Veräußerungsgewinn als Veräußerungspreis abzüglich Anschaffungs- bzw. Herstellungskosten und Veräußerungskosten definiert wird (vgl. BFH v. 7.12.2016 - I R 76/14, BStBl 2017 II 704, Rdn. 32 m. w. N.). Die verzichtsbedingte Vermögensmehrung ist nicht Bestandteil des dem AJ für den Grundstücksverkauf zugeflossenen Kaufpreises. Seit dem VZ 2019 dehnt § 49 Abs. 1 Nr. 2 Buchst. f) Satz 5 EStG (zuvor Satz 4) die beschränkt steuerpflichtigen Veräußerungseinkünfte auf „Wertveränderungen von Wirtschaftsgütern, die mit dem inländischen unbeweglichen Vermögen in wirtschaftlichem Zusammenhang stehen" aus. Die durch das JStG 2018 geschaffene Regelung gilt gemäß § 52 Abs. 45a Satz 2 EStG für Wertveränderungen, die nach dem 31.12.2018 eintreten. Da die Wertveränderung nach der Veräußerung (2020 und somit nach dem 31.12.2018) eintritt, wird auch der Ertrag aus dem Forderungsverzicht im Inland steuerlich erfasst.

Ergebnis

AJ unterliegt mit seinem inländischen Veräußerungsgewinn gemäß § 1 Abs. 4 i. V. m. § 49 Abs. 1 Nr. 2 Buchst. f) Satz 1 Doppelbuchst. bb) EStG in Deutschland der beschränkten Einkommensteuerpflicht. Der Ertrag aus dem Forderungsverzicht in der Abwandlung gehört im VZ 2020 ebenfalls zu diesen Einkünften.

Rechtsprechungshinweise

BFH v. 22.8.2006 - I R 6/06, BStBl 2007 II 163, Rdn. 10 – zur Anwendung der allgemeinen Gewinnermittlungsvorschriften; BFH v. 5.6.2002 - I R 81/00, BStBl 2004 II 344 und - I R 105/00, BFH/NV 2002, 1433 – zur Berücksichtigung im Inland in Abzug gebrachter AfA

Verwaltungsanweisungen

BMF v. 26.3.2004, BStBl 2004 I 434

FALL 27

Beschränkte Einkommensteuerpflicht – Einkünfte aus Gewerbebetrieb (§ 49 Abs. 1 Nr. 2 Buchst. g) EStG)

Sachverhalt

Diego González Sánchez (DS) ist Fußballprofi beim brasilianischen Erstligisten FC Rio de Janeiro. Damit DS in der Rückrunde der 57. Bundesliga-Spielsaison 2019/2020 (ab dem 17.01.2020) für den deutschen Fußballverein FC Stuttgart spielen darf, zahlt der inländische Fußballverein an den ausländischen Fußballverein eine Leihgebühr in Höhe von 500 000 € (sog. Spielerleihe).

Hinweis

Das DBA Brasilien vom 27.6.1975 ist nach Kündigung mit Wirkung zum 1.1.2006 außer Kraft getreten.

Frage

Ist der FC Rio de Janeiro mit dieser Leihgebühr in Deutschland im VZ 2020 steuerpflichtig?

LÖSUNG

Es wird unterstellt, dass der Futebol Clube (FC) Rio de Janeiro ein ausländischer Verein und nach dem sog. Typenvergleich (hierzu vgl. BFH v. 20.8.2008 - I R 34/08, BStBl 2009 II 263, Rdn. 18 ff., m. w. N.) mit einem inländischen, eingetragenen (und somit nach § 21 BGB rechtsfähigen) Verein vergleichbar ist. Rechtsfähige Vereine zählen als sonstige juristische Personen des privaten Rechts zu den Körperschaftssteuersubjekten nach § 1 Abs. 1 Nr. 4 KStG. Da der FC Rio de Janeiro aber weder seine Geschäftsleitung (§ 10 AO) noch seinen Sitz (§ 11 AO) im Inland hat, ist er nicht nach § 1 Abs. 1 Nr. 4 KStG unbeschränkt körperschaftsteuerpflichtig.

Er ist aber nach § 2 Nr. 1 KStG beschränkt körperschaftsteuerpflichtig, wenn er inländische Einkünfte i. S. von § 49 EStG i. V. m. § 8 Abs. 1 KStG erzielt. Zu den inländischen gewerblichen Einkünften gehören seit dem VZ 2010 (vgl. BT-Drucks. 17/2249, S. 62) nach § 49 Abs. 1 Nr. 2 Buchst. g) EStG die Einkünfte, die aus der Verschaffung der Gelegenheit erzielt werden, einen Berufssportler als solchen im Inland vertraglich zu verpflichten. Die Einkünfte, die der FC Rio de Janeiro im VZ 2020 aus der Transferentschädigung erzielt, übersteigen auch die Freigrenze in Höhe von 10 000 €. Gemäß § 50a Abs. 1 Nr. 3, Abs. 2 EStG ist ein Steuerabzug in Höhe von 15 % vorzunehmen. Der Abzug von Betriebsausgaben, die mit diesen Einnahmen in wirtschaftlichem Zusammenhang stehen, ist nach § 50a Abs. 3 EStG nicht möglich.

Ergebnis

Der FC Rio de Janeiro ist mit der Leihgebühr im VZ 2020 beschränkt körperschaftsteuerpflichtig. Da mit Brasilien kein DBA besteht, gilt § 49 Abs. 1 Nr. 2 Buchst. g) EStG uneingeschränkt.

Abkommensrechtlich wird das deutsche Besteuerungsrecht für Leih- und Transfergebühren allerdings mangels inländischer Betriebsstätte des ausländischen Vereins in der Regel ausgeschlossen sein (vgl. Art. 7 Abs. 1, Art. 5 OECD-MA). Die Anwendung von Art. 17 Abs. 2 OECD-MA (i. V. m. Art. 7 Abs. 4 OECD-MA) wird für solche Vermittlungsleistungen eines Dritten (nach überwiegender Auffassung in der Literatur) abgelehnt.

Rechtsprechungshinweis

BFH v. 27.5.2009 - I R 86/07, BStBl 2010 II 120 – zur Rechtslage vor Einführung von § 49 Abs. 1 Nr. 2 Buchst. g) EStG

FALL 28

Beschränkte Einkommensteuerpflicht – Einkünfte aus selbständiger Arbeit (§ 49 Abs. 1 Nr. 3 EStG)

Sachverhalt

Der chilenische Schönheitschirurg Dr. Tomaso Ebro (TE) mit Wohnsitz und gewöhnlichem Aufenthalt in Santiago de Chile hat sich auf die ästhetische Optimierung von Nasen spezialisiert und genießt einen weltweiten Ruf. Im Juli 2024 operiert er drei Wochen lang in einer Privatklinik eines befreundeten Kollegen in Süddeutschland. Sein Honorar wird ihm noch im selben Jahr auf sein Bankkonto nach Chile überwiesen.

TE hat während seiner langjährigen ärztlichen Tätigkeit in Chile eine besondere Rezeptur zur Herstellung einer Salbe entwickelt, welche die Narbenbildung deutlich reduziert. Mit Hilfe seines befreundeten Kollegen, der den Kontakt vermittelte, schloss TE im Jahr 2020 mit der in Ulm ansässigen Pharma AG einen Vertrag, der die Pharma AG berechtigt, die Rezeptur und das Herstellungsverfahren für fünf Jahre exklusiv industriell auszuwerten. TE erhält hierfür umsatzabhängige Lizenzgebühren, die ihm auch im Jahr 2024 nach Chile überwiesen wurden.

Hinweis

Mit Chile besteht kein DBA.

Frage

Bezieht TE inländische Einkünfte gemäß § 49 Abs. 1 Nr. 3 EStG?

LÖSUNG

Aus seiner selbständig ausgeübten Berufstätigkeit als Arzt erzielt TE Einkünfte aus selbständiger Tätigkeit (sog. Katalogberuf i. S. des § 18 Abs. 1 Nr. 1 Satz 2 EStG). Die Honorareinnahmen sind in Deutschland beschränkt einkommensteuerpflichtig gemäß § 1 Abs. 4 i. V. m. § 49 Abs. 1 Nr. 3 EStG, weil TE seine freiberufliche Tätigkeit im Inland physisch ausgeübt hat. Das Besteuerungsrecht wird nicht eingeschränkt, da mit Chile kein DBA besteht.

Auch die Lizenzgebühren für die Überlassung der Salbenrezeptur sind nach § 49 Abs. 1 Nr. 3 EStG in Deutschland beschränkt einkommensteuerpflichtig. TE hat die Rezeptur selbst erfunden. Sie ist das Ergebnis einer wissenschaftlichen Tätigkeit und damit einer qualifizierten „ähnlichen" Tätigkeit i. S. von § 18 Abs. 1 Nr. 1 EStG. Durch die Überlassung des Rezeptes an die Pharma AG hat TE die in Chile ausgeübte Tätigkeit in Deutschland verwertet. Die Verwertung setzt einen über die Arbeitsleistung der Entwicklung hinausgehenden Vorgang voraus. Dies ist vorliegend die Nutzbarmachung in Deutschland und damit an einem Ort, der mit dem Ort der Entwicklungstätigkeit nicht identisch ist.

Ergebnis

TE erzielt inländische Einkünfte gemäß § 49 Abs. 1 Nr. 3 EStG.

Rechtsprechungshinweis

BFH v. 11.4.1990 - I R 82/86, BFH/NV 1991 143, m. w. N. – zur Abgrenzung zwischen „ausgeübt" und „verwertet"

FALL 29

Beschränkte Einkommensteuerpflicht – Einkünfte aus selbständiger Arbeit (§ 49 Abs. 1 Nr. 3 EStG)

Sachverhalt

Der libanesische Rechtsanwalt Yahya Soliman (YS) berät seinen Mandanten, den jordanischen Bauunternehmer Karim Gezzar, in seinem Büro in Beirut (Libanon). Gezzar hatte auf einer Urlaubsfahrt am 2.1.2020 in der Münchener Innenstadt einen Verkehrsunfall verursacht. Für die Verhandlung vor dem Landgericht München fertigt YS einen gutachtlichen Schriftsatz, der im Prozessverlauf verwertet wird. Das Honorar für seine Tätigkeit erhält YS von Gezzar am 3.12.2020 persönlich übergeben in seiner Kanzlei in Beirut.

Frage

Bezieht YS inländische Einkünfte gemäß § 49 Abs. 1 Nr. 3 EStG? Würde sich an der Beurteilung etwas ändern, wenn YS in München eine Zweigniederlassung unterhält?

LÖSUNG

Rechtsanwälte beziehen als Freiberufler (Katalogberuf) Einkünfte aus selbständiger Tätigkeit (§ 18 Abs. 1 Nr. 1 Satz 2 EStG). Der libanesische Rechtsanwalt YS hat seine Tätigkeit weder im Inland ausgeübt noch im Inland verwertet. Ausgeübt wird eine Tätigkeit im Inland nur, wenn der selbständig Tätige sich im Inland aufhält und hier tätig wird. Hier würde auch eine vorübergehende Tätigkeit, ja selbst eine einmalige Handlung genügen. Verwertet wird eine selbständige Arbeit im Inland nur dann, wenn der Erfolg einer im Ausland ausgeübten Tätigkeit durch eine Verwertung im Inland eintritt; ein Produkt oder Recht muss durch zusätzliche Handlungen nutzbar gemacht werden. Dies liegt hier nicht vor, weil der Auftraggeber selbst im Ausland ansässig ist und die Honorarzahlung im Ausland erfolgt.

Wenn YS in München eine Zweigniederlassung unterhält, stellt dies (zumindest) eine feste Einrichtung i. S. von § 49 Abs. 1 Nr. 3 EStG dar. Seine Einkünfte sind in Deutschland beschränkt steuerpflichtig, wenn sie der Zweigniederlassung zugerechnet werden können.

Ergebnis

Inländische Einkünfte nach § 49 Abs. 1 Nr. 3 EStG liegen im Ausgangssachverhalt nicht vor.

Rechtsprechungshinweise

BFH v. 30.3.2011 - I R 63/10, BStBl 2011 II 747, Rdn. 8; BFH v. 28.6.2006 - I R 92/05, BStBl 2007 II 100, Rdn. 18, 28 – zur festen Einrichtung und Einkünftezurechnung; vgl. auch BFH v. 1.12.1982 - I R 238/81, BStBl 1983 II 213 – ausländische Kapitalgesellschaften können keine selbständigen Einkünfte erzielen

FALL 30

Beschränkte Einkommensteuerpflicht – Einkünfte aus nichtselbständiger Arbeit (§ 49 Abs. 1 Nr. 4 EStG)

Sachverhalt

Jessica Müller (JM) arbeitet seit vielen Jahren als Flugbegleiterin für eine deutsche Fluggesellschaft, die ihren Sitz in Frankfurt/Main hat. 2021 lernte JM bei einem Transatlantikflug den grönländischen Piloten Pascal Steiner (PS) kennen. Noch im selben Jahr zog JM zu PS nach Nuuk/Grönland und ist dort ansässig. Nach einer Babypause arbeitet JM, die immer noch mit PS in Nuuk zusammenlebt, seit Anfang 2024 wieder für die deutsche Fluggesellschaft und fliegt regelmäßig auf der Route Reykjavik/Island – Boston/USA.

1. Abwandlung

JM ist zu PS, der Schweizer Staatsbürger ist, nach Zürich/Schweiz gezogen und dort ansässig geworden; nach ihrer Babypause wird sie eingesetzt auf der Strecke Zürich – New York.

2. Abwandlung

Im Gegensatz zur 1. Abwandlung wird JM nur noch auf der Strecke Zürich – Genf eingesetzt.

Frage

Sind die Einkünfte der JM im Jahre 2024 in Deutschland steuerpflichtig?

LÖSUNG

Flugzeuge gehören außerhalb des deutschen Luftraums und außerhalb deutscher Flughäfen nicht zum Inland i. S. von § 1 Abs. 1 Satz 2 EStG, so dass die in Grönland ansässige (und daher allenfalls beschränkt einkommensteuerpflichtige) JM keine inländische Tätigkeit ausübt und damit auch keine beschränkt steuerpflichtigen Einkünfte nach § 49 Abs. 1 Nr. 4 Buchst. a) EStG erzielt.

Die nichtselbständige Tätigkeit (i. S. v. § 19 EStG) der JM unterliegt aber der beschränkten Einkommensteuerpflicht nach § 49 Abs. 1 Nr. 4 Buchst. e) EStG, da sie an Bord eines im internationalen Luftverkehr eingesetzten Flugzeugs ausgeübt wird, das von einem Unternehmen mit Geschäftsleitung im Inland betrieben wird. Es ist nicht erforderlich, dass der Flug in Deutschland beginnt oder endet.

1. Abwandlung

Hier kommt das DBA-CH zum Tragen. Nach Art. 15 Abs. 3 DBA-CH können Vergütungen für unselbständige Arbeit, die an Bord eines Luftfahrzeuges im internationalen Verkehr ausgeübt wird, in dem Vertragsstaat besteuert werden, in dem sich der Ort der tatsächlichen Geschäftsleitung des Unternehmens befindet. Damit steht Deutschland das Besteuerungsrecht für die Einkünfte der JM zu; in der Schweiz erfolgt grundsätzlich eine Anrechnung der deutschen Steuer.

2. Abwandlung

Der Anwendungsbereich des § 49 Abs. 1 Nr. 4 Buchst. e) EStG ist auf den Bereich des internationalen, d. h. grenzüberschreitenden, Luftverkehrs beschränkt. Für Einkünfte, die bei Flügen rein innerhalb des Hoheitsgebiets der Schweiz erzielt werden, weist Art. 15 Abs. 1 DBA-CH der Schweiz als Tätigkeitsstaat das Besteuerungsrecht zu.

Ergebnis

Die Einkünfte der JM unterliegen im Ausgangsfall als inländische Einkünfte aus nichtselbständiger Arbeit i. S. von § 49 Abs. 1 Nr. 4 Buchst. e) EStG in Deutschland der beschränkten Einkommensteuerpflicht.

In der 1. Abwandlung besteht nach dem DBA-CH für Deutschland ein Besteuerungsrecht.

In der 2. Abwandlung sind die Einkünfte der JM in Deutschland nicht steuerpflichtig.

Verwaltungsanweisungen

BMF v. 12.12.2023, BStBl 2023 I 2179, Tz. 392 ff, 410

FALL 31

Beschränkte Einkommensteuerpflicht – Einkünfte aus nichtselbständiger Arbeit (§ 49 Abs. 1 Nr. 4 EStG)

Sachverhalt

Anita Müller (AM), die Mutter von Jessica Müller, lebt (allein) in Freiburg und ist dort seit vielen Jahren als evangelische Pfarrerin tätig. Nach der Geburt ihres Enkelkindes lässt sie sich von ihrem Arbeitgeber, der Evangelischen Landeskirche in Baden, beauftragen, als Gemeindepfarrerin in Nuuk/Grönland tätig zu sein. Sie löst ihren Haushalt auf, verkauft ihr Haus in Freiburg und bezieht Ende 2023 ein Haus in der Nähe der Wohnung von Jessica Müller und Pascal Steiner in Nuuk. Ihren Arbeitslohn erhält sie von der Landeskirche auf ein grönländisches Konto überwiesen.

Frage

Sind die Einkünfte, die AM im Jahr 2024 bezieht, in Deutschland steuerpflichtig?

LÖSUNG

AM hat im Veranlagungsjahr 2024 keinen Wohnsitz oder gewöhnlichen Aufenthalt in Deutschland, so dass sie nur mit inländischen Einkünften i. S. von § 49 Abs. 1 EStG beschränkt einkommensteuerpflichtig sein kann. Ihre nichtselbständige Tätigkeit als Pfarrerin übt sie nicht im Inland aus, so dass sie keine Einkünfte nach § 49 Abs. 1 Nr. 4 Buchst. a) EStG erzielt. Die Einkünfte von AM unterliegen aber gemäß § 49 Abs. 1 Nr. 4 Buchst. b) EStG der beschränkten Steuerpflicht, da sie aus einer inländischen öffentlichen Kasse mit Rücksicht auf ein gegenwärtiges Dienstverhältnis gewährt werden. Eine inländische öffentliche Kasse ist die Kasse einer inländischen juristischen Person des öffentlichen Rechts, sowie jede Kasse, die einer Institution angehört, die der Dienstaufsicht und der Prüfung ihres Finanzgebarens durch die öffentliche Hand unterliegt. Hierzu zählt auch die inländische Kasse einer öffentlich-rechtlichen Religionsgemeinschaft.

Ergebnis

Die Lohneinkünfte von AM für ihre Tätigkeit als Gemeindepfarrerin in Nuuk/Grönland sind gemäß § 49 Abs. 1 Nr. 4 Buchst. b) EStG in Deutschland steuerpflichtig.

Rechtsprechungshinweise

BFH v. 11.7.2024 - VI R 35/21, BStBl 2024 II 710

FALL 32

Beschränkte Einkommensteuerpflicht – Einkünfte aus Kapitalvermögen (§ 49 Abs. 1 Nr. 5 EStG)

Sachverhalt

Der jordanische Kapitalanleger Yusuf Ali (YA), der in Amman/Jordanien seinen Wohnsitz hat und sich dort auch gewöhnlich aufhält, unterhält ein Konto und ein Depot bei einer deutschen Großbank sowie weitere Kapitalbeteiligungen in Deutschland. Die in Deutschland erzielten Kapitalerträge werden teils nach Jordanien transferiert, teils zu Neuinvestitionen in Deutschland verwandt. Im Jahre 2020 verzeichnet er folgende Einnahmen:

a) Dividenden für das Geschäftsjahr 2019 aus Aktien an der X-AG mit Sitz in Nürnberg in Höhe von 40 000 €. Die verwaltende Bank überwies ihm nach Abzug der Kapitalertragsteuer in Höhe von 25 % einen Betrag von 30 000 € auf sein inländisches Bankkonto.

b) Einen Gewinnanteil von 10 000 € aus einer Beteiligung als (typisch) stiller Gesellschafter an einer OHG mit Sitz in Stuttgart. Der Betrag wurde ohne jeden Abzug auf sein Bankkonto in Amman/Jordanien überwiesen.

c) Zinsen in Höhe von 8 000 € aus einem Darlehen in Höhe von 100 000 €, das er seiner in Düsseldorf verheirateten Schwester zum Aufbau einer Firma gegeben hat. Das Darlehen ist durch eine Hypothek an einem Grundstück in Düsseldorf gesichert.

d) 10 000 € Zinsen aus einer 2 %-Anleihe der Deutschen Bahn AG. Die Bank erwarb für den Betrag auftragsgemäß weitere Wertpapiere.

e) 5 000 € Zinsen als Ertrag der auf deutschen Bankkonten liegenden Gelder.

YA erzielt in Jordanien Einkünfte aus dem Erdölgeschäft in Höhe von 1,5 Mio. €.

Hinweis

Mit Jordanien besteht kein DBA.

Frage

Handelt es sich bei den Erträgen um inländische Einkünfte gemäß § 49 EStG, und in welcher Weise erfolgt ggf. deren steuerliche Erfassung im Veranlagungszeitraum 2020?

LÖSUNG

Zur Anwendung des § 1 Abs. 3 EStG kommt es nicht, da YA erhebliche Einkünfte erzielt, die nicht der inländischen Besteuerung unterliegen. Da ein DBA mit Jordanien nicht besteht, kommt es ausschließlich auf § 49 EStG an.

a) Es liegen inländische Einkünfte gemäß § 49 Abs. 1 Nr. 5 Buchst. a) Doppelbuchst. aa) EStG vor, denn die Schuldnerin der Kapitalerträge gemäß § 20 Abs. 1 Nr. 1 EStG (die X-AG) hat ihre Geschäftsleitung (§ 10 AO) und ihren Sitz (§ 11 AO) im Inland. Es handelt sich um Einkünfte, die dem Steuerabzug vom Kapitalertrag unterliegen (§ 43 Abs. 1 Satz 1 Nr. 1 EStG). Im Veranlagungszeitraum 2020 beträgt der Kapitalertragsteuerabzug 25 % (§ 43a Abs. 1 Satz 1 Nr. 1 EStG). Der Steuerabzug hat gemäß § 43 Abs. 5 EStG abgeltende Wirkung, so dass die Beträge nicht in eine Veranlagung mit einzubeziehen sind.

b) Es liegen inländische Einkünfte gemäß § 49 Abs. 1 Nr. 5 Buchst. a) Doppelbuchst. aa) EStG vor, denn die Schuldnerin der Kapitalerträge gemäß § 20 Abs. 1 Nr. 4 EStG (die Stuttgarter OHG, an der die stille Beteiligung besteht) hat ihren Sitz im Inland. Die Einkünfte unterliegen dem Steuerabzug vom Kapitalertrag (§ 43 Abs. 1 Satz 1 Nr. 3 EStG). Da der Steuerabzug nicht vorgenommen wurde, ist die Steuer beim Gläubiger der Kapitalerträge nachzufordern (§ 44 Abs. 1 Satz 11 EStG in der bis 31.12.2024 geltenden Fassung, § 44 Abs. 5 EStG). Die Einkommensteuer gilt mit dem Steuerabzug als abgegolten (§ 43 Abs. 5 EStG). (Hinweis: Durch Neuregelung der Sätze 10 und 11 des § 44 EStG mit dem JStG 2022 wurde das Verfahren zur Nachforderung mit Wirkung ab 1.1.2025 umgestellt). Die Nachforderung erfolgt nunmehr durch das Veranlagungsfinanzamt nach § 32d Abs. 3 EStG im Rahmen der Veranlagung. Zugleich wurde eine Anzeigepflicht per elektronischer Übermittlung nach § 93c AO eingeführt.

c) Es liegen Einnahmen gemäß § 20 Abs. 1 Nr. 7 EStG vor, die die Voraussetzungen für inländische Einkünfte erfüllen, denn die Darlehensforderung ist durch inländischen Grundbesitz gesichert (§ 49 Abs. 1 Nr. 5 Buchst. c) Doppelbuchst. aa) Satz 1 EStG). Die steuerliche Erfassung erfolgt im Wege der Veranlagung gemäß § 50 EStG.

d) Es liegen Einnahmen gemäß § 20 Abs. 1 Nr. 7 EStG vor (festverzinsliche Wertpapiere). Diese Einnahmen erfüllen nicht die Voraussetzungen für inländische Einkünfte, da diese im § 49 Abs. 1 Nr. 5 Buchst. c) Doppelbuchst. aa) Satz 2 EStG von der Besteuerung ausgenommen sind.

e) Es liegen keine inländischen Einkünfte vor. Es handelt sich zwar um Einnahmen i. S. d. § 20 Abs. 1 Nr. 7 EStG; sie erfüllen jedoch keine der Voraussetzungen des § 49 Abs. 1 Nr. 5 EStG.

Der Sparer-Pauschbetrag in Höhe von 801 € (ab VZ 2023: 1 000 €) gemäß § 20 Abs. 9 Satz 1 EStG wird auch beschränkt Steuerpflichtigen gewährt.

Ergebnis

Die drei erstgenannten Einkünfte aus Kapitalvermögen stellen auch inländische i. S. von § 49 Abs. 1 Nr. 5 EStG dar. Die beiden letztgenannten Einkünfte aus Kapitalvermögen sind keine inländischen und unterliegen daher nicht der beschränkten Einkommensteuerpflicht.

Verwaltungsanweisungen

BMF v. 14.5.2025, BStBl 2025 I 1330

FALL 33

Beschränkte Einkommensteuerpflicht – Einkünfte aus Vermietung und Verpachtung / Lizenzeinnahmen (§ 49 Abs. 1 Nr. 2 Buchst. f), Nr. 6 EStG)

Sachverhalt

Auswanderer Sören Schmidt (S) lebt seit Jahren in einem kleinen Dorf im Hochland von Chile. 2020 bezieht er Einkünfte aus der Überlassung folgender Rechte:

a) S erhält als Grundstückseigentümer von Karl Meier Erbbauzinsen für ein in Deutschland belegenes Grundstück, an dem er dem Karl Meier ein Erbbaurecht bestellt hat.

b) Das Recht an einem Buchmanuskript über Musik der Andenvölker, welches er einem Freund abgekauft hatte, überlässt er gegen Entgelt einem deutschen Buch- und Zeitschriftenverlag zur Verwertung in Deutschland.

c) Das beim Patent- und Markenamt in München eingetragene deutsche Patent zur Herstellung einer bisher unbekannten Papiersorte – die S zufällig entdeckt hatte – überlässt er einem deutschen Unternehmen gegen Zahlung einer Lizenzgebühr.

Frage

Bezieht S inländische Einkünfte gemäß § 49 EStG und wie erfolgt die Besteuerung?

LÖSUNG

Da ein DBA mit Chile nicht besteht, kommt es vorliegend ausschließlich auf § 49 EStG an.

a) Die Erbbauzinsen stellen bei S Einkünfte aus Vermietung und Verpachtung (§ 21 Abs. 1 Nr. 1 EStG) und somit inländische Einkünfte gemäß § 49 Abs. 1 Nr. 6 Satz 1 EStG dar, weil das Grundstück, an dem das Erbbaurecht bestellt wurde, im Inland belegen ist. Vergütungen für die Nutzung von unbeweglichem Vermögen und von Sachinbegriffen unterliegen nicht dem Steuerabzug nach § 50a Abs. 1 Nr. 3 EStG, so dass die Einkommensteuer im Veranlagungsverfahren erhoben wird; zur Steuererklärungspflicht s. § 25 Abs. 3 Satz 1 EStG.

b) S bezieht Einkünfte aus Vermietung und Verpachtung wegen der Überlassung eines nicht eingetragenen Rechtes, das er im Wege der Einzelrechtsnachfolge erworben hat (§ 21 Abs. 1 Nr. 3 EStG). Da die Verwertung in einer inländischen Betriebsstätte erfolgt, handelt es sich um inländische Einkünfte gemäß § 49 Abs. 1 Nr. 6 Satz 1 EStG. Die Lizenzzahlungen unterliegen im Veranlagungszeitraum 2020 dem Steuerabzug gemäß § 50a Abs. 1 Nr. 3 EStG; eine Veranlagung ist nicht durchzuführen (§ 50 Abs. 2 Satz 1 EStG). Nach der Rechtsprechung handelt es sich nicht um einen Fall des § 21 Abs. 3 EStG (BFH v. 5.11.1992 - I R 41/92, BStBl 1993 II 407; FG Baden-Württemberg v. 14.10.2013 - 10 K 4781/09, juris).

c) S bezieht Einkünfte aus Vermietung und Verpachtung aus der Überlassung eines eingetragenen Rechtes, das er nicht im Rahmen einer gewerblichen oder freiberuflichen Tätigkeit entwickelt hat (§ 21 Abs. 1 Nr. 3 und Abs. 3 EStG). Es handelt sich nicht um gewerbliche Einkünfte i. S. des § 49 Abs. 1 Nr. 2 Buchst. f) EStG, weil es an einer selbständigen, nachhaltigen Betätigung des S mit Gewinnerzielungsabsicht im Rahmen der Einkünfte aus Gewerbebetrieb fehlt. Damit kommt auch nicht die Subsidiaritätsklausel des § 49 Abs. 1 Nr. 6 Satz 1 2. Halbsatz EStG zum Tragen. Da das Recht in einem inländischen Register eingetragen ist, führen die Lizenzeinnahmen zu inländischen Einkünften gemäß § 49 Abs. 1 Nr. 6 Satz 1 EStG. Das überlassene Recht wird in einer inländischen Betriebsstätte verwertet. Der Steuerabzug für diese Lizenzzahlungen ergibt sich aus § 50a Abs. 1 Nr. 3 EStG; eine Veranlagung wird nicht durchgeführt (§ 50 Abs. 2 Satz 1 EStG). (Hinweis: mit dem JStG 2022 wurde gemäß § 49 Abs. 1 Nr. 2 Buchst. f Satz 2, Nr. 6 Satz 2 EStG für nach dem 31.12.2022 zufließende Vergütungen eine Beschränkung der Besteuerung in sog. Registerfällen auf Überlassungen zwischen nahen Angehörigen i. S. von § 1 Abs. 2 AStG eingeführt, vgl. BT-Drs. 20/4729, S. 24, 133. Im Übrigen wurde die sog. Registerfallbesteuerung in das Steueroasen-Abwehrgesetz überführt).

Ergebnis

Die Einkünfte aus Vermietung und Verpachtung des S sind inländisch i. S. von § 49 Abs. 1 Nr. 6 Satz 1 EStG. Nur die erstgenannten inländischen Erbbauzinsen werden veranlagt, während die Lizenzeinnahmen dem Steuerabzug unterliegen.

Verwaltungsanweisungen

BMF v. 11.2.2021, BStBl 2021 I 301

FALL 34

Beschränkte Einkommensteuerpflicht – Rentenbezüge/Versorgungsbezüge (§ 49 Abs. 1 Nr. 7, 10 EStG)

Sachverhalt

Achmed Sali (AS), geboren in Amman/Jordanien, war über 15 Jahre lang Vorarbeiter in einer Baufirma in München und in einem Vorort von München ansässig. Nach Erreichen der Altersgrenze gibt er seinen inländischen Wohnsitz auf und kehrt zurück in sein Heimatland Jordanien. Dorthin überweist die Deutsche Rentenversicherung Bund (DRV) seine Altersrente auf ein Konto bei einer örtlichen Bank in Amman.

Frage

Wie wird die Altersrente steuerlich behandelt?

LÖSUNG

Da AS in Deutschland keinen Wohnsitz mehr besitzt, ist er nicht mehr unbeschränkt einkommensteuerpflichtig und – wenn überhaupt – nur mit seinen inländischen Einkünften nach § 49 EStG beschränkt einkommensteuerpflichtig.

Zu fragen ist, ob die Rente aus Deutschland dem Grund nach in eine der Einkunftsarten des § 49 EStG gehört, und ob der besondere Inlandsbezug des § 49 Abs. 1 Nr. 7 EStG gegeben ist. Hierzu zählen Renten/Leistungen aus

a) der deutschen Sozialversicherung,

b) der inländischen landwirtschaftlichen Alterskasse,

c) den inländischen berufsständischen Versorgungseinrichtungen,

d) aus inländischen Versicherungsunternehmen oder

e) sonstigen inländischen Zahlstellen, wenn die Beiträge, die den Leistungen zugrunde liegen, nach § 10 Abs. 1 Nr. 2 EStG (z. B. sogenannte Rürup-Verträge) ganz oder teilweise in der Vergangenheit als Sonderausgabe berücksichtigt wurden.

Die Voraussetzung des Buchst. a) sind erfüllt, AS erzielt somit inländische Einkünfte, die der beschränkten Einkommensteuerpflicht unterliegen und wie bei unbeschränkt Steuerpflichtigen ermittelt werden (Einnahmen x Rentenfreibetrag – vgl. § 22 Nr. 1 Buchst. a) Doppelbuchst. aa) EStG – abzüglich WK/WK-Pauschbetrag). Er ist verpflichtet, eine Einkommensteuererklärung bei dem zentral für die Besteuerung der Rentenempfänger mit Wohnsitz im Ausland zuständigen FA Neubrandenburg einzureichen. Das FA kann zur Sicherstellung der Besteuerung einen vorläufigen Steuerabzug nach § 50a Abs. 7 EStG anordnen.

Hinweis

Ggf. kann es sinnvoll sein, einen Antrag nach § 1 Abs. 3 EStG zu stellen, um in den Genuss der Berücksichtigung von Grundfreibetrag, Sonderausgaben und außergewöhnlichen Belastungen zu kommen.

Bei der Prüfung von Leistungen im Rahmen der Altersversorgung ist ggf. auch § 49 Abs. 1 Nr. 10 EStG zu prüfen, welche Leistungen aus Pensionsfonds, Pensionskassen und Direktversicherungen als inländische Einkünfte erfasst.

Ergebnis

AS muss seine Renteneinkünfte aus Deutschland in Deutschland versteuern; eine etwaige Entlastung von einer Doppelbesteuerung muss der Heimatstaat sicherstellen

Rechtsprechungshinweise

BFH v. 13.12.2011 - I B 159/11, BFH/NV 2012, 417; FG M-V v. 28.8.2019 - 3 K 345716, EFG 2020, 124

Hinweis

Zu Rentenzahlungen der DRV in DBA-Länder vgl. Fall 114

FALL 35

Beschränkte Einkommensteuerpflicht – Veranlagung von beschränkt Steuerpflichtigen (§ 50 Abs. 1 Satz 1 EStG)

Sachverhalt

Gerrit van Dijk (GvD) aus Amsterdam/Niederlande, absolviert im Rahmen seines Arbeitsverhältnisses zu einer niederländischen Fluggesellschaft von 2020 bis 2023 eine kostenpflichtige Ausbildung zum Piloten. Trotz einer arbeitsvertraglichen Rückzahlungsvereinbarung kündigt GvD seinen Arbeitsvertrag bei der niederländischen Fluggesellschaft, um 2024 bei einer deutschen Fluggesellschaft mit Sitz in Frankfurt/Main eine (deutlich besser bezahlte) Stelle als Pilot anzutreten. Er begründet in Deutschland weder einen Wohnsitz noch hält er sich gewöhnlich im Inland auf. Im Rahmen seiner Einkommensteuererklärung 2024 macht er Werbungskosten für die Ausbildungskosten geltend, die sein ehemaliger Arbeitgeber (anteilig) von ihm zurückfordert.

Frage

Ist die Rückzahlung der Ausbildungskosten steuerlich abziehbar?

LÖSUNG

Ohne Wohnsitz oder gewöhnlichen Aufenthalt im Inland ist GvD nur mit seinen inländischen Einkünften gemäß § 49 Abs. 1 Nr. 4 Buchst. a) (bei innerdeutschen Flügen) bzw. Buchst. e) EStG (bei grenzüberschreitenden Flügen) steuerpflichtig. Das allgemeine Abzugsverbot nach § 12 Nr. 5 EStG bzw. § 9 Abs. 6 EStG greift vorliegend nicht ein, da die Ausbildungskosten im Rahmen eines Arbeitsverhältnisses angefallen sind.

Nach § 50 Abs. 1 Satz 1 EStG dürfen beschränkt Steuerpflichtige Werbungskosten (§ 9 Abs. 1 EStG) aber nur insoweit abziehen, als sie mit inländischen Einkünften in wirtschaftlichem Zusammenhang stehen. Zwar verschafft die Ausbildung zum Piloten eine internationale berufliche Qualifikation und ist als solche in Bezug auf den späteren Einsatzort indifferent bzw. weist keine spezifische Nähe zu einer Inlandstätigkeit i. S. des § 49 Abs. 1 Nr. 4 EStG auf, im vorliegenden Fall wurde aber die Rückzahlungsverpflichtung konkret durch den Wechsel zum inländischen Arbeitgeber ausgelöst, und die Rückzahlung fließt zudem während der beschränkten Steuerpflicht nach § 11 Abs. 2 Satz 1 EStG ab, so dass auch der Grundsatz der Abschnittsbesteuerung (§ 2 Abs. 7 Satz 1 EStG) einen konkreten und unmittelbaren Zusammenhang mit den inländischen Einkünften nahe legt.

Ergebnis

Die zurückgezahlten Ausbildungskosten sind gemäß § 50 Abs. 1 Satz 1 EStG als Werbungskosten abziehbar.

Rechtsprechungshinweise

BFH v. 28.7.2011 - VI R 5/10, BStBl 2012 II 553; zur Verfassungsmäßigkeit von § 9 Abs. 6 EStG s. BVerfG v. 19.11.2019 - 2 BvL 24/14, DStR 2020, 93

FALL 36

Beschränkte Einkommensteuerpflicht – Veranlagung von beschränkt Steuerpflichtigen (§ 50 Abs. 2 und 3 EStG)

Sachverhalt

Der deutsche Auswanderer Sören Harms (SH) hat Deutschland vor einigen Jahren verlassen und sich in Chile angesiedelt. Sein inländisches Vermögen besteht aus:

a) Aktien an der D-AG im Girosammeldepot der Deutschen Bank, Filiale Frankfurt;

b) einer durch ein inländisches Grundstück gesicherten Darlehensforderung gegen seinen Bruder Jens Harms, wohnhaft in Darmstadt, i. H. von 200 000 €, die mit 5 % verzinst ist;

c) einem Mietwohngrundstück in Stuttgart, das er durch seinen Bruder Jens Harms verwalten lässt.

Für Zwecke der Einkommensbesteuerung macht Sören Schmidt folgende Angaben:

a) Die Bardividend der D-AG in Höhe von 16 000 € ist nach Abzug der Kapitalertragsteuer in Höhe von 25 % (= 4 000 €) mit 12 000 € (als Nettodividende) im Veranlagungszeitraum nach Chile überwiesen worden.

b) Die Zinsen aus der Darlehensforderung i. H. von 10 000 € sind zur Bezahlung einer entsprechenden Reparaturrechnung betreffend das Mietwohngrundstück verwandt worden.

c) Das Mietwohngrundstück erbrachte (aufgrund der oben genannten Reparaturkosten insgesamt) einen Verlust i. H. von 3 000 €.

Frage

Wie stellt sich die ESt-Veranlagung für SH dar?

Hinweis

Ein etwaiger Solidaritätszuschlag ist außer Acht zu lassen.

LÖSUNG

a) Die Bardividende in Höhe von 16 000 € stellt inländische Einkünfte gemäß § 49 Abs. 1 Nr. 5 Buchst. a) EStG dar. Durch den Steuerabzug ist die Einkommensteuer abgegolten, § 50 Abs. 2 Satz 1 EStG. Die Einnahmen werden in der Veranlagung nicht berücksichtigt (§ 43 Abs. 5 EStG).

b) Die 10 000 € Zinsen für das dinglich gesicherte Darlehen sind inländische Einkünfte gemäß § 49 Abs. 1 Nr. 5 Buchst. c) Doppelbuchst. aa) EStG. Der Sparer-Pauschbetrag des § 20 Abs. 9 EStG i. H. v. 1 000 € wird auch beschränkt Steuerpflichtigen gewährt. Die verbleibenden 9 000 € sind in die Veranlagung einzubeziehen, unterliegen aber dem gesonderten Steuertarif für Einkünfte aus Kapitalvermögen gemäß § 32d EStG.

c) Der Verlust i. H. von 3 000 € aus dem Mietwohngrundstück stellt inländische Einkünfte gemäß § 49 Abs. 1 Nr. 6 EStG dar. Er ist grundsätzlich veranlagungsfähig und kann auch mit

Einkünften aus anderen Einkunftsarten ausgeglichen werden. Voraussetzung hierfür ist allerdings, dass letztere in die Veranlagung einbezogen werden. Für die Kapitaleinkünfte des beschränkt einkommensteuerpflichtigen SH sieht § 50 Abs. 2 Satz 3 EStG kein Veranlagungswahlrecht (wie § 32d Abs. 6 EStG bei unbeschränkter Steuerpflicht) vor. Der Verlust ist aber im Rahmen des § 10d EStG abzugsfähig.

Ergebnis

Die Zinsen aus dem Privatdarlehen und die negativen Einkünfte aus Vermietung und Verpachtung sind zu veranlagen. Die Dividendeneinkünfte unterliegen der Abgeltungsteuer und sind daher nicht in die Veranlagung einzubeziehen.

Rechtsprechungshinweise

BFH v. 10.1.2007 - I R 87/03, BStBl 2008 II 22

FALL 37

Beschränkte Einkommensteuerpflicht – Veranlagung von beschränkt Steuerpflichtigen (§ 50 Abs. 4 EStG)

Sachverhalt

Im Dezember 2023 verliert ein deutscher Fußballerstligist ein Heimspiel in München im Rahmen der UEFA Champions League gegen den britischen Fußballklub Manchester City. Für den Sieg in der Gruppenphase erhält der englische Fußballverein eine Siegprämie von der UEFA (Union des Associations Européennes de Football, einem schweizerischen Verein mit Sitz in Nyon/Schweiz) i. H. von 1 000 000 €.

Frage

Erzielt Manchester City inländische Einkünfte?

LÖSUNG

Da der englische Fußballverein Manchester City in Deutschland weder eine Betriebsstätte unterhält noch einen ständigen Vertreter bestellt hat, erzielt der Verein im Veranlagungszeitraum 2023 inländische Einkünfte nach § 49 Abs. 1 Nr. 2 Buchst. d) EStG. Die Einkünfte unterliegen nach § 50a Abs. 1 Nr. 2 EStG dem Steuerabzug. Die Steuer kann nach § 50 Abs. 4 EStG ganz oder zum Teil erlassen oder in einem Pauschbetrag festgesetzt werden, wenn dies im besonderen öffentlichen Interesse liegt. Nach § 50 Abs. 4 Nr. 1 EStG besteht ein besonderes öffentliches Interesse insbesondere an der inländischen Veranstaltung international bedeutsamer kultureller und sportlicher Ereignisse, um deren Ausrichtung ein internationaler Wettbewerb stattfindet. Die Gruppenspiele der UEFA Champions League finden in den Stadien der beteiligten Vereine statt, ohne dass um den Austragungsort ein internationaler Wettbewerb stattfindet (anders verhält es sich hingegen mit dem Endspiel). Der Tatbestand der ersten Konkretisierungsalternative liegt somit nicht vor. Zwar handelt es sich beim Steuererlass nach § 50 Abs. 4 EStG um eine behördliche Ermessensentscheidung (§ 5 AO), die nach § 102 FGO nur eingeschränkt gerichtlich überprüfbar ist. Das Ermessen ist aber nur dann eröffnet, wenn die tatbestandlichen Voraussetzungen vorliegen, anderenfalls ist für eine positive Erlassentscheidung kein Raum.

Ergebnis

Manchester City erzielt beschränkt steuerpflichtige Einkünfte. Die darauf entfallende Steuer kann nicht nach § 50 Abs. 4 EStG erlassen werden.

Rechtsprechungshinweise

BFH v. 7.3.2007 - I R 98/05, BStBl 2008 II 186

Verwaltungsanweisungen

BMF v. 25.11.2010, BStBl 2010 I 1350; BMF v. 20.3.2008, BStBl 2008 I 538

FALL 38

Steuerabzug bei beschränkt Steuerpflichtigen (§ 50a EStG)

Sachverhalt

Jochen Müller (JM), der seit einigen Jahren in Amman/Jordanien ansässig ist, ist seit mehreren Jahren Mitglied im Aufsichtsrat der deutschen D-AG mit Sitz in Frankfurt/Main. Im aktuellen VZ kann JM für diese Tätigkeit 12 000 € Sitzungsgelder verlangen. Die Auslagen an Reisekosten (Tagegelder und Fahrtkosten) werden von der D-AG pauschal mit 1 000 € vergütet, obwohl tatsächlich nur Kosten in Höhe von 400 € entstanden sind.

Frage

Welche einkommensteuerrechtlichen Konsequenzen ergeben sich für JM im aktuellen VZ?

Hinweis

Mit Jordanien besteht kein DBA.

LÖSUNG

JM verfügt in Deutschland weder über einen Wohnsitz (§ 8 AO) noch über einen gewöhnlichen Aufenthalt (§ 9 AO) und ist daher beschränkt einkommensteuerpflichtig, da er als Aufsichtsratsmitglied inländische Einkünfte i. S. des § 49 Abs. 1 Nr. 3 EStG erzielt. Denn JM übt seine sonstige selbständige Tätigkeit (§ 18 Abs. 1 Nr. 3 EStG) im Inland aus. Die Aufsichtsratsvergütungen unterliegen dem Steuerabzug gemäß § 50a Abs. 1 Nr. 4 EStG. Der Steuerabzug hat abgeltende Wirkung (§ 50 Abs. 2 Satz 1 EStG), da JM die Veranlagung nicht nach § 50 Abs. 2 Satz 2 Nr. 5 EStG beantragen kann, weil er nicht über einen Wohnsitz oder gewöhnlichen Aufenthalt innerhalb der EU bzw. des EWR verfügt (vgl. § 50 Abs. 2 Satz 7 EStG).

Die D-AG ist als Schuldnerin der Aufsichtsratsvergütung verpflichtet, den Steuerabzug für Rechnung des beschränkt Steuerpflichtigen vorzunehmen und die einbehaltene Steuer termingerecht an das Finanzamt einzubehalten, anzumelden und abzuführen (§ 50a Abs. 5 EStG). Dem Steuerabzug unterliegt der volle Betrag der Aufsichtsratsvergütung ohne jeden Abzug. Wenn Reisekosten gezahlt werden, gehören sie nur insoweit zu den Aufsichtsratsvergütungen, als sie die tatsächlichen Kosten und die Vergütungen für Verpflegungsmehraufwand die Pauschbeträge nach § 4 Abs. 5 Satz 1 Nr. 5 übersteigen (§ 50a Abs. 2 Satz 2 EStG). Die Summe der steuerabzugspflichtigen Aufsichtsratsvergütungen beträgt somit 12 600 €. Die D-AG muss eine Aufsichtsratsteuer in Höhe von 3 780 € einbehalten (§ 50a Abs. 2 Satz 1 EStG). JM ist Steuerschuldner, aber die D-AG haftet für die Einbehaltung, Anmeldung und die Abführung der Aufsichtsratsteuer (§ 50a Abs. 5 Satz 2 und 4 EStG).

Ergebnis

JM erzielt beschränkt steuerpflichtige Einkünfte i. H. v. 12 600 €, von denen die D-AG eine Aufsichtsratssteuer i. H. v. 3 780 € einbehalten muss und somit nur 8 820 € an JM auszahlen darf.

FALL 39

Steuerabzug bei beschränkt Steuerpflichtigen (§ 50a EStG)

Sachverhalt

Der chilenische Sänger Pedro Sonoro (PS) aus Santiago de Chile/Chile hat im Rahmen seiner Welttournee auch fünf Auftritte in Deutschland (in den Städten Berlin, München, Frankfurt, Stuttgart und Köln). Für jeden Auftritt erhält er eine Gage in Höhe von 20 000 €. Er lebt während seines zweiwöchigen Aufenthalts in Deutschland ausschließlich in Hotels. Die Hotel- und Reisekosten des Sängers betragen 10 000 €.

Frage

Unterliegt die Gage des PS der deutschen Einkommensteuer, und muss von der Gage ein Steuerabzug vorgenommen werden?

Hinweis

Mit Chile besteht kein DBA.

LÖSUNG

PS ist mit seiner Gage in Deutschland beschränkt einkommensteuerpflichtig, da er inländische Einkünfte i. S. von § 49 Abs. 1 Nr. 3 EStG erzielt (Ausübungseinkünfte aus selbständig ausgeübter künstlerischer Tätigkeit). Die Vorschrift des § 49 Abs. 1 Nr. 3 EStG ist kraft gesetzlicher Regelung vorrangig vor § 49 Abs. 1 Nr. 2 Buchst. d) EStG, deshalb ist Nr. 3 (wie auch Nr. 4) der Vorschrift systematisch vor Nr. 2 Buchst. d) von § 49 Abs. 1 EStG zu prüfen. § 49 Abs. 1 Nr. 2 Buchst. d) EStG ist subsidiär anwendbar, wenn § 49 Abs. 1 Nr. 3 EStG nicht erfüllt ist.

Der Konzertveranstalter (Schuldner der Vergütung) ist gemäß § 50a Abs. 1 Nr. 1 i. V. m. § 50a Abs. 2 EStG verpflichtet, einen Steuerabzug in Höhe von 15 % der „gesamten“ Einnahmen vorzunehmen.

Die „gesamten“ Einnahmen sind damit die Bruttoeinnahmen i. H. v. 100 000 €. Hotel- und Reisekosten des PS werden im Rahmen der Bruttobesteuerung nach § 50a Abs. 2 EStG nicht berücksichtigt.

PS wird nicht zur Einkommensteuer veranlagt, sondern seine Einkommensteuer ist durch den Steuerabzug abgegolten (§ 50 Abs. 2 Satz 1 EStG). Als beschränkt Steuerpflichtiger aus einem

Drittstaat kann PS weder die Nettobesteuerung im Abzugsverfahren gemäß § 50a Abs. 3 EStG noch das Veranlagungswahlrecht gemäß § 50 Abs. 2 Nr. 5 EStG beanspruchen, da die beiden Möglichkeiten der Geltendmachung von Betriebsausgaben nur beschränkt Steuerpflichtigen aus EU- und EWR-Staaten zur Verfügung stehen (§ 50 Abs. 2 Satz 7 EStG).

Ergebnis

Die Gage des PS unterliegt i. H. v. 100 000 € der beschränkten Einkommensteuerpflicht, die im Wege des Steuerabzugs erhoben wird; die Hotel- und Reisekosten bleiben unberücksichtigt.

Rechtsprechungshinweise

BFH v. 3.9.2020 - I R 80/16, BStBl 2021 II 237; BFH v. 25.4.2012 - I R 76/10, BFH/NV 2012, 1444; BFH v. 27.7.2011 - I R 32/10, BStBl 2014 II 513; EuGH v. 3.10.2006 - C-290/04 Scorpio, IStR 2006, 743; EuGH v. 12.6.2003 - C-234/01 Gerritse, BStBl 2003 II 859

Verwaltungsanweisungen

BMF v. 17.6.2014, BStBl 2014 I 887; BMF v. 25.11.2010, BStBl 2010 I 1350

Kapitel 3: Körperschaftsteuergesetz

FALL 40

Anrechnung ausländischer Körperschaftsteuer (§ 26 KStG)

Sachverhalt

Die schwäbische Spätzlesmaschinenfabrik SMF GmbH mit Sitz und Geschäftsleitung in Stuttgart unterhält in Santiago de Chile/Chile eine Betriebsstätte zum Vertrieb der deutschen Qualitätsprodukte. In 01 erzielt die GmbH Einkünfte von 800 000 €, in denen die von der chilenischen Betriebsstätte erzielten Einkünfte von (umgerechnet) 100 000 € enthalten sind, für die in Chile eine Körperschaftsteuer in Höhe von 18 % zu entrichten ist.

Abwandlung

Die Vertriebsbetriebsstätte befindet sich in Dubai/VAE, der Körperschaftsteuersatz beträgt 9 %.

Hinweis

Mit Chile ist kein DBA abgeschlossen; das DBA mit den VAE ist seit 2022 nicht mehr anzuwenden.

Frage

Berechnen Sie die festzusetzende Körperschaftsteuer für beide Alternativen.

LÖSUNG

Die SMF GmbH ist gemäß § 1 Abs. 1 Nr. 1 KStG i. V. m. §§ 10, 11 AO unbeschränkt körperschaftsteuerpflichtig, da sich Sitz und Geschäftsleitung im Inland befinden. Die unbeschränkte Körperschaftsteuerpflicht bezieht sich auf das Welteinkommen (§ 1 Abs. 2 KStG). SMF bezieht ausländische Einkünfte i. S. des § 34d Nr. 2 Buchst. a) EStG in Verbindung mit § 12 Satz 2 Nr. 2, 5 und 6 AO (vgl. R 8.1. KStR). Da die entrichtete chilenische Steuer der deutschen Körperschaftsteuer entspricht, kann sie auf die Steuerschuld angerechnet werden (vgl. Anhang 12 zu den EStR, Anhang zum Amtlichen Handbuch).

Gemäß § 26 Abs. 1 KStG i. V. m. § 34c EStG ist bei unbeschränkt Steuerpflichtigen, die mit ihren aus einem ausländischen Staat stammenden Einkünften dort zu einer der deutschen Körperschaftsteuer entsprechenden Steuer herangezogen werden, die festgesetzte und gezahlte und um einen entstandenen Ermäßigungsanspruch gekürzte ausländische Steuer auf die deutsche Körperschafsteuer anzurechnen (sog. direkte Anrechnung).

Im Einzelnen ergibt sich folgende Berechnung:

Zu versteuerndes Einkommen	800 000 €
Hierauf Körperschaftsteuer 15 %	120 000 €

Anrechnung der ausländischen Steuer (Formel nach § 26 Abs. 2 KStG):

$$\frac{100\,000\ €}{800\,000\ €} \times 120\,000\ € = 15\,000\ €$$

Von der in Chile entrichteten Steuer in Höhe von 18 000 € können demnach nur 15 000 € angerechnet werden, d. h. in Höhe von 3 000 € entsteht ein sog. Anrechnungsüberhang, der als definitive Belastung verbleibt.

tarifliche Körperschaftsteuer	120 000 €
abzüglich anrechenbarer ausländischer Steuer	15 000 €
= festzusetzende Körperschaftsteuer	105 000 €

Gesamtsteuerbelastung

Chilenische Körperschaftsteuer	18 000 €
+ deutsche Körperschaftsteuer	105 000 €
Summe	123 000 €

Die Gesamtsteuerbelastung ist also höher, als wenn die Erträge nur im Inland erzielt worden wären.

Abwandlung

Zu versteuerndes Einkommen	800 000 €
Hierauf Körperschaftsteuer 15 %	120 000 €

Anrechnung der ausländischen Steuer (Formel nach § 26 Abs. 2 KStG):

$$\frac{100\,000\ €}{800\,000\ €} \times 120\,000\ € = 15\,000\ €$$

Die in Dubai/VAE entrichtete Steuer kann in voller Höhe angerechnet werden. Demnach

tarifliche Körperschaftsteuer	120 000 €
abzüglich ausländischer Körperschaftsteuer	9 000 €
Summe	111 000 €

Gesamtsteuerbelastung

Income Tax	9 000 €
+ deutsche Körperschaftsteuer	111 000 €
Summe	120 000 €

Ergebnis

Im Grundfall kommt es zu einem Anrechnungsüberhang, in der Abwandlung kann die ausländische Steuer voll angerechnet werden.

Rechtsprechungshinweise

BFH v. 17.8.2022 - I R 14/19, BStBl 2024 II 179; BFH v. 31.5.2005 - I R 68/03, BStBl 2006 II 380 (unter C. 1. der Entscheidungsgründe); Bei der Lektüre von Entscheidungen zu § 26 KStG ist zu beachten, dass die Norm in der Vergangenheit mehrfach geändert wurde, so dass genau zu prüfen ist, welche Fassung der Entscheidung zu Grunde lag.

FALL 41

Freistellung ausländischer Einkünfte mit Progressionsvorbehalt im Körperschaftsteuerrecht (§ 8 KStG, § 32b EStG)

Sachverhalt

Die schwäbische Spätzlemaschinenfabrik SMF GmbH (vgl. Fall 40) unterhält eine Vertriebsbetriebsstätte in Parma/Italien. Das zu versteuernde Einkommen dieser Betriebsstätte beträgt 100 000 €, für die in Italien eine Körperschaftsteuer in Höhe von 24 % entrichtet worden ist. Das inländische zu versteuernde Einkommen beträgt 800 000 €.

Frage

Wie sind die Einkünfte der italienischen Betriebsstätte in Deutschland im Rahmen des KStG zu behandeln?

LÖSUNG

Die SMF GmbH ist unbeschränkt steuerpflichtig und erzielt im Rahmen des Welteinkommens ausländische Einkünfte im Sinne des § 34d EStG (vgl. Fall 40). Die Vertriebsbetriebsstätte ist eine Betriebsstätte i. S. von Art. 5 Abs. 2 Buchst. b) DBA-IT. Nach Art. 7 Abs. 1 Satz 2 DBA-IT (= Art. 7 Abs. 1 OECD-MA) werden Betriebsstättengewinne im Betriebsstättenstaat besteuert.

Nach dem Methodenartikel – Art. 24 DBA-IT – erfolgt eine Vermeidung der Doppelbesteuerung bei einer in Deutschland ansässigen Person (Definition in Art. 3 Abs. 1 Buchst. d) DBA-IT = u. a. auch Gesellschaften; diese wird in Art. 3 Abs. 1 Buchst. e) DBA-IT erläutert) wie folgt (vgl. Art. 24 Abs. 3 Buchst. a) Satz 1 DBA-IT): Soweit nicht Buchstabe b) anzuwenden ist (hier nicht einschlägig), werden von der Bemessungsgrundlage der deutschen Steuer die Einkünfte aus Italien ausgenommen, die nach diesem Abkommen in Italien besteuert werden können. Damit sind die in Italien erzielten Betriebsstätteneinkünfte in Deutschland grundsätzlich steuerfrei.

Deutschland behält aber nach Art. 24 Abs. 3 Satz 2 DBA-IT das Recht, die so aus der deutschen Besteuerung ausgenommenen Einkünfte bei der Festsetzung des Steuersatzes zu berücksichtigen (= Progressionsvorbehalt nach § 32b Abs. 1 Satz 1 Nr. 3 EStG). Da es sich bei dem Körperschaftsteuersatz nach § 23 Abs. 1 KStG um einen sog. Proportionalsteuersatz handelt (= alle Gewinne werden mit demselben Steuersatz besteuert), kann sich der Progressionsvorbehalt nicht auswirken.

Eine Anrechnung/Abzug der italienischen Körperschaftsteuer nach § 26 KStG scheidet aus, da zum einen nicht die Voraussetzungen der Norm erfüllt sind, und zum anderen sich hierfür keine Rechtsgrundlage im DBA-IT findet. Demnach verbleibt die in Italien erhobene Körperschaftsteuer als definitive Steuerbelastung der italienischen Betriebsstätte.

Ergebnis

Die Einkünfte aus der italienischen Betriebsstätte bleiben bei der Berechnung der deutschen Körperschaftsteuer außer Betracht; die in Italien gezahlte Steuer verbleibt als Definitivbelastung.

FALL 42

Beteiligung an anderen Körperschaften und Personenvereinigungen (§ 8b KStG)

Sachverhalt

Die Carseat GmbH, Hannover, stellt Sitze für Pkw her. Sie ist u. a. mit 100 % an der chilenischen Sede S.A. (= AG) in Santiago de Chile/Chile, beteiligt. Die chilenische Tochtergesellschaft schüttet im VZ 01 umgerechnet 1 Mio. € aus, für die in Chile eine Quellensteuer in Höhe von 35 % einbehalten wird.

Des Weiteren ist die Carseat GmbH zu 100 % an der französischen Chair SA (= AG), Lyon/Frankreich beteiligt. Die französische Tochtergesellschaft schüttet im VZ 01 2 Mio. € aus, für die in Frankreich keine Quellensteuer anfällt (Schachtelprivileg nach Art. 9 Abs. 3 DBA-F).

Schließlich ist die Carseat GmbH zu 9,5 % an der türkischen Otomobili A.Ş., Istanbul/Türkei (= AG) beteiligt. Die türkische Gesellschaft schüttet in VZ 01 an die deutsche GmbH nach Abzug der türkischen Quellensteuer in Höhe von 15 % 127 500 € aus.

Frage

Wie stellt sich die Besteuerung der Beteiligungserträge bei der deutschen GmbH dar?

Hinweis

Mit Chile besteht kein DBA, mit Frankreich und der Türkei besteht jeweils ein DBA.

LÖSUNG

a) **Dividenden aus Chile**

Die Carseat GmbH ist unbeschränkt steuerpflichtig mit dem Welteinkommen (vgl. Fall 40). Die Ermittlung des Einkommens richtet sich nach § 8 KStG. Nach § 8b Abs. 1 Satz 1 KStG bleiben u. a. Bezüge im Sinne des § 20 Abs. 1 Nr. 1 Satz 1 EStG (= Gewinnanteile [Dividenden], Ausbeuten und sonstige Bezüge aus Aktien, Genussrechten usw.) bei der Ermittlung des Einkommens außer Ansatz, d. h. sie sind (grundsätzlich) steuerfrei.

Allerdings bestimmt § 8b Abs. 5 Satz 1 KStG, dass von den Bezügen im Sinne des § 8 Abs. 1 KStG, die bei der Ermittlung des Einkommens außer Ansatz bleiben, 5 % als Ausgaben gelten, die nicht als Betriebsausgaben abgezogen werden dürfen (sog. Schachtelstrafe). Dies führt zu einer De-facto-Besteuerung von steuerfreien Bezügen in Höhe von 5 %; die an sich 100%ige Steuerbefreiung wird damit zu einer nur 95%igen Steuerbefreiung. Diese 5 %-Besteuerung hat das BVerfG in seinem Beschluss vom 12.10.2010 - 1 BvL 12/07, BFH/NV 2011, 181, für verfassungsgemäß erklärt.

Da die Beteiligungserträge aus Chile nach § 8b Abs. 1 Satz 1 KStG außer Ansatz bleiben, kann sich auch keine deutsche Körperschaftsteuer ergeben, auf die die chilenische Quellensteuer angerechnet werden kann.

Unerheblich ist die Beteiligungsdauer, da die Steuerbefreiung nach § 8b Abs. 1 KStG nur auf die Art der Einkünfte abstellt. Zur Beteiligungsquote vgl. § 8b Abs. 4 Satz 1 KStG (mindestens 10 %), die hier aber in dem Fall der Dividenden aus Chile (und auch aus Frankreich) nicht relevant ist. Zu den Dividenden aus der Türkei vgl. unten.

Es stellt sich dann weiter die Frage, welches nun die Bemessungsgrundlage für die 5 % Schachtelstrafe ist, insbesondere, ob z. B. ausländische Quellensteuern oder inländische Kapitalertragsteuern abgezogen werden können. Nach herrschender Auffassung sind Bemessungsgrundlage für die 5 %ige De-facto-Besteuerung die Bruttobezüge. Vorliegend sind dann Bemessungsgrundlage 1 Mio. € aus Chile.

Demnach ergibt sich folgende Berechnung:	1 000 000 €
hiervon 5 % =	50 000 €
hierauf Körperschaftsteuer 15 %	7 500 €

Jetzt ist noch die Frage zu beantworten, ob die in Chile erhobene Quellensteuer zumindest auf diejenige deutsche Körperschaftsteuer, die anteilig auf die chilenischen Bezüge entfällt, angerechnet werden kann. Dies scheidet aus zwei Gründen aus: Zum einen wird die Körperschaftsteuer nicht auf die ausländischen Bezüge, sondern auf fingierte nichtabzugsfähige Betriebsausgaben erhoben, und zum anderen sind die Bezüge nach § 8b Abs. 1 Satz 1 KStG außer Ansatz zu lassen, sodass es an deutscher Körperschaftsteuer fehlt, auf die die chilenische Steuer angerechnet werden könnte. Die ausländische Kapitalertragsteuer stellt eine nichtabzugsfähige Betriebsausgabe i. S. des § 10 Nr. 1 KStG dar.

Der EuGH hat in seiner Entscheidung vom 11.9.2014 - C-47/12, IStR 2014, 724, die Nichtanrechenbarkeit der ausländischen Steuer aus einem Nicht-EU-Mitgliedstaat als vereinbar mit dem Unionsrecht angesehen.

b) Dividenden aus Frankreich

Zum Verhältnis des § 8b Abs. 1 KStG zur Steuerfreiheit aufgrund eines in einem DBA vereinbarten Schachtelprivilegs hat der BFH entschieden, dass beide Steuerbefreiungen unabhängig nebeneinanderstehen (BFH v. 23.6.2010 - I R 71/09, BFH/NV 2010, 1938, bestätigt durch BFH v. 22.9.2016 - I R 29/15, BFH/NV 2017, 324 sowie ferner BFH v. 26.4.2017 - I R 84/15, BStBl 2018 II 492; obiter dictum in BFH v. 14.8.2019 - I R 44/17, IStR 2020, 506, Abs. 31 f.). Gleichwohl läuft die abkommensrechtliche Freistellung in ihrer Wirkung gemeinhin leer, weil sie in der Regel mehr Voraussetzungen aufstellt als die Steuerbefreiung nach § 8b Abs. 1 KStG. Nur dann, wenn § 8b Abs. 1 KStG aufgrund einer besonderen gesetzlichen Anordnung unanwendbar bleibt, verhält es sich anders, und tritt das Abkommensprivileg (wieder) eigenständig in Erscheinung.

Im Übrigen weicht die Lösung für die aus Frankreich bezogenen Dividenden nicht von der o. a. Lösung der aus Chile bezogenen Dividenden ab, lediglich, dass nach dem DBA ein eigenständiger Tatbestand hinzugetreten ist, die Dividenden sind bei der Ermittlung des Einkommens außer Ansatz zu lassen.

Demnach ergibt sich folgende Berechnung:

Französische Dividenden	2 000 000 €
hiervon 5 % =	100 000 €
hierauf Körperschaftsteuer 15 %	15 000 €

c) Dividenden aus der Türkei

Anders sieht dagegen die steuerliche Behandlung der Dividenden aus der Türkei aus, die auf eine geringfügige Beteiligung/Streubesitz von weniger als 10 % beruhen. Auf derartige Dividenden ist § 8b Abs. 4 KStG anzuwenden. Da diese Dividendenbezüge nicht unter das Privileg des § 8b Abs. 1 Satz 1 KStG fallen, unterliegen sie uneingeschränkt dem KSt-Satz nach § 23 KStG von 15 %. § 8b Abs. 4 Satz 7 KStG ordnet ausdrücklich an, dass auf derartige Dividenden keine Schachtelstrafe gemäß § 8b Abs. 5 KStG entfällt.

Ausländische Steuern, die auf Dividenden entfallen, auf die § 8b Abs. 4 KStG anzuwenden ist, können gemäß § 26 KStG angerechnet werden. Die Norm des § 8b Abs. 4 KStG ist nach Auffassung des BFH verfassungsgemäß (BFH v. 18.12.2019 - I R 29/17, BB 2020, 2278).

Da zwischen Deutschland und der Türkei ein DBA besteht, ist dieses auch noch zu prüfen: Nach Art. 10 Abs. 2 Satz 1 Buchst. b) DBA-TUR darf die Türkei eine Quellensteuer von 15 % des Bruttobetrages des Dividenden erheben; diese Steuer wird nach Art. 22 Abs. 2 Buchst. b) Doppelbuchst. aa) DBA-TUR auf die deutsche Steuer, die auf die Dividendenbezüge entfällt angerechnet.

Berechnung

Dividenden aus der Türkei brutto	150 000 €
Hierauf 15 % deutsche Körperschaftsteuer	22 500 €
Abzüglich türkischer Quellensteuer	22 500 €
Deutsche Steuerschuld	0 €
Gesamtsteuerbelastung	22 500 €

Ergebnis

Die Beteiligungserträge aus Chile und Frankreich bleiben in Deutschland zu 95 % steuerfrei; die ausländische Quellensteuer kann nicht angerechnet werden.

Die Beteiligungserträge (Streubesitz unter 10 %) aus der Türkei unterliegen der Regelbesteuerung nach § 23 KStG; eine im Ausland erhobene Quellensteuer kann nach § 26 KStG angerechnet werden.

Rechtsprechungshinweise

BFH v. 26.11.2008 - I R 7/08, BFH/NV 2009, 849 m. w. N. – die Verfassungsbeschwerde hiergegen ist vom BVerfG nicht zur Entscheidung angenommen worden (2 BvR 862/09); BVerfG v. 12.10.2010 -1 BvL 12/07, BFH/NV 2011, 181

FALL 43

Ausländische Körperschaftsteuer bei Verlusten

Sachverhalt

Das Bauunternehmen Bau und Beton BB-GmbH, Köln, leidet in Deutschland unter der aktuellen Baukrise und erzielt einen inländischen Verlust von 500 000 €. Positive Einkünfte können lediglich aus der Erstellung des Rohbaus eines Einkaufszentrums in Nicht-DBA-Staat A (Bauzeit: 8 Monate) in Höhe von 800 000 € erzielt werden. In A braucht die BB-GmbH keine Steuern zu entrichten.

1. Abwandlung

Wie der Grundfall, aber der Gewinn aus dem Bauvorhaben im Nicht-DBA-Staat A beträgt lediglich 400 000 €.

2. Abwandlung

Positive Einkünfte können lediglich aus der Erstellung des Rohbaus eines Hotels in Dubai/VAE in Höhe von 800 000 € erzielt werden; für die Einkünfte ist eine Ertragssteuer (income tax) in Höhe von 9 % zu entrichten (72 000 €).

3. Abwandlung

Wie 2. Abwandlung, aber der Gewinn beträgt lediglich 400 000 € / 36 000 € Income Tax.

4. Abwandlung

Wie Ausgangsfall, aber die positiven Einkünfte i. H. von 800 000 € stammen aus dem Bau eines Einkaufszentrums bei Paris; die Bauzeit beträgt 8 Monate; in Frankreich werden keine Steuern erhoben.

5. Abwandlung

Wie 4. Abwandlung, aber die Dauer der Bauausführung beträgt 14 Monate und Frankreich erhebt eine Körperschafsteuer in Höhe von 15 %.

Frage

Wie sind die ausländischen Einkünfte in Deutschland in den verschiedenen Fallvarianten steuerlich zu berücksichtigen, welche steuerlichen Auswirkungen ergeben sich?

Hinweis

Das DBA mit den VAE ist seit 2022 nicht mehr anwendbar. Mit Frankreich existiert ein DBA.

LÖSUNG

Die BB-GmbH ist unbeschränkt steuerpflichtig mit ihrem Welteinkommen. Da mit dem Nicht-DBA-Staat A kein DBA abgeschlossen ist, sind die ausländischen Einkünfte (hier: § 8 Abs. 1 KStG, § 34d Nr. 2 Buchst. a) EStG), die durch die ausländische Betriebsstätte in A nach § 12 Satz 2 Nr. 8 AO erzielt werden, im Rahmen des Welteinkommens (§ 1 Abs. 2 KStG) zu erfassen. Somit ergibt sich folgende Berechnung:

Inländische Einkünfte	./. 500 000 €
+ ausländische Einkünfte	+ 800 000 €
Summe der Einkünfte	+ 300 000 €
Hierauf Körperschaftsteuer 15 %	45 000 €

Da im Ausland keine Ertragsteuern entrichtet wurden, erübrigt sich das Problem der Anrechnung.

1. Abwandlung

Es ergibt sich folgende Berechnung:

Inländische Einkünfte	./. 500 000 €
+ ausländische Einkünfte	+ 400 000 €
Summe Einkünfte	./. 100 000 €

Die negativen Einkünfte in Höhe von 100 000 € können nach § 8 Abs. 1 Satz 1 KStG i. V. m. § 10d EStG vom Gesamtbetrag der Einkünfte des unmittelbar vorangegangenen Veranlagungszeitraums vorrangig vor Sonderausgaben, außergewöhnlichen Belastungen und sonstigen Abzugsbeträgen abgezogen werden (Verlustrücktrag). Theoretische Steuerminderung: 15 000 €.

2. Abwandlung

Es ergibt sich folgende Berechnung:

Inländische Einkünfte	./. 500 000 €
+ ausländische Einkünfte	+ 800 000 €
Summe der Einkünfte	+ 300 000 €
hierauf Körperschaftsteuer 15 %	45 000 €

Jetzt ist zu prüfen, ob die ausländische Steuer in Höhe von 72 000 € angerechnet werden kann. Die übliche Formel des § 26 Abs. 2 KStG versagt hier, weil die negativen inländischen Einkünfte die Rechenfaktoren beeinflussen und das Ergebnis verfälschen. Andererseits entfällt die deutsche Körperschaftsteuer in Höhe von 45 000 € ausschließlich auf die ausländischen Einkünfte nach Abzug des inländischen Verlustes. Demnach kann die ausländische Körperschaftsteuer auf die deutsche Körperschaftsteuer angerechnet werden, die auf die Einkünfte aus diesem Staat entfällt – § 26 Abs. 1 KStG:

Tarifliche Körperschaftsteuer	45 000 €
abzüglich ausländischer Körperschaftsteuer, höchstens aber in Höhe der deutschen Körperschaftsteuer	./. 45 000 €
Festzusetzende Körperschaftsteuer	0 €
Gesamtsteuerbelastung:	72 000 €

In Höhe von 27 000 € verbleibt ein Anrechnungsüberhang, der als definitive Steuerbelastung das Betriebsstättenergebnis schmälert. Eine ausländische Steuer kann nicht im Inland ausgekehrt werden, soweit sie nicht angerechnet werden kann.

Es ist zu prüfen, ob ein Abzug der ausländischen Steuer bei der Ermittlung des Gesamtbetrags der Einkünfte nach § § 26 Abs. 2 Satz 2 KStG i. V. m. § 34c Abs. 2 EStG steuerlich günstiger wäre:

Inländische Einkünfte	./. 500 000 €
+ ausländische Einkünfte	+ 800 000 €
abzüglich ausländischer Steuern	./. 72 000 €
Einkünfte	+ 228 000 €
hierauf Körperschaftsteuer 15 %	34 200 €

Gesamtsteuerbelastung

Ausländische Steuer	72 000 €
+ inländische Steuer	34 200 €
Summe	106 200 €

Das Ergebnis ist deutlich schlechter als das Anrechnungsmodell.

3. Abwandlung

Es ergibt sich folgende Berechnung:

Inländische Einkünfte	./. 500 000 €
+ ausländische Einkünfte	+ 400 000 €
Summe	./. 100 000 €

Da in Deutschland kein zu versteuerndes Einkommen anfällt, können die im Ausland entrichteten ausländischen Steuern in Höhe von 36 000 € nicht angerechnet werden und verbleiben damit als definitive Belastung.

Es ist zu prüfen, ob in dieser Situation ein Abzug der ausländischen Steuer bei der Ermittlung des Gesamtbetrags der Einkünfte nach § 26 Abs. 2 Satz 2 KStG i. V. m. § 34c Abs. 2 EStG steuerlich günstiger wäre:

Inländische Einkünfte	./. 500 000 €
+ ausländische Einkünfte	+ 400 000 €
abzüglich ausländischer Steuer	./. 36 000 €
Summe	./. 136 000 €

Die negativen Einkünfte in Höhe von 136 000 € können nach § 8 Abs. 1 Satz 1 KStG in Verbindung mit § 10d EStG vom Gesamtbetrag der Einkünfte des unmittelbar vorangegangenen Veranlagungszeitraums vorrangig vor Sonderausgaben, außergewöhnlichen Belastungen und sonstigen Abzugsbeträgen abgezogen werden (Verlustrücktrag). D. h. die ausländische Steuer erhöht den rücktragsfähigen Verlust um 36 000 €. Wird dieser Verlust zurückgetragen und das zu versteuernde Einkommen des Rücktragsjahrs entsprechend vermindert, so ergibt sich eine maximale steuerliche Auswirkung in Höhe von 36 000 € x 15 % = 5 400 €. Unter Berücksichtigung des steuerlichen Vorteils aus dem Verlustrücktrag beträgt die steuerliche Gesamtbelastung 30 600 €.

4. Abwandlung

Hier ist das DBA-F zu beachten: Nach Art. 2 Abs. 7 Buchst. a) Doppelbuchst. gg) DBA-F ist eine Betriebsstätte im Sinne des Abkommens erst dann gegeben, wenn die Bauausführung die Dauer von 12 Monaten überschreitet. Da demnach bei einer Bauausführung von lediglich 8 Monaten keine Betriebsstätte im Sinne des Abkommens entsteht, kann auch nicht Art. 4 DBA-F eingreifen, sodass die Besteuerung hinsichtlich des Gewinns aus der Bauausführung nicht in Frankreich, sondern im Sitzstaat es Unternehmens zu besteuern ist:

Inländische Einkünfte	./. 500 000 €
+ französische Einkünfte	+ 800 000 €
Summe	+ 300 000 €
Deutsche Körperschaftsteuer	45 000 €

5. Abwandlung

Da nunmehr die Voraussetzungen einer Betriebsstätte nach Art. 2 Abs. 7 Buchst. a) Doppelbuchst. gg) DBA-F erfüllt sind, sind die Gewinne der Betriebsstätte in Frankreich auch in Frankreich nach Art. 4 DBA-F zu versteuern. Die Vermeidung der Doppelbesteuerung regelt Art. 20 DBA-F: Nach Art. 20 Abs. 1 Buchst. a) DBA-F werden von der Bemessungsgrundlage der deutschen Steuer „... die Einkünfte aus Frankreich ... ausgenommen, die nach diesem Abkommen in Frankreich besteuert werden können. Diese Bestimmung schränkt das Recht der Bundesrepublik nicht ein, die auf diese Weise ausgenommenen Einkünfte und Vermögensteile bei der Festsetzung ihres Steuersatzes zu berücksichtigen." Da aber – wie aus Fall 41 bekannt – der Progressionsvorbehalt sich bei Körperschaftsteuersubjekten nicht auswirken kann, unterliegt der Gewinn aus dem Bau des Einkaufzentrum nur der französischen Steuer und wird zur definitiven Belastung (800 000 € x 15 % = 120 000 €); in Deutschland geht der inländische Verlust ungeschmälert in der Verlustausgleich nach § 10d EStG ein (theoretische Steuerminderung: 500 000 € x 15 % = 75 000 €). Gesamtsteuerbelastung: Französische Definitivsteuer abzüglich Steuerminderung durch Verlustrücktrag: = ./. 45 000 €)

Ergebnis

Vgl. die Berechnungen in der Lösung.

FALL 44

Beschränkte Körperschaftsteuerpflicht (§ 2 Nr. 1 KStG)

Sachverhalt

Die libanesische Zedern-GmbH hat ihren Sitz und ihre Geschäftsleitung in Beirut/Libanon. Im VZ 2023 hat die Zedern-GmbH in Deutschland folgende Einkünfte:

a) Mieteinnahmen aus einem Grundstück in Hamburg. Sie werden auf ein Konto der Deutschen Bank in Frankfurt überwiesen.

b) Dividenden aus der Beteiligung an der deutschen D-GmbH mit Sitz in Hannover. Kapitalertragsteuer wurde ordnungsgemäß abgeführt.

c) Erlös i. H. von 250 000 € aus der Veräußerung aller Anteile an der E-AG, Köln.

Frage

Ist die Z-GmbH in Deutschland körperschaftsteuerpflichtig, und wenn ja, mit welchen Einkünften?

LÖSUNG

Da die Z-GmbH weder ihren Sitz (§ 11 AO) noch ihre Geschäftsleitung (§ 10 AO) im Inland hat, ist sie nicht unbeschränkt körperschaftsteuerpflichtig gemäß § 1 Abs. 1 Nr. 1 KStG. Als libanesische Kapitalgesellschaft ist die Z-GmbH aber gemäß § 2 Nr. 1 KStG mit ihren inländischen Einkünften beschränkt körperschaftsteuerpflichtig. Dabei ist davon auszugehen, dass die Z-GmbH die Voraussetzungen Körperschaften, Personenvereinigungen und Vermögensmassen, die weder ihre Geschäftsleitung noch ihren Sitz im Inland haben, nach dem Rechtstypenvergleich (vgl. BFH v. 20.8.2008 - I R 34/08, BStBl 2009 II 263, Abs. 18 ff.) erfüllt. Die Entscheidung, ob es sich um inländische Einkünfte handelt, ist gemäß § 8 Abs. 1 KStG nach den Vorschriften des EStG zu treffen. Einschlägige Norm ist § 49 EStG, der den Begriff der inländischen Einkünfte regelt. Aufgrund der isolierenden Betrachtungsweise (§ 49 Abs. 2 EStG) bleiben im Ausland gegebene Besteuerungsmerkmale außer Betracht, soweit bei ihrer Berücksichtigung inländische Einkünfte im Sinne des § 49 Abs. 1 EStG nicht angenommen werden könnten. Eine ausländische Kapitalgesellschaft ohne Sitz, Geschäftsleitung, Betriebsstätte oder ständigen Vertreter im Inland erzielt keine inländischen Einkünfte aus Gewerbebetrieb im Sinne des § 8 Abs. 1 KStG in Verbindung mit § 49 Abs. 1 Nr. 2 Buchst. a) EStG. Die Einkünfte der Z-GmbH sind daher wie folgt zu qualifizieren:

a) Die Einkünfte aus der Vermietung des Grundstücks in Hamburg stellen inländische Einkünfte aus Gewerbebetrieb gemäß § 49 Abs. 1 Nr. 2 Buchst. f) EStG dar. Dies gilt wegen der Gewerblichkeitsfiktion des § 49 Abs. 1 Nr. 2 Buchst. f) Satz 3 EStG auch dann, wenn die Z-GmbH in Beirut nur vermögensverwaltend tätig wäre. Die Einkünfte unterliegen nicht dem Steuerabzug nach § 50a Abs. 1 EStG. Das FA könnte allerdings den Steuerabzug im Einzelfall nach § 50a Abs. 7 Satz 1 EStG anordnen (sog. Sicherungseinbehalt). Im Fall einer solchen Anordnung, würde der Steuersatz für die beschränkt steuerpflichtige Z-GmbH 15 % betragen, § 50a Abs. 7 Satz 2 EStG. Ein Sicherungseinbehalt hat nach § 50a Abs. 7 Satz 4 EStG auch nur vorläufigen Charakter und keine abgeltende Wirkung nach § 50a Abs. 2 Satz 1 EStG.

b) Bei den Dividendeneinnahmen (Ausschüttungen der deutschen D-GmbH) handelt es sich um inländische Einkünfte gemäß § 8 Abs. 1 Satz 1 KStG in Verbindung mit § 49 Abs. 1 Nr. 5 Buchst. a) EStG. Trotz der grundsätzlichen Steuerbefreiung aus § 8b Abs. 1 KStG ist dennoch ein Abzug von Kapitalertragsteuer (einschließlich Solidaritätszuschlag) notwendig (§ 43 Abs. 1 Satz 3 EStG). Da die Z-GmbH kein inländisches Betriebsvermögen hat, ist hier die Körperschaftsteuer mit dem Steuerabzug abgegolten (§ 32 Abs. 1 Nr. 2 KStG). Nach § 44a Abs. 9 EStG besteht für Erträge ausländischer Körperschaften, die dem Kapitalertragsteuerabzug nach § 43 Abs. 1 Satz 1 Nr. 1 bis 4 EStG unterliegen, eine erweiterte Erstattungsmöglichkeit. Durch die Erstattung von zwei Fünftel der einbehaltenen und abgeführten Kapitalertragsteuer reduziert sich der Steuerabzug von 25 % auf 15 %. Durch § 44a Abs. 9 EStG wird sichergestellt, dass ausländische Körperschaften auf Grund der Abgeltungswirkung des Kapitalertragsteuerabzugs nicht benachteiligt werden. Die Bruttodividende betrug 100 000 € abzüglich 25 000 € Kapitalertragsteuer. Durch den Erstattungsantrag reduziert sich die Steuer auf 15 000 € KapESt. § 8b Abs. 1 KStG bleibt somit im Ergebnis ohne Auswirkung (BMF v. 28.4.2003, BStBl 2003 I 292, Rz. 11).

c) Hinsichtlich des Veräußerungserlös greift § 8b Abs. 2 Satz 1 KStG. Nach dieser Bestimmung, die gleichermaßen auf unbeschränkt wie beschränkt steuerpflichtige Körperschaftsteuersubjekte anzuwenden ist (vgl. BFH v. 31.5.2017 - I R 37/15, BStBl 2018 II 144, Abs. 12), bleiben bei der Ermittlung des Einkommens u. a. Gewinne aus der Veräußerung eines Anteils an einer Körperschaft oder Personenvereinigung, deren Leistungen beim Empfänger zu Einnahmen i. S. des § 20 Abs. 1 Nr. 1, 2, 9 und 10 Buchst. a EStG gehören, außer Ansatz. Bei den von der Zedern-GmbH veräußerten Anteilen an der E-AG handelt es sich um derartige Anteile. Denn deren Leistungen (Dividenden aus Aktien) sind beim Empfänger Einnahmen i. S. des § 20 Abs. 1 Nr. 1 EStG.

Ergebnis

Die Z-GmbH ist gemäß § 2 Nr. 1 KStG i. V. m. § 49 Abs. 1 Nr. 2 Buchst. f) EStG und § 49 Abs. 1 Nr. 5 Buchst. a) EStG beschränkt körperschaftsteuerpflichtig.

Rechtsprechungshinweise

BFH v. 20.4.2021 - IV R 3/20, BFH/NV 2021, 1256; BFH v. 14.11.2018 – I R 81/16, BStBl 2019 II 390; BFH v. 15.10.2015 – I B 93/15, BStBl 2016 II 66; BFH v. 28.1.2004 – I R 73/02, BStBl 2005 II 550 sowie die in der Lösung genannten Entscheidungen

Verwaltungsanweisungen

BMF v. 16.5.2011, BStBl 2011 I 530, Rz. 15

FALL 45

Beschränkte Körperschaftsteuerpflicht (§ 2 Nr. 1 KStG)

Sachverhalt

Die Uvas S.A. mit Sitz in Santiago de Chile/Chile unterhält eine Betriebsstätte in Hamburg zur Vermarktung chilenischer Weintrauben in Deutschland.

Frage

Wie ist die Aktivität in Deutschland steuerlich zu beurteilen?

LÖSUNG

Hat eine ausländische Kapitalgesellschaft (ohne Sitz und Geschäftsleitung im Inland) eine Betriebsstätte in Deutschland, über die sie ihre gewerbliche Tätigkeit ausübt, erzielt sie insoweit beschränkt körperschaftsteuerpflichtige inländische Einkünfte aus Gewerbebetrieb (§ 8 Abs. 1 KStG in Verbindung mit § 49 Abs. 1 Nr. 2 Buchst. a) EStG).

Etwaige daneben von der Uvas S.A. erzielte inländische Einkünfte, soweit sie nicht der Betriebsstätte zuzuordnen sind, werden dadurch nicht automatisch gewerblich Einkünfte (keine sog. „Attraktivität" oder „Attraktivkraft" der Betriebsstätte). Die Besteuerung der inländischen Aktivitäten der Uvas S.A., die nicht der inländischen Betriebsstätte zuzurechnen sind, ist vielmehr gesondert zu prüfen, gegebenenfalls unter Berücksichtigung der isolierenden Betrachtungsweise (§ 49 Abs. 2 EStG). Dies kann nicht nur zur Annahme anderweitiger inländischer gewerblicher Einkünfte führen (vgl. z. B. § 49 Abs. 1 Nr. 2 Buchst. f) Satz 3 EStG), sondern auch zu inländischen Einkünften im Sinne des § 49 Abs. 1 Nr. 1, Nr. 2 bis 9 EStG oder zu nichtsteuerbaren Einkünften.

Ergebnis

Die Uvas S.A. erzielt inländische Einkünfte aus Gewerbebetrieb (§ 49 Abs. 1 Nr. 2 Buchst. a) EStG).

Rechtsprechungshinweise

BFH v. 20.4.2021 - IV R 3/20, BFH/NV 2021, 1256; BFH v. 14.11.2018 - I R 81/16, BStBl 2019 II 390.

Verwaltungsanweisungen

BMF v. 16.5.2011, BStBl 2011 I 530, Rz. 6

FALL 46

Beschränkte Körperschaftsteuerpflicht (§ 2 Nr. 1 KStG)

Sachverhalt

Die Reederei Q Public Company Limited by Shares (= AG) mit Sitz und Geschäftsleitung in Hongkong, Kapitalgesellschaft nach dem Recht der Sonderverwaltungszone Hongkong der Volksrepublik China, mit lediglich in Hongkong ansässigen Gesellschaftern, beteiligt sich an der in Bremen ansässigen RailSped GmbH & Co. KG (Bürogebäude: Hüttenstraße 100), ab dem 1.1.2023 mit einem Anteil von weniger als 1 % als Kommanditistin (strategische Investition). Gegenstand des Unternehmens. der KG ist die Organisation und Abwicklung von Container-Transporten per Bahn, Binnenschiff und/oder Lkw innerhalb Deutschlands (sog. Anschlusstransporte). Die übrigen Gesellschafter der KG sind mehrere in Bremen ansässige Kaufleute. Im Jahr 2023 erzielt die KG einen Gewinn vor Steuern i. H. von 250 000 €.

Frage

Steuerliche Beurteilung der Beteiligung der Q-Reederei an der RailSped GmbH & Co. KG?

Hinweis

Mit Hongkong existiert ein Abkommen über den Fluglinienverkehr sowie ein Abkommen zur Vermeidung der Doppelbesteuerung von Schifffahrtsunternehmen auf dem Gebiet der Steuern vom Einkommen und Vermögen; das DBA mit der VR China ist auf die Sonderzone Hongkong nicht anwendbar.

LÖSUNG

Da die Q-Reederei weder Sitz noch Geschäftsleitung in Deutschland besitzt, ist sie nicht unbeschränkt körperschaftsteuerpflichtig. Sie könnte aber mit ihren inländischen Einkünften nach § 2 Nr. 1 KStG beschränkt körperschaftsteuerpflichtig sein. Es ist davon auszugehen, dass die

Public Company Limited by Shares nach dem Rechtstypenvergleich (vgl. Fall 44) unter die Körperschaftsteuersubjekte des § 2 Nr. 1 KStG fällt.

Die Q-Reederei hat aus ihrer mitunternehmerischen Beteiligung an der gewerblich tätigen RailSped GmbH & Co. KG einen Gewinnanteil i. S. des § 15 Abs. 1 Satz 1 Nr. 2 Satz 1 EStG bezogen. Dieser unterliegt bei der gemäß § 2 Nr. 1 KStG beschränkt körperschaftsteuerpflichtigen Q-Reederei der Besteuerung in Deutschland, weil für den Gewerbebetrieb der RailSped GmbH & Co. KG unter deren Geschäftsadresse in Bremen eine Betriebsstätte unterhalten wurde (§ 49 Abs. 1 Nr. 2 Buchst. a) EStG). Denn dort befand sich lt. Sachverhalt das Büro, das Personal und die Geschäftsleitung der RailSped GmbH & Co. KG.

Nach ständiger Rechtsprechung des BFH wird die Betriebsstätte der KG der Q-Reederei als Mitunternehmerin des Gewerbebetriebs als eigene zugerechnet (BFH v. 29.11.2017 - I R 58/15, BFH/NV 2018, 684; BFH v. 18.12.2002 - I R 92/01, IStR 2003, 388). Auf der Grundlage des nationalen Rechts hat das FA daher die der beschränkten Körperschaftsteuerpflicht unterliegenden gewerblichen Einkünfte der Q-Reederei in die gesonderte und einheitliche Feststellung der Besteuerungsgrundlagen der KG gemäß § 180 Abs. 1 Satz 1 Nr. 2 Buchst. a) AO einzubeziehen, weil an den Einkünften der KG neben der Q-Reederei noch weitere Personen beteiligt waren.

Nicht entschieden werden kann aufgrund des obigen Sachverhalts, ob die der Q-Reederei nach dem oben genannten BFH-Urteil zuzurechnenden Betriebsstätte (unter der Geschäftsadresse der KG in Bremen) eine Zweigniederlassung i. S. des § 12 Satz 2 Nr. 2 AO darstellt. Wenn dies zu bejahen wäre, müsste ihr ein Teil des von der Q-Reederei weltweit erzielten Gewinns aus Gewerbebetrieb zugerechnet werden. Dies wäre dann in einem eigenen Steuerbescheid zu erfassen.

Zu prüfen bleibt noch die Regelung des § 49 Abs. 3 EStG. Die von der Norm vorgesehene pauschalierte Ermittlung der Einkünfte der Schifffahrtsunternehmen aus bestimmten Beförderungsleistungen („Beförderungen zwischen inländischen und von inländischen zu ausländischen Häfen…, einschließlich der Einkünfte aus anderen mit solchen Beförderungen zusammenhängenden, sich auf das Inland erstreckenden Beförderungsleistungen" – § 49 Abs. 1 Nr. 2 Buchst. b) EStG), gilt nach Satz 3 nicht, soweit das deutsche Besteuerungsrecht nach einem Abkommen zur Vermeidung der Doppelbesteuerung ohne Begrenzung des Steuersatzes aufrechterhalten bleibt. Das DBA-Hongkong/Schifffahrt weist das Besteuerungsrecht für die Einkünfte aus den streitgegenständlichen rein inländischen (Anschluss-)Transporten nicht der Sonderverwaltungsregion Hongkong zu, sondern belässt dieses Deutschland – Art. 3 Abs. 1 und 5 DBA-Hongkong/Schifffahrt.

Ergebnis

Der anteilige Gewinn der Q-Reederei aus ihrer Beteilung an der KG ist in Deutschland nach § 2 Nr. 1 KStG i. V. m. § 49 Abs. 1 Nr. 2 Buchst. a) EStG zu versteuern.

Rechtsprechungshinweise

BFH v. 13.4.2022 - I R 1/19, BStBl 2023 II 16, sowie die in Lösung genannten Entscheidungen

Verwaltungsanweisungen

AEAO zu § 12 AO

FALL 47

Grenzüberschreitende verdeckte Gewinnausschüttung (§ 8 Abs. 3 Satz 2 KStG)

Sachverhalt

Die chilenische Muttergesellschaft M-AG mit Sitz und Geschäftsleitung in Santiago de Chile ist alleinige Gesellschafterin der deutschen Tochtergesellschaft T-GmbH mit Sitz in München. Die M-AG hat der T-GmbH am 1.1.01 ein ungesichertes Darlehen in Höhe von 100 000 € zum Jahreszinssatz von 16 % gewährt. Den Zinsbetrag von 16 000 € für 02 hat die T-GmbH am 29.12.02 der Darlehensgläubigerin auf ein bei der Commerzbank, Filiale München, eingerichtetes Konto überwiesen.

Abwandlung

Wie Grundfall, aber die M-AG ist in New York (USA) ansässig.

Frage

Welche Konsequenzen ergeben sich für die Besteuerung der M-AG, wenn unbestritten feststeht, dass ein fremder Darlehensgeber nur einen Jahreszins von 6 % = 6 000 € erhalten hätte, die Darlehnsbedingungen im Übrigen aber fremdüblich sind?

LÖSUNG

Die Rechtsfolgen einer verdeckten Gewinnausschüttung (vGA) richten sich danach, ob eine Unangemessenheit dem Grunde oder der Höhe nach vorliegt. Ist eine Vereinbarung zwischen der Kapitalgesellschaft und ihrem Gesellschafter dem Grunde nach unangemessen, ist eine vGA in vollem Umfang anzunehmen. Liegt hingegen (lediglich) eine Unangemessenheit der Höhe nach vor, ist eine vGA nur im Hinblick auf den unangemessenen Teil anzunehmen (vgl. BFH v. 7.11.2001 - I R 79/00, BStBl 2005 II 659; BFH v. 5.10.1994 - I R 50/94, BStBl 1995 II 549). Die gezahlten Zinsen i. H. v. 16 000 € müssen daher in einen angemessenen Teil (6 000 €) und einen unangemessenen Teil (10 000 €) aufgeteilt werden:

In Höhe des angemessenen Zinsanteils von 6 % = 6 000 € stellen die Vergütungen für die M-AG als beherrschende Gesellschafterin der T-GmbH Entgelt für eine Darlehensgewährung, mithin Einnahmen gemäß § 8 KStG i. V. m. § 20 Abs. 1 Nr. 7 EStG, dar. Es liegen jedoch keine beschränkt steuerpflichtigen inländischen Einkünfte vor, da die Darlehensforderung weder durch inländischen Grundbesitz noch durch vergleichbare Rechte unmittelbar oder mittelbar gesichert ist (vgl. § 49 Abs. 1 Nr. 5 Buchst. c) Doppelbuchst. aa) EStG). Die M-AG unterliegt daher mit diesen Einkünften nicht der beschränkten Steuerpflicht.

Bezüglich der 10 % = 10 000 €, die den üblichen Zinssatz übersteigen, erhält die M-AG von der T-GmbH eine verdeckte Gewinnausschüttung (§ 8 Abs. 3 Satz 2 KStG). Sie erzielt also Einkünfte aus Kapitalvermögen gemäß § 8 Abs. 1 Satz 1 KStG, § 20 Abs. 1 Nr. 1 EStG. Es liegen demnach inländische Einkünfte aus Kapitalvermögen gemäß § 49 Abs. 1 Nr. 5 Buchst. a) Doppelbuchst. aa) EStG vor, denn die T-GmbH hat als Schuldnerin der Kapitalerträge ihre Geschäftsleitung und ihren Sitz in München (= Inland). Aufgrund der isolierenden Betrachtungsweise des § 49 Abs. 2 EStG liegen auch im Falle eines ausländischen Gewerbebetriebs des Gesellschafters Einkünfte aus Kapitalvermögen vor. Diese Beträge unterliegen der Kapitalertragsteuer gemäß § 43 Abs. 1 Nr. 1 EStG. Die Körperschaftsteuer ist durch die Einbehaltung der Kapitalertragsteuer gemäß § 8 KStG in Verbindung mit § 50 Abs. 2 EStG abgegolten. Die Steuerbefreiung gemäß § 8b Abs. 1 KStG geht durch den notwendigen Steuerabzug verloren. Begründung und Erstattungsmöglichkeit gemäß § 44a Abs. 9 EStG wie Fall 44, so dass die endgültige Kapitalertragsteuerbelastung der vGA 15% beträgt. Bei der unbeschränkt körperschaftsteuerpflichtigen T-GmbH darf die verdeckte Gewinnausschüttung das Einkommen nicht mindern und muss deshalb außerbilanziell wieder hinzugerechnet werden.

Abwandlung

Wenn die Muttergesellschaft M-AG in den USA ansässig ist, dann wird das deutsche Besteuerungsrecht im Hinblick auf die vGA durch das DBA-USA beschränkt. Generell fallen vGA unter den Dividendenbegriff des Art. 10 Abs. 3 OECD-MA (vgl. Tz. 28 OECD-MK zu Art. 10 OECD-MA). Die Dividenden-Definition des Art. 10 Abs. 5 Satz 1 DBA-USA entspricht im Wesentlichen derjenigen des OECD-MA (ausführlich BFH v. 12.6.2013 - I R 109-111/10, BStBl II 2013, 1024, Abs. 16).

Entweder handelt es sich bei der vGA um „Einkünfte aus Aktien" i. S. von Art. 10 Abs. 5 Satz 1 Alt. 1 DBA-USA (vgl. BFH v. 6.6.2012 - I R 8/11, BStBl 2013 II 111, zum DBA-Brasilien) oder aber um „andere Einkünfte, die nach dem Recht des Vertragsstaats, in dem die ausschüttende Gesellschaft ansässig ist, den Einkünften aus Aktien steuerlich gleichgestellt sind" i. S. von Art. 10 Abs. 5 Satz 1 Alt. 3 DBA-USA, sog. Qualifikationsverkettung (vgl. BFH v. 12.6.2013 - I R 109-111/10, BStBl II 2013, 1024, Abs. 18). In der vorliegenden Inbound-Situation (ausländische Muttergesellschaft mit inländischer Tochtergesellschaft) ist Deutschland der Quellenstaat. Da nach nationalem Recht vGA den Dividenden gleichgestellt sind (§ 20 Abs. 1 Nr. 1 Satz 2 EStG), kann vorliegend auf die Zuordnung der vGA zur ersten oder dritten definitorischen Untergruppe von Art. 10 Abs. 5 Satz 1 DBA-USA verzichtet werden (so auch: BFH v. 11.10.2017 - I R 42/15, BFH/NV 2018, 616, Abs. 24). Da die M-AG zu 100 % (und damit zu mindestens 10 %) an der D-GmbH beteiligt ist, reduziert sich der Quellensteuersatz für die Schachteldividende nach Art. 10 Abs. 2 Buchst. a) DBA-USA auf 5 %. Das BZSt (vgl. § 44a Abs. 9 Satz 4 EStG) hat den Anspruch auf weitergehende Erstattung nach dem DBA gemäß § 44a Abs. 9 Satz 3 EStG zu erfüllen.

Ergebnis

Die M-AG ist mit der vGA in Deutschland beschränkt steuerpflichtig. Im Ausgangssachverhalt (Nicht-DBA-Fall) mindert sich der Quellensteuersatz auf 15 %, in der Abwandlung (DBA-Schachteldividende) mindert sich der Quellensteuersatz auf 5 % gemäß den Bestimmungen des DBA-USA.

Rechtsprechungshinweise

Vgl. die in der Lösung genannten Entscheidungen

Verwaltungsanweisungen

BMF v. 28.5.2002, BStBl 2002 I 603

Kapitel 4: Erbschaftsteuergesetz

FALL 48

Anrechnung ausländischer Erbschaftsteuer (§ 21 ErbStG)

Sachverhalt

Rosa Rot (RR), wohnhaft in Berlin, wird kraft Testaments Alleinerbin ihrer am 18.8.01 verstorbenen Tante Beate Blau (BB), die bis zu ihrem Tode in Hamburg ansässig war. Zum Nachlass gehört u. a. ein Bargeldguthaben bei der X-Bank im Nicht-DBA-Ausland in Höhe von umgerechnet 500 000 € sowie ein Bargeldguthaben bei der Commerzbank, Filiale Hamburg, von 150 000 €. In der beim zuständigen deutschen Finanzamt eingereichten Erbschaftsteuererklärung beantragt RR die Anrechnung der im Nicht-DBA-Ausland erhobenen Erbschaftsteuer in Höhe von 32 500 €; der ausländischen Besteuerung waren sowohl die im Ausland als auch die im Inland befindlichen Vermögensteile unterworfen worden. Im Rahmen der Erbschaftsteuer-Veranlagung lehnt das FA eine Anrechnung der ausländischen Erbanfallsteuer ab.

Frage

Hat das FA die Anrechnung der ausländischen Erbschaftsteuer zu Recht abgelehnt?

LÖSUNG

RR ist nach § 2 Abs. 1 Nr. 1 Satz 1 und 2 Buchst. a) ErbStG als Inländer unbeschränkt erbschaftsteuerpflichtig. Die Erblasserin BB ist ebenfalls Inländer, so dass zwei Anknüpfungspunkte für die unbeschränkte Erbschaftsteuerpflicht vorliegen. Der Erbschaftsteuerpflicht unterliegt der gesamte Vermögensanfall (vgl. § 3 Abs. 1 Nr. 1 ErbStG). Zum Vermögen gehört neben dem Inlandsvermögen, d. h. den Vermögensteilen des Nachlasses, die sich im Inland (= Deutschland) befinden, auch das Auslandsvermögen. Dies wird für Inländer in § 21 Abs. 2 Nr. 1 ErbStG wie folgt definiert: Alle Vermögensgegenstände der in § 121 BewG genannten Art, die auf einen ausländischen Staat entfallen, sowie alle Nutzungsrechte an diesen Vermögensgegenständen. Legt man diesen Maßstab des § 121 BewG an, so ist festzustellen, dass Bargeld nicht zu dem in § 121 BewG definierten Umfang des Vermögens gehört; demnach unterliegt das Bargeldguthaben bei der X-Bank in dem Nicht-DBA-Staat nicht dem deutschen ErbStG.

Nach § 21 Abs. 1 Satz 1 ErbStG ist bei einem Erwerber, der in einem ausländischen Staat mit seinem Auslandsvermögen zu einer der deutschen Erbschaftsteuer entsprechenden Steuer – ausländische Steuer – herangezogen werden, auf Antrag die festgesetzte, auf den Erwerber entfallende, gezahlte und keinem Ermäßigungsanspruch unterliegende ausländische Steuer insoweit auf die deutsche Erbschaftsteuer anzurechnen, als das Auslandsvermögen auch der deutschen Erbschaftsteuer unterliegt. Da aber, wie vorstehend ausgeführt, Bargeld nicht zum steuerpflichtigen Auslandsvermögen zählt, kann diese Vorschrift nicht greifen.

Die ausländische Erbschaftsteuer auf solche nicht zum Auslandsvermögen gehörenden Posten ist nicht nach § 21 ErbStG anrechenbar. Demnach kann die ausländische Erbschaftsteuer, soweit sie auf das Guthaben bei der X-Bank im Nicht-DBA-Ausland entfällt, nicht angerechnet werden.

Soweit im Ausland der dortigen Erbschaftsteuer Vermögensgegenstände unterworfen wurden, die aus der Sicht des § 21 Abs. 2 Nr. 1 EStG nicht „auf einen ausländischen Staat entfallen" (hier: Bargeldbestand bei der Commerzbank Filiale Hamburg), scheidet ebenfalls eine Anrechnung aus, weil es sich nicht um Auslandsvermögen handelt; denn § 21 ErbStG setzt für das Anrechnungsverfahren zwingend Auslandsvermögen voraus.

Zu einer Doppelbesteuerung kann es daher immer dann kommen, wenn sich die von den beteiligten Staaten verwendeten Vermögensbegriffe überschneiden. Soweit es insoweit zu einer Doppelbesteuerung bzw. zu einer Anrechnungslücke kommt, ist diese vom Gesetzgeber gewollt und demnach grundsätzlich hinzunehmen; Raum wäre dann nur noch für Billigkeitsmaßnahmen. In der Literatur wird vorgeschlagen, die gezahlte ausländische Steuer als Nachlassverbindlichkeit zu behandeln, nämlich als Kosten zur Erlangung des Erwerbs. Streitpunkt ist in diesem Zusammenhang § 10 Abs. 8 ErbStG, d. h. in wieweit die ausländische Erbschaftsteuer abgezogen werden kann. Das FG Ba-Wü hat in seinem Urteil v. 21.12.2011 - 7 K 1935/11, EFG 2012, 1290, entschieden, dass die ausländische Erbschaftsteuer nicht nach § 10 Abs. 5 Nr. 1 Satz 3 ErbStG als Nachlassverbindlichkeit abgezogen werden kann. Die hiergegen eingelegte Revision hat der BFH mit Urteil vom 19.6.2013 - II R 10/12, BStBl 2013 II 746 zurückgewiesen und entschieden, dass bei Fehlen eines DBA die im Ausland erhobene Erbschaftsteuer im vorliegenden Fall weder auf die deutsche Erbschaftsteuer anzurechnen noch als Nachlassverbindlichkeit zu berücksichtigen ist. Ggf. seien Billigkeitsmaßnahmen geboten. Gegen diese Entscheidung wurde Verfassungsbeschwerde eingelegt (BVerfG: 1 BvR 2488/13), die aber nicht zur Entscheidung angenommen worden ist.

Ergebnis

Das FA hat die Anrechnung der ausländischen Erbschaftsteuer zu Recht abgelehnt.

Rechtsprechungshinweise

Der EuGH hat auf Vorlage des BFH v. 16.1.2008 - II R 45/05, BStBl 2008 II 623, in seinem Urteil v. 12.2.2009 - C-67/08, Margarete Block, IStR 2009, 175, entschieden, dass die fehlende Anrechnung einer im EU-Ausland festgesetzten Erbschaftsteuer nicht gegen Art. 63 AEUV verstößt, dass also ggf. eine Doppelbesteuerung nicht unionswidrig ist; weiter EuGH v. 30.6.2016 - C 123/15, Feilen, BStBl 2017 II 424 zum Problem der Besteuerung des Vorerwerbs mit ausländischer Steuer, nachfolgende BFH v. 27.9.2016 - II R 37/13, BStBl 2017 II 411; ausführlich zur Anrechnung ausländischer Erbschaft- und Schenkungsteuer BFH v. 22.9.2010 - II R 54/09, BStBl 2011 II 247; ferner zur Vereinbarkeit der Besteuerung grenzüberschreitender Schenkungen mit dem Gemeinschaftsrecht BFH v. 7.9.2011 - II R 58/09, BStBl 2012 II 40.

Zur Anrechnung gemäß § 21 ErbStG vgl. BFH v. 15.6.2016 - II R 51/14, BStBl 2018 II 194

FALL 49

Ausländische Immobilien in der Erbschaftsteuer

Sachverhalt

Hans, deutscher Staatsangehöriger mit Wohnsitz Düsseldorf, ist Alleinerbe seines Vaters Kurt, deutscher Staatsangehöriger († 21.8.2023), der seinen Wohnsitz im Januar 2020 von Berlin nach Aarau im Kanton Aargau/Schweiz verlegt hatte. Kurt war Eigentümer eines dauernd fremd vermieteten Grundstücks mit Ferienhaus in Bad Zurzach/Schweiz, Kanton Aargau; der Verkehrswert beträgt umgerechnet 260 000 €. Der sonstige Nachlass des Vaters besteht lediglich aus einem Bargeldguthaben (Festgeldkonto) bei einer Bank in Deutschland über 900 000 €; das weitere Vermögen sowie Hausrat überschreiten nicht den Freibetrag.

Abwandlung

Kurt war bereits im Juli 2018 in die Schweiz verzogen; bis zu seinem Wohnsitzwechsel in die Schweiz war er als Beamter im Auswärtigen Amt in Berlin beschäftigt und bezieht bis zu seinem Tod Versorgungsbezüge/Ruhegehalt aus der Bundeskasse.

Frage

Hans stellt sich die Frage,

a) ob das Ferienhaus überhaupt der deutschen Erbschaftsbesteuerung unterliegt, und wenn ja,

b) mit welchem Wert das Grundstück anzusetzen ist, und

c) auf welche Weise eine etwaige Doppelbesteuerung vermieden oder gemildert werden kann.

Er wendet sich an Sie mit der Bitte um Beantwortung der Fragen.

Hinweis

Nach den Steuergesetzen des Kantons Aargau sind „Vermögensanfälle an Nachkommen" steuerfrei.

LÖSUNG

Der Umfang des der deutschen Besteuerung unterliegenden Erwerbs ist von dem Umfang der Steuerpflicht abhängig. Somit ist vorab zu klären, ob ein Fall der unbeschränkten oder ein Fall der beschränkten Steuerpflicht vorliegt.

Knüpft man am Erblasser an, so liegt ein Fall der unbeschränkten Erbschaftsteuerpflicht nach § 2 Abs. 1 Satz 2 Buchst. b) ErbStG vor (sog. überdachende Besteuerung – vgl. ferner Art. 4 Abs. 4 ErbSt-DBA D-CH). Da nach § 2 Abs. 1 Satz 1 ErbStG nur eine der dort aufgezählten Möglichkeiten erforderlich ist, reicht die Inländereigenschaft des Erblassers aus.

Hinsichtlich Hans ergibt sich eine unbeschränkte Erbschaftsteuerpflicht aus der Tatsache, dass er Inländer nach § 2 Abs. 1 Satz 2 Buchst. a) ErbStG ist.

Liegt ein sog. Inländerfall vor, so unterliegt der gesamte Vermögensanfall der deutschen Erbschaftsbesteuerung (vgl. § 2 Abs. 1 Nr. 1 Satz 1 ErbStG). Demnach unterliegt auch der Erwerb des ausländischen Vermögens – Ferienhaus in der Schweiz – grundsätzlich der deutschen Besteuerung. Ebenso gehört zum Vermögensanfall das Bankguthaben (Festgeldkonto).

Steuerfrei ist der Hausrat nach § 13 Abs. 1 Nr. 1 Buchst. a) ErbStG.

Es liegt ein Vermögensanfall der Steuerklasse I vor (vgl. § 15 Abs. 1 Steuerklasse I Nr. 2 ErbStG).

Das Ferienhaus in Bad Zurzach wäre – vgl. § 12 Abs. 7 ErbStG – grundsätzlich mit dem gemeinen Wert anzusetzen (§ 31 Abs. 1 BewG i. V. m. § 9 BewG). Allerdings hat der EuGH (EuGH v. 17.1.2008 - C-256/06, Theodor Jäger, IStR 2008, 14) entschieden, dass der Ansatz des gemeinen Werts ein Verstoß gegen die Kapitalverkehrsfreiheit darstellt und insoweit nicht unionskonform ist. Gegenstand der Entscheidung war zwar nur das land- und forstwirtschaftliche Vermögen. Die Grundsätze des Urteils sind jedoch auch auf in anderen Mitgliedsstaaten belegenes Betriebsvermögen und Grundvermögen, sowie auf Anteile an nicht börsennotierten Kapitalgesellschaften mit Sitz in anderen Mitgliedsstaaten anzuwenden. Zu der Wertermittlung in diesen Fällen hat der BFH v. 1.7.2008 - II R 71/06, BStBl 2008 II 874 entschieden: „§ 12 Abs. 6 ErbStG i. V. m. § 31 BewG ist insoweit nicht mehr anwendbar, als für ausländischen Grundbesitz höhere Werte anzusetzen sind als für den Erwerb eines vergleichbaren Grundbesitzes bei Belegenheit im Inland. Gemäß § 96 Abs. 1 Satz 1 FGO i. V. m. § 162 AO ist deshalb zu schätzen, wie der streitgegenständliche Grundbesitz gemäß den Vorschriften zur Bedarfsbewertung des Grundvermögens (§§ 138 ff. BewG) zu bewerten wäre, wenn er im Inland läge." Die Finanzverwaltung hat im Erlass-Wege auf die Entscheidung des EuGH reagiert, z. B. FinMin Baden-Württemberg v. 16.7.2008 - 3-S 3831 / 4: „Solches Auslandsvermögen ist nicht mehr mit dem gemeinen Wert anzusetzen, sondern mit dem vergleichbaren Wert, der sich nach den Bewertungsvorschriften für Inlandsvermögen ergäbe. Die Steuerbegünstigungen der §§ 13a und 19a ErbStG sind ggf. entsprechend zu gewähren. Bei fehlender Datenlage (Bodenrichtwerte, Ertragsmesszahl u. ä.) ist der Steuerwert im Wege einer sachgerechten Schätzung unter Berücksichtigung der Vermögensart und der individuellen Verhältnisse des Einzelfalles zu ermitteln."

Die angeführte EuGH-Rechtsprechung kann grundsätzlich nicht auf Vermögen in Nicht-EU- und Nicht-EWR-Staaten (Drittstaaten) angewandt werden. Aber die neuere Rechtsprechung des EuGH zur Erbschaftsteuer bezieht sich bei der Prüfung der Vereinbarkeit nationaler Normen des Steuerrechts i. d. R. auf die Kapitalverkehrsfreiheit, die nicht nur gegenüber den EU- und EWR-Staaten Anwendung findet, sondern auch gegenüber Drittstaaten. Man könnte nun darüber streiten, ob das sog. Freizügigkeitsabkommen (Abkommen zwischen der EU und ihren Mitgliedstaaten einerseits und der Schweizerischen Eidgenossenschaft andererseits über die Freizügigkeit vom 21.6.1999) der Schweiz den Status eines begünstigten Drittstaates verleiht. Da aber der EuGH auf die Kapitalverkehrsfreiheit abstellt (vgl. u. a. EuGH v. 30.6.2016 - C-123/15 Feilen, BStBl 2017 II 424; EuGH v. 8.6.2016 - C-479/14 Hünnebeck, DStR 2016, 1360; EuGH v. 4.9.2014 - C-211/13, Kommission vs. Deutschland, IStR 2014, 768; EuGH v. 17.10.2013 - C-181/12, Welte, IStR 2013, 954; EuGH v. 22.4.2010 - C-510/08, Mattern, BFH/NV 2010, 1212) ist dies müßig. D. h. auch im Falle einer Immobilie in der Schweiz ist das oben dargestellte System der Schätzung zur Wertermittlung für Erbschaftsteuerzwecke anzuwenden.

Da in der Schweiz keine Steuer erhoben wird (Übergang auf Nachkommen), liegt kein Fall der Doppelbesteuerung vor, so dass sich die Frage der Anrechnung bzw. des Progressionsvorbehalts erübrigt.

Ergebnis

Der Übergang des Ferienhauses ist in Deutschland als Vermögensübergang auf Hans bei diesem der deutschen Erbschaftsteuer zu unterwerfen. Der Wert des ausländischen Grundstücks ist in Anlehnung an die deutschen Vorschriften für die Bewertung inländischen Grundvermögens zu schätzen; da im Ausland keine Erbschaftsteuer erhoben wird, entsteht keine ausländische Erbschaftsteuer, die auf die deutsche Erbschaftsteuer angerechnet werden könnte; ferner ist das Festgeldkonto bei Hans zu versteuern.

Abwandlung

Es ergibt sich die Frage, ob Kurt nicht Inländer i. S. des § 2 Abs. 1 Satz 1 Nr. 1 Buchst. c ErbStG ist. Das Gesetz spricht von „Arbeitslohn" und „Dienstverhältnis". Damit entspricht diese Norm dem § 1 Abs. 2 EStG bez. § 1a Abs. 2 EStG. Diese Regelungen sind aber nach hM nur anwendbar auf Personen, die in einem aktiven Dienstverhältnis stehen, nicht dagegen auf Personen, die ohne aktive Tätigkeit aus privaten Gründen im Ausland leben; demnach fallen Versorgungsempfänger nicht unter die Regelung des § 2 Abs. 1 Satz 1 Nr. 1 Buchst. c ErbStG. Kurt ist demnach kein Inländer i. S. des ErbStG. Da aber Hans Inländer ist, ändert sich nichts am Ergebnis.

Rechtsprechungshinweise

BFH v. 7.9.2011 - II R 58/09, BStBl 2012 II 40; vgl. ferner die in den Lösungshinweisen genannten Entscheidungen

FALL 50

Ausländische Immobilien in der Erbschaftsteuer, Progressionsvorbehalt (§ 19 ErbStG)

Sachverhalt

Martin Mormann (MM), wohnhaft in Freiburg/Breisgau, Deutschland, ist Alleinerbe seiner Schwester Elisabeth Erdmann (EE), die nach einer Heirat mit dem Schweizer Staatsangehörigen Tobias Erdmann (TE) ebenfalls Schweizer Staatsangehörige geworden ist und seit ihrer Heirat im Jahre 1971 in Chur/Schweiz, Kanton Graubünden, lebt. Ihr Ehemann TE ist bereits 2006 verstorben; EE wurde Alleinerbin; der Kanton Graubünden hat den überlebenden Ehegatten von der Erbschaftssteuer freigestellt. EE ist Im Dezember 2022 verstorben. Der Nachlass besteht aus zwei in der Schweiz belegenen Grundstücken mit einem amtlichen Wert von umgerechnet 830 000 € sowie einem Bankkonto bei der Volksbank Freiburg eG/Deutschland über 75 000 €.

Mit Verfügung vom 20.1.2023 setzte die zuständige schweizerische Finanzbehörde gegenüber MM, ausgehend von einem Vermögensanfall in Höhe von umgerechnet 120 000 €, Erbschaftsteuer i. H. von umgerechnet 6 500 € fest.

Am 14.3.2023 reichte MM beim zuständigen deutschen FA eine Erbschaftsteuererklärung ein. Mit Bescheid vom 31.3.2023 setzte das FA gegenüber MM eine Erbschaftsteuer i. H. von 60 400 € fest. Dabei ging es von einem Wert des Erwerbs in Höhe von 235 600 € aus, wobei das in der Schweiz gelegene Grundvermögen mit einem Wert von 212 000 € in die Bemessungsgrundlage einbezogen wurde. Die in der Schweiz festgesetzte und gezahlte Erbschaftsteuer in Höhe von 6 500 € rechnete es nach § 21 ErbStG an.

MM legt gegen den Bescheid Einspruch ein mit der Begründung, dass deutsche FA hätte die Schweizer Grundstück nicht berücksichtigen dürfen.

Frage

Wie ist die deutsche Erbschaftsteuer zu berechnen?

LÖSUNG

MM ist als Inländer gemäß § 2 Abs. 1 Nr. 1 Satz 2 Buchst. a) ErbStG unbeschränkt steuerpflichtig. Zum Erwerb gehört der gesamte Nachlass der Erblasserin, unabhängig davon, wo er sich befindet. Damit gehören zum Nachlass auch die beiden Grundstücke in der Schweiz. Zur Berechnung des Wertes vgl. die Ausführungen oben im Fall 49.

Da zwischen Deutschland und der Schweiz ein Abkommen zur Vermeidung der Doppelbesteuerung auf dem Gebiet der Nachlass- und Erbschaftsteuern vom 30.11.1978 (BGBl 1980 II 595) existiert (DBA-ErbSt D-CH), ist dies hier zu prüfen.

Die kantonale Finanzbehörde kann den Grundstückserwerb von Todes wegen nach den Steuergesetzen des Kantons Graubünden besteuern und dafür den Wert der Grundstücke als Bemessungsgrundlage heranziehen; diese Besteuerung kann in Deutschland nicht überprüft werden.

Nach Art. 8 Abs. 1 DBA-ErbSt D-CH kann das nicht nach den Art. 5 bis 7 DBA-ErbSt D-CH (hier nicht einschlägig) zu behandelnden Vermögen nur in dem Vertragsstaat besteuert werden, in dem der Erblasser im Zeitpunkt des Todes seinen Wohnsitz hatte. Diese Vorschrift erfasst alle Vermögensgegenstände, die in den Art. 5 bis 7 DBA-ErbSt D-CH genannt werden, aber nicht unter diese speziellen Zuteilungsregeln fallen, weil sich der Nachlassgegenstand im Wohnsitzstaat des Erblassers und nicht im anderen Vertragsstaat befindet, wie dies z. B. Art. 5 Abs. 1 DBA-ErbSt D-CH für das unbewegliche Vermögen voraussetzt. Art. 8 Abs. 1 DBA-ErbSt D-CH ist deshalb auf Grundstücke anwendbar, die im Wohnsitzstaat des Erblassers liegen. Dies entspricht dem in einem DBA allgemein anzutreffenden Grundsatz, dass der Belegenheitsstaat unbewegliches Vermögen besteuern darf. Nach diesen Regeln hatte im Streitfall die Schweiz das Besteuerungsrecht für die dort gelegenen Grundstücke der EE.

Das Besteuerungsrecht für die Immobilien war nicht nach Art. 8 Abs. 2 Satz 1 DBA-ErbSt D-CH Deutschland zugeteilt. Nach dieser Vorschrift kann das Nachlassvermögen – ungeachtet der Art. 5 bis 7 und Art. 8 Abs. 1 DBA-ErbSt D-CH – nach deutschem Recht besteuert werden, wenn der Erwerber (hier: MM) im Zeitpunkt des Todes des Erblassers (hier: EE) in Deutschland über eine ständige Wohnstätte verfügte oder dort seinen gewöhnlichen Aufenthalt hatte (sog. Nachbesteuerungsrecht). Denn die vorgenannte Norm wird durch die Sonderregelung des Art. 8 Abs. 2 Satz 3 DBA-ErbSt D-CH wieder eingeschränkt. Danach ist Art. 10 Abs. 1 des Abkommens, der die Vermeidung der Doppelbesteuerung für den Fall regelt, dass der Erblasser im Zeitpunkt des Todes seinen Wohnsitz in Deutschland hatte, entsprechend anzuwenden. Die entsprechende Anwendung von Art. 10 Abs. 1 DBA-ErbSt D-CH bedeutet, dass nicht die Voraussetzungen des Einleitungssatzes des Art. 10 Abs. 1 DBA-Schweiz zum Wohnsitz des Erblassers in Deutschland, sondern die Regelungen in den Buchst. a) und b) des Art. 10 Abs. 1 DBA-ErbSt D-CH gelten (vgl. ausführlich BFH v. 20.3.2019 - II R 61/15, BStBl 2020 II 463).

Art. 10 Abs. 1 DBA-ErbSt D-CH bezieht sich aufgrund des Wortlauts seines Einleitungssatzes nur auf die Vermeidung der Doppelbesteuerung, die durch den Wohnsitz des „Erblassers" in Deutschland ausgelöst wird. Auch im Fall des Nachbesteuerungsrechts, das an den Wohnsitz des „Erwerbers" in Deutschland anknüpft, muss Deutschland jedoch die Doppelbesteuerung vermeiden. Nach Art. 10 Abs. 1 Buchst. a) DBA-ErbStG D-CH nimmt Deutschland in der Schweiz gelegenes unbewegliches Vermögen i. S. des Art. 5 Abs. 2 des Abkommens (u. a. Grundstücke) von der Besteuerung aus, wenn der Erblasser im Zeitpunkt seines Todes Schweizer Staatsangehöriger war. Die Verweisung in Art. 8 Abs. 2 Satz 3 DBA-ErbSt D-CH auf Art. 10 Abs. 1 Buchst. a) des Abkommens schränkt insofern das Deutschland zustehende Nachbesteuerungsrecht ein (vgl. BFH a. a. O.).

Bei der Festsetzung der Steuer für das Vermögen, für das Deutschland das Besteuerungsrecht behält, kann Deutschland nach DBA-Regelungen den Steuersatz anwenden, der anzuwenden wäre, wenn das unbewegliche Vermögen nicht von der Besteuerung ausgenommen wäre (Art. 10 Abs. 1 Buchst. a) Satz 2 DBA-ErbSt D-CH). Deutschland hat für solche Sachverhalte im nationalen Recht einen Progressionsvorbehalt vorgesehen – § 19 Abs. 2 ErbStG. Damit ist der Wert von in der Schweiz gelegenen Grundstücken eines Schweizer Erblassers für die Bestimmung des Steuersatzes, der auf den übrigen Erwerb eines inländischen Erwerbers Anwendung findet, heranzuziehen.

Nach diesen Grundsätzen hat Deutschland in Bezug auf den von Todes wegen erfolgten Erwerbs der in der Schweiz gelegenen Grundstücke der EE kein Besteuerungsrecht. EE war im Zeitpunkt ihres Todes schweizerische Staatsangehörige. Das FA hätte daher bei der Festsetzung der Erbschaftsteuer den Wert der Grundstücke in der Schweiz von der Bemessungsgrundlage für die Steuer ausnehmen müssen. Es hätte aber bei der Festsetzung der Erbschaftsteuer für den übrigen Erwerb im Inland (hier: Bargeld bei der Bank) den Wert der Grundstücke für die Bestimmung des Steuersatzes, der auf den übrigen Erwerb Anwendung findet, heranzuziehen gehabt.

Ergebnis

Der Erbschaftsteuerbescheid ist unzutreffend. Es hätten lediglich die in Deutschland befindlichen Nachlassgegenstände der Besteuerung unterworfen werden dürfen, allerdings unter Beachtung des Progressionsvorbehalts gemäß § 19 Abs. 2 ErbStG. Die Schweizer Steuer kann nicht angerechnet werden, da sie auf in Deutschland nicht steuerpflichtigen Zufluss basiert.

Rechtsprechungshinweise

BFH v. 20.3.2019 - II R 61/15, BStBl 2020 II 463

Hinweis

Der BFH hat in dem o. a. Urteil noch folgenden Hinweis gegeben: Der auf den Erwerb des MM als Bruder von EE anzuwendende Steuersatz betrug nach § 15 Abs. 1 Steuerklasse II Nr. 2 ErbStG i. V. m. § 19 Abs. 1 ErbStG 30 %, und zwar unabhängig davon, ob die Bemessungsgrundlage für den Erwerb – wie im angefochtenen Bescheid zu Grunde gelegt – 212 000 € oder lediglich 3 800 € waren. Die Möglichkeit der Berücksichtigung des Sachverhalts im Rahmen des Progressionsvorbehalts hängt nicht davon ab, ob die Berücksichtigung im konkreten Fall zu einer höheren Steuerfestsetzung führt oder nicht.

Kapitel 5: OECD-Musterabkommen

FALL 51

Persönlicher Geltungsbereich und Personengesellschaften (Art. 1, 3, 4 OECD-MA)

Sachverhalt

Daniel Bauer, wohnhaft in Frankfurt/Main, ist Kommanditist der Bauer GmbH & Co. KG, Darmstadt, die Luftballons und deren Zubehör herstellt. Die KG unterhält in Wien eine Betriebsstätte.

1. Abwandlung

Die Betriebsstätte befindet sich in Brüssel/Belgien.

2. Abwandlung

Die Betriebsstätte befindet sich in Valletta/Malta

Frage

Ist die KG für das jeweilige DBA abkommensberechtigt?

LÖSUNG

Das OECD-MA und ihm folgend die Mehrzahl der deutschen DBA gewähren einen Abkommensschutz „Personen, die in einem ... oder in beiden Vertragsstaaten ansässig sind“. Der Ausdruck „Person“ wird in Art. 3 Abs. 1 Buchst. a) OECD-MA erläutert; danach fallen auch „alle anderen Personenvereinigungen“ unter diesen Begriff und somit nach deutscher Lesart auch die KG und weitere Personengesellschaften wie z. B. OHG, GbR usw.

In Art. 4 OECD-MA wird der Begriff „Ansässige Person“ definiert. Nach Art. 4 Abs. 1 Satz 1 OECD-MA muss die Person selbst aufgrund verschiedener, im Abkommen aufgeführter Merkmale steuerpflichtig sein: Die Person ist in dem Staat ansässig, in dem sie nach dem Recht dieses Staates dort aufgrund ihres Wohnsitzes, ihres ständigen Aufenthalts, des Ortes ihrer Geschäftsleitung oder eines anderen ähnlichen Merkmals (unbeschränkt) steuerpflichtig ist. Im deutschen (und z. B. auch im österreichischen) Ertragssteuerrecht ist die Personengesellschaft aber transparent, d. h. nicht sie, sondern die Gesellschafter werden besteuert. Daraus folgt, dass die (deutsche) Personengesellschaft grundsätzlich nicht selbst abkommensberechtigt sein kann, weil sie kein eigenständiges Steuersubjekt ist und somit nicht i. S. des DBA ansässig. Abkommensberechtigt kann nur die natürliche Person als Gesellschafter der Personengesellschaft sein.

Somit ist die KG hinsichtlich der Betriebsstätte in Österreich selbst nicht abkommensberechtigt. Diese Lösung entspricht der Mehrzahl der von Deutschland abgeschlossenen DBA.

1. Abwandlung

Das DBA-B weicht in Art. 4 Abs. 1 DBA-B vom OECD-MA ab. Danach bedeutet der Ausdruck „eine in einem Vertragsstaat ansässige Person“ ferner „... die offenen Handelsgesellschaften, Kommanditgesellschaften und Partenreedereien des in der Bundesrepublik Deutschland geltenden

Rechts, deren tatsächliche Geschäftsleitung sich in diesem Staat (Deutschland) befindet, sowie Gesellschaften des belgischen Rechts – ausgenommen Aktiengesellschaften und Kommanditgesellschaften auf Aktien –, die sich dafür entschieden haben, dass ihre Gewinne der Einkommensteuer der natürlichen Personen unterworfen werden." Hierzu ausführlich BFH v. 13.11.2013 - I R 67/12, BStBl 2014 II 172.

Die KG kann somit nach dem DBA-B selbst abkommensberechtigt sein.

2. Abwandlung

Das DBA Malta erläutert in Art. 3 Abs. 1 Buchst. d) den Begriff der „Person" abweichend vom OECD-MA wie folgt: „natürliche Personen und Gesellschaften". Nach Art. 3 Abs. 1 Buchst. f) DBA Malta bedeutet der Ausdruck „Gesellschaft" juristische Personen oder Rechtsträger, die für die Besteuerung wie juristische Personen behandelt werden. Damit werden alle (nicht rechtsfähigen) Personenvereinigungen nicht als Person i. S. des Abkommens behandelt und können sich nicht auf den Schutz des Abkommens berufen.

Die KG ist nicht abkommensberechtigt.

Ergebnis

Eine Personengesellschaft ist grundsätzlich eine Person i. S. des Art. 3 OECD-MA. Sie ist aber nur dann abkommensberechtigt, wenn sie selbst steuerrechtsfähig ist, was aber nach deutschem Rechtsverständnis nicht gegeben ist. Für die abkommensrechtliche Behandlung der ausländischen Betriebsstätteneinkünfte einer Personengesellschaft ist daher grundsätzlich auf die Person des Gesellschafters abzustellen; bei ihm ist zu prüfen, ob er die Voraussetzungen für die Anwendung des DBA erfüllt (Art. 1, Art. 3 Abs. 1, Art. 4 Abs. 1 OECD-MA). Abweichend von diesem Grundsatz ist in einzelnen DBA geregelt, dass die aus deutscher Sicht transparente Personengesellschaft auch abkommensberechtigt ist (Bsp.: DBA-B).

Rechtsprechungshinweise

BFH v. 18.5.2021 - I R 12/18, BStBl 2021 II 875; BFH v. 11.10.2017 - I R 42/15, BFH/NV 2018, 594; BFH v. 26.6.2013 - I R 48/12, BStBl 2014 II 367

Verwaltungsanweisungen

BMF v. 26.9.2014, BStBl 2014 I 1258, Tz. 2.1.1

FALL 52

Persönlicher Geltungsbereich, Drittstaateneinkünfte, Anrechnung von Steuern (Art. 4, 21 OECD-MA)

Sachverhalt

Anton Hermann (AH), wohnhaft in Trier/Deutschland, ist unbeschränkt einkommensteuerpflichtig und als Berufskraftfahrer seit 2000 bei der Intertrans S.A. mit Sitz in Luxemburg/Großherzogtum Luxemburg beschäftigt (Entfernung: 48 km). Er beliefert für seine Arbeitgeberin ganzjährig ein- bis zweimal am Tag ein Werk in Trier/Deutschland mit Flüssigwasserstoff. Zum Beladen seines Tankzuges fährt er nach Thionville/Frankreich (Luxemburg – Thionville: 37 km; Thionville – Trier: 78 km). Der Entladevorgang in Trier einschließlich der Fahrtzeit von der bzw. bis zu der

Grenze Deutschland/Frankreich dauert ca. 2 ½ Stunden, die Fahrt innerhalb Frankreichs sowie der Beladevorgang in Thionville 1 ½ Stunden. Den Tankzug übernimmt AH jeweils morgens in Luxemburg, wohin der Tankzug nach Beendigung der Fahrten eines Tages auch wieder zurückkehrt.

Die Intertrans S.A. zahlte an AH Arbeitslohn aus, der in Luxemburg in vollem Umfang der dortigen Lohnsteuer unterworfen wurde. In seiner Einkommensteuererklärung behandelt AH die vorgenannten Einkünfte als steuerfrei. Das FA unterwirft hingegen aufgrund einer Schätzung 75 % des Arbeitseinkommens der deutschen Besteuerung und die restlichen 25 % dem Progressionsvorbehalt und erlässt einen entsprechenden Einkommensteuerbescheid. Eine Anrechnung der in Luxemburg entrichteten Lohnsteuer lehnt das FA ab.

Frage

AH wendet gegen die Besteuerung ein, die in Luxemburg entrichtete Steuer müsse entsprechend den Bestimmungen des DBA-Lux angerechnet werden. Zutreffend?

LÖSUNG

Nach Art. 1 Abs. 1 OECD-MA (= Art. 1 DBA-Lux 2012) gilt das Abkommen für Personen, die in einem Vertragsstaat oder in beiden Vertragsstaaten ansässig sind. Ob eine Person in einem Vertragsstaat ansässig ist oder nicht, richtet sich nach Art. 4 OECD-MA. Bei natürlichen Personen bestimmt Art. 4 Abs. 1 Satz 1 OECD-MA, dass eine Person in dem Staat ansässig ist, in dem sie nach dem Recht dieses Staates dort aufgrund ihres Wohnsitzes, ihres ständigen Aufenthalts, des Ortes ihrer Geschäftsleitung oder eines anderen ähnlichen Merkmals (unbeschränkt) steuerpflichtig ist. Der Ausdruck umfasst jedoch nicht eine Person, die in diesem Staat nur mit Einkünften aus Quellen in diesem Staat oder mit in diesem Staat gelegenem Vermögen steuerpflichtig ist (= beschränkt steuerpflichtig). Die vorgenannten Voraussetzungen werden von AH erfüllt, weil er aufgrund seines Wohnsitzes (§ 8 AO) in Deutschland nach § 1 Abs. 1 EStG unbeschränkt steuerpflichtig ist.

Fraglich kann lediglich sein, auf welche Einkünfte sich das DBA erstreckt. Nach ständiger Rechtsprechung des BFH erstreckt sich das Abkommen mit seinen Schutzvorschriften jeweils nur auf die in den beiden Vertragsstaaten erzielten Einkünfte. Einkünfte aus – hier: aus nichtselbständiger Tätigkeit – in Drittstaaten ausgeübter Tätigkeit (hier: Frankreich) fallen hingegen nicht unter die Regelung des Art. 15 Abs. 1 OECD-MA, weil sie in keinem der beiden Vertragsstaaten ausgeübt wird; diese sind grundsätzlich im Wohnsitzstaat gemäß Art. 21 Abs. 1 OECD-MA (Art. 20 Abs. 1 DBA-Lux 2012) zu besteuern.

Ausgehend von dieser Regelung sind in Deutschland nur diejenigen Einkünfte von der Besteuerung (unter Beachtung des Progressionsvorbehalts) nach dem DBA-Lux 2012 freizustellen, die von AH in Luxemburg erzielt wurden; soweit die Einkünfte auf seine Tätigkeit in dem Wohnsitzstaat (Deutschland) oder in Drittstaaten (Frankreich) entfallen, hat der Wohnsitzstaat ein Besteuerungsrecht. Grundlage für die Abgrenzung der Einkünfte zwischen den beiden Vertragsstaaten ist die tatsächlich ausgeübte Arbeitszeit in Luxemburg oder in Deutschland. Danach ist die restliche Zeit, die die Tätigkeit in Frankreich ausgeübt wurde, zu ermitteln und der deutschen Besteuerung zu unterwerfen.

Eine Anrechnung der gesamten in Luxemburg erhobenen Steuer nach den Bestimmungen des Abkommens scheidet aus, weil nur die Steuer angerechnet werden kann, die in Übereinstimmung mit dem Abkommen erhoben wurde. Da das Großherzogtum Luxemburg die auf Deutschland oder Drittstaaten entfallenden Einkünfte nicht besteuern darf, ist die Steuer, soweit sie auf die in Drittstaaten bzw. im Wohnsitzstaat ausgeübte Tätigkeiten entfällt, nicht im Einklang mit dem Abkommen erhoben. AH muss bei der Luxemburger Finanzverwaltung die Erstattung der zu Unrecht abgeführten Lohnsteuer beantragen.

Der BFH hat sich mit dem Problem der Anrechnung zu Unrecht erhobener Steuer (= nicht im Einklang mit dem DBA erhobener Steuern) durch den Tätigkeitsstaat ausführlich – allerdings unter besonderer Berücksichtigung der Regeln des DBA-CH zu Grenzgängern – in seinem Urteil vom 2.3.2010 - I R 75/08, BFH/NV 2010, 1820 befasst.

Soweit die Tätigkeit in einem Drittstaat ausgeübt wird, d. h. weder in Deutschland noch in Luxemburg, steht im Verhältnis zu Luxemburg Deutschland als Wohnsitzstaat des Berufskraftfahrers das Besteuerungsrecht zu. Ist mit dem jeweiligen Drittstaat – hier: Frankreich – ein DBA abgeschlossen worden, ist im Verhältnis zu diesem Staat zu prüfen, welchem Staat das Besteuerungsrecht zusteht. Soweit die Tätigkeit im jeweiligen Drittstaat an weniger als 183 Tagen ausgeübt wird, verbleibt das Besteuerungsrecht regelmäßig bei Deutschland (Art. 13 Abs. 4 DBA-F).

Ergebnis

Eine Anrechnung der gesamten in Luxemburg entrichteten Steuer scheidet aus, soweit sie auf in Deutschland und in Frankreich ausgeübte nichtselbständige Tätigkeit entfällt.

Rechtsprechungshinweise

BFH v. 28.6.2023 - I R 43/20, BStBl 2024 II 861; BFH v. 1.6.2022 - I R 45/18, IStR 2022, 777; BFH v. 31.3.2004 - I R 90/03, I R 91/03, n. v.; BFH v. 31.3.2004 - I R 88/03, BStBl 2004 II 936; BFH v. 22.1.2002 - I B 79/01, BFH/NV 2002, 902.

Verwaltungsanweisungen

Art. 14 DBA-Lux i. d. F. des Änderungsprotokolls v. 6.7.2023, BGBl 2023 II Nr. 334; Konsultationsvereinbarung vom 11.1.2024, BStBl 2024 I 202; BMF v. 12.12.2023, BStBl 2023 I 2179

FALL 53

Geltungsbereich DBA, Dreieckskonstellation (Art. 1, 4 OECD-MA)

Sachverhalt

Anton Wolf (AW), verheiratet mit Berta Wolf (BW), beide deutsche Staatsangehörige, wohnhaft im eigengenutzten Einfamilienhaus in Freiburg/Deutschland, ist von Beruf Altenpfleger und nichtselbständig beschäftigt im Seniorenwohnheim „Rheinauenblick" in Basel/Schweiz. Anlässlich dieser Tätigkeit mietete und bezog er im nur wenige Kilometer von Basel entfernten Ort Huningue/Frankreich eine Zweitwohnung, von der aus er arbeitstäglich (grundsätzlich 5-Tage-Woche) zu seiner Arbeitsstätte in Basel pendelte. Alle arbeitsfreien Tage sowie Urlaub verbrachte er in Deutschland. Den Arbeitslohn versteuerte AW in Frankreich.

Frage

Welchem Staat steht das Besteuerungsrecht für die Einkünfte des AW aus der in der Schweiz ausgeübten unselbständiger Tätigkeit zu?

Hinweis

Art. 17 Abs. 4 des zwischen der Schweiz und Frankreich abgeschlossene DBA v. 9.9.1966 i. V. m. mit Art. 1 der Vereinbarung zwischen dem Schweizerischen Bundesrat und der Regierung der Französischen Republik über die Besteuerung der Erwerbseinkünfte von Grenzgängern vom 11.4.1983 bestimmt, dass Erwerbseinkünfte nur in dem Staat besteuert werden kann, in dem der Arbeitnehmer ansässig ist.

LÖSUNG

AW ist aufgrund des inländischen Wohnsitzes unbeschränkt einkommensteuerpflichtig – § 1 Abs. 1 EStG; er erzielt aufgrund seiner Tätigkeit als angestellter Altenpfleger ausländische Einkünfte aus nichtselbstständiger Arbeit gem. §§ 19, 34d Nr. 5 EStG.

Weiter ist dem Sachverhalt nach davon auszugehen, dass sich der Mittelpunkt der Lebensinteressen der Eheleute Wolf in Deutschland befindet, und sie damit für Abkommenszwecke in Deutschland ansässig sind (Art. 4 Abs. 2 Buchst. a) DBA-CH; Art. 2 Abs. 1 Nr. 4 Buchst. b) Doppelbuchst. aa) DBA-F).

Eine Dreieckskonstellation ergibt sich daraus, dass AW sowohl in Deutschland als auch in Frankreich einen Wohnsitz hat und damit i. S. des DBA ansässig ist, seine Einkünfte aber aus dem Quellenstaat Schweiz bezieht, in dem er nicht ansässig ist. Bei isolierter Betrachtung der jeweiligen deutschen DBA mit den beiden ausländischen Staaten steht das Besteuerungsrecht für diese Einkünfte

- nach Art. 15 Abs. 1 DBA–CH – Grenzgängerregelung scheidet nach Art. 15a Abs. 2 DBA-CH aus – dem Quellenstaat Schweiz zu (Freistellung in Deutschland unter Progressionsvorbehalt),
- nach Art. 17 Abs. 4 DBA-Schweiz/Frankreich dem Zweitwohnsitzstaat Frankreich zu (Grenzpendlerregelung) und
- nach Art. 18, Art. 2 Abs. 1 Nr. 4 Buchst. b) Doppelbuchst. aa) DBA-F dem Wohnsitzstaat Deutschland zu.

Grundsätzlich gilt, dass ein DBA die Verteilung der Besteuerungsrechte nur zwischen den beiden Vertragsstaaten regelt. Dies gilt auch für Personen, die in beiden Staaten ansässig sind (vgl. Art. 4 Abs. 1 Satz 1 OECD-MA). Die für natürliche Personen abgestufte Ansässigkeit nach Art. 4 Abs. 2 OECD-MA betrifft nur die abkommensrechtlich relevante Ansässigkeit und damit die Abkommensberechtigung der doppelt ansässigen Person. Doch betrifft diese Bestimmung der Abkommensberechtigung stets nur die Vertragsstaaten der jeweiligen bilateralen Abkommen zur Vermeidung der Doppelbesteuerung, hier einmal die Abkommensberechtigung i. S. des DBA-CH und zum anderen die Abkommensberechtigung i. S. des DBA-F. Eine sich auf mehre unterschiedliche Staaten erstreckende „abkommensübergreifende" Wirkung kommt der Regelung in Art. 4 Abs. 2 OECD-MA indessen nicht zu. BFH v. 4.11.2014 - I R 19/13, BFH/NV 2015, 333, Abs. 14:

„Das liegt auf der Hand und bedarf keiner weiteren Erläuterung.“; vgl. BFH v. 1.6.2022 - I R 30/18, BStBl 2023 II 29, Abs. 26.

Wenn also ein DBA lediglich die steuerlichen Beziehungen der beiden Vertragsstaaten zueinander regelt, kann es nicht in die Bestimmungen und Zuweisungen eines anderen DBA regelnd eingreifen, sondern man muss konstatieren, dass die einzelnen DBA alle im Range gleich nebeneinanderstehen. Demnach kann sich der Steuerpflichtige grundsätzlich auf jede Begünstigung berufen, die ihm eines dieser Abkommen gewährt.

Aus der Sicht eines Steuerpflichtigen reicht es somit aus, wenn er nach einem der von Deutschland abgeschlossenen Abkommen – wie im Sachverhalt nach dem DBA-CH – die Voraussetzungen einer Freistellung der Einkünfte von der inländischen Besteuerung erfüllt. Soweit es sich um ein- und dieselben Einkünfte handelt, kann diese Freistellung nicht durch die abweichende Zuweisung des Besteuerungsrechts in einem anderen Abkommen aufgehoben oder geändert werden.

Ergebnis

Die Einkünfte sind auf Antrag von AW in Deutschland unter Beachtung des Progressionsvorbehalts steuerfrei.

Rechtsprechungshinweise

Vgl. die in der Lösung genannten Entscheidungen.

FALL 54

Doppelansässigkeit natürlicher Personen, Mittelpunkt der Lebensinteressen (Art. 4 Abs. 1 und 2 OECD-MA)

Sachverhalt

Horst Schmid (HS) tritt am 1.3.01 seine neue Arbeitsstelle als Leiter der Controlling-Abteilung bei der Veritas Treuhand AG, Basel/Schweiz, an. Seine Familie – Ehefrau und zwei Kinder – verbleibt vorläufig in Köln/Deutschland in dem eigengenutzen Einfamilienhaus mit fremd vermieteter Einliegerwohnung. In der Regel steigt HS am Montag früh in den ICE nach Basel und fährt am Freitagabend wiederum mit dem ICE nach Köln zurück; in Basel hat er ein 1 1/2 Zimmer-Appartement angemietet, in dem er unter der Woche wohnt. Wegen der mit der Umstrukturierung des Unternehmens verbundenen Mehrarbeit verbleibt er ab August 01 auch an den Wochenenden in der Schweiz und fährt nur noch einmal pro Monat für ein verlängertes Wochenende (Donnerstagmittag bis Montagmittag) nach Hause zu Frau und Kindern. In den Sommerferien besuchen ihn seine Frau und die beiden Kinder insgesamt zwei Wochen in Basel.

Wegen der dauernden Trennung entfremden sich die Eheleute; HS nimmt Beziehungen zu der jungen und attraktiven Schweizerin Carmen in Basel auf. Dies geschieht Ende Dezember 01. Ungeachtet dieser Beziehung fährt HS als treusorgender Vater auch im Jahre 02 alle 6 Wochen nach Köln für ein verlängertes Wochenende, um den Kontakt zu seinen Kindern zu pflegen. Während seines Wochenendbesuchs in Köln wohnt er in der Einliegerwohnung des Einfamilienhauses. In den Ferien besuchen ihn die Kinder in Basel. Familienrechtlich leben die Eheleute getrennt und planen die Scheidung.

Frage

Ist HS im Sinne des DBA-CH in Deutschland ansässig in

a) 01?

b) 02?

LÖSUNG

Nach Art. 1 Abs. 1 OECD-MA gilt das Abkommen – hier: DBA-CH – für Personen, die in einem oder in beiden Staaten ansässig sind. Fälle der doppelten Ansässigkeit natürlicher Personen werden durch die Regelungen des Art. 4 Abs. 2 OECD-MA gelöst.

Nach § 1 Abs. 1 Satz 1 EStG ist eine natürliche Person in Deutschland unbeschränkt einkommensteuerpflichtig, wenn sie im Inland einen Wohnsitz (§ 8 AO) oder ihren gewöhnlichen Aufenthalt (§ 9 AO) hat. Für 01 wird man diese Voraussetzung des § 8 AO bei HS uneingeschränkt bejahen können.

Allerdings ist HS angesichts der Dauer seines Aufenthalts und der angemieteten Wohnung – insbesondere unter der Woche – auch in der Schweiz nach dem dortigen Steuerrecht unbeschränkt steuerpflichtig (Art. 3 Abs. 1 bis 3 des schweizerischen Bundesgesetzes über die direkte Bundesteuer – DBG).

Da demnach für 01 von einer doppelten Ansässigkeit auszugehen ist, ist die sog. Tie-Breaker-Rule des Art. 4 Abs. 2 OECD-MA zu prüfen. Nach Art. 4 Abs. 2 Buchst. a) OECD-MA gilt eine Person im Falle der Mehrfachansässigkeit für Abkommenszwecke als in dem Staat ansässig, in dem sich der Mittelpunkt der Lebensinteressen befindet. Im OECD-MA wird der Mittelpunkt der Lebensinteressen als das Gebiet definiert, zu dem die betroffene Person die engeren persönlichen und wirtschaftlichen Beziehungen hat.

Das Innehaben von persönlichen und wirtschaftlichen Beziehungen ist nur an objektiven Kriterien zu messen. Die persönlichen Beziehungen umfassen die gesamte private Lebensführung. Dazu gehören familiäre, gesellschaftliche, politische und kulturelle Beziehungen. Wirtschaftliche Beziehungen bestehen vor allem zu örtlich gebundenen Tätigkeiten, Einnahmequellen und Vermögensgegenständen. Nach den tatsächlichen Feststellungen besaß HS im Jahre 01 zur Schweiz vor allem wirtschaftliche Beziehungen. Diese bestanden im Wesentlichen aus seiner in der Schweiz ausgeübten nichtselbständigen Arbeit. Dagegen besaß HS zu Deutschland die engeren persönlichen Beziehungen, weil dort seine Familie lebte und weil er dort über eine ständige Wohnstätte verfügte, die in der Form eines eigenen Wohnhauses seine besondere Bindung gerade zu dieser Wohngelegenheit zum Ausdruck brachte. HS hatte zu Deutschland auch wirtschaftliche Beziehungen. Diese bestanden in Form des Eigentums an dem in Köln gelegenen Wohnhaus.

Bei der Abwägung der persönlichen und wirtschaftlichen Beziehungen von HS zu Deutschland einerseits und zur Schweiz andererseits sprechen alle erkennbaren Umstände dafür, dass 01 seine ständige Wohnstätte in Deutschland der für ihn bedeutungsvollere Ort war. Bestehen zu einem Vertragsstaat die deutlich engeren persönlichen Beziehungen und außerdem noch ins Gewicht fallende wirtschaftliche Beziehungen und zu dem anderen Vertragsstaat praktisch nur gegenwartsbezogene wirtschaftliche Beziehungen, so liegt der Mittelpunkt der Lebensinteressen eindeutig in dem erstgenannten Vertragsstaat. Dies war in 01 Deutschland.

Diese Bewertung wird man allerdings für 02 nicht mehr aufrechterhalten können, wenn die Ehe zerrüttet war, weil dann nicht mehr sein Lebensmittelpunkt bei Ehefrau, Kindern und Einfamilienhaus war. Die regelmäßigen Besuche bei den Kindern zwecks Aufrechterhaltung der Bindungen begründen grundsätzlich keinen Mittelpunkt der Lebensinteressen in Deutschland.

Selbst aber wenn man für 02 einen Wohnsitz in Deutschland neben dem Wohnsitz in der Schweiz bejahen würde (vgl. BFH v. 13.11.2013 - I R 38/13, BFH/NV 2014, 1046), würde sich abkommensrechtlich an dem Ergebnis nichts ändern, dass HS im Jahre 02 den Mittelpunkt der Lebensinteressen in der Schweiz hatte und somit abkommensrechtlich in der Schweiz ansässig war (Art. 4 Abs. 2 Buchst. a) DBA-CH). Denn die Frage des (innerstaatlichen) Wohnsitzes ist zu trennen von der Frage der Ansässigkeit i. S. des Abkommens (BFH v. 23.10.2018 - I R 74/16, BFH/NV 2019, 388, Abs. 19).

Für die konkrete Besteuerung der Einkünfte im VZ 02 ist allerdings die Regelung des Art. 4 Abs. 4 DBA-CH zu beachten.

Ergebnis

In 01 war HS abkommensrechtlich in Deutschland ansässig, 02 in der Schweiz.

Rechtsprechungshinweise

BFH v. 23.10.2018 - I R 74/16, BFH/NV 2019, 388; BFH v. 22.10.2015 - I B 94/14, BFH/NV 2016, 748; BFH v. 25.9.2007 - I B 84/06, BFH/NV 2008, 226; BFH v. 27.3.2007 - I B 63/06, BFH/NV2007, 1656; BFH v. 24.1.2001 - I R 100/99, BFH/NV 2001, 1402; BFH v. 31.10.1990 - I R 24/89, BStBl 1991 II 562

Verwaltungsanweisungen

AEAO vor §§ 8,9, AEAO zu § 8

FALL 55

Doppelansässigkeit einer anderen als einer natürlichen Person (Art. 4 Abs. 3 OECD-MA)

Sachverhalt

Die deutsche Playsoft GmbH mit Sitz in Nürnberg verlegt ihre Geschäftsführung nach Malta, Sitz sowie Entwicklung, Produktion und Vertrieb verbleiben in Nürnberg.

Abwandlung

Die Geschäftsführung wird nach Antalya/Türkei verlegt.

Frage

Aufgrund der Verlegung der Geschäftsleitung unterliegt die GmbH in beiden Staaten der unbeschränkten Steuerpflicht. Wie ist die Doppelansässigkeit abkommensrechtlich zu lösen?

LÖSUNG

Die GmbH ist ein Unternehmen eines Vertragsstaats i. S. von Art. 3 Abs. 1 Buchst. d OECD-MA. Sie hat ihren Sitz (§ 11 AO) in Deutschland, hat jedoch ihre Geschäftsleitung (§ 10 AO) in Malta und ist damit grundsätzlich in beiden Vertragsstaaten unbeschränkt steuerpflichtig (vgl. den Anknüpfpunkt für die unbeschränkte Steuerpflicht in § 1 Abs. 1 KStG) und i. S. von Art. 4 Abs. 1 Satz 1 OECD-MA in beiden Vertragsstaaten ansässig. Eine derart doppelansässige Gesellschaft gilt nach der Tie-Breaker-Rule des Art. 4 Abs. 3 OECD-MA 2014 (zum OECD-MA 2017 siehe nachfolgend) aus Sicht des Abkommens als nur in dem Vertragsstaat ansässig, in dem sich der Ort ihrer tatsächlichen Geschäftsleitung befindet. D. h. die Mehrfachansässigkeit einer anderen als einer natürlichen Person wird zugunsten des Ortes der Geschäftsleitung aufgelöst. Somit ist im Grundfall die GmbH nach dem OECD-MA abkommensrechtlich in Malta ansässig. Diese Lösung entspricht auch dem DBA-Malta (Art. 4 Abs. 3).

Abwandlung/OECD-MA 2017

Die Tie-Breaker-Rule des OECD-MA wird in einer Reihe von Abkommen auch anders geregelt. Zu den für eine doppelansässige Gesellschaft diesbezüglich relevanten DBA gehört u. a. das DBA-Türkei 2011. Denn die Bestimmung des Art. 4 Abs. 3 DBA-Türkei bestimmt, dass in den Fällen der Doppelansässigkeit sich die zuständigen Behörden der Vertragsstaaten (Deutschland, Türkei) bemühen, in gegenseitigem Einvernehmen, den Ansässigkeitsstatus zu regeln und die Anwendung des Abkommens festzulegen. Soweit ein derartiges Einvernehmen nicht erzielt wird, gilt diese Person für Zwecke der Inanspruchnahme der Vergünstigungen nach diesem Abkommen als in keinem der beiden Vertragsstaaten ansässig. Wichtig ist, dass kein Zwang zur Einigung besteht.

Im konkreten Fall bedeutet dies, dass die GmbH bei den zuständigen Behörden ein Verständigungsverfahren nach Art. 24 DBA-Türkei anregen muss, um einer Doppelbesteuerung auszuweichen.

Das OECD-MA in der Fassung des Update November 2017 hat die Grundregel des Art. 4 Abs. 3 neu gefasst und entspricht nun u. a. dem DBA-Türkei; damit ist die OECD dem Drängen der Mehrheit der beteiligten Staaten entgegengekommen, die der Auffassung waren, dass in der Praxis zum einen eine Doppelansässigkeit von Gesellschaften eher die Ausnahme sei, und in einem solchen Fall die Vereinbarung der Vertragsstaaten untereinander zu besseren Lösungen führe als der Automatismus der bisherigen Fassung. Da diese Regelung bereits in einigen DBA enthalten ist, die vor dem Update 2017 in Kraft traten, bedarf es bei einer Doppelansässigkeit von Gesellschaften immer einer genauen Prüfung.

Ergebnis

Grundsätzlich ist bei einer Mehrfachansässigkeit einer anderen als einer natürlichen Person der Ort der Geschäftsleitung maßgebend; der Grundsatz wird aber in einigen DBA durchbrochen, sodass eine genaue Prüfung im Einzelfall erforderlich ist; Änderung durch das OECD-MA i. d. F. des Update 2017.

Rechtsprechungshinweise

BFH v. 22.8.2012 - I B 86, 87/11, BFH/NV 2013, 6; BFH v. 8.9.2010 - I R 6/09, BStBl 2013 II 186, Abs. 12; BFH v. 10.6.2010 - I B 186/09, BFH/NV 2010, 1864; BFH v. 29.1.2003 - I R 6/99, BStBl 2004 II 1043

FALL 56

Betriebsstätte (Art. 5 OECD-MA)

Sachverhalt

B mit Wohnsitz in Deutschland ist als Unternehmensberater in Deutschland und auch im DBA-Ausland Dänemark selbständig tätig. Dort wird ihm von seinem Auftraggeber vereinbarungsgemäß für die Ausführung der Arbeiten ein Büro zur Verfügung gestellt, welches er im Veranlagungszeitraum 2024 mit Unterbrechungen insgesamt vier Monate nutzte. Während seiner Abwesenheit nutzten andere Berater des Auftraggebers das Büro. Diese arbeiteten für dasselbe Projekt wie B, der hierfür federführend zuständig war.

Frage

Sind die im Ausland erzielten Einkünfte 2024 in Deutschland der Einkommensteuer zu unterwerfen?

LÖSUNG

B ist infolge seines Wohnsitzes im Inland unbeschränkt einkommensteuerpflichtig (§ 1 Abs. 1 EStG). Infolge des Welteinkommensprinzips fließen grundsätzlich seine im In- und Ausland erzielten Einkünfte in die steuerliche Bemessungsgrundlage ein. Es ist zu prüfen, ob die in Dänemark erzielten Einkünfte von der inländischen Besteuerung ausgenommen werden, im Inland steuerfrei sind. Die Einkünfte sind in Dänemark der Einkommensteuer zu unterwerfen, wenn die Geschäftstätigkeit im anderen Vertragsstaat Dänemark durch eine dort gelegene Betriebsstätte ausgeübt wird, Art. 7 Abs. 1, Art. 5 Abs. 1 DBA-Dänemark, das dem OECD-MA entspricht. Gewinne eines Unternehmens sind nach Art. 7 Abs. 1 DBA-Dänemark nur im Ansässigkeitsstaat des Unternehmens (hier: Deutschland) zu besteuern, es sei denn die Tätigkeit wird im anderen Vertragsstaat (hier: Dänemark) durch eine dort gelegene Betriebsstätte ausgeübt. Nach der Formulierung „können nur" enthält bereits diese Norm eine endgültige Verteilungsnorm, eine Zuweisung des Besteuerungsrechts.

Nach Art. 5 Abs. 1 DBA-Dänemark, der Art. 5 Abs. 1 OECD-MA entspricht, ist eine Betriebsstätte eine feste Geschäftseinrichtung, durch die die Tätigkeit eines Unternehmens ganz oder teilweise ausgeübt wird. Danach liegt eine feste Einrichtung vor, wenn eine bestimmte selbständige unternehmerische Tätigkeit durch eine Geschäftseinrichtung mit einer festen örtlichen Bindung ausgeübt wird.

Eine Einrichtung, die nur vorübergehend der Tätigkeit zu dienen bestimmt ist, ist nicht „fest". Nach der Rechtsprechung des BFH ist hierfür eine Zeitspanne von mindestens sechs Monaten anzusetzen.

Da dem anderen Vertragsstaat das Besteuerungsrecht schon dann zusteht, wenn der Person die feste Einrichtung „gewöhnlich“ zur Verfügung steht, ist für die Annahme einer festen Einrichtung nicht erforderlich, dass sie dauernd benutzt wird (OECD-MK 2017 zu Art. 5 Tz. 32). Es genügt, dass sie dem Unternehmer für seine Tätigkeit ständig zur Verfügung steht. Sie muss jedoch – auch während seiner Abwesenheit – dazu bestimmt sein, der jeweiligen Berufstätigkeit zu dienen. Das ist nicht der Fall, wenn die Geschäftseinrichtung während der Abwesenheit des Unternehmers der gewerblichen oder freien Tätigkeit eines anderen Unternehmers zuzuordnen ist.

Die anderen Berater sind nicht der Tätigkeit des B zuzuordnen; vielmehr handelt es sich in diesem Fall um Tätigkeiten auf Rechnung des Auftraggebers und damit um Geschäftseinrichtungen des Auftraggebers. Ein sachlicher Zusammenhang zwischen seinen Beraterverträgen und der dort ausgeübten Tätigkeit allein genügt für die Zurechnung einer festen Geschäftseinrichtung ebenso wenig wie ein gelegentliches Verweilen in Räumen, die dem Unternehmer von seinem Auftraggeber zur Verfügung gestellt wurden. Es reicht für eine Verfügungsmacht die bloße Berechtigung zur Nutzung eines Raumes im Interesse eines anderen nicht aus. Bei Tätigkeiten in fremden Räumlichkeiten liegt eine Verfügungsmacht grundsätzlich nur dann vor, wenn der Nutzende einen rechtlichen Anspruch auf die Nutzung hat oder zusätzliche Umstände gegeben sind, die auf eine örtliche Verfestigung der Tätigkeit schließen lassen. B ist nicht „ausreichend verwurzelt“ (vgl. BFH v. 23.3.2022 - III R 35/20, BStBl 2002 II 844). B hat weder einen rechtlichen Anspruch auf jederzeitige Nutzung. Er darf sich nur zur Ausübung der Tätigkeiten für seinen Auftraggeber dort aufhalten. Andere besondere Umstände, die auf eine örtliche Verfestigung schließen lassen, liegen auch nicht vor.

Ergebnis

Die ausländischen Einkünfte sind 2024 in Deutschland zu versteuern.

Rechtsprechungshinweise

BFH v. 18.12.2024 - I R 47/21, BFH/NV 2025, 941; BFH v. 7.6.2023 - I R 47/20, BFH/NV 2023, 1291; BFH v. 23.3.2022 - III R 35/20, BStBl 2022 II 844; BFH v. 9.1.2019 - I B 138/17, BFH/NV 2019, 681; BFH v. 20.12.2017 - I R 98/15, BFH/NV 2018, 497 unter II. 2. Buchst. d) Doppelbuchst. cc) der Entscheidungsgründe; BFH v. 4.6.2008 - I R 30/07, BStBl 2008 II 922; BFH v. 28.6.2006 - I R 92/05, BStBl 2007 II 100; BFH v. 23.7.2003 - I R 62/02, BFH/NV 2004, 317; ergänzend zum Begriff der Betriebsstätte bzw. der festen Niederlassung im Umsatzsteuerrecht BFH v. 29.4.2020 - XI R 3/18, BFH/NV 2020, 1204

FALL 57

Betriebsstätte (Art. 5 OECD-MA)

Sachverhalt

Cornelius Dallmayer (CD) veräußert mittwochs im EU-Ausland (DBA-Staat), ansonsten im Inland, mit Hilfe eines rollenden Verkaufsstandes Käse auf Wochenmärkten, wo ihm jeweils immer dieselben festen Plätze zugewiesen sind.

Thussi Nelda (TN) bietet von ihr hergestellte Waren (Wolle, Felle, Pullover etc.) auf den Krämer-, Martini-, Oster-, Pfingst- und Weihnachtsmärkten der näheren Umgebung sowie auf der zwei

Wochen dauernden "Foire de printemps" in Straßburg/Frankreich an. Der von ihr benutzte, zusammenklappbare Verkaufsstand wird von Verkaufsort zu Verkaufsort mittels eines Kleinlasters transportiert.

Frage

Wo wird der im Ausland erzielte Gewinn 2024 versteuert?

LÖSUNG

1. Die Gewinne des CD

Die Gewinne können nur im Ausland versteuert, wenn CD seine Tätigkeit dort durch eine Betriebsstätte ausübt, Art. 7 Abs. 1 OECD-MA. Dann sind sie in Deutschland von der Besteuerung auszunehmen, Art. 23 A Abs. 1 OECD-MA.

Gemäß Art. 5 Abs. 1 OECD-MA ist unter einer Betriebsstätte eine feste Geschäftseinrichtung zu verstehen, durch die die Geschäftstätigkeit eines Unternehmens ganz oder teilweise ausgeübt wird.

Hier ist problematisch, dass die Tätigkeit nur jeweils an einem Tag in der Woche im Ausland ausgeübt wird. Der BFH hat im „Campingbus-Fall" (BFH v. 19.5.1993 - I R 80/92, BStBl 1993 II 655) als weiteres ungeschriebenes Tatbestandsmerkmal die Verwurzelung der Betriebsstätte mit dem Ort ihrer Ausübung eingeführt. Eine Betriebsstätte kann demnach nur dann angenommen werden, wenn der Bezug der Tätigkeit zum Ort ihrer Ausübung auf eine gewisse Dauer angelegt ist. Die maßgebliche Zeitspanne ist mit mindestens sechs Monaten anzusetzen – so auch ausdrücklich BFH v. 18.12.2024 - I R 39/21, BFH/NV 2025, 937.

Solch eine Verwurzelung wird schon seit den sechziger Jahren dann bejaht, wenn es sich um einen Wochenmarktstand handelt, weil zum einen die jeweilige Wochenmarktsatzung das Recht beinhaltet, jeden anderen von der Nutzung des konkret zugewiesenen Stellplatzes auszuschließen, und zum anderen die Verpflichtung statuiert, diesen Standplatz auch zu nutzen und den Stand an jedem Wochenmarkttag zu belegen (vgl. BMF v. 5.2.2024, BStBl 2024 I 177).

Ergebnis

Die ausländischen Einkünfte sind in Deutschland steuerfrei und unterliegen gemäß § 32b Abs. 1 Satz 1 Nr. 3 EStG dem Progressionsvorbehalt. § 32b Abs. 1 Satz 2 Nr. 2 EStG führt zu keinem Ausschluss des Progressionsvorbehalts, da die Voraussetzungen des § 2a Abs. 2 Satz 1 EStG erfüllt sind („Lieferung von Waren"). Der Betriebsstättenbegriff des § 32b Abs. 1 Satz Nr. 1 EStG bestimmt sich nach § 12 AO (BFH v. 2.4.2014 - I R 68/12, BStBl 2014 II 875).

2. Die Gewinne der TN

Der kurzfristige Marktstand von TN in Frankreich stellt keine „feste Einrichtung" dar. Der Bezug des Verkaufsstandes zu einem bestimmten Teil der Erdoberfläche war nur vorübergehend und im Vergleich zur Gesamtdauer eines Jahres kurz (Weihnachtsmarktstand – BFH v. 17.9.2003 - I R 12/02, BStBl 2004 II 396). Entscheidend ist der „... geringere zeitliche Bezug zur Erdoberfläche". Im Gegensatz zu CD wird ihr nicht ein bestimmter Platz das ganze Jahr über an einem bestimmten Tag zur Verfügung gestellt, sondern lediglich für zwei Wochen.

Ergebnis

Die ausländischen Einkünfte sind 2024 in Deutschland zu versteuern.

Rechtsprechungshinweise

BFH v. 18.12.2024 - I R 39/21, BFH/NV 2025, 937; BFH v. 2.4.2014 - I R 68/12, BStBl 2014 II 875; BFH v. 18.3.2009 - III R 2/06, BFH/NV 2009, 1457; BFH v. 28.6.2006 - I R 92/05, BStBl 2007 II 100; BFH v. 17.9.2003 - I R 12/02, BStBl 2004 II 396; BFH v. 19.5.1993 - I R 80/92, BStBl 1993 II 655

FALL 58

Betriebsstätte (§ 12 AO)

Sachverhalt

Die Bundeswehr (B) hat mit den im Ausland ansässigen Dienstleistern „E-Corporation“ (EC) bzw. „F-Corporation“ (FC) Verträge geschlossen:

1. Die EC hat sich auf bestimmte Computeranwendungen im Militärbereich spezialisiert.

Das von ihr betreute System dient dazu, bei Manövern Daten und Videobilder aufzuzeichnen, die sodann von den Analysten der Armee ausgewertet werden. EC hat die Aufgabe, die Armeeangehörigen in der Bedienung der Ausrüstung zu schulen, die Daten aufzuzeichnen, die Funktionstüchtigkeit des Systems zu prüfen und zu gewährleisten sowie das System weiterzuentwickeln. Die B stellt ihr dafür Räumlichkeiten auf einem Kasernengelände in Heidelberg zur Verfügung, wobei ca. 50 Mitarbeiter der EC fortlaufend in zwei bestimmten Gebäuden arbeiten. Die Mitarbeiter können das Militärgelände nur nach Überprüfung und Erhalt einer Berechtigungskarte betreten, haben aber Schlüssel für die von ihnen benutzten Gebäude und Räume. Sie arbeiten häufig mit Angehörigen der Bundeswehr zusammen, denen auf Anforderung jederzeit ungehindert Zugang zu allen Räumen verschafft werden muss. Der Zugang sowohl zum Kasernengelände als auch zu den beiden Gebäuden kann ohne Angaben von Gründen bis zu 24 Stunden untersagt werden. Vereinzelt ist es vorgekommen, dass Arbeitnehmern der EC der Zutritt zum Kasernengelände verweigert wurde, wenn sie den ihnen ausgehändigten Sicherheitspass bei der Kontrolle nicht vorzeigen konnten.

2. Die FC führt im Inland über mehrere Jahre Reinigungsarbeiten an Flugzeugen in einer Halle auf dem Flughafen der B durch. Ihre Mitarbeiter nutzten einen Aufenthaltsraum als Pausen- und Umkleideraum sowie für einen Bereitschaftsdienst. Die Reinigungsmaschinen und Putzmittel wurden von B zur Verfügung gestellt und in Lagerräumen auf dem Flughafengelände aufbewahrt. Weder die Reinigungshalle noch die übrigen Räumlichkeiten waren an die FC vermietet oder ihr in vergleichbarer Weise zur Nutzung überlassen.

Frage

Sind die EC bzw. FC in Deutschland beschränkt steuerpflichtig?

LÖSUNG

1. Die beschränkte Steuerpflicht bestimmt sich nach § 2 Nr. 1 KStG. Danach sind Körperschaften, die weder ihre Geschäftsleitung noch ihren Sitz im Inland haben, mit ihren inländischen Einkünften beschränkt körperschaftsteuerpflichtig. EC bzw. FC erzielen inländische gewerbliche Einkünfte i. S. von § 8 Abs. 1 KStG i. V. m. §§ 49 Abs. 1 Nr. 2 Buchst. a), 15 EStG, wenn sie im Inland eine Betriebsstätte unterhalten hat. Nach § 12 Satz 1 AO ist Betriebsstätte jede feste Geschäftseinrichtung oder Anlage, die der Tätigkeit eines Unternehmens dient. Nach ständiger Rechtsprechung ist als Geschäftseinrichtung i. S. von § 12 Satz 1 AO jeder körperliche Gegenstand bzw. jede Zusammenfassung körperlicher Gegenstände zu behandeln, der (die) geeignet ist (sind), Grundlage einer Unternehmenstätigkeit zu sein. Da dem Betriebsstättenbegriff die Funktion zufällt, unternehmerische Tätigkeiten und damit auch die Besteuerungstatbestände örtlich zuzuordnen, setzt die Betriebsstätte eine „feste" Geschäftseinrichtung mit einer festen Beziehung zu einem bestimmten Teil der Erdoberfläche voraus, die von einer gewissen Dauer ist, der Tätigkeit des Unternehmens dient und über die der Steuerpflichtige eine nicht nur vorübergehende Verfügungsmacht hat. Für das Vorliegen einer nicht nur vorübergehenden Verfügungsmacht über die betreffende Einrichtung ist grundsätzlich erforderlich, dass der Unternehmer eine Rechtsposition innehat, die ohne seine Mitwirkung nicht ohne weiteres beseitigt oder verändert werden kann. Diese Rechtsposition muss weder ausdrücklich vereinbart noch auf einen bestimmten Raum oder Arbeitsplatz bezogen sein; es genügt vielmehr, wenn aus tatsächlichen Gründen anzunehmen ist, dass dem Unternehmer irgendein für seine Tätigkeit geeigneter Raum zur ständigen Nutzung zur Verfügung gestellt wird. Die Zuweisung eines für längere Zeit unentziehbaren bestimmten Arbeitsplatzes ist hierfür nicht erforderlich.

2. Diese Voraussetzungen sind bezüglich EC erfüllt. Eine abweichende Beurteilung ergibt sich nicht daraus, dass die Mitarbeiter der EC mit Angehörigen der B zusammenarbeiteten und die ihnen zugewiesenen Räume auch von Armeeangehörigen genutzt werden. Denn die zur Begründung einer Betriebsstätte erforderliche Verfügungsmacht setzt nicht das Recht oder die Möglichkeit zur alleinigen Nutzung der betreffenden Einrichtung voraus. Zwar begründet die bloße Möglichkeit zur Mitbenutzung von Einrichtungen eines Dritten keine ausreichende Verfügungsmacht über diese Einrichtungen. Anders ist es jedoch, wenn ein Unternehmen eine solche Einrichtung regelmäßig für eigene betriebliche Handlungen nutzt; in diesem Fall kann das nutzende Unternehmen dort selbst dann eine Betriebsstätte besitzen, wenn es keine rechtlich abgesicherte, sondern nur eine tatsächliche dauerhafte Mitbenutzungsmöglichkeit hat. Dasselbe gilt erst recht, wenn die Mitbenutzung der Erfüllung der vertraglichen Verpflichtungen gegenüber dem Eigentümer der Räume dient und EC jederzeit der Zugriff zu den Räumen möglich ist. Die Verfügungsmacht der EC über die Einrichtungen auf der Armeebasis wird nicht dadurch ausgeschlossen, dass die Mitarbeiter das Gelände erst nach Erhalt einer Berechtigungskarte betreten durften und zuvor jeweils kontrolliert wurden. Zwar setzt das Bestehen einer Verfügungsmacht grundsätzlich voraus, dass der Unternehmer die betreffende Einrichtung jederzeit oder zumindest zu bestimmten Zeiten aufsuchen kann, ohne dass es eines konkreten Anlasses oder der einzelfallbezogenen Zustimmung einer anderen Person bedarf. Hier war die Anwesenheit von Mitarbeitern der EC auf der Armeebasis

vertraglich vorgesehen. EC konnte ihre Verpflichtungen gegenüber der B erkennbar nur dann erfüllen, wenn ihre Mitarbeiter die ihnen zugewiesenen Räume regelmäßig aufsuchten. Angesichts dessen bedeuteten die von der B ergriffenen Kontrollmaßnahmen keine Beschränkung des Zugangsrechts in dem Sinne, dass dieses grundsätzlich nicht bestand und nur von Fall zu Fall gewährt wurde; es geht dabei nur um eine Überprüfung der einzelnen Person darauf hin, ob deren Anwesenheit auf dem Gelände militärische Sicherheitsinteressen berührt. Eine solche Gestaltung hindert die Entstehung einer Betriebsstätte des beauftragten Unternehmens jedenfalls dann nicht, wenn tatsächlich eine Vielzahl von Mitarbeitern des Unternehmens regelmäßig Zugang zu der betreffenden Einrichtung haben.

3. Die von FC genutzten Einrichtungen auf dem Flughafen mögen zwar als Geschäftseinrichtungen oder Anlagen im Sinne des § 12 Satz 1 AO anzusehen sein. Ihr fehlt es aber an einer nicht nur vorübergehenden Verfügungsmacht über die von ihr genutzten Einrichtung. Das bloße Tätigwerden in Räumlichkeiten des Vertragspartners genügt für sich genommen nicht, um die erforderliche Verfügungsmacht zu begründen. Das gilt selbst dann, wenn die Tätigkeit zeitlich wiederholt oder sogar dauerhaft erbracht wird. Neben der zeitlichen Komponente müssen vielmehr zusätzliche Umstände auf eine örtliche Verfestigung der Tätigkeit schließen lassen. Denn für die Begründung einer Betriebsstätte ist letztlich entscheidend, ob eine unternehmerische Tätigkeit in einer Geschäftseinrichtung oder Anlage mit fester örtlicher Bindung ausgeübt wird und sich in der Bindung eine gewisse „Verwurzelung" des Unternehmens mit dem Ort der Ausübung der unternehmerischen Tätigkeit ausdrückt. Die Aktivitäten der FC auf dem Flughafengelände erschöpfen sich in einem bloßen Tätigwerden in den Räumlichkeiten der B. Das reicht auch unter Berücksichtigung des Umstands, dass die Arbeiten über mehrere Jahre hinweg erbracht wurden, für das Vorliegen einer Verfügungsmacht der FC nicht aus. Im Ergebnis hat FC ihre Mitarbeiter zur Verfügung gestellt.

Ergebnis

Die EC ist in Deutschland beschränkt steuerpflichtig, nicht aber die FC.

Rechtsprechungshinweise

BFH v. 29.11.2017 - I R 58/15, BFH/NV 2018, 684; BFH v. 8.6.2015 - I B 3/14, BFH/NV 2015, 1553; BFH v. 2.4.2014 - I R 68/12, BStBl 2014 II 875; BFH v. 24.8.2011 - I R 46/10, BStBl 2014 II 764, unter II. 2. Buchst. b) der Entscheidungsgründe; BFH v. 22.4.2009 - I B 196/08, BFH/NV 2009, 1588; BFH v. 18.3.2009 - III R 2/06, BFH/NV 2009, 1457; BFH v. 14.7.2004 - I R 106/03, BFH/NV 2005, 154 – hierzu Abgrenzung BFH v. 4.6.2008 - I R 30/07, BStBl 2008 II 922

FALL 59

Betriebsstätte (Art. 5 OECD-MA)

Sachverhalt

Die im Inland wohnhafte Emanuele Schmidt (ES) ist als angestellte Ärztin nichtselbständig tätig. Außerdem erzielt sie zusätzliche Einnahmen aus selbständiger Tätigkeit aufgrund der Durchführung von Schönheitsoperationen in zwei Kliniken im benachbarten DBA-Ausland.

Dort verfügt ES über keine Belegbetten. Sie sucht in unregelmäßigen Abständen – nach Bedarf – die Kliniken nach Absprache mit den Klinikbetreibern an durchschnittlich fünf Werktagen im

Monat auf, tätigt die notwendigen ärztlichen Beratungsgespräche, führt die Schönheitsoperationen durch und ist auch mit den Nachuntersuchungen befasst. Hierfür werden ihr von den Klinikbetreibern für die Dauer ihrer Tätigkeit ein eigenes Büro bzw. Arzträume zur Verfügung gestellt. Auf die klinischen Einrichtungen und das Klinikpersonal kann ES bei ihren Tätigkeiten jederzeit ungehindert zurückgreifen. Des Weiteren wird ihr ein abschließbarer Schrank – 1,20 m breit, 2,1 m hoch, 0,6 m tief – zur Verfügung gestellt, in dem sie alle Sachen und Unterlagen aufbewahren kann; den Schlüssel zu diesem Schrank hat allein ES. Die Honorierung ihrer Tätigkeit erfolgt durch die Kliniken und nicht durch die jeweiligen von ihr behandelten Patienten. Außerdem ist ES beim ausländischen Ärzteregister unter der Adresse der Klinik angemeldet.

Frage

Hat ES im Ausland eine Betriebsstätte im Sinne des OECD-MA inne?

LÖSUNG

ES übt als Ärztin einen freien Beruf aus. Bis 2000 regelte Art. 14 OECD-MA für die selbständige Arbeit, die Ärzte umfasste, dass das Besteuerungsrecht grundsätzlich dem Ansässigkeitsstaat (hier: Deutschland) zustehe, es sei denn, dass im anderen Vertragsstaat (hier: benachbartes DBA-Ausland) „eine feste Einrichtung zur Verfügung steht". Art. 14 OECD-MA wurde gestrichen, da der Regelung im Verhältnis zu Art. 7 OECD-MA keine eigenständige Bedeutung zukomme. Einkünfte aus selbständiger Arbeit werden den Unternehmensgewinnen i. S. des Art. 7 OECD-MA gleichgestellt, zumal die „feste Einrichtung" wie die Betriebsstätte definiert wurde und wird. Dies bedeutet: Gibt es in einem DBA noch eine mit Art. 14 OECD-MA früherer Fassung vergleichbare Regelung zur Bestimmung des Besteuerungsrechts bei Gewinnen aus selbständiger Arbeit, dann werden zur Bestimmung der „festen Einrichtung" auch die Grundsätze zur Bejahung einer Betriebsstätte herangezogen. Sieht das jeweilige DBA keine besondere Regelung für die selbständige Arbeit mehr vor, sind die Regelungen zu Unternehmensgewinnen, insbesondere mit Art. 7 OECD-MA vergleichbare Normen, heranzuziehen und es kommt darauf an, ob es im DBA-Ausland eine Betriebsstätte gibt.

Fraglich ist, ob ES in jeder der beiden Kliniken über die Räumlichkeiten der Klinik eine hinreichende Verfügungsmacht besitzt, die zu der Bejahung einer Betriebsstätte im Sinne von Art. 5 OECD-MA führt.

Das bloße Tätigwerden in den Räumen des Auftraggebers führt nicht per se zu einer Betriebsstätte (BFH v. 22.4.2009 - I B 196/08, BFH/NV 2009, 1588; BFH v. 4.6.2008 - I R 30/07, BStBl 2008 II 922). Das zeitliche Moment, nach dem eine Betriebsstätte dann gegeben ist, wenn sie grundsätzlich mindestens sechs Monate der Tätigkeit dient, ist nicht erfüllt. Die Tätigkeit muss jedenfalls in der Geschäftseinrichtung von gewisser Dauer sein. Operationsräume, in denen sie ihre Tätigkeit ausübt, werden für sie nicht vorgehalten (BFH v. 28.6.2006 - I R 92/05, BStBl 2007 II 100). Die übrigen Räume werden ihr lediglich für die Dauer ihrer Tätigkeiten zur Verfügung gestellt. Es kommt nicht darauf an, wer sie bezahlt und ob sie beim ausländischen Ärzteregister unter der Adresse der Kliniken gemeldet ist.

Allerdings verfügt ES über einen abschließbaren Schrank in einem Raum, der ausschließlich ihr zur Verfügung steht. Fraglich ist, ob die Verfügungsmacht hierüber ausreicht, um eine Betriebsstätte zu begründen. Eine Person erlangt Verfügungsmacht bei Tätigwerden in fremden Räumlichkeiten, wenn diese einen rechtlichen Anspruch auf die Nutzung der Räumlichkeiten hat oder zusätzliche Umstände vorliegen, die auf eine örtliche Verfestigung der Tätigkeit schließen lassen. Solch eine örtliche Verfestigung ist nach BFH v. 9.1.2019 - I B 138/17, BFH/NV 2019, 681 zum Beispiel gegeben, wenn Wartungsarbeiten im Ausland mit eigenen Werkzeugen ausgeführt werden und diese Werkzeuge in einem Raum in einem mit dem Namen des Ausführenden versehenen Schließfaches zur alleinigen Nutzung zur Verfügung gestellt werden. Nach diesen Grundsätzen hat ES jeweils eine Betriebsstätte in den Räumlichkeiten der Kliniken im Ausland. Ihr steht dort jeweils ein abschließbarer Schrank zu, über den sie jederzeit, allein verfügen kann und in dem sie für die Ausführung ihrer Tätigkeit Sachen und Unterlagen aufbewahrt. Der jeweils abschließbare, ausschließlich ihr zuordenbare Schrank führt zu einer örtlichen Verfestigung der Tätigkeit in der jeweiligen Klinik und damit im Ausland.

Dieses Ergebnis entspricht auch den Intentionen des OECD-MK 2017, der eine Dienstleistungsbetriebsstätte kennt (vgl. Tz 11, 17 OECD-MK zu Art. 5 OECD-MA).

Ergebnis

ES hat im Ausland zwei Betriebsstätten. Sie hat in jeder der beiden Kliniken eine Betriebsstätte. Die erzielten Honorare und Ausgaben sind der jeweiligen Betriebsstätte zuzurechnen. Das Besteuerungsrecht des Betriebsstättenstaats gilt nur, soweit der Gewinn der Betriebsstätte zugerechnet werden kann (vgl. Art. 7 Abs. 1 Satz 2 OECD-MA, der der früheren Regelung des Art. 14 Abs. 1 Satz 2 OECD-MA bis 2000 entspricht). Das Attraktionsprinzip, nach dem bei Vorliegen einer Betriebsstätte vom Betriebsstättenstaat als Quellenstaat alle von dort stammenden Einkünften der Besteuerung unterworfen werden dürfen, gilt nach dem Wortlaut des OECD-MA nicht.

Rechtsprechungshinweise

BFH v. 18.12.2024 - I R 47/21, BFH/NV 2025, 941, 1184; BFH v. 7.6.2023 - I R 47/20, BFH/NV 2023, 1291; BFH v. 9.1.2019 - I B 138/17, BFH/NV 2019, 681; BFH v. 24.8.2011 - I R 46/10, BStBl 2014 II 764, unter II. 2. Buchst. b) der Entscheidungsgründe; BFH v. 22.4.2009 - I B 196/08, BFH/NV 2009, 1588; BFH v. 4.6.2008 - I R 30/07, BStBl 2008 II 922; BFH v. 28.6.2006 - I R 92/05, BStBl 2007 II 100; BFH v. 14.7.2004 - I R 106/03, BFH/NV 2005, 154

FALL 60

Betriebsstätte, Verfügungsbefugnis (§ 12 AO, Art. 5 Abs. 1, 2 OECD-MA)

Sachverhalt

Die W-GmbH, Hamburg, ist Spediteur (§§ 453 ff. HGB), verfügt aber über keine eigenen Fahrzeuge und wird nicht als Frachtführer (§§ 407 ff. HGB) tätig. Sie mietet u. a. eine größere Freifläche im Hamburger Hafen als Parkplatz an, auf der die mit ihr zusammenarbeitenden Frachtführer ihre Fahrzeuge abstellen können. Ihnen sind keine festen Flächen zugewiesen; die Fahrer parken jeweils auf einem freien Platz. Für jedes eingesetzte Fahrzeug ist jederzeit ein freier Stellplatz vorhanden. Die Miete für die Freifläche stellt die W-GmbH den Eigentümern der Fahrzeuge entsprechend der tatsächlichen Nutzung quartalsweise anteilig in Rechnung. Eine schriftliche Vereinbarung zwischen der W-GmbH und den Fuhrunternehmern über ein Nutzungsrecht an den Parkflächen besteht nicht.

Frage

Haben die beteiligten Fuhrunternehmen in Hamburg eine Betriebsstätte?

LÖSUNG

Der Begriff der Betriebsstätte ist für das nationale Recht in § 12 AO abschließend definiert. Nach ständiger Rechtsprechung des BFH setzt eine Betriebsstätte (Generalklausel nach § 12 Satz 1 AO) u. a. eine nicht nur vorübergehende Verfügungsmacht des Unternehmens über die Einrichtung oder Anlage voraus. Es bedarf keiner alleinigen Verfügungsmacht, ein Mitbenutzungsrecht des Unternehmers genügt (BFH v. 30.6.2005 - III R 47/03, BStBl 2006 II 78).

Eine hinreichende Verfügungsmacht in diesem Sinne liegt vor, wenn der Unternehmer eine Rechtsposition innehat, die ohne seine Mitwirkung nicht ohne Weiteres entzogen oder verändert werden kann (BFH v. 3.2.1993 - I R 80-81/91, BStBl 1993 II 462; BFH v. 14.7.2004 - I R 106/03, BFH/NV 2005, 154). Sie kann auf Eigentum sowie auf einer entgeltlichen oder unentgeltlichen Nutzungsüberlassung beruhen. Die bloße Berechtigung zur Nutzung eines Raumes oder einer Grundstücksfläche im Interesse eines anderen sowie eine rein tatsächliche Nutzungsmöglichkeit begründen dagegen nicht die für eine Betriebsstätte vorauszusetzende Verfügungsmacht (BFH v. 22.4.2009 - I B 196/08, BFH/NV 2009, 1588, BFH, v. 16.5.1990 - I R 113/87, BStBl 1990 II 983; BFH v. 11.10.1989 - I R 77/88, BStBl 1990 II 166). Eine lediglich „allgemeine rechtliche Absicherung" oder eine ständige Nutzungsbefugnis tatsächlicher Art kann aber ausreichen, wenn die Verfügungsmacht nicht bestritten wird.

Eine für die Annahme einer Betriebsstätte hinreichende Nutzungsbefugnis braucht sich nicht auf einen bestimmten Raum oder eine bestimmte Fläche zu beziehen, sondern kann auch vorliegen, wenn der Unternehmer jeweils irgendeinen geeigneten Raum des Gebäudes oder die wechselnde Teilfläche eines Grundstücks ständig nutzen darf. Eine Befugnis des Grundeigentümers, dem Unternehmer einen anderen Raum oder eine andere Teilfläche zuzuweisen, steht der Annahme einer Betriebsstätte nicht entgegen.

Nach diesen Maßstäben wurde auf dem Gelände der W-GmbH eine eigene Betriebsstätte des jeweils in Geschäftsbeziehungen zur W-GmbH stehenden Frachtführers unterhalten.

Ergebnis

Die einzelnen Frachtführer haben in Hamburg eine Betriebsstätte.

Rechtsprechungshinweise

BFH v. 18.12.2024 - I R 47/21, BFH/NV 2025, XXX; BFH v. 7.6.2023 - I R 47/20, BFH/NV 2023, 1291; BFH v. 18.03.2009 - III R 2/06, BFH/NV 2009, 1457 m. w. N.

Verwaltungsanweisungen

AEAO zu § 12; R 2.9 GewStR

FALL 61

Betriebsstätte, Verfügungsbefugnis (§ 12 AO, Art. 5 Abs. 1, 2 OECD-MA)

Sachverhalt

Die Konzernzentrale des französischen Kosmetikkonzerns „La Belle"-S.A. in Mulhouse/Frankreich soll grundlegend renoviert und erneuert werden. An diesem Projekt ist auch das Telekommunikationsunternehmen DT GmbH aus Freiburg/Deutschland beteiligt. Im Zeitraum von März 02 bis August 03 sind Arbeitnehmer der DT in der Regel drei Tage pro Woche mit dem Austausch der Kommunikationsleitungen für Telefon und Internet sowie der Erneuerung der Anlage in den verschiedenen Gebäuden der Konzernzentrale beschäftigt. Die für die Arbeiten erforderlichen Utensilien und Ersatzteile werden in den Fahrzeugen, mit denen die Arbeitnehmer von Freiburg aus anreisen, gelagert; übernachtet wird in nahegelegenen französischen Gasthäusern. Irgendwelche Räume in der Konzernzentrale werden der DT nicht zur Verfügung gestellt.

Frage

Sind die Gewinne aus dem Umbauprojekt in Frankreich zu versteuern?

LÖSUNG

Die DT ist unbeschränkt körperschaftsteuerpflichtig (§ 1 Abs. 1 Nr. 1 KStG) und erzielt aus der Tätigkeit in Mulhouse ausländische Einkünfte gemäß § 8 KStG, § 34d Nr. 2 EStG, sofern die Einkünfte durch eine im Ausland gelegene Betriebsstätte (§ 12 AO) erzielt werden. Nach Art. 7 Abs. 1 OECD-MA (Art. 4 Abs. 1 Satz 1 DBA-F) sind Einkünfte eines Unternehmens grundsätzlich im Ansässigkeitsstaat zu versteuern, es sei denn das Unternehmen unterhält im anderen Staat eine Betriebsstätte. Demnach ist zu prüfen, ob DT in Frankreich eine Betriebsstätte unterhalten hat.

Nach Art. 5 Abs. 1 OECD-MA (Art. 2 Abs. 1 Nr. 7 DBA-F) ist jede feste Geschäftseinrichtung oder Anlage, die der Tätigkeit eines Unternehmers dient, eine Betriebsstätte.

Eine Geschäftseinrichtung oder Anlage ist nach ständiger Rechtsprechung des BFH nur dann als Betriebsstätte des Unternehmers zu beurteilen, wenn er eine gewisse, nicht nur vorübergehende Verfügungsmacht über diese besitzt. Dafür ist grundsätzlich erforderlich, dass er eine Rechtsposition innehat, die ihm nicht ohne weiteres entzogen werden kann; eine tatsächliche Mitbenutzung genügt nicht – vgl. BFH v. 20.12.2017 - I R 98/15, BFH/NV 2018, 497, Abs. 28.

Sind Mitarbeiter eines Unternehmers für diese Unternehmen in einem fremden Betrieb tätig und werden ihnen dort für ihre Tätigkeit Räume überlassen, reicht allerdings eine „allgemeine rechtliche Absicherung" aus, wenn aus tatsächlichen Gründen anzunehmen ist, dass dem Unternehmer irgendein für seine Tätigkeit geeigneter Raum zur ständigen Nutzung zur Verfügung gestellt wird.

Die Einrichtung oder Anlage müssen der Tätigkeit des Unternehmers unmittelbar dienen. Im Allgemeinen ist diese Voraussetzung nur erfüllt, wenn der Unternehmer selbst, seine Arbeitnehmer, fremdes weisungsabhängiges Personal oder Subunternehmer in oder an der Geschäftseinrichtung tätig werden.

Grundsätzlich kann eine Betriebsstätte auch in der Betriebsstätte eines Dritten begründet werden, wenn der Unternehmer rechtlich befugt ist, die Einrichtung oder Anlage nach den Bedürfnissen seines Unternehmens zu nutzen, und wenn er eigene Arbeitnehmer beschäftigt oder ihm überlassene, seinen Weisungen unterliegende Arbeitnehmer oder Subunternehmer tätig werden.

Legt man die obigen Grundsätze dem Sachverhalt zugrunde, so ist festzustellen, dass die DT in Frankreich mangels fester Räume, über die sie eine Verfügungsbefugnis besessen hat, keine Betriebsstätte unterhalten hat.

Die Gasthöfe können nicht als Betriebsstätten gewertet werden, da es an einer Verstätigung fehlt (Aufenthaltsdauer weniger als 6 Monate – BFH v. 18.12.2024 - I R 39/21, BFH/NV 2025, 937, wechselnde Gasthöfe).

Anderer Ansicht ist der OECD-MK in dem sog. Anstreicherfall (Nr. 17 OECD-MK zu Art. 5 OECD-MA); gegen diese Interpretation hat aber die Bundesrepublik Vorbehalte angemeldet (Nr. 178 OECD-MK zu Art. 5 OECD-MA Observation on the Commentary).

Ergebnis

Die Einkünfte der DT aus dem Umbauprojekt in Frankreich sind nicht in Frankreich zu versteuern.

Hinweis

Ausführlich zu der Problematik, ob der Verpächter in dem verpachteten Unternehmen eine eigene Betriebsstätte unterhält: BFH v. 26.7.2017 - III R 4/16, BFH/NV 2018, 233, Abs. 12; BFH v. 30.6.2005 - III R 76/03, BStBl 2006 II 84

Rechtsprechungshinweise

BFH v. 22.4.2009 - I B 196/08, BFH/NV 2009, 1588; BFH v. 4.6.2008 - I R 30/07, BStBl 2008 II 922; BFH v. 15.2.2007 - I B 90/06, BFH/NV 007, 1269; BFH v. 13. 6. 2006 - I R 84/05, BStBl 2007 II 94; BFH v. 30.6.2005 - III R 76/03, BStBl 2006 II 84 sowie die in der Lösung genannten Entscheidungen

Hinweis

Zur Betriebsstätte im UStR vgl. EuGH v. 7.5.2020 - C-547/18, Dong Yang Electronics sp.z.oo., IStR 2020, 761; BFH v. 29.4.2020 - XI R 3/18, IStR 2020, 761.

Zum Begriff der Betriebsstätte in § 4 Abs. 5 Satz 1 Nr. 6 EStG BFH v. 16.2.2022 - X R 14/19, BFH/NV 2022, 966, BFH v. 29.4.2014 - VIII R 33/10, BStBl 2014 II 777: Der Begriff ist nicht deckungsgleich mit dem des § 12 AO.

Verwaltungsanweisungen

BMF v. 24.12.1999, BStBl 1999 I 1076, Tz. 4.3.1; AEAO zu § 12; R 2.9 GewStR

FALL 62

Betriebsstätte – Homeoffice als Betriebsstätte des Arbeitgebers (§ 12 AO, Art. 5 OECD-MA)

Sachverhalt

Kurt Hammer (KH), wohnhaft in Bad Reichenhall/Deutschland ist angestellte Programmierer und Gruppenleiter der in Salzburg/Österreich ansässigen Austria-Net GmbH, welche für mittelständische Betriebe IT-Problemlösungen erarbeitet. Nach Absprache mit seinem Arbeitgeber, der ihm Laptop und ergänzendes Equipment sowie Smartphone zur Verfügung gestellt hat, arbeitet KH an 3 Tagen im Homeoffice und muss 2 Tage pro Woche am Firmensitz erscheinen; dort kann an einem grundsätzlich freien Arbeitsplatz im Programmiersaal arbeiten.

Abwandlung

Almut Steger (AS), wohnhaft in Salzburg/Österreich, ist angestellte Programmiererin und Gruppenleiterin der in Bad Reichenhall/Deutschland ansässigen Alpen-Net GmbH, welche für mittelständische Betriebe IT-Problemlösungen erarbeitet. Nach Absprache mit ihrem Arbeitgeber, der ihr Laptop und ergänzendes Equipment sowie Smartphone zur Verfügung gestellt hat, arbeitet AS an 4 Tagen im Homeoffice und muss 1 Tag pro Woche an Firmensitz erscheinen; dort verfügt sie über keinen festen Arbeitsplatz.

Frage

Begründet die Tätigkeit des Arbeitnehmers in seinem Ansässigkeitsstaat eine Betriebsstätte des Arbeitgebers?

LÖSUNG

Die Beantwortung der Frage, ob die österreichische GmbH in Deutschland eine Betriebsstätte unterhält, muss sich an § 12 AO sowie an Art. 5 DBA-AU ausrichten.

Das BMF hat Schreiben vom 5.2.2024 (BStBl 2024 I 177) den Anwendungserlass zur AO zu § 12 überarbeitet und teilweise neu gefasst. Hier findet sich nunmehr unter Tz. 4 eine Reglung zum Homeoffice, deren wichtigster Kernsatz lautet: „Die Tätigkeit eines Arbeitnehmers in dessen häuslichem Homeoffice begründet in der Regel keine Betriebstätte des Arbeitgebers. Auch abkommensrechtlich begründet ein häusliches Homeoffice nach deutscher Anwenderstaatsperspektive in der Regel keine Betriebstätte."

Dies bedeutet auch, dass aus deutscher Sicht es für die Anwendung des Art. 5 DBA-AU an der Verfügungsmacht für eine Betriebsstätte des österreichischen Arbeitgebers fehlt.

Trotz dieser Grundregel verbleibt es natürlich bei dem Grundsatz, dass eine endgültige Entscheidung im Einzelfall unter Beachtung aller Umstände vorbehalten bleibt, d. h. im Einzelfall kann eine Betriebsstätte des Arbeitgebers begründet worden sein.

Abwandlung

Bei einem grenzüberschreitendem Homeoffice-Einsatz (Arbeitgeber ansässig in einem Staat, Arbeitnehmer in einem anderen Staat im Homeoffice) kann sich das Problem ergeben, dass die beiden beteiligten Staaten den Begriff der Betriebsstätte unterschiedlich interpretieren mit der Konsequenz, dass aus der Sicht der Ansässigkeitsstaat des Arbeitgebers keine Betriebsstätte im Ausland vorliegt, wohl aber aus der Sicht der Ansässigkeitsstaat des Arbeitnehmers. Dies beruht u. a. darauf, dass die Staaten den Begriff der Betriebsstätte und insbesondere den Begriff der Verfügungsmacht unterschiedlich auslegen; auch der OECD-MK sieht dies graduell anders als der BFH (vgl. Nr. 18 OECD-MK zu Art. 5 OECD-MA 2017).

Dies kann konkret z. B. mit Österreich der Fall sein. Nach Ziff. 262 der Verrechnungspreisrichtlinien 2021 in der Fassung vom 11.3.2025 (Veröffentlichung des öBMF v. 13.3.2025, BMF-AV Nr. 33/2025) wird u. a. auf die Dauer der Tätigkeit im Homeoffice Bezug genommen, um dem Arbeitgeber eine Verfügungsmacht zu verschaffen, welche für eine Betriebsstätte zwingend erforderlich ist. So heißt es dort: „Auch indem ein Arbeitnehmer seiner Tätigkeit nicht bloß gelegentlich von seinem Homeoffice aus nachgeht, kann er bei ausreichender Dauerhaftigkeit dem Arbeitgeber durch die Ausübung der Tätigkeit faktische Verfügungsmacht verschaffen, sodass durch die Homeoffice-Tätigkeit eine Betriebsstätte begründet werden kann ... Nehmen die im Homeoffice ausgeübten Tätigkeiten weniger als 25% der Gesamtarbeitszeit des Arbeitnehmers ein (z. B. ein Tag pro Woche), wird man typischerweise noch von einer bloß gelegentlichen Nutzung ausgehen können ...; eine mehr als 50-prozentige Nutzung ist hingegen nicht mehr bloß gelegentlich ...“.

Unter Berücksichtigung der Tatsache, dass AS 80 % der wöchentlichen Arbeitszeit im Homeoffice verbringt, kann aus österreichischer Anwenderstaatsperspektive vom Vorliegen einer Betriebsstätte in Österreich ausgegangen werden.

Bei einer unterschiedlichen Wertung der beteiligten Staaten, ob eine Betriebsstätte durch die Tätigkeit im Homeoffice begründet wird oder nicht, kann eine Lösung nur über ein Verständigungsverfahren nach Art. 25 DBA-AU (Art. 25 OECD-MA) gefunden werden.

Ergebnis

Grundsätzlich ist nach Auffassung der deutschen Finanzverwaltung davon auszugehen, dass die Homeoffice-Tätigkeit nicht zu einer Betriebsstätte des Arbeitgebers führt; entscheidend ist aber der Einzelfall.

FALL 63

Betriebsstätte, Schiffe (§ 12 AO, Art. 5 Art. 1, 2 OECD-MA)

Sachverhalt

Hans Hansen (HH), dänischer Staatsbürger, wohnt in Havneby/Dänemark und betreibt auf der Fähre zwischen List/Deutschland und Havneby auf der Insel Rømø/Dänemark einen Souvenirshop. Die Ware für den Souvenirshop lagert HH im Keller seines Einfamilienhauses; im Dachgeschoss befindet sich ein Büroraum, von wo aus alle für das Unternehmen notwendigen Dinge erledigt werden. Die Fähre fährt unter deutscher Flagge.

Frage

Sind die Gewinne aus dem Souvenirshop in Deutschland zu versteuern?

LÖSUNG

Nach Art. 7 Abs. 1 OECD-MA (Art. 7 Abs. 1 DBA-DK) sind Einkünfte eines Unternehmens im Sitzstaat des Unternehmens zu versteuern, es sei denn, das Unternehmen unterhält im anderen Staat eine Betriebsstätte. Demnach ist zu prüfen, ob HH in Deutschland eine Betriebsstätte unterhält.

Nach Art. 5 Abs. 1 OECD-MA (Art. 5 Abs. 1 DBA-DK) ist jede feste Geschäftseinrichtung oder Anlage, die der Tätigkeit eines Unternehmers dient, eine Betriebsstätte.

Aus dem dem Wort „Geschäftseinrichtung“ in Art. 5 Abs. 1 OECD-MA (Art. 5 Abs. 1 DBA-DK) beigefügten Adjektiv „fest“ ergibt sich, dass eine Geschäftseinrichtung bestimmte örtliche, zeitliche und rechtliche Kriterien erfüllen muss, um eine Betriebsstätte i. S. des Abkommens zu sein.

In örtlicher Hinsicht ist eine Geschäftseinrichtung fest im Sinne der Norm, wenn sie einen Bezug zu einem bestimmten Teil der Erdoberfläche aufweist und dieser von einer gewissen Dauer (= Beständigkeit), also nicht nur vorübergehend, ist. Dessen ungeachtet können auch sog. „fliegende Bauten“ wie z. B. eine Zeit oder eine Baubude diesen Begriff erfüllen.

Nach herrschender Auffassung vermittelt ein Schiff keine feste Beziehung in dem vorgenannten Sinne. Daher kann auf einem Schiff, das bestimmungsgemäß Waren oder Personen von einem Ort zu einem anderen befördert, eine solche dauernde feste Verbindung nicht hergestellt werden; somit kann grundsätzlich keine Betriebsstätte begründet werden, unabhängig davon, in welchem Staat das Schiff registriert ist.

Die Einkünfte aus dem Souvenirshop sind daher nicht in Deutschland zu versteuern. Gewerbesteuerrechtlich – vgl. § 2 Abs. 1 Satz 3 GewStG – wird ein Gewerbebetrieb im Inland betrieben, wenn für ihn eine Betriebsstätte auf einem unter deutscher Flagge fahrenden See-(Kauffahrtei-)Schiff unterhalten wird, das in einem inländischen Schiffsregister eingetragen ist. Hierzu hat der BFH aber ausgeführt (BFH v. 13.2.1974 - I R 218/71, DStR 1974, 386): „Betrachtet man ... den im DBA-DK enthaltenen Begriff der Betriebsstätte, so ist er allein Festlandbezogen zu verstehen, da er auf eine “feste“ Geschäftseinrichtung abstellt, ohne dass dieser Begriff durch Vorschriften des innerdeutschen Rechts (wie z. B. die des § 2 Abs. 1 Satz 3 GewStG) partiell oder für eine bestimmte Steuerart außer Kraft gesetzt werden kann.“ In seinem Urteil vom 26.8.1987 - I R 376/83, BStBl 1988 II 201, hat er weiter ausgeführt: „Da die Schiffe in Ermangelung einer dauernden Verbindung mit der Erdoberfläche für sich genommen keine Betriebsstätte bildeten, ist die auf ihnen ausgeübte Tätigkeit dem Sitz der Geschäftsleitung als Schwerpunktbetriebsstätte zuzuordnen (vgl. Urteil des Reichsfinanzhofs – RFH – vom 28.10.1939 - I 169/39, RStBl 1940, 445). Dies gilt jedenfalls für die während der Fahrt der Schiffe ausgeübten Tätigkeiten.“ Vgl. ferner BFH v. 25.8.1999 - VIII R 75/96, BFH/NV 2000, 300: Bei einem Schifffahrtsunternehmen kann sich der Mittelpunkt der geschäftlichen Oberleitung in den Geschäftsräumen eines ausländischen Managers oder Korrespondentreeders befinden. Maßgeblich sind die vom FG festzustellenden tatsächlichen Umstände (Anschluss an BFH-Urteil vom 3.7.1997- IV R 58/95, BStBl II 1998, 86).

Die Regelung des Art. 8 OECD-MA gilt nur für das die Schifffahrt betreibende Unternehmen; diese Voraussetzung liegt hier nicht vor.

Ergebnis

Ein Schiff vermittelt keine feste Beziehung zur Erdoberfläche; demnach liegt keine Betriebsstätte im Inland vor, sodass auch keine Ertragsbesteuerung in Deutschland stattfindet.

Rechtsprechungshinweise

BFH v. 25.8.1999 - VIII R 76/95, BFH/NV 2000, 300; BFH v. 3.7.1997 - IV R 58/95, BStBl II 1998, 86; BFH v. 26.6.1996 - XI R 18/94, BStBl 1998 II 278; BFH v. 26.8.1987 - I R 376/83, BStBl 1988 II 201 Abs. 12; BFH v. 9.10.1974 - I R 128/73, BStBl 1975 II 203; BFH v. 13.2.1974 - I R 219/71, BStBl 1974 II 361; BFH v. 13. 2. 1974 - I R 218/71, DStR 1974, 386

Verwaltungsanweisungen

BMF v. 24.12.1999, BStBl 1999 I 1076, Tz. 4.5.1; AEAO Zu § 12; R 2.9 GewStR

Hinweis

Die obigen Ausführungen gelten für alle Boote und Schiffe, die sich mit eigener Kraft bewegen können; sind sie dagegen fest an Land vertäut (Bsp.: ausgedientes Fährschiff als Restaurant), so dass eine Bewegung aus eigener Kraft ausscheidet, und befinden sich weiter Versorgungsleitungen fest zwischen Land und Schiff, könnte man die Auffassung vertreten, dass dies eine Verbindung mit dem festen Boden beinhaltet – vgl. BFH v. 26.11.2011 - II R 27/10, BStBl 2012 II 274 zu § 68 Abs. 1 Nr. 1 BewG.

Für Zwecke der (innerstaatlichen) Gewerbesteuer sind andere Maßstäbe anzusetzen – vgl. BFH v. 3.12.2024 - IV R 5/22, BFH/NV 2025, 761; BFH v. 22.12.2015 - I R 40/15, BStBl 2016 II 537; FG Nds v. 15.11.2023 - 9 K 311/21, EFG 2024, 380 zu § 9 Nr. 3 GewStG, Revision anhängig unter IV R 30/23

FALL 64

Montage-Betriebsstätte (§ 12 Nr. 8 AO, Art. 5 Abs. 3 OECD-MA)

Sachverhalt

Die A-Group AG Baden/Schweiz erhält den Auftrag, für die P-AG Stuttgart/Deutschland eine neue Schalt- und Steuerungstechnikanlage betriebsfertig zu liefern (Anlage 1). Die Lieferung und Montage (ausschließlich durch Schweizer Arbeitnehmer, die in der Bundesrepublik Deutschland weder Wohnsitz noch gewöhnlichen Aufenthalt haben) beginnt am 1.2.01 und ist am 31.5.01 beendet. Aufgrund einer Vereinbarung mit der P-AG erfolgten aber (noch) kein Probelauf und auch keine Endabnahme durch die P-AG, so dass A-Group AG ihre Arbeitnehmer am 1.6.01 von der Baustelle abzieht. Bereits vorher hatte die P-AG eine weitere Anlage (Anlage 2) bei der A-Group AG bestellt, die dann ab 1.9.01 geliefert und montiert wurde. Endabnahme der Anlage 2 durch die P-AG war am 10.4.02.

Zwischenzeitlich hatte die P-AG die A-Group AG gebeten, die abschließenden Tests an der Anlage 1 wieder aufzunehmen. Daraufhin entsandte die A-Group AG ihre Arbeitnehmer ab dem

1.9.01 zur völligen Fertigstellung der Anlage 1; die Endabnahme der Anlage 1 erfolgte am 5.11.01.

Abwandlung

Was ändert sich, wenn die A-Group AG Software implementiert?

Frage

Liegt nach den Bestimmungen des OECD-MA/DBA-CH eine Betriebsstätte in Deutschland vor?

LÖSUNG

Die A-Group AG erzielt im Inland beschränkt steuerpflichtige Einkünfte im Sinne des § 2 Nr. 1 KStG i. V. m. § 49 Abs. 1 Nr. 2 Buchst. a) EStG, wenn sie im Inland eine Betriebsstätte im Sinne des § 12 AO unterhält (hier: § 12 Satz 2 Nr. 8 AO – Montage).

Der BFH hat in ständiger Rechtsprechung entschieden: Unter den Begriff „Montage" fallen alle Arbeiten, die dem Zusammenfügen von Einzelteilen zu einer (einheitlichen) Sache dienen. D. h., der Begriff „Montage" bezieht sich nur auf materielle Wirtschaftsgüter. Dies liegt im Streitfall vor.

Fraglich ist, ob hier eine Montage-Betriebsstätte nach Art. 5 Abs. 3 OECD-MA/Art. 5 Abs. 2 Buchst. g) DBA-CH vorliegt.

Zwischen den zeitlichen „Eckpunkten" 1.2.01 (Beginn der Montage der Anlage 1) und dem 10.4.02 (Abnahme der Anlage 2) liegen mehr als zwölf Monate (14 Monate und 10 Tage), so dass der Betriebsstättenbegriff i. S. des Art. 5 Abs. 3 OECD-MA (= Art. 5 Abs. 2 Buchst. g DBA-CH) erfüllt sein könnte, wenn

a) die Montagetätigkeiten zusammengerechnet werden

und

b) die Fristen in vollem Umfange berücksichtigt werden könnten.

Zu a):

Bei der Prüfung der zeitlichen Voraussetzungen für das Vorliegen einer Montage-Betriebsstätte sind mehrere Montageausführungen i. S. des Art. 5 Abs. 3 OECD-MA grundsätzlich nicht zusammenzurechnen (im Gegensatz zu § 12 Satz 2 Nr. 8 AO). Die Montage ist aber im konkreten Fall als einheitlicher Vorgang zu beurteilen: Denn zum einen fanden die Arbeiten am selben Ort statt (geografische Einheit) und zum anderen war die Montage der beiden Anlagen auch von Auftraggeber und von Auftragnehmer als ein einheitlicher Vorgang gewollt (wirtschaftliche und organisatorische Einheit); hierzu BFH v. 3.8.2005 - I R 87/04, BStBl 2006 II 220 Abs. 11; BFH v. 19.11.2003 - I R 3/02, BStBl 2004 II 932; BFH v. 16.5.2001 - I R 47/00, BStBl 2002 II 846. BMF v. 24.12.1999, BStBl 1999 I 1076, Tz. 4.3.5 a. E.; BMF v. 18.12.2002, BStBl 2002 I 1385.

Zu b):

Bei der Prüfung der Zwölf-Monats-Frist ist zu berücksichtigen, dass sich bei der Abnahme der Anlage 1 aus vom Auftraggeber zu vertretenden Gründen vom 1.6.01 bis 31.8.01 eine Unterbrechung ergab. Es liegt eine dreimonatige Phase vor, während der der Auftragnehmer nicht an der Montagestelle präsent war – vgl. ausführlich BFH vom 21.4.1999 - I R 99/97, BStBl 1999 II 694, zu dem Problem der Unterbrechung. Von den o. a. 14 Monaten und 10 Tagen sind drei Monate abzuziehen; es ergibt sich eine Gesamtdauer der Montagetätigkeit von 11 Monaten und 10 Tagen. Im OECD-MA heißt es: „wenn ihre Dauer zwölf Monate überschreitet." Im vorliegenden Fall ergibt sich keine Überschreitung der Dauer, so dass es nicht zu einer Montage-Betriebsstätte nach OECD-MA in Deutschland kommt; dies gilt auch nach Art. 5 Abs. 2 Buchst. g) DBA-CH. Dagegen ist der Betriebsstättenbegriff des § 12 Satz 2 Nr. 8 AO erfüllt – mehr als sechs Monate. Dieser wird aber vom DBA überlagert (§ 2 Abs. 1 AO).

Abwandlung

Der Begriff „Montage" bezieht sich nach herrschender Auffassung nur auf das Zusammenfügen materieller Wirtschaftsgüter. Dann aber stellt die Installation von Software keine Montage im Sinne des § 12 Satz 2 Nr. 8 AO bzw. Art. 5 Abs. 3 OECD-MA dar; es würde sich um den Fall einer Dienstleistung handeln, die ohne feste Einrichtung nicht zu einer Besteuerung im Tätigkeitsstaat führt, sofern nicht die Dienstleistungsbetriebsstätte ausdrücklich im Abkommen vereinbart ist (Nr. 132 ff. OECD-MK zu Art. 5 OECD-MA; vgl. z. B. Art. 5 Abs. 3 Buchst. b) DBA-China).

Ergebnis

Da die 12-Monats-Frist nicht überschritten wird, liegt keine Montagebetriebsstätte vor.

Rechtsprechungshinweise

BFH v. 19.11.2003 - I R 3/02, BStBl 2004 II 932; BFH v. 21.4.1999 - I R 99/97, BStBl 1999 II 694

Verwaltungsanweisungen

BMF v. 24.12.1999, BStBl 1999 I 1076, Tz. 4.3.1

Hinweis

Durch das sog. Mehrseitiges Übereinkommen zur Umsetzung steuerabkommensbezogener Maßnahmen zur Verhinderung der Gewinnverkürzung und Gewinnverlagerung - Multilaterale Instrument (MLI) - vom 24.11.2016 wurden die Ergebnisse von BEPS übernommen. Umgesetzt wurde diese Vereinbarung in Deutschland durch das sog. BEPS-MLI-Gesetz (BGBl 2020 II 946), ergänzt durch das Gesetz zur Anwendung des Mehrseitigen Übereinkommens vom 24.11.2016 zur Umsetzung steuerabkommensbezogener Maßnahmen zur Vermeidung der Gewinnverkürzung und Gewinnverlagerung v. 19.6.2024, BGBl 2024 I Nr. 205.

Art. 14 MLI befasst sich mit der künstlichen Umgehung des Bau- und Montage-Betriebsstättenstatus durch Aufteilung von Verträgen. Hierzu hat die Bundesrepublik Deutschland erklärt, dass in Übereinstimmung mit Art. 14 Abs. 3 Buchst. a) MLI der gesamte Art. 14 nicht für ihre unter das Übereinkommen fallenden Steuerabkommen gilt. Das Update 2017 des OECD-MA enthält selbst keine Bestimmung über die Aufteilung von Verträgen, wohl aber der OECD-MK in Nr. 52 zu Art. 5 OECD-MA.

FALL 65

Betriebsstättenausnahmen (Art. 5 Abs. 4 OECD-MA)

Sachverhalt

Der in Deutschland wohnende Unternehmer U betreibt eine Handelsvertretung für Produkte des P. Er wird vor allem in der Schweiz tätig. Dort hat er einen Geschäftsraum angemietet, in dem er von P angelieferte Ersatzteile und Werbematerial aufbewahrt, zuweilen auch Kunden empfängt und persönlich oder telefonisch Reklamationen entgegennimmt. Seine Haupttätigkeit besteht jedoch im Aufsuchen der Kunden in deren Betrieben. In Deutschland besitzt U ein Büro, von dem aus er seine Kontakte mit P pflegt und in dem er allgemeine Arbeiten (Rechnungsstellung, Buchführung etc.) durchführt.

Frage

Unterhält U in der Schweiz eine Betriebsstätte?

LÖSUNG

Nach Art. 5 Abs. 1 DBA-CH ist eine Betriebsstätte eine feste Geschäftseinrichtung, durch die die Tätigkeit ganz oder teilweise ausgeübt wird. Dies entspricht Art. 5 Abs. 1 OECD-MA. Die Anmietung des Geschäftsraums erfüllt die Voraussetzung des Art. 5 Abs. 1, Abs. 2 Buchst. c) DBA-CH.

Nach Art. 5 Abs. 4 Buchst. a) bis f) OECD-MA „gelten" jedoch bestimmte Einrichtungen und Bestände „nicht als Betriebsstätten". Danach werden bestimmte Geschäftseinrichtungen ausgenommen, unabhängig davon, ob ohne sie die unternehmerische Tätigkeit ausgeübt werden könnte oder nicht. Einen nahezu entsprechenden Negativkatalog enthält Art. 5 Abs. 3 Buchst. a) bis e) DBA-CH. Da es sich bei den in dem Geschäftsraum gelagerten Waren (Ersatzteile, Prospekte) nicht um Waren des U handelt, scheidet eine Betriebsstättenausnahme nach dem Wortlaut des Art. 5 Abs. 3 Buchst. a) und b) DBA-CH aus. Denn: Nicht als Betriebsstätten gelten Einrichtungen, die ausschließlich zur Lagerung, Ausstellung oder Auslieferung von Gütern oder Waren des Unternehmens benutzt werden (Buchst. a) oder Bestände von Gütern oder Waren des Unternehmens, die ausschließlich zur Lagerung, Ausstellung oder Auslieferung unterhalten werden (Buchst. b). Geht es um Waren „des Unternehmens", müssen die Güter oder Waren als eigenes Vermögen in der Bilanz des Unternehmens zu erfassen und dieses zumindest wirtschaftlicher Eigentümer sein. Hieran fehlt es. U bewahrt Ersatzteile und Werbematerial des P auf.

Allerdings ist noch die Betriebsstättenausnahme nach Art. 5 Abs. 3 Buchst. e) DBA-CH zu prüfen. Danach gilt eine feste Geschäftseinrichtung, die ausschließlich zu dem Zweck unterhalten wird, für das Unternehmen zu werben, Informationen zu erteilen, wissenschaftliche Forschung zu betreiben oder ähnliche Tätigkeiten auszuüben, die vorbereitender Art sind oder eine Hilfstätigkeit darstellen, nicht als Betriebsstätte. Nach dem Sachverhalt dient der angemietete Geschäftsraum ausschließlich Arbeiten vorbereitender Art oder Hilfstätigkeiten. Vorbereitende Tätigkeiten sind nur solche, die zeitlich vor der Haupttätigkeit ausgeübt werden. Hilfstätigkeiten begleiten die Haupttätigkeit oder folgen ihr zeitlich nach. Die Entgegennahme der Reklamationen sind Hilfstätigkeiten. Der Empfang von Kunden erfolgt lediglich mit dem Ziel, Informationen über das Unternehmen oder die Produkte zu erteilen und wird von U selbst ausgeübt. Er schaltet hierzu keinen Dritten ein (dessen Einsatz könnte zu einer örtlichen Verfestigung führen). Die beiden Tätigkeiten des U sind isoliert betrachtet vorbereitender Art oder Hilfstätigkeiten, die keine Haupttätigkeit des U sind. Die vorbereitenden Tätigkeiten sowie die Hilfstätigkeiten müssen ihrer Art nach von der Haupttätigkeit (= Vermittlung von Verträgen für P; vgl. § 84 HGB) verschieden sein.

Die Frage ist, ob die Ausübung mehrerer vorbereitender Tätigkeiten oder Hilfstätigkeiten zu derselben Einrichtung dazu führen kann, dass der Hilfscharakter der Einrichtung verlorengeht (sog. Geschäftsverdichtung). Nach Art. 5 Abs. 4 Buchst. f) OECD-MA gilt nicht als Betriebsstätte eine feste Geschäftseinrichtung, die ausschließlich zu dem Zweck unterhalten wird, mehrere der unter den Buchst. a) bis e) genannten Tätigkeiten auszuüben, vorausgesetzt, dass die Gesamttätigkeit der festen Geschäftseinrichtung vorbereitender Art ist oder eine Hilfstätigkeit darstellt. Nach dem Wortlaut ist eine Geschäftsverdichtung ohne Auswirkung. Eine Kumulierung begründet keine Betriebsstätte. Das DBA-CH enthält keine vergleichbare Regelung. Dennoch spricht der Wortlaut des Art. 5 Abs. 3 Buchst. e) DBA-CH (Tätigkeiten) dafür, dass die Ausführung mehrerer Tätigkeiten i. S. des Art. 5 Abs. 3 Buchst. e) DBA-CH nicht zur Annahme einer Betriebsstätte führt, wenn in der festen Geschäftseinrichtung nur Tätigkeiten „vorbereitender Art" oder „eine Hilfstätigkeit" ausgeübt werden. So führt U in der Geschäftseinrichtung nur derartige Tätigkeiten und nicht auch Haupttätigkeiten aus. Wären der festen Geschäftseinrichtung sowohl Haupt- als auch Tätigkeiten vorbereitender Art oder Hilfstätigkeiten zuzurechnen, würde die Haupttätigkeit die anderen Tätigkeiten infizieren und zur Begründung einer Betriebsstätte führen. Eine Betriebsstätte liegt infolgedessen dann nicht vor, wenn die Voraussetzungen einer Ausnahme im Sinne von Art. 5 Abs. 3 DBA-CH erfüllt sind, ohne dass es sich hierbei um eine oder mehrere Haupttätigkeiten handelt. Die Tätigkeit des U führt auch nicht zu einer Betriebsstätte des P nach Art. 5 Abs. 5 DBA-CH in der Schweiz (vgl. BFH v. 13.6.2006 - I R 84/05, BStBl 2007 II 94).

Ergebnis

U hat keine Betriebsstätte in der Schweiz.

Rechtsprechungshinweise

BFH v. 23.7.2003 - I R 62/02, BFH/NV 2004, 317

FALL 66

Betriebsstättenausnahmen (Art. 5 Abs. 4 OECD-MA)

Sachverhalt

Die inländische Schlepper-AG unterhält in der Schweiz ein Einkaufsbüro, welches Material für die Produktion der Schlepper in Deutschland in der Schweiz einkauft. Die AG unterhält außerdem in der Nähe des Büros eine Werkstatt, in der Reparaturen an den in der Schweiz veräußerten Schleppern durchgeführt werden. Diese Werkstatt hat die Schlepper-AG wie das Einkaufsbüro von einem Dritten angemietet. Die Werkstatt wird unter alleiniger Verantwortung des Werkstattleiters geführt.

Frage

Unterhält die Schlepper-AG in der Schweiz (eine) Betriebsstätte(n)?

1. Abwandlung

Einkaufsbüro und Werkstatt befinden sich in Australien.

2. Abwandlung

Die Steuerberatung möchte wissen, ob Art. 5 DBA-Schweiz mithilfe der Neufassung des Art. 5 OECD-MA Update 2017 und der Neukommentierung durch den OECD-MK anders ausgelegt werden könnte.

LÖSUNG

Art. 5 Abs. 1 DBA-CH definiert den Begriff Betriebsstätte. Nach Art. 5 Abs. 2 DBA-CH umfasst der Ausdruck „Betriebsstätte" insbesondere die genannten Einrichtungen. Die Werkstatt ist eine Betriebsstätte i. S. des Art. 5 Abs. 1 i. V. m. Art. 5 Abs. 2 Buchst. e) DBA-Schweiz. Eine Werkstatt erfüllt auch die Anforderungen des Art. 5 Abs. 1 DBA-CH, da die Schlepper-AG als Mieterin die Verfügungsmacht über die Räume hat.

Das Einkaufsbüro stellt zwar nach Art. 5 Abs. 1 DBA-CH eine Betriebsstätte dar, die Schlepper-AG erlangt infolge des Mietvertrags die Verfügungsmacht über dieses, gilt aber nach Art. 5 Abs. 3 DBA-CH nicht als Betriebsstätte (Katalog der Betriebsstättenausnahmen). Es wird ausschließlich zu dem Zweck unterhalten, für das Unternehmen Waren einzukaufen (Art. 5 Abs. 3 Buchst. d) DBA-CH). Unter Einkauf ist der Erwerbsvorgang zu verstehen – ohne jegliche Verarbeitung, Bearbeitung oder Veräußerung des erworbenen Gegenstands (vgl. BFH v. 23.1.1985 - I R 292/81, BStBl 1985 II 417) mit Ausnahme der unternehmensinternen Weitergabe. Enthält Art. 5 Abs. 3 DBA-CH eine Ausnahme, führt dies dazu, dass keine Betriebsstätte vorliegt, obwohl alle Voraussetzungen einer Betriebsstätte im Sinne des Art. 5 Abs. 1, Abs. 2 DBA-CH erfüllt sind. Das Einkaufsbüro wird auch nicht dadurch zur Betriebsstätte, dass die Schlepper-AG (bereits) eine Betriebsstätte in der Schweiz, die Werkstatt, hat. Jede feste Geschäftseinrichtung ist für sich zu betrachten. Für diese Auslegung spricht auch Art. 7 Abs. 1 Satz 2 DBA-CH. Danach können die Gewinne des Unternehmens in dem anderen Staat (hier: Schweiz), „nur insoweit, als sie dieser Betriebsstätte zugerechnet werden", besteuert werden. Es ist jeweils auf die Betriebsstätte abzustellen.

Ergebnis

Die Werkstatt ist eine Betriebsstätte, das Einkaufsbüro nicht.

1. Abwandlung

Hinsichtlich der Werkstatt ergeben sich keine Änderungen.

Bzgl. des Einkaufsbüros ist zwar zunächst eine Betriebsstättenausnahme gemäß Art. 5 Abs. 6 Buchst. d) DBA Australien 2015 zu bejahen. Da die Schlepper-AG in Australien aber eine Werkstatt unterhält und diese eine Betriebsstätte darstellt, zudem die ausgeübten Geschäftstätigkeiten sich ergänzen und Teil eines zusammengehörigen Geschäftsbetriebs sind, ist Art. 5 Abs. 7 DBA-Australien 2015 erfüllt, der die Betriebsstättenausnahme wieder aufhebt.

Ergebnis

Die Schlepper-AG unterhält in Australien zwei Betriebsstätten.

Hinweis

Die Regelungen des bereits im November 2015 abgeschlossenen DBA mit Australien entsprechen den Regelungen im Update des OECD-MA vom November 2017. Die Grundlagen waren sowohl für das DBA-Australien als auch für das OECD-MA die Ergebnisse von BEPS vom Oktober 2015.

2. Abwandlung

Der BFH legt seiner Auslegung von Abkommen zur Vermeidung der Doppelbesteuerung aus zeitlicher Sicht einen sog. statischen, keinen sog. dynamischen Auslegungsmodus zugrunde. Eine Verwaltungspraxis, welche sich erst nach Inkrafttreten eines Abkommens zur Vermeidung der Doppelbesteuerung bildet, wirkt auf die Auslegung eines bereits zuvor verhandelten Abkommens prinzipiell nicht zurück. Das gilt z. B. für Verwaltungsverlautbarungen, wie beispielsweise die Musterkommentierung der OECD zu deren Musterabkommen. Die Abkommensbeteiligten konnten im Zuge der seinerzeitigen Abkommensverhandlungen von der nunmehr im OECD-MK geäußerten Regelungsauslegung nichts wissen.

Ergebnis

Es ergeben sich keine Änderungen zum Ausgangsfall.

Rechtsprechungshinweise

BFH v. 10.6.2015 - I R 79/13, BStBl 2016 II 326 unter II. 6. Buchst. a) der Entscheidungsgründe; BFH v. 16.1.2014 - I R 30/12, BStBl 2014 II 721; BFH v. 23.1.1985 - I R 292/81, BStBl 1985 II 417

Hinweis

Durch das sog. Mehrseitige Übereinkommen zur Umsetzung steuerabkommensbezogener Maßnahmen zur Verhinderung der Gewinnverkürzung und Gewinnverlagerung - Multilaterale Instrument (MLI) - vom 24.11.2016 wurden die Ergebnisse von BEPS übernommen. Umgesetzt wurde diese Vereinbarung in Deutschland durch das sog. MLI-Gesetz (BGBl 2020 II 946). Art. 13 MLI befasst sich mit der künstlichen Umgehung des Betriebsstättenstatus durch Ausnahme von bestimmten Tätigkeiten. Hierzu hat die Bundesrepublik Deutschland erklärt, das sie Art. 13 Abs. 4 MLI, in dem es um die Aufspaltung der Tätigkeiten eng verbundener Personen geht, ablehnt. Im Übrigen hat sie sich für die sog. Option A entschieden; diese verlangt eine Einzelbetrachtung der jeweiligen Tätigkeit, ob es sich um eine Hilfstätigkeit handelt oder um eine Tätigkeit, die eine Betriebsstätte begründet.

FALL 67

Server als Betriebsstätte (§ 12 AO, Art. 5 Abs. 1, 4 OECD-MA)

Sachverhalt

Eine deutsche Aktiengesellschaft (AG), Frankfurt/Main/Deutschland, möchte ein Internetportal erstellen. Ziel dieses Portals ist es, dass die Disponenten von inländischen Sendeanstalten (ARD, ZDF, NDR, Private Sender etc.) in- und ausländische Kameraleute (welche freiberuflich tätig sind) buchen können. Das Portal listet diese Kameraleute mit ihrem „Steckbrief" bzw. ihrer Vita dort, und die Disponenten der Sendeanstalten tätigen dann auf dem Portal den Buchungs-Zugriff. Der Server der AG soll in Antigua und Barbuda (Nicht-DBA-Staat) stehen, während die AG ihr Büro in Frankfurt unterhält, in der alle geschäftlichen Aktivitäten abgewickelt werden.

Frage

Hat die AG in Antigua und Barbuda eine Betriebsstätte?

LÖSUNG

Die AG hat dann eine Betriebsstätte in Antigua und Barbuda, wenn der Server den Betriebsstättenbegriff des § 12 AO erfüllt.

Nach zurzeit (noch) herrschender Rechtsprechung des BFH stellt ein Server keine Betriebsstätte dar. Der BFH, dem die Entscheidung des FG Schleswig-Holstein vom 6.9.2001 - II 1224/97, EFG 2001, 1535, als Revisionsinstanz vorlag, ging in seinem Urteil vom 5.6.2002 - I R 86/01, BStBl II 2002, 683, nicht auf die Betriebsstättenproblematik ein. Der Aktivitätsvorbehalt des Art. 24 Abs. 1 Nr. 1 Buchstabe a) des DBA-CH lasse – im Streitfalle – lediglich die Anrechnung gezahlter Steuern, nicht aber die Freistellung zu. Die Beantwortung der Frage, ob ein Internetserver eine Betriebsstätte begründen kann, wurde mit dieser Begründung umgangen.

Von der Finanzverwaltung existieren zu diesem Problem keine dezidierten Äußerungen.

Die Technical Advisory Group (TAG) als Arbeitseinheit der OECD hat sich bereits ausführlich mit der Problematik der Besteuerung der Erträge aus E-Commerce sowie der Problematik „Internetserver als Betriebsstätte" beschäftigt. Im OECD-MK zu Art. 5 OECD-MA – Tz. 122 ff. – finden sich Überlegungen, die aber in Deutschland bis heute (noch) nicht in vollem Umfange anerkannt sind. Danach liegt eine Betriebsstätte unter folgenden Voraussetzungen vor:

- feste Geschäftseinrichtung;
- in der Verfügungsmacht des Steuerpflichtigen;
- Ausübung der Unternehmenstätigkeit;
- keine Vorbereitungs- oder Hilfstätigkeit.

Für einen Internetserver bedeutet dies, dass er grundsätzlich eine Betriebsstätte darstellen kann (nach Literaturmeinung). Personal muss auch nach OECD-Auffassung nicht vorgehalten werden (vgl. auch das sog. Pipeline-Urteil des BFH v. 30.10.1996 - II R 12/92, BStBl 1997 II 12). Allerdings kann durch das sog. einfache Webhosting (Überlassung von Speicher und Leitungskapazität im Rahmen eines Providervertrags ohne Bestimmung eines konkreten Servers) keine Betriebsstätte begründet werden.

Wird jedoch ein eigener Server oder ein angemieteter, bestimmter Server zur ausschließlichen Verwendung für ein Unternehmen installiert, sind die Voraussetzungen einer festen Geschäftseinrichtung in der Verfügungsmacht des Steuerpflichtigen grundsätzlich erfüllt. Die erforderliche Unternehmenstätigkeit kann ohne Personal, also z. B. mittels spezieller E-Commerce Software, automatisiert ausgeübt werden.

Größter Streitpunkt ist die Frage, ob der Internetserver eine Vorbereitungs- oder Hilfstätigkeit i. S. des Art. 5 Abs. 4 OECD-MA erbringt. Unstreitig ist derzeit nur, dass bei ausschließlicher Nutzung des Servers zum Herstellen einer Kommunikationsverbindung, zur Werbung für Waren und Dienstleistungen, zur Erhebung von Kundendaten und zur Erteilung von Informationen keine Unternehmenstätigkeit, sondern lediglich Vorbereitungshandlungen ausgeführt werden. Es wird also im Einzelfall darauf ankommen, ob ein automatisiert betriebener Internetserver ohne vorgehaltenes Personal mehr als nur reine Vorbereitungs- oder Hilfstätigkeiten ausführen kann. Dabei ist die eingesetzte E-Commerce-Software dahin gehend zu untersuchen, ob sie automatisiert die Bestellung, Lieferung und Bezahlung von digitalen Produkten ermöglicht. Weiter wird in der Literatur teilweise die Ansicht vertreten, dass dann, wenn vom Server mit Download Software oder dergl. gegen Bezahlung heruntergeladen wird, die Grenze zwischen Hilfstätigkeit und echter Betriebsstätte i. S. des Art. 5 Abs. 1 OECD-MA zweifelsfrei überschritten ist (vgl. Tz 128 OECD-MK zu Art. 5 OECD-MA).

In einer weiteren Stufe stellt sich die Frage, welche Einkünfte konkret einer solchen Betriebsstätte zuzuordnen sind. Auch hier existieren in der Literatur verschiedene Ansätze; die deutsche Finanzverwaltung anerkennt (wenn überhaupt) lediglich cost-plus auf Hardware-Kosten.

Ergebnis

Bei der gewählten Konstruktion ist davon auszugehen, dass keine Betriebsstätte im Ausland gegeben ist.

Rechtsprechungshinweise

Vgl. die Hinweise im Lösungstext

FALL 68

Vertreterbetriebsstätte (Art. 5 Abs. 5 und 6 OECD-MA)

Sachverhalt

Die P-S.A. (= AG) ist eine in der Baubranche tätige Kapitalgesellschaft mit Sitz und Geschäftsleitung im Portugal. Sie führte in 01 und 02 ganzjährig im Inland ohne Unterbrechung für wechselnde Auftraggeber quer über Deutschland verteilt Bauausführungen durch, die jeweils ein bis drei Monate dauerten. Als Betriebsleiter wurden auf den Baustellen wechselnde Personen eingesetzt, die auch die Aufmaße für die Gewerke erstellten; zur Auftragserteilung waren sie nicht befugt. Für die Unterbringung der von der P-S.A. eingesetzten Arbeitnehmer sorgten die jeweiligen Auftraggeber. Der Geschäftsführer der P-S.A. reiste in 02 insgesamt vierzehn Mal für jeweils zwei bis fünf Tage nach Deutschland ein und hielt sich hier insgesamt 43 Tage auf. Seine Inlandsaufenthalte dienten dem Abschluss von Verträgen mit Auftraggebern, der Anwerbung neuer und der Kontaktierung bestehender Bau-Vertragspartner sowie der Kontrolle der Baustellen.

Frage

Können die Gewinne der P-S.A. in 02 in Deutschland besteuert werden?

LÖSUNG

Da die P-S.A. weder Sitz noch Geschäftsleitung im Inland hat, kann sie – wenn überhaupt – nur beschränkt körperschaftsteuerliche Einkünfte nach § 2 Nr. 1 KStG, § 8 Abs. 1 KStG, § 49 EStG erzielen. Zunächst ist die beschränkte Steuerpflicht der P-S.A. in Deutschland zu prüfen. Es ist davon auszugehen, dass die P-S.A. nach dem Rechtstypenvergleich eine Kapitalgesellschaft ist.

Die P-S.A. hat inländische gewerbliche Einkünfte i. S. von §§ 49 Abs. 1 Nr. 2 Buchst. a) EStG erzielt, wenn sie im Inland eine Betriebsstätte unterhalten hat. Dies bestimmt sich allein nach Maßgabe des § 12 AO, nicht des Art. 5 OECD-MA/Art. 5 DBA-P. Hier kommt § 12 Satz 2 Nr. 8 Buchst. c) AO in Betracht. Die P-S.A. hat in 02 mehrere ohne Unterbrechung aufeinanderfolgende Bauausführungen von insgesamt mehr als sechs Monaten Dauer vorgenommen, da die einzelnen Bauausführungen zusammengerechnet werden. Damit hat die P-S.A. in Deutschland eine Betriebsstätte nach § 12 AO.

Sodann ist zu prüfen, ob Deutschland das Besteuerungsrecht auch nach dem jeweils einschlägigen DBA zusteht:

Nach Art. 7 Abs. 1 Satz 1 OECD-MA (= Art. 7 Abs. 1 DBA-P) können Gewinne eines Unternehmens eines Vertragsstaats nur im Ansässigkeitsstaat besteuert werden, wenn das Unternehmen seine Tätigkeit im anderen Vertragsstaat nicht durch eine dort gelegene Betriebsstätte ausübt. Diese Regelung ist einschlägig, da die P-S.A. laut Sachverhalt kraft ihrer Ansässigkeit in Portugal abkommensrechtlich ein portugiesisches Unternehmen ist (Art. 4 Abs. 1 Satz 1 OECD-MA = Art. 4 Abs. 1 Satz 1 DBA-P) und Unternehmensgewinne erzielt hat. Im Hinblick auf die Gewinne aus der in Deutschland ausgeübten Bautätigkeit bestünde ein deutsches Besteuerungsrecht deshalb nur dann, wenn die P-S.A. in Deutschland abkommensrechtlich eine Betriebsstätte besessen hätte.

Der in Art. 7 Abs. 1 Satz 1 OECD-MA verwendete Begriff „Betriebsstätte" ist in Art. 5 OECD-MA definiert. Danach ist „Betriebsstätte" zum einen jede feste Geschäftseinrichtung, durch die die Tätigkeit eines Unternehmens ganz oder teilweise ausgeübt wird (Art. 5 Abs. 1 OECD-MA/Art. 5 Abs. 1 DBA-P). Eine solche Geschäftseinrichtung hat die P-S.A. im Inland nicht besessen. Die im Inland unterhaltenen Bauausführungen wären nur dann als Betriebsstätten anzusehen, wenn ihre Dauer zwölf Monate überschritten hätte (Art. 5 Abs. 3 OECD-MA – anders Art. 5 Abs. 3 DBA-P: „wenn ihre Dauer sechs Monate überschreitet."). Im Zusammenhang mit dem abkommensrechtlichen Betriebsstättenbegriff sind mehrere Bauausführungen in zeitlicher Hinsicht nicht zusammenzurechnen. Arbeiten an verschiedenen Baustellen sind nur dann als einheitliche Bauausführung zu werten, wenn zwischen ihnen ein geografischer und wirtschaftlicher Zusammenhang besteht. Dies ist hier nicht der Fall.

Soweit eine Betriebsstätte nach Art. 5 Abs. 1 bis 3 OECD-MA nicht bejaht werden kann, ist Art. 5 Abs. 5 OECD-MA (= Art. 5 Abs. 5 DBA-P) zu prüfen. Danach wird das Bestehen einer Betriebsstätte fingiert, wenn für das Unternehmen in dem betreffenden Staat eine Person tätig wird, die dort eine Vollmacht zum Abschluss von Verträgen im Namen des Unternehmens besitzt und diese Vollmacht gewöhnlich ausübt (sog. Vertreterbetriebsstätte).

Hier ist fraglich, ob der Geschäftsführer in Deutschland die Vollmacht, für die P-S.A. Geschäfte abzuschließen, gewöhnlich ausübt. Der BFH versteht diese Voraussetzung in dem Sinne, dass die Präsenz der Person in dem betreffenden Vertragsstaat „mehr als nur vorübergehend sein sollte“, und dass bei der Beurteilung dieses Merkmals u. a. diejenigen Kriterien zu berücksichtigen sind, die abkommensrechtlich zum Bestehen einer Betriebsstätte in dem betreffenden Vertragsstaat führen.

Der BFH greift diesbezüglich auf die Tatbestandsmerkmale des § 12 AO zurück. Er hat in diesem Zusammenhang eine Tätigkeit von einmalig vier Wochen als „kurzfristig“ angesehen. Im vorliegenden Urteils-Sachverhalt hat sich der Geschäftsführer nicht länger als 60 Tage im Jahr – laut Aufgabenstellung 43 Tage – im Inland aufgehalten. Eine jedenfalls so begrenzte Anwesenheitsdauer begründet keine verfestigte Beziehung eines Unternehmens zu einem bestimmten Ort oder Gebiet, auf die ein Besteuerungszugriff gestützt werden könnte. Das gilt lt. BFH nicht nur im Hinblick auf die Voraussetzungen für das Bestehen einer real bestehenden Betriebsstätte, sondern gleichermaßen im Anwendungsbereich des Art. 5 Abs. 5 OECD-MA für eine fingierte Betriebsstätte – vgl. BFH v. 18.12.2024 - I R 39/21, BFH/NV 2025, 937.

Eine übergreifende Betrachtung des Gesamtzeitraums der Betätigung in einem Vertragsstaat ist im Rahmen des Art. 5 Abs. 5 OECD-MA nicht zulässig, so dass mehrere zeitliche begrenzte Inlandsaufenthalte des Vertreters nicht addiert werden dürfen. Die gesteigerte Intensität der Beziehung eines Unternehmens zu einem Vertragsstaat, an welche die Vorschrift anknüpft, muss vielmehr an dem tatsächlichen zeitlichen Umfang der dort genannten Tätigkeit gemessen werden.

Abschließend höchstrichterlich ist in der Rechtsprechung geklärt, ob ein Geschäftsführer als Organ überhaupt gleichzeitig ein Vertreter i. S. des Art. 5 Abs. 5 OECD-MA sein kann. Der BFH hat in seinem Urteil vom 23.10.2018 - I R 54/16, BStBl 2019 II 365, entschieden, dass Organe von juristischen Personen ständige Vertreter i. S. des § 13 AO sein können. Damit erzielt die portugiesische Gesellschaft inländische Einkünfte i. S. des § 49 Abs. 1 Nr. 2 Buchst. a) 2. Alt. EStG. Somit wird das Problem der Betriebsstätte nach innerdeutschem Recht umgangen. Nach Art. 5 Abs. 5 und 6 OECD-MA 2017 wird man auch zu einer fingierten Vertreter-Betriebsstätte kommen.

Ergebnis

Für die P-S.A. wird im Inland ein ständiger Vertreter gemäß § 13 AO unterhalten.

Rechtsprechungshinweise

Vgl. die im Text zitierten Urteile

Verwaltungsanweisungen

BMF v. 24.12.1999, BStBl 1999 I 1076, Tz. 1.1.2, 4.3.5

FALL 69

Vertreterbetriebsstätte (Art. 5 Abs. 5 und 6 OECD-MA)

Sachverhalt

Andreas Berg (AB) ist Angestellter des Chemie-Unternehmens Chemotrans AG (AG) mit Sitz in Frankfurt am Main/Deutschland und wohnt mit seiner Frau und den Kindern in Freiburg im Breisgau/Deutschland. Jeden Montagmorgen fährt er von Freiburg aus in die Schweiz und besucht die Schweizer Kunden der AG, berät sie und holt Aufträge herein, die aber noch der Genehmigung der Vertriebsabteilung der AG in Frankfurt bedürfen; solange sind die Verträge für die AG nicht bindend. Er übernachtete jeweils in unterschiedlichen Hotels in der Schweiz und kehrt am Donnerstagabend wieder nach Freiburg zurück, um am Freitag im Homeoffice die vergangene Woche aufzuarbeiten.

Frage

Verfügt die AG über eine Betriebsstätte in der Schweiz nach dem aktuellen DBA-CH?

Abwandlung

Ergibt sich ein anderes Ergebnis, wenn man auf die Lösung Art. 5 Abs. 5 und 6 OECD-MA in der Fassung des Update 2017 anwendet?

LÖSUNG

Da die AG keine Betriebsstätte im Sinne des Art. 5 Abs. 1 bis 3 OECD-MA in der Schweiz unterhält, ist Art. 5 Abs. 5 OECD-MA 2014 – Vertreterbetriebsstätte – zu prüfen.

Nach Art. 5 Abs. 5 OECD-MA 2014 (= Art. 5 Abs. 4 DBA-CH) wird das Vorliegen einer sog. Vertreterbetriebsstätte fingiert, wenn folgende Voraussetzungen erfüllt sind:

- Eine Person ist für ein Unternehmen tätig;
- Die Person besitzt die Vollmacht, im Namen des Unternehmens Verträge abzuschließen;
- Die Person übt die Vollmacht dort gewöhnlich aus;
- Die Tätigkeit ist nicht auf Hilfstätigkeiten i. S. des Art. 5 Abs. 4 OECD-MA 2014 (= Art. 5 Abs. 3 DBA-CH) beschränkt;
- Bei der Person handelt es sich nicht um einen unabhängigen Vertreter i. S. des Art. 5 Abs. 5 OECD-MA 2014 – Art. 5 Abs. 5 DBA-CH.

Von den vorgenannten Voraussetzungen ist nicht erfüllt „Vollmacht zum Abschluss eines Vertrages“.

Die Vertretertätigkeit führt nur dann zur Annahme einer fiktiven Betriebsstätte, wenn sie nachhaltig ausgeübt wird und somit eine gewisse Stetigkeit aufweist. Dies wird durch das Erfordernis der gewöhnlichen Ausübung der Abschlussvollmacht deutlich. Nur wenn der Vertreter die ihm erteilte Abschlussvollmacht im anderen Staat wiederholt ausübt, begründet er dort eine fingierte Betriebsstätte für das Unternehmen. Die erforderliche Abschlussvollmacht muss darauf gerichtet sein, das Unternehmen zu binden und daher Verträge über Tätigkeiten betreffen, die die eigentliche Unternehmenstätigkeit darstellen (Bsp.: Verkauf von Gütern und Waren oder Dienstleistungen); der Abschluss z. B. von Arbeitsverträgen und anderen, lediglich den internen Geschäftsbetrieb betreffenden Verträgen (Bsp.: Mietvertrag), reicht nicht zur Annahme einer Abschlussvollmacht aus.

Die Vollmacht muss im Namen des Unternehmens ausgeübt werden, um als Abschlussvollmacht i. S. der Vorschrift qualifiziert werden zu können. Durch die Ausübung der Vollmacht im Namen des Unternehmens muss dieses direkt gegenüber dem Vertragspartner gebunden werden. Es muss sich demnach um eine unmittelbare Vollmacht handeln. Auch eine sog. Vermittlungsvollmacht, die nur dazu berechtigt, im Namen und für Rechnung des vertretenen Unternehmens Geschäfte zu vermitteln, während der Vertragsabschluss durch das Unternehmen selbst getätigt wird, reicht nicht aus.

Da aber im vorliegenden Sachverhalt dies nicht der Fall ist, wird keine fiktive Vertreterbetriebsstätte in der Schweiz begründet. In der Literatur werden teilweise verschiedene Lösungsansätze diskutiert, um im vorliegenden Fall doch noch zu einer Vertreterbetriebsstätte zu gelangen; ein rechtskräftiges Urteil eines FG oder des BFH existieren nicht.

Ergebnis

Die AG unterhält in der Schweiz keine Betriebsstätte.

Rechtsprechungshinweise

BFH v. 3.8.2005 - I R 87/04, BStBl 2006 II 220; BFH v. 14.9.1994 - I R 116/93, BStBl 1995 II 238

Verwaltungsanweisungen

BMF v. 24.12.1999, BStBl 1999 I 1076, Tz. 1.1.2

Abwandlung

Das Ergebnis zu dem vorstehenden Fall wurde bereits seit längerem als unbefriedigend empfunden. Die OECD hatte am 16.9.2014 die ersten Arbeitspapiere zu BEPS Action 7 – Die Vermeidung der künstlichen Umgehung zur Begründung einer Betriebsstätte (Prevent the Artificial Avoidance of PE Status) – veröffentlicht. Nach verschiedenen Diskussionen wurde am 5.10.2015 die Schlussfassung veröffentlicht (Final Report BEPS Action 7 – Preventing the artificial avoidance of permanent establishment status). Aufgegriffen wurden die Ergebnisse dann in der Neufassung des Art. 5 Abs. 5 und 6 OECD-MA vom November 2017.

Ziel ist es, künftig die künstliche Umgehung der Begründung einer Betriebsstätte zu vermeiden. Vor diesem Hintergrund hat die OECD eine Reihe von (missbräuchlichen) Steuerplanungsstrategien identifiziert und Änderungsvorschläge erarbeitet. Hinsichtlich abhängiger Vertreter i. S. des Art. 5 Abs. 5 OECD-MA soll Folgendes gelten:

Laut OECD werden derartige Strukturen von Unternehmen vermehrt dazu benutzt, um eine Besteuerung von Gewinnen, die aus Verkaufstransaktionen erzielt werden, in jenem Staat zu vermeiden, in dem die Verkäufe tatsächlich getätigt werden. So wird etwa ein Kommissionär, der den Verkauf abwickelt, typischerweise lediglich auf Basis seiner Provision im betreffenden Staat besteuert. Das Unternehmen hinter dem Kommissionär (der Auftraggeber) wird mit den Gewinnen aus dem Verkauf (zumindest nach OECD-Verständnis) mangels Betriebsstätte nicht in diesem Staat besteuert. Dem soll durch eine Anpassung der Definition der Vertreterbetriebsstätte in Art. 5 Abs. 5 entgegengewirkt werden. Dies hat zu der Neufassung der Regelungen im OECD-MA durch das Update 2017 in Art. 5 Abs. 5 und 6 OECD-MA geführt. Legt man diese neuen Regelungen dem Sachverhalt zugrunde, dann wird man zu einer Vertreterbetriebsstätte kommen.

Die vorstehenden Überlegungen haben Eingang in einige DBA gefunden. Hierzu zählt etwa das DBA-Australien vom 12.11.2015. So ist in dem Art. 5 Abs. 8 ff. DBA-Australien die Vertreterbetriebsstätte völlig neu definiert.

Ergebnis

Die AG unterhält in der Schweiz eine Betriebsstätte.

Hinweis

Durch das sog. Mehrseitiges Übereinkommen zur Umsetzung steuerabkommensbezogener Maßnahmen zur Verhinderung der Gewinnverkürzung und Gewinnverlagerung - Multilaterale Instrument (MLI) - vom 24.11.2016 wurden die Ergebnisse von BEPS übernommen. Umgesetzt wurde diese Vereinbarung in Deutschland durch das sog. MLI-Gesetz (BGBl 2020 II 946). Art. 12 MLI, der weitgehend dem Art. 5 Abs. 5 und 6 OECD-MA in der Fassung des Update 2017 entspricht, befasst sich mit der künstlichen Umgehung des Betriebsstättenstatus durch Kommissionärs-Modelle und ähnliche Strategien. Hierzu hat Deutschland erklärt, dass sie sich in Übereinstimmung mit Art. 12 Abs, 4 MLI vorbehält, dass der gesamte Art. 12 nicht für ihre unter das Übereinkommen fallenden Steuerabkommen gilt. Dies bedeutet eine de facto Nichtanwendung des MLI in diesem Bereich. Hintergrund der Entscheidung ist die Befürchtung der deutschen Finanzverwaltung, dass die Anwendung des MLI bzw. des Art. 5 Abs. 5 und 6 OECD-MA in der Fassung des Update 2017 zu einer übermäßigen Vielzahl von (fingierten) Betriebsstätten führt. Siehe ferner Gesetz zur Anwendung des Mehrseitigen Übereinkommens vom 24.11.2016 zur Umsetzung steuerabkommensbezogener Maßnahmen zur Verhinderung der Gewinnverkürzung und Gewinnverlagerung (BEPS-MLI-Anwendungsgesetz - BEPSMLIAnwG) v. 19.6.2024, BGBl 2024 I Nr. 205.

FALL 70

Einkünfte aus Vermietung und Verpachtung / unbeweglichem Vermögen (§ 34d Nr. 7 EStG, Art. 6 OECD-MA)

Sachverhalt

Bernhard Baumann (BB), ledig, wohnhaft in München, tätig als IT-Entwickler, hat folgende Immobilienobjekte:

a) Ferienappartement in Rimini/Italien, dauernd vermietet an wechselnde Feriengäste über eine örtliche Agentur;

b) Weinberg in Ribeauvillé/Frankreich, verpachtet an einen französischen Winzer;

c) Stadtwohnung in Madrid/Spanien, fremdvermietet;

d) Ferienhaus in Davos/Schweiz, dauern fremdvermietet an wechselnde Feriengäste über eine örtliche Agentur;

e) Ferienwohnung in Marrakesch/Marokko, dauernd fremdvermietet über eine örtliche Agentur;

f) Ferienstudio in Nassau/Bahamas, dauern fremdvermietet über eine örtliche Agentur;

g) Ferienhaus in Santo Domingo/ Dominikanischen Republik; dauern vermietet an das in Frankfurt/Deutschland ansässigen Reiseunternehmen „Urlaubsweltweit AG".

Aus allen Immobilien erzielt BB positive Einkünfte.

Frage

Wie erfolgt die Besteuerung der Einkünfte aus den diversen Immobilien im Rahmen der deutschen Einkommensteuerveranlagung?

Hinweis

Mit den vorgenannten Staaten – ausgenommen Bahamas und Dominikanischer Republik – bestehen allgemeine DBA. Zu unterstellen ist, dass keine gewerbliche Vermietungstätigkeit vorliegt.

LÖSUNG

An diesem Fall lassen sich die verschiedenen Besteuerungsmöglichkeiten von ausländischen Einkünften aus Vermietung und Verpachtung aufzeigen.

Ausgangspunkt ist, dass BB aufgrund seines Wohnsitzes unbeschränkt steuerpflichtig ist und demnach sein Welteinkommen der Besteuerung zu unterwerfen hat, und dass die Einkünfte aus den verschiedenen Objekten Einkünfte nach § 21 Abs. 1 Nr. 1, § 34d Nr. 7 EStG darstellen; § 21 Abs. 3 EStG ist nicht einschlägig; dies gilt auch für § 15 EStG.

a) Ferienappartement Rimini/Italien

Grundsätzlich lassen sich alle Einkünfte aus Vermietung und Verpachtung aus EU- und EWR-Staaten nach demselben Schema beurteilen: Es handelt sich nach der Definition des § 2a Abs. 2a EStG nicht um Drittstaaten, und mit allen EU- und EWR-Staaten bestehen allgemeine DBA auf dem Gebiet der Steuern vom Einkommen. Nach der Grundregel des Art. 6 Abs. 1 OECD-MA erfolgt die Besteuerung der Einkünfte aus unbeweglichem Vermögen im Belegenheitsstaat unter Freistellung (mit Progressionsvorbehalt) im Ansässigkeitsstaat (Deutschland). Aber bei den Einkünften aus den EU- und EWR-Staaten ist beim Progressionsvorbehalt des § 32b Abs. 1 Satz 1 Nr. 3 EStG immer die Ausnahmeregelung des § 32b Abs. 1 Satz 2 Nr. 3 EStG zu beachten. Danach gilt der Progressionsvorbehalt nicht bei Immobilien, die in der EU- und/oder EWR-Staaten belegen sind. Hintergrund dieser Regelung ist der auf Deutschlands ausgeübter Druck, auch Verluste in diesem Bereich steuerlich anzuerkennen. Dem konnte nur dadurch entgangen werden, dass auch positive Einkünfte ohne Progressionsvorbehalt freigestellt werden (vgl. BT-Drs. 16/10189, Seite 53, zum JStG 2009).

Da nach Art. 6 Abs. 1 i. V. m. Art. 24 Abs. 3 Buchst. a) DBA-IT die Einkünfte in Deutschland unter Anwendung des Progressionsvorbehalts freigestellt werden, kommt es aufgrund der dargestellten Regelung des § 32b Abs. 1 Satz 2 Nr. 3 EStG zu einer völligen Freistellung der italienischen Einkünfte aus unbeweglichen Vermögen in Deutschland.

b) Weinberg in Frankreich

Hier gilt die Lösung zu a) vollumfänglich, da nach Art. 3 Abs. 1 i. V. m. Art. 20 Abs. 1 Buchst. a) DBA-F dieselben Regelungen gelten. Einziger Unterschied zu dem Fall a) ist, dass in der Praxis immer zu beachten ist, dass Einkünfte aus Land- und Forstwirtschaft auch zu den Einkünften aus unbeweglichem Vermögen zählen, selbst wenn man den Zusammenhang mit Grund und Boden im Einzelfall nur schwer erkennen kann (Bsp.: Bienenzucht: BFH v. 15.4.1966 - III 110/63, BFHE 85, 395).

c) Wohnung in Spanien

Unstreitig zählt Spanien zu den EU-Staaten, so dass man von den Grundsätzen gemäß Fall a) ausgehen könnte. Allerdings gibt das DBA-ES eine andere Lösung vor: Zwar sieht auch Art. 6

Abs. 1 DBA-ES eine Besteuerung im Belegenheitsstaat vor. Aber die Norm über die Vermeidung der Doppelbesteuerung (Methodenartikel) – Art. 22 DBA-ES – sieht statt Freistellung mit Progressionsvorbehalt eine Anrechnung der ausländischen Steuer vor: Nach Art. 22 Abs. 2 Buchst. b) Doppelbuchst. vii) DBA-ES wird die spanische Steuer auf die deutsche Steuer, die auf die spanischen Einkünfte entfällt, angerechnet – § 34c Abs. 1, Abs. 6 EStG, soweit dieses Vermögen nicht tatsächlich zu einer Betriebsstätte in Spanien gehört. Da demnach nicht die Freistellung nach § 32b Abs. 1 Satz 1 Nr. 3 EStG erfolgt, sind spanische Einkünfte aus Vermietung und Verpachtung gegenüber den Einkünften aus anderen sonnigen EU-Staaten – Bsp.: Italien oder Portugal – steuerlich benachteiligt, was bei der Beratung beachtet werden muss.

d) Ferienhaus in der Schweiz

Die Schweiz ist unstreitig kein Mitglied der EU oder des EWR. Deswegen müssen die Einkünfte aus in der Schweiz belegenem Grundvermögen besonders geprüft werden. Nach Art. 6 Abs. 1 DBA-CH verbleibt es bei dem Grundsatz aus Art. 6 Abs. 1 OECD-MA der Besteuerung im Belegenheitsstaat. Bei dem Methodenartikel ist Folgendes vorgesehen: Nach Art. 24 Abs. 1 Nr. 2 DBA-CH wird die schweizerische Steuer auf die deutsche Einkommensteuer angerechnet – § 34c Abs. 1, Abs. 6 EStG. Damit ist eine schweizerische Immobile aus deutscher Sicht u. U. steuerlich nachteiliger als eine in Österreich (Freistellung ohne Progressionsvorbehalt als EU-Staat) oder Liechtenstein (Freistellung ohne Progressionsvorbehalt als EWR-Staat).

e) Ferienimmobile in Marokko

Marokko ist unstreitig i. S. des § 2a Abs. 2a EStG ein Drittstaat. Deswegen gilt für Einkünfte aus Marokko die Regelung des § 32b Abs. 1 Satz 1 Nr. 3 EStG ohne Satz 2 Nr. 3: Besteuerung im Belegenheitsstaat (Art. 6 Abs. 1 DBA-MAR); nach Art. 24 Abs. 1 Nr. 1 DBA-MAR Freistellung der Einkünfte von der deutschen Besteuerung, aber Anwendung des Progressionsvorbehalts. Diese Regelung ist die grundsätzliche Lösung für Immobilieneinkünften aus Drittstaaten; bei Verlusten aus Drittstaaten ist § 2a EStG zu beachten.

f) Ferienstudio auf den Bahamas

Mit dem Inselstaat Bahamas besteht kein allgemeines DBA auf dem Gebiet der Einkommensteuer. Demnach handelt es sich bei den Einkünften um ausländische Einkünfte i. S. des § 34d Nr. 7 EStG. Die Einkünfte sind uneingeschränkt der deutschen Besteuerung zu unterwerfen; eine etwaige ausländische Steuer wird nach § 34c Abs. 1 EStG angerechnet, ggf. Abzug nach § 34c Abs. 2 oder 3 EStG. Bei Verlusten ist § 2a EStG zu beachten.

g) Ferienhaus in der Dominikanischen Republik

Mit der Dominikanischen Republik besteht kein allgemeines Abkommen auf dem Gebiet der Einkommensteuer. Obwohl Mieter und Vermieter unbeschränkt steuerpflichtige Inländer sind, handelt es sich in dieser Variante nicht um inländische, sondern um ausländische Einkünfte, wie sich aus dem Gesetzestext des § 34d Nr. 7 EStG ergibt. Demnach erfolgt wie im Fall f) die Besteuerung der Einkünfte in Deutschland und ggf. eine Anrechnung der ausländischen Steuer nach § 34c Abs. 1 EStG, sofern BB in der Dominikanischen Republik steuerpflichtig ist. Wird dagegen die Mieterin zu einer Ertragsbesteuerung in der Dominikanischen Republik aufgrund der Vermietung an die wechselnden Gäste herangezogen, kann BB mangels Subjektidentität diese Steuer nicht anrechnen.

FALL 71

Einkünfte aus unbeweglichem Vermögen (Art. 6 OECD-MA)

Sachverhalt

Der in Aachen/Deutschland wohnhafte Karl Becker (KB) betreibt dort eine Bäckerei. In früheren Expansionsjahren kaufte er für seinen Betrieb ein in Lüttich/Belgien belegenes Grundstück und errichtete dort eine Backwarentiefkühllagerhalle für eigene Zwecke. Seit vor einigen Jahren die Konjunktur abgeflaut ist, vermietet KB die weiterhin im Betriebsvermögen bilanzierte Lagerhalle an einen belgischen Konkurrenten und erzielt jährliche Mieteinnahmen von 80 000 €.

Abwandlung

KB wandert in den Nicht-DBA-Staat Chile aus und betreibt dort eine Bäckerei. Seinen Betrieb in Deutschland gibt er auf. Er behält aber eine in Aachen belegene und vermietete Tiefkühllagerhalle (samt Grundstück), die er in Chile zu seinem gewillkürten Betriebsvermögen erklärt.

Frage

Unterliegen die Mieteinnahmen der Besteuerung in Deutschland?

LÖSUNG

KB ist in Deutschland unbeschränkt, d. h. mit seinen weltweiten Einkünften einkommensteuerpflichtig (§ 1 Abs. 1 EStG).

Vgl. allgemein zur Abgrenzung der privaten Vermögensverwaltung mit Vermietungseinkünften zu den Einkünften aus Gewerbebetrieb: BFH v. 14.7.2016 - IV R 34/13, BFH/NV 2017, 111, Abs. 34 ff.

Hinsichtlich des Grundstücks mit Lagerhalle ist Belgien Belegenheitsstaat. Die tatbestandlichen Voraussetzungen des Art. 6 Abs. 1 DBA-B sind erfüllt. Fraglich ist, ob die Mieteinnahmen als Unternehmensgewinn gemäß Art. 7 Abs. 1 DBA-B oder als Einkünfte aus unbeweglichem Vermögen gemäß Art. 6 DBA-B zu qualifizieren sind.

Solange KB die Lagerhalle für eigene Unternehmenszwecke unterhielt, handelte es sich bei der Lagerhalle aus der Sicht des nationalen Rechts um eine Betriebsstätte i. S. d. § 12 Satz 2 Nr. 5 AO. Aber diese Betriebsstätte nach AO löst im DBA-Betriebsstättenstaat keine Folgen i. S. d. Art. 7 Abs. 1 DBA-B aus, da die Lagerhalle unter die Betriebsstättenausnahmen gemäß Art. 5 Abs. 3 Nr. 1 DBA-B fällt.

Ab dem Zeitpunkt, ab dem die Lagerhalle an einen fremden Dritten vermietet wird, fällt sie nicht mehr unter die Betriebsstättenausnahme, da – vgl. den Abkommenstext des Art. 5 Abs. 3 Nr. 1 DBA-B – hierunter nur diejenigen Einrichtungen fallen, die ausschließlich zur Lagerung, Ausstellung oder Auslieferung von Gütern oder Waren „des Unternehmens" benutzt werden, d. h. des Unternehmens, zu dessen Betriebsvermögen die Lagerhalle gehört (ausführlich hierzu; BFH v. 23.7.2003 - I R 62/02, BFH/NV 2004, 317).

Verpachtet der Unternehmer Einrichtungen oder Anlagen, unterhält er mit dem verpachteten Betriebsvermögen i. d. R. keine eigene Betriebsstätte (BFH v. 18.9.2019 - III R 3/19, BFH/NV 2020, 708; BFH v. 13.6.2006- I R 84/05, BStBl 2007 II 94). Dies gilt auch dann, wenn die überlassenen Wirtschaftsgüter zum Betriebsvermögen des Verpächters gehören und die Nutzungsüberlassung ein betrieblicher Vorgang ist (BFH v. 30.6.2005 - III R 76/03, BStBl 2006 II 84).

Bei Verpachtung besteht im Allgemeinen nur eine Betriebsstätte des Pächters, der seinen Gewerbebetrieb in der gepachteten Anlage ausübt (BFH v. 11.2.1999 - III B 91/98, BFH/NV 1999, 1122).

Die mit der Vermietung oder Verpachtung verbundenen Verwaltungsarbeiten reichen für die Annahme einer Betriebsstätte am Ort des Pachtobjekts nicht aus, denn Verwaltungsarbeiten sind der Betriebsstätte des Verwaltungssitzes zuzuordnen, selbst wenn sich der Verpächter das Recht zum Betreten der Pachträume und zur Prüfung von Geschäftsvorfällen oder sogar eine Kontrolle des gesamten Betriebsablaufs vorbehalten hat.

Vgl. in diesem Sinne auch Ziffer 11 OECD-MK zu Art. 5; BMF v. 24.12.1999, BStBl 1999 I 1076, Tz. 1.2.1.1: Die Lagerhalle dient in der Regel nur der Ausübung der Tätigkeit des Unternehmens des Mieters/Pächters, nicht aber des Verpächters. Es sei denn, der Verpächter/Vermieter hätte ein gewerbliches Verpachtungsunternehmen begründet.

Da somit keine Betriebsstätte in Belgien besteht, ergibt sich keine Kollision mit Art. 7 DBA-B, d. h. die Einkünfte aus der Vermietung der Lagerhalle stellen abkommensrechtlich keine Unternehmensgewinne im Sinne des Art. 7 Abs. 1 DBA-B dar.

Somit liegen abkommensrechtlich Einkünfte aus unbeweglichem Vermögen nach Art. 6 Abs. 1 DBA-B vor; der Vorrangklausel des Art. 6 Abs. 4 DBA-B bedarf es im vorliegenden Fall nicht. Diese Einkünfte können im Belegenheitsstaat besteuert werden (vgl. Art. 6 Abs. 1 DBA-B); in Deutschland sind die Einkünfte nach Art. 23 Abs. 1 Nr. 1 DBA-B unter Beachtung des Progressionsvorbehalts freizustellen.

Innerstaatlich gilt in Deutschland gem. § 32b Abs. 1 Satz 1 Nr. 3 i. V. m. Satz 2 Nr. 3 EStG kein Progressionsvorbehalt auf einzelne negative wie positive, nach DBA steuerfreie Einkünfte aus anderen als Drittstaaten (Definition in § 2a Abs. 2a Nr. 1 EStG). Da Belgien ein EU-Mitgliedsstaat ist, findet kein Progressionsvorbehalt statt.

Abwandlung

Nach innerstaatlichem Recht ist KB nach § 1 Abs. 4 EStG beschränkt steuerpflichtig, soweit er inländische Einkünfte gemäß § 49 Abs. 1 EStG erzielt.

In Betracht kommen inländische Einkünfte nach § 49 Abs. 1 Nr. 2 EStG (gewerbliche Einkünfte) und nach § 49 Abs. 1 Nr. 6 EStG (Vermietung und Verpachtung).

Aufgrund der isolierenden Betrachtungsweise gemäß § 49 Abs. 2 EStG bleiben die „im Ausland gegebenen Besteuerungsmerkmale", nämlich die Zugehörigkeit des Grundstücks zum Betriebsvermögen des KB, außer Betracht, weil bei ihrer Berücksichtigung inländische Einkünfte nach § 49 Abs. 1 EStG nicht angenommen werden könnten.

Ob es sich um eine Betriebsstätte handelt, die gewerbliche Einkünfte auslöst, entscheidet sich nach § 12 AO. In Betracht kommt hier § 12 Satz 2 Nr. 5 AO.

Nur wenn die Lagerhalle zu eigenen Unternehmenszwecken genutzt wird, ist unstreitig eine Betriebsstätte i. S. des § 12 Satz 2 Nr. 5 AO gegeben.

Verpachtet hingegen der Unternehmer Einrichtungen oder Anlagen, unterhält er mit dem verpachteten Betriebsvermögen in der Regel keine eigene Betriebsstätte (siehe oben).

Mangels Betriebsstättenqualität der vermieteten Lagerhalle sind bei Berücksichtigung der Zugehörigkeit des Grundstücks zum Betriebsvermögen der ausländischen Bäckerei die Voraussetzungen des § 49 Abs. 1 Nr. 2 EStG nicht gegeben. Es handelt sich somit um Vermietungseinkünfte i. S. des § 49 Abs. 1 Nr. 6 EStG.

Ergebnis

Im Grundfall können die Mieteinkünfte in Belgien versteuert werden; Deutschland hat sie ohne Progressionsvorbehalt freizustellen.

In der Abwandlung verbleibt es bei beschränkt steuerpflichtigen Einkünften nach § 49 Abs. 1 Nr. 6 EStG, die in Deutschland zu versteuern sind. Der Wohnsitzstaat – Chile – hat nach seinem nationalen Steuerrecht ggf. eine Entlastung von der deutschen Steuer zu gewähren.

Rechtsprechungshinweise

BFH v. 30.6.2005 - III R 47/03, BStBl 2006 II 78; BFH v. 23.7.2003 - I R 62/02, BFH/NV 2004, 317

Verwaltungsanweisungen

BMF v. 24.12.1999, BStBl 1999 I 1076

FALL 72

Einkünfte aus unbeweglichem Vermögen (Art. 6, Art. 21 OECD-MA)

Sachverhalt

Peter Müller (PM) wohnt zusammen mit seiner Familie in Wien/Österreich. Er arbeitet als leitender Ingenieur bei der Motor AG in Stuttgart/Deutschland und hat dort aus beruflichen Gründen eine Zweizimmerwohnung angemietet, die er regelmäßig unter der Woche nutzt. Die Wochenenden, die Feiertage sowie seinen Urlaub verbringt er mit seiner Familie in Österreich. Er hat je eine vermietete Eigentumswohnung in Graz/Österreich sowie eine Ferienwohnung am Strand von Daressalam/Tansania. Weder Deutschland noch Österreich haben ein DBA mit Tansania geschlossen; Tansania besteuert grundsätzlich die Mieteinkünfte.

Frage

Wo muss PM seine Mieteinkünfte aus den beiden vermieteten Wohnungen versteuern?

LÖSUNG

Da PM seinen Familienwohnsitz in Wien hat, ist er nach dem innerstaatlichen Recht Österreichs unbeschränkt einkommensteuerpflichtig. In Deutschland hat er mit seiner Zweizimmerwohnung einen Wohnsitz (§ 8 AO) inne und unterliegt daher auch in Deutschland der unbeschränkten Einkommensteuerpflicht (§ 1 Abs. 1 EStG).

Nach Abkommensrecht ist zu prüfen, welcher Staat Ansässigkeitsstaat ist. Nach Art. 4 Abs. 1 DBA-AU ist PM sowohl in Österreich als auch in Deutschland ansässig (sog. Doppelansässigkeit). Da er aber mit seiner Familie in Österreich lebt, sind dort auch seine engeren persönlichen und wirtschaftlichen Beziehungen und damit auch der Mittelpunkt seiner Lebensinteressen (Art. 4 Abs. 2 Buchst. a) DBA-AU). Österreich ist daher Ansässigkeitsstaat.

Wohnung in Graz/Österreich

Hinsichtlich dieser Einkünfte ist Österreich sowohl Ansässigkeits- als auch Belegenheitsstaat und hat daher ein Besteuerungsrecht; es handelt sich um keinen Fall des DBA-AU. Deutschland kann sich nicht auf Art. 6 Abs. 1 DBA-AU berufen, weil diese Vorschrift nur zur Anwendung kommt, wenn das unbewegliche Vermögen in dem anderen Vertragsstaat – und damit weder im Ansässigkeitsstaat noch in einem Drittland – belegen ist. Österreich hat ein ausschließliches Besteuerungsrecht.

Ferienwohnung im Tansania

Weder Deutschland noch Österreich haben ein DBA mit Tansania abgeschlossen. Da PM sowohl in Österreich als auch in Deutschland unbeschränkt einkommensteuerpflichtig ist, haben diese beiden Staaten grundsätzlich ein Besteuerungsrecht.

Es ist zu prüfen, ob sich Einschränkungen hinsichtlich des Besteuerungsrechts aus dem DBA-AU ergeben. Ausgangspunkt ist das DBA-AU, da nach den Bestimmungen des Abkommens PM im Sinne des DBA-AU allein in Österreich ansässig ist. Art. 6 Abs. 1 DBA-AU ist nicht anwendbar, weil das Grundstück in einem Nicht-DBA-Staat, nicht im anderen Vertragsstaat (= Deutschland) liegt. Die Einkünfte aus der Vermietung dieser Eigentumswohnung stellen andere Einkünfte i. S. des Art. 21 Abs. 1 DBA-AU dar, für die Österreich ein ausschließliches Besteuerungsrecht zusteht. Deutschland muss diese Einkünfte unter Progressionsvorbehalt gem. Art. 21 Abs. 1 DBA-AU freistellen. Das Besteuerungsverbot für Deutschland ergibt sich unmittelbar aus dieser Vorschrift, die materiell-rechtlich als Gebot zur Steuerbefreiung wirkt.

Die Einkünfte unterliegen aber gem. Art. 23 Abs. 1 Buchst. a) DBA-AU, § 32b Abs. 1 Satz 1 Nr. 3 EStG in Deutschland dem Progressionsvorbehalt. Die Voraussetzungen des § 32b Abs. 1 Satz 2 Nr. 3 EStG liegen nicht vor, da die Wohnung in einem Drittstaat belegen ist. Sollte Österreich von seinem Besteuerungsrecht keinen Gebrauch machen, so würde nach § 50d Abs. 9 Nr. 1 EStG ungeachtet des Abkommens mit Österreich keine Freistellung in Deutschland erfolgen.

Ergebnis

PM muss die Einkünfte aus der Vermietung beider Wohnungen in Österreich versteuern. In Deutschland sind die Vermietungseinkünfte aus der Wohnung in Österreich nicht steuerbar. Die Vermietungseinkünfte aus der Wohnung in Tansania sind zwar steuerfrei, aber dem Progressionsvorbehalt zu unterwerfen.

FALL 73

Einkünfte aus unbeweglichem Vermögen, land- und forstwirtschaftliche Betriebsstätte (§ 12 AO, § 32b Abs. 1 Nr. 3 EStG, Art. 6 OECD-MA)

Sachverhalt

Fritz Bauer (FB) wohnt mit seiner Familie in Deutschland an der Grenze zu Österreich und betreibt dort einen grenzüberschreitenden landwirtschaftlichen Betrieb, wobei die Hofstelle in Deutschland liegt. Von den bewirtschafteten Flächen liegen 80 % in Deutschland und 20 % in Österreich, wobei die österreichischen Flächen nicht im Eigentum des FB stehen. Im Jahr 01 erzielt FB einen Gewinn aus Land- und Fortwirtschaft von 50 000 €, von denen 10 000 € den in Österreich belegenen Flächen zuzurechnen sind.

Frage

Wer hat das Besteuerungsrecht an dem Gewinnanteil aus Land- und Forstwirtschaft, der den österreichischen Flächen zuzurechnen ist?

LÖSUNG

Da FB innerstaatlich unbeschränkt einkommensteuerpflichtig ist, unterliegen seine gesamten Einkünfte aus Land- und Forstwirtschaft nach dem sog. Welteinkommensprinzip der inländischen Besteuerung.

Abkommensrechtlich ist FB gem. Art. 4 Abs. 1 DBA-AU in Deutschland ansässig. Nach Art. 6 Abs. 1 DBA-AU steht Österreich aber das Besteuerungsrecht für den Gewinnanteil von 10 000 € zu, der aus der Bewirtschaftung der in Österreich belegenen Flächen resultiert. Aus dem Wortlaut dieser Vorschrift ergibt sich unmittelbar, dass die Einkünfte aus Land- und Forstwirtschaft zu den Einkünften aus der Nutzung unbeweglichen Vermögens gehören. Unbeachtlich ist hierbei, dass die österreichischen Flächen nicht im Eigentum von FB stehen, vielmehr ist ausreichend, dass der Gewinn von einem Nutzungsberechtigten erzielt wird. Ebenso unbeachtlich ist, ob die in Österreich belegenen Flächen die inhaltlichen Anforderungen erfüllen, die eine (unternehmerische) Betriebsstätte kennzeichnen. Deutschland muss den Gewinnanteil gem. Art. 23 Abs. 1 Buchst. a DBA-AU von der Besteuerung freistellen.

Fraglich ist, ob der Gewinnanteil dem inländischen Progressionsvorbehalt unterliegt. Nach § 32b Abs. 1 Satz 1 Nr. 3 i. V. m. Satz 2 Nr. 1 EStG ist ein Progressionsvorbehalt ausgeschlossen für Einkünfte aus einer anderen als in einem Drittstaat belegenen land- und forstwirtschaftlichen Betriebsstätte. Dieser Betriebsstättenbegriff bestimmt sich nach § 12 AO. Nach § 12 Satz 1 AO ist eine Betriebsstätte jede feste Geschäftseinrichtung oder Anlage, die der Tätigkeit eines Unternehmens dient. Da § 12 Satz 1 AO nicht mehr die Ausübung eines stehenden Gewerbes, sondern allgemein die unternehmerische Tätigkeit fordert, werden von § 12 AO auch Betriebsstätten erfasst, die einem Betrieb der selbständigen Arbeit oder der Land- und Forstwirtschaft zuzurechnen sind. Da dem Betriebsstättenbegriff die Funktion zufällt, unternehmerische Tätigkeiten und damit auch die Besteuerungstatbestände örtlich zuzuordnen, setzt die Betriebsstätte eine „feste" Geschäftseinrichtung mit einer festen Beziehung zu einem bestimmten Teil der Erdoberfläche voraus, die von einer gewissen Dauer ist, der Tätigkeit des Unternehmens dient und über die der Steuerpflichtige eine nicht nur vorübergehende Verfügungsmacht hat. Eine feste Einrichtung in diesem Sinne erfordert jedoch weder besondere Vorrichtungen noch für den Aufenthalt von Menschen geeignete Räume.

Die in Österreich belegenen Grundstücke dienen der unternehmerischen Tätigkeit des FB i. S. von § 12 Satz 1 AO, weil die Flächen das Wesen der landwirtschaftlichen Betätigung ausmachen und damit die eigentliche Grundlage der von § 13 EStG erfassten Urproduktion bilden. Aufgrund ihrer Bewirtschaftung bilden sie eine feste Geschäftseinrichtung. Die Grundwertung des § 12 Satz 2 Nr. 4 AO, nach dem (gewerbliche) Fabrikationsstätten als Betriebsstätten anzusehen sind, spricht dafür, dass die von FB bewirtschafteten Grundstücke nicht nur als die landwirtschaftliche Urproduktion kennzeichnende Betriebsgrundlagen, sondern auch als Geschäftseinrichtung i. S. von § 12 Satz 1 AO zu qualifizieren sind.

Der in Deutschland steuerfreie Gewinnanteil, der den österreichischen Flächen zuzurechnen ist, unterliegt gem. § 32b Abs. 1 Satz 1 Nr. 3 i. V. m. Satz 2 Nr. 1 EStG nicht dem Progressionsvorbehalt.

Ergebnis

Österreich hat das Besteuerungsrecht für den Gewinnanteil von 10 000 €, der den österreichischen Flächen zuzurechnen ist. Dieser Gewinnanteil ist in Deutschland ohne Progressionsvorbehalt von der Besteuerung freizustellen.

Rechtsprechungshinweise

BFH v. 2.4.2014 - I R 68/12, BStBl 2014 II 875; BFH v. 27.10.2011 - I R 26/11, BStBl 2012 II 457

FALL 74

Einkünfte aus unbeweglichem Vermögen (Art. 6 OECD-MA)

Sachverhalt

Horst Heller (HH) wohnt in Köln. Er gewährt seinem Freund Urs Jaeggi (UJ), der seit Jahren in Frankfurt wohnt, ein verzinsliches Darlehen; UJ bestellt zur Sicherheit ein Grundpfandrecht an seinem in Andorra la Vella/Andorra (Nicht-DBA-Staat) belegenen Grundstück.

1. Abwandlung

UJ wohnt im Zeitpunkt der Darlehensvergabe und Sicherheitsbestellung in Andorra.

2. Abwandlung

UJ wohnt in Ermatingen im Kanton Thurgau in der Schweiz und belastet seine Eigentumswohnung in Zürich zugunsten von HH.

3. Abwandlung

HH hat auch seinem Freund Ali Mahmut (AM) in Kairo ein Darlehen gewährt, für das AM ein Grundpfandrecht an seiner Eigentumswohnung in Kairo bestellt hat.

Frage

Sind die Darlehenszinsen in Deutschland zu versteuern?

Hinweis

Mit Andorra existiert kein DBA, mit der Schweiz und Ägypten existieren DBA.

LÖSUNG

HH ist aufgrund seines Wohnsitzes in Deutschland unbeschränkt steuerpflichtig – § 1 Abs. 1 EStG.

In Betracht kommen im Ausgangsfall ausländische Einkünfte aus Kapitalvermögen nach §§ 20 Abs. 1, 34d Nr. 6 EStG, da die zweite Alternative – die Forderung ist durch ausländischen Grundbesitz gesichert – erfüllt ist.

Fraglich könnte sein, ob wegen der Verknüpfung mit dem unbeweglichen Vermögen (auch) ausländische Vermietungseinkünfte nach § 34d Nr. 7 EStG in Betracht kommen könnten. Nach der Rechtsprechung des BFH stellen Zinsen auf Kontokorrentkonten, auf denen die Mietzinsen eingezahlt werden, Einkünfte aus Kapitalvermögen dar, während die Zinsen auf Mietkautionskonten oder für Guthaben, die zweckgebunden für das Mietobjekt (z. B. für Reparaturzwecke) angesammelt werden, den Einkünften aus Vermietung und Verpachtung zugerechnet werden. Im vorliegenden Fall ist aber aufgrund des Gesetzeswortlauts von Kapitaleinkünften auszugehen – Zinsen aus Forderungen sind grundsätzlich auch als solche zu behandeln.

Demnach erfolgt eine Besteuerung der Zinsen im Rahmen des Welteinkommens des HH: Sollte HH in Andorra eine Ertragsteuer entrichtet haben, würde diese nach § 34c EStG angerechnet werden.

1. Abwandlung

Hier kommen ebenfalls ausländische Einkünfte aus Kapitalvermögen nach § 34d Nr. 6 EStG in Betracht, da nunmehr beide Alternativen der Anknüpfung für ausländische Einkünfte erfüllt sind: Der Schuldner wohnt im Ausland – wobei er nicht notwendigerweise in dem Land ansässig sein muss, in dem das belastete Grundstück gelegen ist –, und die Kapitalforderung ist durch ausländischen Grundbesitz gesichert. Das Ergebnis entspricht dem Grundfall.

2. Abwandlung

Für die Besteuerung ist das DBA-CH, welches in den hier entscheidenden Punkten mit dem OECD-MA vom Regelungsumfang her identisch ist, zu berücksichtigen.

Grundsätzlich sind Zinseinkünfte Einkünfte nach Art. 11 Abs. 3 OECD-MA.

In Art. 6 Abs. 2 OECD-MA (= Art. 6 Abs. 2 DBA-CH) wird der Begriff der Einkünfte aus unbeweglichem Vermögen definiert. Hierzu zählen aber nicht Einkünfte aus hingegebenen Darlehen, wenn die Darlehen (lediglich) grundbuchrechtlich abgesichert sind, ohne einen weiteren Bezug zu der Immobilie zu haben.

Die Regelung des Art. 6 Abs. 3 OECD-MA, die sich mit der Nutzung des unbeweglichen Vermögens befasst, ist eine Norm, die sich nur an den Nutzungsberechtigten der Immobilie richtet, nicht aber an denjenigen, dem nur ein Sicherungsrecht eingeräumt wird.

Damit ist klargestellt, dass es beim Vorrang der Zinsregelung in Art. 11 Abs. 1 DBA-CH (= Art. 11 OECD-MA) bleibt, da die grundpfandrechtlich gesicherten Zinsen nicht unter den Ausdruck „unbewegliches Vermögen" fallen. Die Zinsen können nach Art. 11 Abs. 1 DBA-CH ausschließlich im Wohnsitzstaat des Gläubigers besteuert werden (vgl. Art. 11 Abs. 1 OECD-MA).

3. Abwandlung

Im Verhältnis zu Ägypten ist zu beachten, dass – abweichend vom OECD-MA – grundpfandrechtlich gesicherte Zinsen nach dem DBA-Ägypten als Einkünfte aus unbeweglichem Vermögen angesehen werden (Art. 6 Abs. 2 DBA-Ägypten: „... sowie Zinsen für Forderungen, die durch Pfandrechte an Grundstücken gesichert sind ..."). Damit unterliegen diese Einkünfte uneingeschränkt dem Besteuerungsrecht in Ägypten. Deutschland erfasst die Zinsen im Rahmen der Ermittlung des Welteinkommens und rechnet die ägyptische Steuer an (Art. 24 Abs. 1 Buchst. b) Doppelbuchst. bb) DBA-Ägypten).

Ergebnis

Grundsätzlich sind Einkünfte aus Kapitalvermögen, die die Voraussetzungen des § 34d Nr. 6 ESG erfüllen, im Inland zu versteuern; die Regelung entspricht grundsätzlich auch Art. 11 OECD-MA; in einzelnen DBA kann es diesbezüglich Sonderregelungen geben.

Rechtsprechungshinweise

BFH v. 28.4.2010 - I R 81/09, BFH/NV 2010, 1550

FALL 75

Unternehmensgewinne, Gründungsaufwendungen (Art. 7 OECD-MA)

Sachverhalt

Der in Frankfurt/Main ansässige Tierarzt Heinz Maus (HM) hat sich auf die Behandlung von Schafen und Ziegen spezialisiert. Daher möchte er eine Kleintierpraxis in Marrakesch/Marokko gründen und seine Dienste den dort lebenden Berbern anbieten. Aus verschiedenen Gründen scheitert das Projekt; im Zusammenhang mit seiner geplanten Tätigkeit sind Aufwendungen in der Höhe von 10 000 € angefallen.

Abwandlung

Er möchte eine Tierarztpraxis in Riad/Saudi-Arabien eröffnen; das Projekt scheitert, weil er keine Daueraufenthaltsgenehmigung erhält; im Zusammenhang mit seiner geplanten Tätigkeit sind Aufwendungen in der Höhe von 10 000 € angefallen.

Frage

Können die Aufwendungen im Rahmen der Einkommensteuerveranlagung in Deutschland berücksichtigt werden?

LÖSUNG

In diesem Fall geht es um Vorlaufkosten, Gründungsaufwendungen, vorbereitende Aufwendungen, wenn die Aufwendungen im Zusammenhang mit einer geplanten, aber letztlich nicht verwirklichten Betriebsstättengründung im Zielstaat angefallen sind.

Gemäß Art. 7 Abs. 1 OECD-MA/Art. 7 Abs. 1 DBA-Marokko ist der Betriebsstättengewinn grundsätzlich im Betriebsstättenstaat zu versteuern. Diese abkommensrechtliche Steuerfreistellung von "Einkünften" umfasst nicht nur positive, sondern auch negative Einkünfte. Da aber es nicht zu einer unternehmerischen Tätigkeit im Zielstaat Marokko und nicht zu einer Gründung einer Betriebsstätte gekommen ist, stellt sich die Frage, ob die vergeblichen Aufwendungen nicht im abkommensrechtlchen Ansässigkeitsstaat (= Deutschland) geltend gemacht werden können. Hierzu vertritt der BFH in ständiger Rechtsprechung die These, dass diese Frage nach dem sog. Veranlassungsprinzip zu entscheiden ist.

Gründungsaufwand für die im Ausland belegene feste Einrichtung eines Freiberuflers bzw. Betriebsstätte eines Gewerbetreibenden führt nicht zu einem Betriebsausgabenabzug bei der Ermittlung der Einkünfte aus der inländischen Tätigkeit. Dieser Aufwand ist vielmehr durch die in Aussicht genommene Tätigkeit im Ausland veranlasst. Unterfällt jene Tätigkeit der abkommensrechtlichen Freistellung, betrifft dies den Gründungsaufwand (negative Einkünfte) auch dann, wenn die Errichtung der festen Einrichtung später scheitert (vergebliche vorweggenommene Aufwendungen). Dem Veranlassungsprinzip gebührt der Vorrang. Es besteht kein Anlass, die Zuordnungsfrage je nachdem unterschiedlich zu beantworten, ob der Objektbezug in tatsächlicher Hinsicht realisiert wurde oder nicht. Entscheidend ist der Umstand, dass die Aufwendungen angefallen sind, um diesen Objektbezug herzustellen; schon die zielgerichtete Mittelverwendung begründet auf der Grundlage einer wertenden Zuordnung einen jedenfalls vorrangigen Veranlassungszusammenhang zur Betriebsstätte oder (hier) der festen Einrichtung, der die Zuordnungsfrage endgültig regelt. Damit wird auch ein Wechsel der Zuordnung ausgeschlossen, der sonst eintreten müsste, wenn in der streitgegenständlichen Situation der Gründungsaufwendungen für eine Betriebsstätte oder feste Einrichtung jene Aufwendungen zunächst bei dem jeweiligen Stammhaus zu buchen, sie im Falle einer späteren Errichtung der Betriebsstätte oder festen Einrichtung aber auf jene umzubuchen wären.

Da Einkünfte aus einer Betriebsstätte in Marokko in Deutschland im Rahmen der Besteuerung – unabhängig davon, ob positiv oder negativ – nach § 32b Abs. 1 Satz 1 Nr. 3 EStG steuerfrei wären (vgl. Art. 23 Abs. 1 Nr. 1 DBA-Marokko), können die Aufwendungen nur im Rahmen eines negativen Progressionsvorbehalts berücksichtigt werden; da negative Einkünfte aus einer freiberuflichen Tätigkeit nicht unter § 2a EStG fällt, braucht diese Bestimmung nicht berücksichtigt werden.

Abwandlung

Mit Saudi-Arabien existiert kein allgemeines DBA; die angestrebten Einkünfte aus der Tierarztpraxis sind als ausländische Einkünfte gemäß § 34d Nr. 3 EStG zu qualifizieren. Diese Einkünfte wären – bei unterstellter unbeschränkter Steuerpflicht – im Inland nach § 34c EStG der deutschen Besteuerung zu unterwerfen gewesen; eine etwaige im Ausland erhobene Einkommensteuer wäre anzurechnen gewesen. Damit ist der obigen Argumentation des BFH der Boden entzogen; der Verlust ist demnach bei der Veranlagung im Inland zu berücksichtigen, da Verluste aus einer selbständigen Tätigkeit in einem Drittstaat nicht unter § 2a Abs. 1 EStG fallen.

Ergebnis

Die Aufwendungen sind bei Bestehen eines DBA mit dem Zielstaat lediglich nach § 32b Abs. 1 EStG im Rahmen des negativen Progressionsvorbehalts zu berücksichtigen; handelt es sich bei dem Zielstaat um einen Staat, mit dem kein allgemeines DBA abgeschlossen ist, können die Verluste nach § 34c, § 34d EStG berücksichtigt werden.

Rechtsprechungshinweise

BFH v. 25.11.2015 - I R 50/14, BStBl 2017 II 247; BFH v. 20.5.2015 - I R 75/14, BFH/NV 2015, 1687; BFH v. 26.2.2014 - I R 56/12, BStBl 2014 II 703

Verwaltungsanweisungen

BMF v. 24.12.1999, BStBl 1999 I 1076, Tz. 2.9.1

FALL 76

Unternehmensgewinne, Beteiligung an ausländischen Personengesellschaften (Art. 7 OECD-MA, § 15 EStG)

Sachverhalt

Der in Deutschland unbeschränkt steuerpflichtige Unternehmer U ist an einer Kommanditgesellschaft ausländischen Rechts, der X-KG, mit Sitz im DBA-Ausland als Kommanditist beteiligt. Die X-KG produziert Waren. Sie wird im Sitzstaat als juristische Person angesehen und dort einer der deutschen Körperschaftsteuer entsprechenden Steuer unterworfen. Der Gewinnanteil des U für 01 beträgt 10 000 €. Die Hälfte hiervon wird in 02 an ihn ausgeschüttet.

Frage

Wie sind die U zuzurechnenden Gewinnanteile steuerlich zu behandeln?

LÖSUNG

Die Beteiligung an einer im Ausland ansässigen und gewerblich tätigen Gesellschaft ausländischen Rechts führt bei den inländischen Gesellschaftern zur Annahme von Einkünften gemäß § 15 Abs. 1 Satz 1 Nr. 2 EStG, wenn die Gesellschaft nach ihrer wirtschaftlichen und rechtlichen Struktur einer deutschen Personengesellschaft (Mitunternehmerschaft) entspricht (sog. Rechtstypenvergleich – BFH v. 4.4.2007 - I R 110/05, BStBl 2007 II 521). Dies gilt auch dann, wenn die Gesellschaft im Sitzstaat als juristische Person angesehen und dort einer Körperschaftsteuer unterworfen wird. So sind z. B. Personengesellschaften spanischen Rechts (Sociedades Regulares Colectivas S.R.C., Sociedades en Commandita – S.C.) nach Art. 28 des spanischen Zivilgesetzbuchs juristische Personen und werden auch als solche in Spanien besteuert. Für Zwecke der Anwendung des DBA gelten sie als in Spanien ansässige Personen (Art. 4 Abs. 1 i. V. m. Art. 3 Abs. 1 Buchst. b) und c) DBA-ES). Gleichwohl sind sie bei Anwendung des deutschen Steuerrechts als Personengesellschaften einzustufen.

Bei dieser Konstellation (ausländische Gesellschaft als Mitunternehmerschaft) werden von den inländischen Gesellschaftern Einkünfte i. S. des § 15 Abs. 1 Satz 1 Nr. 2 EStG erwirtschaftet. Daraus folgt, dass der jeweilige Gewinnanteil den Gesellschaftern unabhängig von einem Ausschüttungsbeschluss oder einer tatsächlich erfolgten Ausschüttung zuzurechnen ist, und zwar in dem Veranlagungszeitraum, in dem der Gewinn der Personengesellschaft erzielt wurde (hier: 01). Soweit der Gewinnanteil als Betriebsstättenergebnis unter Art. 7 Abs. 1 OECD-MA zu subsumieren ist, ist grundsätzlich davon auszugehen, dass er im Betriebsstättenstaat zu versteuern ist und in Deutschland unter Beachtung des Progressionsvorbehalts steuerfrei ist.

Der Zurechnung dieser Einkünfte auf U steht nicht entgegen, dass – aus der Sicht des ausländischen Rechts – die Gesellschaft als solche Einkünftezurechnungssubjekt ist und aus der dortigen Qualifizierung als juristische Person für die Anwendung des DBA von einer (dort) ansässigen Person ausgegangen werden könnte. Denn die Einkünftezurechnung erfolgt nach Maßgabe der Regelungen des nationalen Steuerrechts; sie ist grundsätzlich nicht Gegenstand der DBA.

Die o.a. Besteuerungsfolge wird nicht dadurch berührt, dass eine Ausschüttung seitens der X-KG nach dem Steuerrecht des Sitzstaates der Gesellschaft als Dividendenzahlung angesehen wird und abkommensrechtlich grundsätzlich Art. 10 OECD-MA unterfällt. Denn die Ausschüttungen sind bei dem inländischen Gesellschafter als in Deutschland nicht steuerbare Privatentnahmen bei der Personengesellschaft anzusehen. Hierdurch wird zugleich ausgeschlossen, dass es hinsichtlich der ausgeschütteten Erträge zu einer doppelten steuerlichen Erfassung im Inland kommt. Soweit der Sitzstaat der X-KG eine Quellensteuer (auf Dividenden im Sinne des Art. 10 OECD-MA) einbehält, handelt es sich um eine definitive Steuerbelastung.

Ergebnis

Der jeweilige Gewinnanteil ist gemäß Art. 7 Abs. 1, 23 OECD-MA von der inländischen Besteuerung (ggf. unter Beachtung des Progressionsvorbehalts) befreit.

Rechtsprechungshinweise

BFH v. 6.6.2012 - I R 52/11, BStBl 2014 II 240; BFH v. 20.8.2008 - I R 34/08, BStBl 2009 II 263; BFH v. 4.4.2007 - I R 110/05, BStBl 2007 II 521

FALL 77

Unternehmensgewinne, Beteiligung an inländischer Personengesellschaft (Art. 7 OECD-MA, § 15 EStG)

Sachverhalt

An der Mayer GmbH & Co. KG, München, ist neben den Geschwistern Hans und Rosi Mayer, beide wohnhaft in Rosenheim/Deutschland, auch deren Onkel Hubert Mayer (HM) als Kommanditist beteiligt, der in Salzburg/Österreich wohnt.

1. Abwandlung

HM wohnt in Turin/Italien.

2. Abwandlung

HM wohnt in La Valletta/Malta

Frage

Wie stellt sich die Besteuerung des Gewinnanteils aus der Beteiligung von HM an der deutschen KG dar?

LÖSUNG

Da HM in Deutschland weder Wohnsitz noch ständigen Aufenthalt besitzt, kommt nur eine Besteuerung beschränkt steuerpflichtiger Einkünfte nach § 49 Abs. 1 EStG in Betracht – hier: § 49 Abs. 1 Nr. 2 Buchst. a) EStG.

Da HM in Österreich ansässig ist, ist auf ihn nach Art. 1 i. V. m. Art. 4 Abs. 1 DBA-AU das DBA mit Österreich anzuwenden. Somit sind neben dem EStG die Verteilungsnormen des DBA-AU zu prüfen. Art. 7 DBA-AU regelt die Besteuerung der Unternehmensgewinne. Die Frage, ob HM eine Betriebsstätte i. S. des Abkommens in Deutschland unterhält, bedarf in diesem Zusammenhang keiner abschließenden Beantwortung, da Art. 7 Abs. 7 DBA-AU ausdrücklich bestimmt, dass der Art. 7 DBA-AU auch für die Einkünfte aus der Beteiligung an einer Personengesellschaft gilt. Zur Vermeidung der Doppelbesteuerung in Österreich werden diese Einkünfte nach Art. 23 Abs. 2 Buchst. a) DBA-AU freigestellt, ggf. mit Progressionsvorbehalt nach Art. 23 Abs. 2 Buchst. d) DBA-AU.

Eine Regelung wie in Art. 7 Abs. 7 DBA-AU findet sich auch im DBA-CH und im DBA-Liechtenstein.

1. Abwandlung

Grundsätzlich gelten die obigen Ausführungen.

Das DBA-IT enthält keine dem Art. 7 Abs. 7 DBA-AU entsprechende Regelung.

Eine Personengesellschaft ist eine Person i. S. des Abkommens – vgl. Art. 3 Abs. 1 Buchst. d) DBA-IT: „alle anderen Personenvereinigungen“. Allerdings ist sie keine ansässige Person i. S. des Art. 4 Abs. 1 Satz 1 DBA-IT, weil sie nicht (unbeschränkt) steuerpflichtig ist.

Nach ständiger Rechtsprechung ist in einem solchen Fall wie folgt die Besteuerung zwischen den Vertragsstaaten zuzuordnen: Das Unternehmen einer Personengesellschaft betreiben die jeweiligen Gesellschafter. Eine von der Personengesellschaft unterhaltene Betriebsstätte wird allen an der Gesellschaft beteiligten Personen zugerechnet, ohne dass der Gesellschafter weitere Voraussetzungen erfüllen müsste; jede Betriebstätte der Gesellschaft ist als Betriebstätte des von dem einzelnen Gesellschafter betriebenen Unternehmens anzusehen (BFH v. 30.8.1995 - I R 112/94, BStBl II 1996, 563, 564). Demnach ist die Beteiligung des HM an der KG aus der Sicht des deutschen Steuerrechts ein italienisches Unternehmen mit einer Betriebsstätte in Deutschland; die Besteuerung in Deutschland erfolgt gem. § 15 EStG i. V. m. Art. 7 Abs. 1 DBA-IT. Eine Doppelbesteuerung wird in Italien nach Art. 24 Abs. 2 Buchst. a) DBA-IT durch Abzug von der Bemessungsgrundlage vermieden.

2. Abwandlung

Gegenüber der Lösung in der 1. Abwandlung ist anzumerken, dass die Personengesellschaft keine Person i. S. des Abkommens ist (Art. 3 Abs. 1 Buchst. d) DBA-Malta). Die oben angeführte Rechtsprechung löst hier das Zurechnungsproblem auch ohne, dass die Personengesellschaft eine Person i. S. des Abkommens ist, weil allein auf die Person des Gesellschafters abgestellt wird, der eine Betriebsstätte in Deutschland unterhält – Art. 7 Abs. 1 DBA-Malta; Vermeidung der Doppelbesteuerung durch Anrechnung gemäß Art. 23 Abs. 2 DBA-Malta.

Ergebnis

Die von HM im Rahmen seiner Beteiligung an der KG erzielten gewerblichen Einkünfte werden im Sitzstaat der Personengesellschaft besteuert; im Ansässigkeitsstaat erfolgt nach den dortigen nationalen Gesetzen entweder Freistellung (ggf. mit Progressionsvorbehalt) oder Anrechnung der deutschen Steuer.

Rechtsprechungshinweise

Vgl. die in der Lösung genannten Entscheidungen

FALL 78

Unternehmensgewinne, Beteiligung an hybrider ausländischer Gesellschaft (Art. 7, Art. 21 OECD-MA)

Sachverhalt

Der im Inland wohnhafte Gesellschafter G ist gemeinsam mit einem in den USA wohnhaften weiteren Gesellschafter an der nach dem Recht des Staates Florida errichteten und dort ansässigen X-LLC (Limited Liability Company) beteiligt. Die X-LLC wird in den USA als Personengesellschaft behandelt und unterliegt dort nicht der Ertragsteuer für Körperschaften. Nach der für die deutsche Besteuerung maßgeblichen Sicht ist sie als Kapitalgesellschaft zu behandeln.

G hält hinsichtlich der Besteuerung seines Gewinnanteils an der US-Gesellschaft Art. 7 OECD-MA für einschlägig, da die X-LLC in den USA als Personengesellschaft behandelt werde. Das FA möchte dagegen Art. 10 Abs. 1 OECD-MA anwenden.

Frage

Wie sind die Gewinnanteile des G in Deutschland zu besteuern?

LÖSUNG

G ist unbeschränkt steuerpflichtig und hat demnach sein Welteinkommen zu versteuern. Gemäß Art. 7 Abs. 1 OECD-MA können Gewinne eines Unternehmens eines Vertragsstaates nur in diesem Staat besteuert werden, es sei denn, das Unternehmen übt seine Geschäftstätigkeit im anderen Vertragsstaat durch eine dort gelegene Betriebsstätte aus. Das Tatbestandsmerkmal „Unternehmen eines Vertragsstaates" ist in Art. 3 Abs. 1 Buchst. d) OECD-MA definiert und bedeutet ein Unternehmen, das von einer in einem Vertragsstaat ansässigen Person betrieben wird. Da die X-LLC aus deutscher Sicht als Kapitalgesellschaft zu qualifizieren ist, ist diese und nicht G das Unternehmen i. S von Art. 7 Abs. 1 i. V. m. Art. 3 Abs. 1 Buchst. d) OECD-MA. Somit trifft Art. 7 OECD-MA keine Aussage über das Besteuerungsrecht bezüglich der Gewinnanteile des G.

Nach der neueren Rechtsprechung des BFH spielt im Rahmen des Rechtstypenvergleichs der Umstand keine Rolle, ob eine Personengesellschaft im Ausland der Körperschaftsteuer unterliegt oder nicht.

Dividenden, die eine in einem Vertragsstaat (USA) ansässige Gesellschaft an eine im anderen Vertragsstaat (Deutschland) ansässige Person zahlt, können im anderen Staat (Deutschland) besteuert werden – Art. 10 Abs. 1 OECD-MA/Art. 10 Abs. 1 DBA-USA. Demnach müsste die X-LLC in den USA ansässig sein. Dies bestimmt sich nach Art. 4 Abs. 1 OECD-MA/Art. 4 Abs. 1 DBA-USA. Demnach bedeutet der Ausdruck „in einem Vertragsstaat ansässige Person" eine Person, die nach dem Recht dieses Staates dort u. a. aufgrund des Ortes ihrer Geschäftsleitung steuerpflichtig ist. Der Ausdruck „Person" umfasst gemäß Art. 3 Abs. 1 Buchst. a) OECD-MA auch Gesellschaften und alle anderen Personenvereinigungen (= Personengesellschaften).

Die X-LLC wird in den USA nicht als eigenständiges Steuersubjekt angesehen, da sie dort nicht selbst der Ertragsbesteuerung unterliegt. Somit kann sie auch nicht im Sinne des Art. 4 Abs. 1 OECD-MA in den USA ansässig sein. Dies bedeutet weiter, dass es für ein Besteuerungsrecht Deutschlands an der nach Art. 10 Abs. 1 OECD-MA erforderlichen Ansässigkeit im Sinne des Abkommens der X-LLC in den USA als dem Sitzstaat der ausschüttenden Gesellschaft fehlt.

Nach Auffassung des BFH ist in Fällen wie dem vorliegenden Art. 21 Abs. 1 OECD-MA einschlägig. Danach können Einkünfte einer in einem Vertragsstaat ansässigen Person, die in den vorstehenden Artikeln nicht behandelt werden, ohne Rücksicht auf ihre Herkunft nur in diesem Staat (Deutschland) besteuert werden.

Ergebnis

Die Beteiligungserträge gemäß § 20 Abs. 1 Nr. 1 EStG sind nach Art. 21 Abs. 1 OECD-MA / Art. 21 Abs. 1 DBA-USA in Deutschland zu versteuern.

Rechtsprechungshinweise

BFH 18.5.2021 - I B 75/20, BFH/NV 2021, 1489; BFH v. 20.8.2008 - I R 34/08, BStBl 2009 II 263

Verwaltungsanweisungen

BMF v. 26.9.2014, BStBl 2014 I 1258, Tz. 4.1.4; BMF v. 19.3.2004, BStBl 2004 I 411, unter VI. 3. Buchst. b)

Hinweis

Die obigen Ausführungen gelten auch für eine sog. S-Corporation in den USA (BFH v. 11.10.2017 - I R 42/15, BFH/NV 2018, 388; BFH v. 26.6.2013 - I R 48/12, BStBl 2014 II 367; BFH v. 20.8.2008 - I R 39/07, BStBl 2009 II 234

FALL 79

Nachträgliche Betriebsstätteneinkünfte (Art. 7 Abs. 1 OECD-MA)

Sachverhalt

Die deutsche Handels-AG (HAG) mit Sitz in Stuttgart vertreibt weltweit Baumaschinen. In Italien unterhält sie in Rom seit 2000 eine Vertriebsniederlassung, die die Voraussetzungen des Art. 5 Abs. 1 und 2 DBA-IT = Art. 5 Abs. 1 und 2 OECD-MA erfüllt (keine Betriebsstättenausnahme nach Art. 5 Abs. 4 OECD-MA). Angesichts der Wettbewerbssituation wird diese Betriebsstätte zum 31.12.2011 geschlossen. Zum Zeitpunkt der Schließung der Betriebsstätte existierte noch eine Forderung i. H. von 50 000 € gegen die italienische I-SA, die aus dem Verkauf einer Maschine durch die Betriebsstätte resultiert. Im Rahmen der Schließung der Betriebsstätte wurde diese Forderung auf 0 € wertberichtigt. Der Erwerber der Maschine machte wegen eines angeblichen Schadens an der gelieferten Maschine ein Zurückbehaltungsrecht/Aufrechnung mit Schadensersatz geltend. Nach langwierigen Verhandlungen zwischen den italienischen Anwälten der HAG und denen des Erwerbers zahlt dieser im Mai 2013 vergleichsweise einen Betrag von 20 000 €.

Frage

Sind die 20 000 € als nachträgliche Betriebsstätteneinkünfte in Italien oder in Deutschland zu versteuern?

LÖSUNG

In diesem Fall geht es um das Problem der sog. nachträglichen Betriebsstätteneinkünfte.

Die Finanzverwaltung hat hierzu Folgendes entschieden (auszugsweise BMF vom 25.6.1982, BStBl 1982 I 771 – aufgehoben mit Wirkung vom 31.12.2009, BMF v. 23.4.2010, BStBl 2010 I 391): „Nach § 34d Nr. 2 Buchst. a EStG ist bei einem unbeschränkt Steuerpflichtigen für die Annahme ausländischer Einkünfte ... unter anderem wesentlich, ob diese Einkünfte durch eine Betriebsstätte erzielt werden. Bei nachträglichen Einkünften aus Gewerbebetrieb, für den der Steuerpflichtige im Zeitpunkt der steuerlichen Erfassung dieser Einkünfte die Betriebsstätte nicht mehr unterhält, ist darauf abzustellen, ob die betriebliche Leistung, die für die Einkünfte ursächlich ist, während der Zeit des Bestehens der Betriebsstätte erbracht wurde. Für die Charakterisierung dieser Einkünfte als inländische oder ausländische fordert das Einkommensteuergesetz jedoch nicht, dass eine Betriebsstätte in demselben Veranlagungszeitraum vorhanden sein muss, in dem die Einkünfte steuerlich berücksichtigt werden.“ Vgl. zu der Problematik auch Fall 75.

Diese These – das sog. Veranlassungsprinzip – findet sich auch im BMF-Schreiben vom 25.8.2009, BStBl 2009 I 888 (Tz. 2.2). Weiter ist dies so zu finden in H 34d EStH.

Der BFH hat in seiner Entscheidung vom 20.5.2015 - I R 75/14, BFH/NV 2015, 1687, für nachträgliche Betriebsstätteneinkünfte das Veranlassungsprinzip ausdrücklich bestätigt. Ist eine Forderung – so wie hier – durch die Betriebsstätte veranlasst worden (während der Zeit ihres Bestehens wirtschaftlich begründet worden), dann ist die Tatsache, dass die Betriebsstätte zwischenzeitlich aufgegeben wurde, unerheblich. Dies bedeutet, dass nach der Systematik des OECD-MA und des jeweils konkreten DBA diese nachträglichen Einkünfte dem ehemaligen Betriebsstättenstaat zuzuordnen sind, und nach der allgemeinen Systematik in Deutschland steuerbefreit (ggf. unter Progressionsvorbehalt) sind

Ergebnis

Die nachträglichen Einkünfte nach Aufgabe der Betriebsstätte sind in Italien zu versteuern.

Rechtsprechungshinweise

Vgl. die in der Lösung zitierten Entscheidungen

Verwaltungsanweisungen

H 34d EStH; BMF v. 25.8.2009, BStBl 2009 I 888, Tz. 2.2

FALL 80

Dividenden (Art. 10 OECD-MA)

Sachverhalt

Die Metall-GmbH mit Sitz und Geschäftsleitung in Stuttgart ist mit 8 % an der im DBA-Staat A ansässigen Holz-AG beteiligt. In 2023 erhält die Metall-GmbH aus dieser Beteiligung Dividendenzahlungen in Höhe von 200 000 €.

1. **Abwandlung**

Die Beteiligung beträgt 15 %.

2. **Abwandlung**

Die Beteiligung beträgt 30 %.

Frage

Wie stellt sich die Besteuerung der Dividenden dar?

LÖSUNG

Da die Metall-GmbH sowohl ihren Sitz als auch ihre Geschäftsleitung in Stuttgart hat, ist sie in Deutschland unbeschränkt körperschaftsteuerpflichtig (§ 1 Abs. 1 Nr. 1 KStG).

Bei einer Beteiligung von mindestens 10 % sind Dividenden, die eine inländische Kapitalgesellschaft von einer im Ausland ansässigen Kapitalgesellschaft erhält, nach deutschem Recht bei der Ermittlung der Einkünfte außer Betracht zu lassen (§ 8b Abs. 1 Satz 1, Abs. 4 Satz 1 KStG). Die von der Holz-AG ausgeschüttete Dividende aus einer Beteiligung von weniger als 10 % (sog. Streubesitz) ist daher nach inländischem Recht als sog. Streubesitzdividende uneingeschränkt steuerpflichtig.

Abkommensrechtlich ist Deutschland Ansässigkeitsstaat (Art. 4 Abs. 1 OECD-MA). Fraglich ist, ob der Staat A gemäß Art. 10 OECD-MA das Recht besitzt, eine Quellensteuer zu erheben.

Art. 10 OECD-MA ist anwendbar, denn Dividenden fallen als „Einkommen aus Aktien" unstreitig unter Art. 10 Abs. 3 Satz 1 OECD-MA.

Art. 10 Abs. 1 OECD-MA bestätigt zum einen das Besteuerungsrecht des Ansässigkeitsstaates (hier: Deutschland) und räumt zudem dem Quellenstaat (hier: A) ein Besteuerungsrecht ein, das wiederum in Art. 10 Abs. 2 OECD-MA geregelt wird. Die ersten beiden Absätze des Art. 10 OECD-MA sind daher Ausdruck einer Steuerteilung zwischen Ansässigkeits- und Quellenstaat, und zwar dergestalt, dass die Besteuerung im Quellenstaat der Höhe nach begrenzt wird, und der Ansässigkeitsstaat die Quellensteuer grundsätzlich anrechnet, was im Methodenartikel geregelt ist.

Bei einer prozentualen Beteiligung der deutschen Muttergesellschaft an der ausländischen Tochtergesellschaft bis zu 25 % (im vorliegenden Fall 8 %) beträgt der Quellensteuersatz auf Dividenden höchstens 15 % (Art. 10 Abs. 2 Satz 1 Buchst. b) OECD-MA). Die Doppelbesteuerung wird in Deutschland in der Regel nicht durch Freistellung vermieden, sondern durch Anrechnung der ausländischen Quellensteuer gemäß Art. 23 OECD-MA i. V. m. § 26 Abs. 1 KStG i. V. m. § 34c Abs. 6 Satz 1 und 2 EStG.

Seit der Einführung der Abgeltungssteuer auf Einkünfte aus Kapitalvermögen in Deutschland findet sich in § 32d Abs. 1 Satz 2 und Abs. 5 EStG eine nationale Regelung zur Vermeidung oder Milderung der Doppelbesteuerung bei ausländischen Einkünften aus Kapitalvermögen, die gem. § 26 Abs. 1 und Abs. 2 Satz 1 i. V. m. § 34c Abs. 1 und Abs. 6 EStG auch auf Körperschaften anzuwenden sind. Da im Streitfall die Kapiteleinkünfte aus einem DBA-Staat bezogen werden, sind nach § 34c Abs. 6 Satz 1 EStG i. V. m. § 26 Abs. 1 Satz 1 Nr. 1 KStG die Regelungen des § 34c Abs. 1 bis 3 EStG nicht anwendbar. Nach § 34c Abs. 6 Satz 2 EStG kommt es zur entsprechenden Anwendung der Anrechnung der ausländischen Steuer gem. § 34c Abs. 1 Sätze 2 bis 5 EStG. § 32d Abs. 5 EStG schreibt eine sog. isolierende Betrachtungsweise jedes einzelnen ausländischen Kapitalertrags vor, so dass etwaige Verluste den Anrechnungshöchstbetrag nicht beeinflussen können. Bei einer Beteiligung von unter 10 % (wie hier im Streitfall von 8 %) ist die Anrechnung der ausländischen Quellensteuer gem. § 26 Abs. 1 KStG der Höhe nach auf die Höhe der deutschen KSt beschränkt.

Nach Aufhebung der EU-Zinsrichtlinie zum 1.1.2016 werden ab dem Meldezeitraum 2016 (für Zuflüsse ab dem 1.1.2016) Informationen entsprechend des „Common Reporting Standard" (CRS) zwischen den OECD-Staaten ausgetauscht. Dieser Informationsaustausch basiert auf dem multilateralen Abkommen über den automatischen Informationsaustausch in Steuersachen vom Oktober 2014 und umfasst – im Unterschied zur EU-Zinsrichtlinie – neben natürlichen Personen nun auch juristische Personen. Nach dem Finanzkonten-Informationsaustauschgesetz – FKAustG – vom 21.12.2015 (BGBl 2015 I 2531) sind deutsche Finanzinstitute verpflichtet, auch für juristische Personen für jedes meldepflichtige Konto Daten zu erheben und an das BZSt zu übermitteln. Im Gegenzug erhält das BZSt Daten der CRS-Partnerstaaten zu ausländischen meldepflichtigen Konten, die an das jeweils zuständige Finanzamt zur Durchführung der Besteuerung weitergeleitet werden.

Ergebnis

Die von der Holz-AG ausgeschüttete Dividende ist in Deutschland steuerpflichtig. A kann eine Quellensteuer von höchstens 15 % erheben, die in Deutschland angerechnet werden muss.

1. Abwandlung

Bei einer mehr als zehnprozentigen Beteiligung ist die Rechtslage nach OECD-MA grundsätzlich dieselbe wie im Ausgangsfall. Nur in älteren DBA beträgt die Mindestschachtelbeteiligung 25 % am Kapitel der ausländischen Gesellschaft. In den neueren, ca. ab Ende der achtziger Jahre des 20. Jahrhunderts abgeschlossenen DBA beträgt die Quote hingegen 10 %. Je nach Ausgestaltung der einzelnen DBA wäre im Fall des Vorliegens einer Schachtelbeteiligung die Lösung wie in der 2. Abwandlung.

Nach innerstaatlichem Recht ist bei einer mindestens zehnprozentigen Beteiligung aufgrund des § 8b Abs. 4 KStG die Dividende wie in § 8b Abs. 1 Satz 1 KStG bei der Ermittlung des Einkommens außer Betracht zu lassen. Das Verhältnis der innerstaatlichen Steuerfreistellung nach § 8b Abs. 1 und 4 KStG zur Freistellung nach DBA (internationales Schachtelprivileg) wird in Literatur und Rechtsprechung kontrovers diskutiert. Zu diesem Problem ausführlich siehe Fall 42 mit den dortigen Ausführungen zur aktuellen Rechtsprechung. Nach Ansicht des BFH stehen DBA und § 8b Abs. 1 KStG nebeneinander, ohne sich gegenseitig auszuschließen. Danach schränkt § 8b

Abs. 1 Satz 1 KStG die engeren DBA-Regelungen regelmäßig nicht ein. Die ausländische Kapitalertragsteuer kann nicht angerechnet werden, da in Deutschland keine Körperschaftsteuer entstanden ist, auf die die Quellensteuer angerechnet werden könnte (beachte aber die sog. Schachtelstrafe des § 8b Abs. 5 KStG; siehe 2. Abwandlung).

Ergebnis

Die von der Holz-AG ausgeschüttete Dividende bleibt in Deutschland nach § 8b Abs. 1 Satz 1 KStG bei der Ermittlung der Einkünfte grundsätzlich außer Betracht; unberührt bleibt die sog. Schachtelstrafe nach § 8b Abs. 5 Satz 1 KStG. Staat A kann je nach Ausgestaltung des DBA eine Quellensteuer von höchstens 5 % oder 15 % erheben, die in Deutschland nicht angerechnet werden kann, weil keine deutsche Körperschaftsteuer entstanden ist.

2. Abwandlung

Bei einer dreißigprozentigen Beteiligung liegt sowohl nach Art. 10 Abs. 2 Buchst. a) OECD-MA als auch in Fällen älterer DBA eine ausreichende Schachtelbeteiligung vor. In diesen Fällen darf die Quellensteuer nach dem OECD-MA 5 % des Bruttobetrags der Dividende nicht übersteigen (sog. internationales Schachtelprivileg). Aufgrund der sog. Mutter-Tochter-Richtlinie erheben EU-Staaten keine Quellensteuer. Mit dieser Unterscheidung zwischen Schachtel- und anderen Dividenden soll die Besteuerung von Schachteldividenden der von Betriebsstätteneinkünften angeglichen werden. Streu- oder Portfoliodividenden sollen dagegen wie Zinsen oder andere Kapitaleinkünfte besteuert werden.

Nach innerstaatlichem Recht bleiben auch bei dieser Abwandlung die Dividenden gem. § 8b Abs. 1 KStG bei der Ermittlung der Einkünfte außer Betracht (s. o.).

Nach § 8b Abs. 5 KStG sind aber 5 % der Dividende dem Gewinn außerbilanziell wieder hinzuzurechnen. Die Dividende ist daher im wirtschaftlichen Ergebnis nur zu 95 % steuerfrei gestellt (sog. Schachtelstrafe).

Ergebnis

Die von der Holz-AG ausgeschüttete Dividende ist in Deutschland steuerfrei. A kann eine Quellensteuer von höchstens 5 % erheben, die in Deutschland nicht angerechnet werden kann, weil keine deutsche Körperschaftsteuer entstanden ist. Hinsichtlich der Anwendung der sog. Schachtelstrafe auf nach DBA steuerfreie Dividenden siehe BFH v. 17.11.2020 - I R 72/16, BStBl 2021 II 484.

FALL 81

Dividenden (Art. 10 OECD-MA)

Sachverhalt

Die X-Ltd, eine Kapitalgesellschaft mit Sitz in Marokko, ist mit 15 % an der Metall-AG mit Geschäftsleitung und Sitz in Stuttgart beteiligt. Im Jahr 2023 erhält die X-Ltd aus dieser Beteiligung Dividendenzahlungen in Höhe von 200 000 €.

Frage

Hat Deutschland ein Besteuerungsrecht an den Dividenden?

Abwandlung

Wie ist diese Frage zu beantworten, wenn die Beteiligung 30 % beträgt und die ausländische Gesellschaft in Lettland ansässig ist?

LÖSUNG

Die die Dividende zahlende Metall-AG ist in Deutschland unbeschränkt körperschaftsteuerpflichtig (§ 1 Abs. 1 Nr. 1 KStG). Die empfangende X-Ltd. hingegen ist in Deutschland beschränkt körperschaftsteuerpflichtig (§§ 2, 8 Abs. 1 KStG i. V. m. § 49 Abs. 1 Nr. 5 Buchst. a) EStG).

Abkommensrechtlich ist die Metall-AG in Deutschland ansässig. Deutschland ist Quellenstaat, weil die Dividendenzahlung an „eine im anderen Vertragsstaat" (= Marokko) ansässige Person (= X-Ltd.) erfolgt und aus Deutschland stammt. Deutschland hat daher gem. Art. 10 Abs. 2 DBA-MAR das Recht, die Dividende mit einer Quellensteuer zu belegen. Die Besteuerung an der Quelle erfolgt in Form der Kapitalertragsteuer gem. § 31 Abs. 1 KStG i. V. m. §§ 43 Abs. 1 Nr. 1, 43a Abs. 1 Nr. 1 EStG. Es handelt sich um inländische Kapitalerträge gem. § 43 Abs. 3 EStG, weil der Schuldner der Kapitalerträge (= die Metall-AG) seine Geschäftsleitung und seinen Sitz in Deutschland hat. § 43 Abs. 1 Nr. 1 EStG erfasst alle Gewinnanteile i. S. d. § 20 Abs. 1 Nr. 1 EStG einschließlich der nach § 3 Nr. 40 EStG und § 8b Abs. 1 KStG steuerfreien Erträge. Nach diesen nationalen Vorschriften beträgt die Kapitalertragsteuer 25 % (§ 43a Abs. 1 Satz 1 Nr. 1 EStG) und hat nach § 32 Abs. 1 Nr. 2 KStG Abgeltungswirkung.

Nach Art. 10 Abs. 2 Nr. 2 DBA-MAR ist die Quellensteuer, da die Beteiligung unter 25 % beträgt, aber auf 15 % begrenzt. § 50c Abs. 1 EStG spricht diesen Konflikt an und bestimmt, dass die nationalen Vorschriften über den Kapitalertragsteuerabzug ungeachtet eines bestehenden DBA zunächst anzuwenden sind, regelt aber ein besonderes Freistellungs- und ein Erstattungsverfahren. Das Freistellungsverfahren nach § 50c Abs. 2 EStG eröffnet die Möglichkeit, den sich aus einem DBA ergebenden Anspruch bereits geltend zu machen, bevor die Vergütung fließt. Die Erstattung des Differenzbetrags von 10 % erfolgt nach § 5 Abs. 1 Nr. 2 FVG durch das BZSt.

Ergebnis

Deutschland erhebt eine Quellensteuer in Form der Kapitalertragsteuer von 25 %, die aber auf 15 % ermäßigt wird.

Abwandlung

Bei einer dreißigprozentigen Beteiligung sind die daraus erzielten Dividenden sog. Schachteldividenden. Der Quellensteuersatz wird auf höchstens fünf Prozent reduziert (internationales Schachtelprivileg; Art. 10 Abs. 2 Satz 1 Buchst. a) DBA-LET = Art. 10 Abs. 2 Satz 1 Buchst. a) OECD-MA). Im Übrigen gelten die obigen Ausführungen zur Erstattung der Differenz zwischen der tatsächlich erhobenen Kapitalertragsteuer und der nach DBA zulässigen Quellensteuer.

Da Lettland ein Mitgliedsstaat der EU ist, findet § 43b EStG (über § 31 KStG) Anwendung. Für Schachteldividendenzahlungen an EU-Mitgliedstaaten wird aufgrund der sog. Mutter-Tochter-Richtlinie nach dieser Vorschrift auf entsprechenden Antrag auf eine Quellenbesteuerung verzichtet. Die Mindestbeteiligung beträgt i. d. R. 10 %. Die X-Ltd. fällt unter Anlage 2 Nr. 1 Buchst. n) zu § 43b Abs. 2 EStG.

Ergebnis

Deutschland erhebt keine Quellensteuer.

FALL 82

Dividenden, Betriebsstättenvorbehalt, andere Einkünfte (Art. 10 Abs. 4, Art. 21 Abs. 2 OECD-MA)

Sachverhalt

Die Import- und Export GmbH, Hamburg, unterhält in Odense/Dänemark eine Vertriebsbetriebsstätte. Wegen Liquiditätsschwierigkeiten eines Kunden hat die Betriebsstätte zwecks Vermeidung eines Totalausfalls der Forderung als Bezahlung die Übereignung von Aktien der in Shannon/Republik Irland ansässigen Crossover Limited Company (Kapitalgesellschaft) akzeptiert (Leistung an Erfüllung statt). Diese Gesellschaft erwirtschaftet wider Erwarten Gewinne und schüttet Dividenden aus, die in das Betriebsergebnis der Betriebsstätte einfließen.

Abwandlung

Die Vertriebsbetriebsstätte hat ihren Sitz in Basel/Schweiz, die Schuldnerin hat ihren Sitz in Luzern/Schweiz und die Bezahlung fand mit Anteilen an der Soccorso S.A., Como/Italien, statt.

Frage

Wie sind die Dividenden aus Irland bzw. Italien in Deutschland zu besteuern?

LÖSUNG

Nach den Bestimmungen des Art. 7 Abs. 1, 2 i. V. m. Art. 5 DBA-DK sind der Betriebsstätte in Odense die Betriebsergebnisse zuzurechnen, die sie hätte erzielen können, wenn sie eine gleiche oder ähnliche Tätigkeit unter gleichen oder ähnlichen Bedingungen als selbständiges Unternehmen ausgeübt hätte und im Verkehr mit dem Unternehmen, dessen Betriebsstätte sie ist, völlig unabhängig gewesen wäre.

Die Dividendenerträge sind unstreitig Erlöse der Betriebsstätte; fraglich ist aber, ob sie unter Art. 7 DBA-DK subsumiert werden können oder ob es sich um Dividendenerträge i. S. des Art. 10 DBA-DK handelt aufgrund des Vorranges des speziellen Artikels nach Art. 7 Abs. 4 DBA-DK (= Art. 7 Abs. 4 OECD-MA).

Die aus Irland bezogenen Dividenden fallen schon vom Abkommenstext her nicht unter Art. 10 Abs. 1 DBA-DK.

Der Betriebsstättenvorbehalt des Art. 10 Abs. 6 DBA-DK ist nicht einschlägig, weil die die Dividenden zahlende Gesellschaft nicht in Dänemark ansässig ist.

Somit ist die Regelung des Art. 21 DBA-DK zu prüfen (Bezug von Dividenden aus einem Drittstaat). Art. 21 Abs. 1 DBA-DK ist zwar grundsätzlich anzuwenden, aber der vorrangige sog. Betriebsstättenvorbehalt des Art. 21 Abs. 2 DBA-DK könnte im konkreten Fall dazu führen, dass die Einkünfte einer Betriebsstätte aus Drittstaaten dem Betriebsstättenstaat zugewiesen werden und nicht als im Betriebsstättenstaat de facto steuerfreie Einkünfte zu behandeln und stattdessen im Ansäsigkeitsstaat des Unternehmens zu besteuern sind (vgl. Nr. 4 OECD-MK zu Art. 21 OECD-MA).

Entscheidend ist, wie die Worte „tatsächlich zu dieser Betriebsstätte gehören" in Art. 21 Abs. 2 DBA-DK (= Art. 21 OECD-MA) auszulegen sind. In dem Urteil v. 19.12.2007 - I R 66/06, BStBl II 2008, 510, hat der BFH ausgeführt, dass für Zwecke der Anwendung des Methodenartikels aus Drittstaaten stammende Dividenden nur dann zu den Unternehmensgewinnen i. S. des Art. 7 DBA-DK zählen können, wenn sie tatsächlich zu einer Betriebsstätte des betreffenden Unternehmens gehören. Dafür sei Voraussetzung, dass sie in einem funktionalen Zusammenhang mit der in der Betriebsstätte ausgeübten unmittelbar unternehmerischen Tätigkeit stünden, so dass es sich nach der Verkehrsauffassung um Nebenerträge jener Tätigkeit handele. Deshalb seien von einem deutschen Unternehmen vereinnahmte Dividenden, die aus Drittstaaten stammten und nicht in dem geschilderten Sinne funktional mit einer unternehmerischen Tätigkeit zusammenhängen, nicht als Gewinne aus einer ausländischen Betriebsstätte von der deutschen Einkommensteuer befreit. Zur Begründung hat er auf seine Ausführungen in seinem Urteil v. 30.8.1995 - I R 112/94, BStBl 1996 II 563 (bestätigt durch BFH v. 29.11.2000 - I R 84/99, HFR 2001, 1053) verwiesen.

Dort heißt es: Zu der Frage, wann ein Vermögenswert tatsächlich zu einer Betriebsstätte im Sinne der DBA gehört, hat der erkennende Senat schon in seinen Urteilen vom 27.2.1991 - I R 15/89, BStBl 1991 II 444, und I R 96/89, BFH/NV 1992, 385, sowie v. 31.5.1995 - I R 74/93, BStBl 1995 II 683, ausgeführt, dass es der Sinn und Zweck des Betriebsstättenvorbehalts ist, Erträge aus Wirtschaftsgütern, die von der Betriebsstätte genutzt werden und zu ihrem Ergebnis beigetragen haben, nur im Betriebsstättenstaat zu besteuern. Entsprechend verlangt die tatsächliche Zugehörigkeit eines Vermögenswertes zur Betriebsstätte, dass er in einem funktionalen Zusammenhang zu der in ihr ausgeübten Unternehmenstätigkeit steht. Insoweit können die zu § 8 AStG entwickelten Grundsätze der funktionalen Betrachtungsweise sinngemäß angewendet werden. Deshalb ist auf die Tätigkeit abzustellen, der nach der allgemeinen Verkehrsauffassung das Schwergewicht innerhalb der Betriebsstätte zukommt. Indiz gegen die tatsächliche Zugehörigkeit eines Vermögenswertes zu einer Betriebsstätte ist es deshalb, wenn die aus seiner Nutzung erzielten Einkünfte in gleicher Weise hätten vom Inland aus erzielt werden können bzw. wenn die aus seiner Nutzung erzielten Einkünfte ohne Einfluss auf die Höhe der Einkünfte sind, die aus der unternehmerischen Tätigkeit im engeren Sinne erzielt werden.

Legt man die vorstehenden Grundsätze an den Sachverhalt an, so wird man die Dividendenerträge, die aus einer bestimmten Zahlungsart eines Kunden herrühren, als Nebenerträge der Haupttätigkeit der in der Betriebsstätte ausgeübten Unternehmenstätigkeit qualifizieren können (BFH v. 30.9.2020 - I R 12/19, BStBl 2021 II 511). Somit sind die aus Irland stammenden Dividenden, die über die Betriebsstätte in Dänemark bezogen wurden, als Unternehmensgewinne nach Art. 7 DBA-DK in Deutschland steuerfrei nach Art. 24 Abs. 1 Buchst. a) DBA-DK – der Progressionsvorbehalt kommt bei einem Körperschaftsteuersubjekt nicht zum Tragen.

Abwandlung

Der wesentliche Unterschied zwischen dem DBA-DK und dem DBA-CH liegt darin, dass das DBA-CH zwar einen Art. 21 DBA-CH kennt, welche dem Art. 21 Abs. 1 OECD-MA entspricht, aber keinen Abs. 2. Demnach existiert auch keine Einschränkung der Auffangklausel des Abs. 1 durch einen Betriebsstättenvorbehalt. Hier kann und muss man auf die oben dargestellten Grundsätze der tatsächlichen Zugehörigkeit einer Beteiligung zurückgreifen, zumal auch Art. 10 Abs. 5 DBA-CH den Begriff „tatsächlich zu dieser Betriebsstätte" verwendet.

Ausgehend von den o. g. Grundsätzen des BFH kommt man zu dem Ergebnis, dass die Dividendenerträge in einem funktionalen Zusammenhang mit der von der Betriebsstätte ausgeübten Tätigkeit stehen, und die Dividendenerträge als Betriebsstätteneinkünfte in Deutschland demnach steuerfrei sind (vgl. Art. 24 Abs. 1 Nr. 1 Buchst. a) DBA-CH).

Ergebnis

Die Dividendenzahlungen sind im Grundfall und in der Alternative in Deutschland als Betriebsstätteneinkünfte steuerfrei.

Rechtsprechungshinweise

Vgl. die in der Lösung genannten Entscheidungen.

FALL 83

Zinsen (Art. 11 OECD-MA)

Sachverhalt

Der in München/Deutschland ansässige, aus Vietnam gebürtige Hong Nue (HN) hat ein Im- und Exportunternehmen in München. Für den Aufbau seines Unternehmens hat er ein Darlehen von seinen in Vietnam ansässigen Bruder Loc Nue (LN) sowie von der vietnamesischen Staatsbank („State Bank of Vietnam") erhalten, für die er jährlich Zinsen zahlen muss. Beide Darlehen sind grundbuchrechtlich gesichert auf einem HN gehörenden Grundstück in München. Die Zinsen, die HN an LN zahlen muss, legt HN auftragsgemäß bei der Münchner Bank e.G. auf einem LN gehörenden Festgeldkonto an, wofür LN jährlich Zinsen von der Bank gutgeschrieben werden.

Frage

Können die Zinsen in Deutschland besteuert werden?

LÖSUNG

Da LN weder Wohnsitz noch ständigen Aufenthalt in Deutschland hat, und weil die Staatsbank in Deutschland keine irgendwie geartete Niederlassung besitzt, kann es zu einer Steuerpflicht in Deutschland nur dann kommen, wenn es sich bei den Zinsen für die beiden Darlehen um beschränkt steuerpflichtige Einkünfte handelt. Hier kommt § 49 Abs. 1 Nr. 5 Buchst. c) EStG in Betracht, da die Darlehen durch inländischen Grundbesitz abgesichert sind.

Nach Art. 11 Abs. 1 OECD-MA können Zinsen, die aus einem Vertragsstaat (hier: Deutschland) stammen und an eine im anderen Vertragsstaat ansässige Person (hier: LN sowie State Bank of Vietnam) gezahlt werden, im anderen Staat (hier: Vietnam) besteuert werden. Aber Art. 11 Abs. 2 OECD-MA bestimmt, dass diese Zinsen jedoch auch in dem Vertragsstaat, aus dem sie stammen (hier: Deutschland), nach dem Recht dieses Staates besteuert werden können; die Steuer darf aber, wenn der Nutzungsberechtigte der Zinsen eine in dem anderen Vertragsstaat ansässige Person (vgl. Art. 3 Abs. 1 Nr. 1 und 2 OECD-MA) ist, 10 % des Bruttobetrags der Zinsen nicht übersteigen.

Somit dürfen die an LN in Vietnam gezahlten Zinsen für das grundbuchrechtliche abgesicherte Darlehen in Deutschland besteuert werden (Art. 11 Abs. 2 DBA-Vietnam – Quellenbesteuerung). Anders verhält es sich aber mit den Zinsen, die LN auf sein bei der Bank in München unterhaltenes Festgeldkonto erzielt. Da diese die Voraussetzungen des § 49 Abs. 1 Nr. 5 Buchst. c) Doppelbuchst. aa) EStG nicht erfüllen, handelt es sich nicht um in Deutschland steuerbare Einkünfte.

Die in fast allen DBA zu findende Regelung des Art. 11 Abs. 2 OECD-MA (Recht zur Quellenbesteuerung) wird aber in vielen DBA durchbrochen für Zinsen an staatliche Stellen, Zentralbanken und ähnliche Institute der öffentlichen Hand (Bsp.: Kreditanstalt für Wiederaufbau). Das DBA-Vietnam enthält eine entsprechende Regelung in Art. 11 Abs. 3; hier ist auch ausdrücklich die State Bank of Vietnam aufgeführt. Zinsen, die aus Deutschland stammen, sind in Deutschland von jeglicher Steuer befreit.

Ergebnis

Die Zinsen, die für das Darlehen an die Verwandte gezahlt wird, unterliegen in Deutschland der der Höhe nach eingeschränkter Quellensteuer. Die Zinsen, die an die State Bank of Vietnam gezahlt werden, sind in Deutschland von der Steuer befreit. Die Zinsen auf ein im Inland unterhaltenes Bankkonto stellen keine beschränkt steuerpflichtigen Einkünfte dar (vgl. Fall 28).

Rechtsprechungshinweise

BFH v. 6.2.1985 - I R 87/84, BFH/NV 1985, 104; BFH v. 28.3.1984 - I R 129/79, BStBl 1984 II 620

FALL 84

Zinsen (Art. 11 OECD-MA)

Sachverhalt

Die Pharma Deutschland GmbH, Köln/Deutschland, – nachfolgend GmbH – erhält von dem Finanzinvestor Brit-Tax Public Limited Company (PLC), London/Großbritannien (Kapitalgesellschaft) ein Darlehen gegen Gewinnbeteiligung (partiarisches Darlehen). Endfälligkeit nach fünf Jahren. Eine Sicherheit ist nicht vereinbart. Die Aktien der PLC werden an der London Stock Exchange gehandelt.

Abwandlung

Der Finanzinvestor ist in den USA ansässig.

Frage

Wie sind die Zinsen in Deutschland steuerlich zu behandeln?

LÖSUNG

Da Brit-Tax weder über Geschäftsleitung noch Sitz in Deutschland verfügt, kommt eine Besteuerung im Inland nur dann in Betracht, wenn das Unternehmen beschränkt steuerpflichtige Einkünfte erzielt. In Betracht kommt § 49 Abs. 1 Nr. 5 Buchst. a) Doppelbuchst. aa) i. V. m. § 20 Abs. 1 Nr. 4 EStG. Hierfür hat die GmbH nach § 43 Abs. 1 Nr. 3 i. V. m. § 43a Abs. 1 Nr. 1 EStG Kapitalertragsteuer in Höhe von 25 % einzubehalten, anzumelden und abzuführen.

Nach Art. 11 Abs. 1 i. V. m. Abs. 2 Satz 1 DBA-UK sind Zinsen (einschließlich solcher aus einem Darlehen mit einer Beteiligung am Gewinn des Schuldners) ausschließlich im Ansässigkeitsstaat des Gläubigers (= Großbritannien) zu versteuern. Hierzu bestimmt Nr. 2 des Protokolls zum DBA-UK 2010 vom 30.10.2010 (BGBl 2010 II 1355), dass Zinsen für ein partiarisches Darlehen auch im Quellenstaat besteuert werden dürfen = unbegrenztes Quellenbesteuerungsrecht für hybride Finanzmittel ohne Höhenbegrenzung und ohne einseitige Teilentlastung. Somit scheidet eine Entlastung von der deutschen Quellensteuer aus.

Abwandlung

Anders als im DBA-UK werden im DBA-USA die Einkünfte aus einem partiarischen Darlehen als Einkünfte aus Dividenden behandelt (Art. 10 Abs. 5 Satz 2 DBA-USA). Die Tatsache, dass die Zahlungen für das Darlehen abkommensrechtlich umqualifiziert werden in Dividenden hat keine Auswirkungen auf die nationale Besteuerung, da es sich in beiden Fällen um Einkünfte aus Kapitalvermögen i. S. des § 20 Abs. 1 EStG handelt.

Die Qualifizierung der Zahlungen für ein partiarisches Darlehen als Dividenden findet sich in einer Reihe von DBA, ggf. auch in den Protokollerklärungen dazu (vgl. Art. IX des Protokolls zum Abkommen vom 12.4.2012 zwischen Deutschland und den Niederlanden zur Vermeidung der Doppelbesteuerung und zur Verhinderung der Steuerverkürzung auf dem Gebiet der Steuern vom Einkommen v. 12.4.2012, BGBl 2012 II 1448).

Nach Art. 10 Abs. 2 Buchst. b) DBA-USA darf Deutschland eine Quellensteuer in Höhe von 15 % erheben. Soweit die einbehaltene Kapitalertragsteuer die vorgenannte Höhe übersteigt vgl. vorstehenden Ausführungen. Der in den USA ansässige Gläubiger muss einen Antrag auf Erstattung der einbehaltenen Kapitalertragsteuer beim BZSt gemäß § 50d Abs. 1 Satz 2 ff. EStG zu stellen. Die Einschränkung nach § 50d Abs. 3 EStG scheidet aus, weil die Anteile an einer öffentlichen Börse gehandelt werden (vgl. zu § 50d Abs. 3 EStG EuGH v. 20.12.2017 - C-504/16, C -613/16, Deister Holding und Juhler Holding, IStR 2018, 197; BMF v. 4.4.2018, BStBl 2018 I 589).

Ergebnis

Im Grundfall besitzt Deutschland trotz DBA ein uneingeschränktes Quellenbesteuerungsrecht, in der Abwandlung besitzt Deutschland nur ein der Höhe nach beschränktes Besteuerungsrecht.

Rechtsprechungshinweise

BFH v. 19.5.2010 - I R 75/09, BStBl 2011 II 208; BFH v. 21.6.1983 - VIII R 237/80, BStBl 1983 II 563

FALL 85

Lizenzgebühren (Art. 12 OECD-MA)

Sachverhalt

Der freiberufliche Erfinder Pierre Horlebeque (PH) mit Wohnsitz in Paris/Frankreich hat eine neue, nicht geschützte Rezeptur gegen Schönheitsflechten entwickelt, die er der in Stuttgart/ Deutschland ansässigen Beauty GmbH (B) auf die Dauer von 4 Jahren zur Nutzung gegen ein jährliches Nutzungsentgelt von 20 000 € überlässt.

1. Abwandlung

Ferner überlässt er B eine von X, ansässig in Chile, erworbene, ebenfalls nicht geschützte Rezeptur gegen Haarausfall, Dauer und Gebühr wie im Grundfall.

2. Abwandlung

Die Phone Corporation, Seoul/Südkorea, besitz ein Patent zur Handyortung (eingetragen in das deutsche Patentregister durch das Deutsche Patent- und Markenamt sowie eingetragen in das europäische Patentregister beim Europäischen Patentamt) und überlässt dies der deutschen IT-AG für die Dauer von 5 Jahren gegen eine Lizenzgebühr in Form einer Umsatzlizenz.

Frage

Wie sind die Zahlungen steuerlich zu behandeln? Was ist in verfahrensrechtlicher Hinsicht zu beachten?

Hinweis

Auf Spezialregelungen wie Markengesetz, Urhebergesetz und dergl. ist nicht einzugehen.

LÖSUNG

Da PH lt. Sachverhalt weder über Wohnsitz noch ständigen Aufenthalt in Deutschland verfügt, ist er nach § 1 Abs. 4 EStG beschränkt einkommensteuerpflichtig, wenn er inländische Einkünfte i. S. des 49 EStG erzielt.

Soweit PH selbst entwickelte Rezepturen an B überlässt, erzielt er entweder gewerbliche Einkünfte gemäß § 49 Abs. 1 Nr. 2 Buchst. f) Doppelbuchst. aa) EStG oder freiberufliche Einkünfte gemäß § 49 Abs. 1 Nr. 3 EStG (BFH v. 5.11.1992 - I R 42/91, BStBl 1993 II 407).

Unabhängig davon könnten auch Einkünfte nach § 49 Abs. 1 Nr. 9 EStG vorliegen, da es sich um die Nutzung eines nicht in ein inländisches Register eingetragen Rechts handelt; diese Einkünfte sind aber – vgl. letzter Halbsatz von § 49 Abs. 1 Nr. 9 EStG – gegenüber den beiden vorgenannten Einkunftsarten nachrangig.

Das deutsche Besteuerungsrecht ist aufgrund des DBA-F beschränkt. Das Entgelt für das Recht zur Nutzung von Patenten, Markenrechten, Gebrauchsmustern, Plänen, geheimen Verfahren und Formeln oder ähnlichen Gütern oder Rechten darf nach Art. 15 Abs. 1 DBA-F (= Art. 12 Abs. 1 OECD-MA) nur in dem Vertragsstaat besteuert werden, in dem der Bezugsberechtigte – hier: Frankreich – ansässig ist.

Die Zahlung an PH unterliegen dem Steuerabzug nach § 50a Abs. 1 Nr. 3 EStG. Der Steuerabzug beträgt 15 % (§ 50a Abs. 2 EStG). Ungeachtet der Tatsache, dass das DBA-F einer Besteuerung in Deutschland entgegensteht, ist der Steuerabzug durch den Verpflichteten vorzunehmen (§ 50c Abs. 1 EStG), solange keine Freistellungsbescheinigung des BZSt gemäß § 50c Abs. 2 EStG vorliegt. Die Freistellung kann frühestens ab dem Tag, an dem der Antrag beim BZSt eingegangen ist, gewährt werden (§ 50c Abs. 2 Satz 4 EStG). Wenn B die Vergütung ohne Abzug an PH überwiesen wurde, kann sie nach § 50a Abs. 5 Satz 4 EStG, § 73g EStDV in Haftung genommen werden. Die Haftungsinanspruchnahme der B ist unabhängig von den Rechten des PH aus dem DBA-F zulässig (§ 50c Abs. 1 Satz 2 EStG).

1. Abwandlung

Davon ausgehend, dass PH Einkünfte gemäß § 18 EStG erzielt, gilt Folgendes: Hat der Lizenzgeber die Rezepturen seinerseits erworben, so erzielt er beschränkt steuerpflichtige Einkünfte aus Vermietung und Verpachtung gemäß § 49 Abs. 1 Nr. 6 EStG. (BFH v. 5.11.1992 - I R 42/91, BStBl 1993 II 407). Dessen ungeachtet sind die Einkünfte aber nur in Frankreich zu versteuern (s. o.).

2. Abwandlung

Der Vergütungsgläubiger hat weder Sitz noch Geschäftsleitung im Inland; somit kommen nur beschränkt steuerpflichtige Einkünfte gemäß § 2 Nr. 1 KStG, § 8 Abs. 1 KStG, § 49 Abs. 1 EStG in Betracht.

Da es sich um ein in ein inländisches öffentliches Register eingetragenes Patent handelt, kommen Einkünfte gemäß § 49 Abs. 1 Nr. 2 Buchst. f) Doppelbuchst. aa) EStG oder § 49 Abs. 1 Nr. 6 EStG in Betracht; allerdings ist die letzte genannte Einkunftsart lt. Gesetzestext gegenüber den gewerblichen Einkünften nachrangig.

Wie auch beim DBA-F sind Lizenzgebühren nach Art. 12 Abs. 1 DBA-Korea ausschließlich im Sitzstaat des Vergütungsempfängers (= Südkorea) zu versteuern.

Die vorstehenden Ausführungen zur Haftung gelten entsprechend.

Ergebnis

Ein deutsches Besteuerungsrecht wird grundsätzlich durch Art. 12 Abs. 1 OECD-MA ausgeschlossen. Ohne das Vorliegen einer Freistellungsbescheinigung bleibt der inländische Verpflichtete zum Steuerabzug verpflichtet. Deutschland ist zwar zum Einbehalt einer Quellensteuer auf die Lizenzgebühren berechtigt, muss diese aber auf einen entsprechenden Antrag hin wieder erstatten. Ohne einen solchen Antrag kann sich aber weder der Schuldner noch der Vergütungsgläubiger auf die Steuerbefreiung berufen (FG München v. 23.5.2001 - 1 K 3026/97, EFG 2001, 1374).

Rechtsprechungshinweis

BFH v. 13.10.2021 - I R 18/18, BStBl 2022 II 376; BFH v. 19.12.2012 - I R 81/11, BFH/NV 2013, 289; BFH v. 27.7.2011 - I R 32/10, BStBl 2014 II 513; BFH v. 26.10.2004 - IX R 53/02, BStBl 2005 II 167; BFH v. 5.11.1992 - I R 42/91, BStBl 1993 II 407

Verwaltungsanweisungen

BMF v. 29.6.2022, BStBl 2022 I 957; BMF v. 14.7.2021, BStBl 2021 I 1005; BMF v. 11.2.2021, BStBl 2021 I 301; BMF v. 6.11.2020, BStBl 2020 I 1060; BMF v. 27.10.2017, BStBl 2017 I 1448; BMF v. 25.11.2010, BStBl 2010 I 1350, Tz. 56

Hinweis

In einigen DBAs hat Deutschland abweichend vom OECD-MA ein (beschränktes) Quellenbesteuerungsrecht vereinbart. Die mit den meisten europäischen Ländern und den USA abgeschlossenen DBA folgen grundsätzlich dem OECD-MA.

FALL 86

Gewinne aus der Veräußerung von Vermögen (Art. 13 Abs. 1, 2 und 5 OECD-MA)

Sachverhalt

Der deutsche Zahnarzt Rüdiger Bohrmann (RB), der seit 2004 eine Zahnarzt-Praxis in Portofino/ Italien betrieben hat, sowie an einem dortigen zahntechnischen Labor in der Rechtsform der Società a Responsabilità Limitata (SRL) = GmbH zu 33 1/3 % beteiligt war, ist der vielen Sonne überdrüssig und verlegt kurz entschlossen seinen Wohnsitz im Herbst 2024 nach Deutschland zurück. Nach der Wohnsitzverlegung veräußert er

- die Einrichtungsgegenstände seiner Zahnarztpraxis
- seine Anteile an der GmbH;
- seine im Jahre 2009 angeschaffte und bisher ausschließlich eigengenutzte Villa;
- seine 2015 angeschaffte Motorjacht;
- sein erst sechs Monate altes Mercedes Cabrio SL 500;
- alle bisher privat gehaltenen Anteile (1999 erworben) in Höhe von 10 % an der „Vacanze de Mare“ S. p. A. (= AG), Portoferraio (Elba)/Italien, deren Geschäftsgegenstand die Vermietung mehrerer der Gesellschaft gehörender Ferienhäuser auf der Insel Elba ist.

Alle Erwerber sind in Italien ansässig; alle Veräußerungsvorgänge schließen mit einem Veräußerungsgewinn ab.

Abwandlung

Statt der Anteile an der „Vacanze de Mare“ veräußert RB seine Anteile in Höhe von 10 % an der in Palma de Mallorca/Spanien ansässige „Casa blanca“ S.L. (= GmbH), deren Geschäftsgegenstand die Vermietung mehrerer der Gesellschaft gehörender Ferienwohnung auf der Insel Mallorca ist.

Frage

RB fragt Sie als seinen Steuerberater, wie und wo die Gewinne aus den einzelnen Veräußerungsgeschäften zu versteuern sind.

LÖSUNG

RB ist aufgrund seines Wohnsitzes im Inland unbeschränkt steuerpflichtig mit seinem Welteinkommen. Ob die Veräußerungsvorgänge der deutschen Besteuerung unterliegen, ist anhand der Regelung des EStG zu prüfen. Dabei sind die Bestimmungen des DBA-IT zu berücksichtigen.

Art. 13 OECD-MA – und entsprechend Art. 13 DBA-IT – befassen sich mit der Zuweisung der Besteuerungsrechte hinsichtlich der Besteuerung von Gewinnen aus der Veräußerung von Vermögen.

Die überwiegende Mehrzahl der von Deutschland abgeschlossenen DBA sind hinsichtlich Art. 13 in den Absätzen 1 und 2 identisch: sie befassen sich in Abs. 1 mit der Veräußerung von unbeweglichem Vermögen und stellen damit eine Ergänzung zu Art. 6 OECD-MA bzw. Art. 6 DBA-IT dar. Die Besteuerung der Gewinne aus der Veräußerung erfolgt grundsätzlich im Belegenheitsstaat.

Art. 13 Abs. 2 OECD-MA bzw. Art. 13 Abs. 2 DBA-IT befasst sich mit der Besteuerung der Gewinne aus der Veräußerung von beweglichem Betriebsstättenvermögen gewerblicher Unternehmen (Art. 7 OECD-MA bzw. Art. 7 DBA-IT) und freiberuflicher bzw. selbständiger Unternehmen (Art. 13 Abs. 2 Satz 1 2. Alt. DBA-IT als Ergänzung zu Art. 14 DBA-IT); dies ist im DBA-IT als einem vor dem Update 2000 unterzeichnetem DBA noch nach dem alten Muster geregelt. Bei der Fassung des Art. 13 Abs. 2 OECD-MA ist zu berücksichtigen, dass nach Art. 3 Abs. 1 Buchst. c) OECD-MA seit dem Update 2000 zu dem Begriff „Unternehmen" auch die früher in Art. 14 OECD-MA geregelte selbständige Arbeit gehört – vgl. Art. 3 Abs. 1 Buchst. h) OECD-MA. Gewinne aus der Veräußerung von beweglichem Betriebsvermögen einer freiberuflichen Tätigkeit werden grundsätzlich im Belegenheitsstaat besteuert.

Auch die übrigen Regelungen im OECD-MA und DBA-IT entsprechen sich grundsätzlich:

Gewinne aus der Veräußerung von Seeschiffen oder Luftfahrzeugen, die im internationalen Verkehr betrieben werden, werden im Geschäftsleitungsstaat besteuert (Art. 13 Abs. 3 OECD-MA),

Gewinne aus der Veräußerung von im Abkommen nicht genannten Vermögen können nur im Wohnsitzstaat besteuert werden (Art. 13 Abs. 5 OECD-MA).

Wendet man diese Vorschriften an, so ergibt sich unter Berücksichtigung des EStG Folgendes:

Veräußerung der Praxis mit allen Gegenständen

Es handelt sich um steuerpflichtige Einkünfte i. S. des § 18 Abs. 3 EStG; nach Art. 13 Abs. 2 DBA-IT Besteuerungsrecht des Belegenheitsstaates, nach Art. 24 Abs. 3 Buchst. a) DBA-IT in Deutschland Steuerbefreiung mit Progressionsvorbehalt.

Veräußerung der Villa

In Deutschland liegen keine steuerpflichtigen Einkünfte nach § 22 Nr. 2 i. V. m. § 23 Abs. 1 Nr. 1 EStG vor, da der Zeitraum zwischen Anschaffung und Veräußerung mehr als zehn Jahre beträgt.

Nach Art. 13 Abs. 1 OECD-MA Besteuerung des Veräußerungsgewinns im Belegenheitsstaat; die in Italien auf den Veräußerungsgewinn erhobene Steuer stellt eine definitive Belastung dar; diese Steuer kann mangels inländischer steuerpflichtiger Einkünfte im Inland nicht angerechnet werden.

Veräußerung der Motorjacht

In Deutschland liegen keine steuerpflichtigen Einkünfte nach § 22 Nr. 2 i. V. m. § 23 Abs. 1 Nr. 2 EStG vor, da der Zeitraum zwischen Anschaffung und Veräußerung mehr als ein Jahr beträgt; nach Art. 13 Abs. 4 DBA-IT ausschließlich Besteuerung im Wohnsitzstaat; der Veräußerungserlös bleibt also in Deutschland steuerfrei.

Veräußerung des Pkw

In Deutschland nach § 22 Nr. 2 i. V. m. § 23 Abs. 1 Nr. 2 EStG steuerpflichtig; alleiniges Besteuerungsrecht Deutschlands nach Art. 13 Abs. 4 DBA-IT (= Art. 13 Abs. 5 OECD-MA).

Veräußerung der Gesellschaftsanteile an dem zahntechnischen Labor

Entscheidend ist, ob die Anteile an der Zahnlabor-GmbH zum Betriebsvermögen der Zahnarztpraxis oder zum Privatvermögen des RB gehören. Legt man die Grundsätze des Urteils des BFH vom 16.12.2004 - IV R 3/03, BFH/NV 2005, 879, zugrunde, so ist davon auszugehen, dass die Gesellschaftsanteile an dem Zahnlabor als wesentliche Betriebsgrundlage zum notwendigen Betriebsvermögen der Zahnarztpraxis gehört haben. Dann wird der Gewinn aus der Anteilsveräußerung entsprechend den vorstehenden Ausführungen zum Verkauf der Praxis (Art. 13 Abs. 2 DBA-IT) besteuert.

Veräußerung der Gesellschaftsanteile an der Ferienwohnungsgesellschaft

Art. 13 DBA-IT entspricht in seinem Regelungsgehalt hinsichtlich der Besteuerung der Gewinne aus Veräußerungen grundsätzlich dem OECD-MA; allerdings fehlt eine Art. 13 Abs. 4 OECD-MA entsprechende Regelung im DBA-IT. Damit kommt insoweit die allgemeine Auffangklausel in Art. 13 Abs. 4 DBA-IT (= Art. 13 Abs. 5 OECD-MA) zur Anwendung: Der Gewinn aus der Veräußerung von Gesellschaftsanteilen an einer italienischen Kapitalgesellschaft ist gemäß Art. 13 Abs. 4 DBA-IT ausschließlich in Deutschland als Wohnsitzstaat des Anteilseigners zu versteuern.

Abwandlung

Bei der Lösung der Abwandlung ist das DBA-ES zu prüfen, welches erst 2011 geschlossen wurde. In Art. 13 Abs. 2 DBA-ES findet sich eine Regelung wie in Art. 13 Abs. 4 OECD-MA, allerdings ohne den erst durch das Update 2017 in das OECD-MA hineingekommene Zeitfaktor. Nach dieser Norm ist der Veräußerungserlös in Spanien zu versteuern; in Deutschland ist nach Art. 22 Abs. 2 Buchst. b) Doppelbuchst. ii) DBA-ES der Veräußerungserlös unter Anrechnung der spanischen Steuer gem. § 34c Abs. 6 EStG zu versteuern.

Ergebnis

Siehe die Ausführungen in der Lösung

FALL 87

Gewinne aus der Veräußerung von Vermögen, Anteil an Personengesellschaft (Art. 13 Abs. 2 OECD-MA)

Sachverhalt

An der Bauer Food Services GmbH & Co. KG (KG), Weil am Rhein/Deutschland, sind die Brüder Anton Bauer (AB) und Fritz Bauer (FB), beide ansässig in Freiburg/Deutschland, mit je 40 % sowie der Onkel Hubert Bauer (HB), ansässig in Mailand/Italien, mit 20 % als Kommanditisten beteiligt. Komplementärin ohne Einlage ist die Bauer Food Services-GmbH (GmbH).

HB möchte seinen Anteil an der KG an die Brüder verkaufen.

Frage

Wo ist der Veräußerungsgewinn zu versteuern?

LÖSUNG

Da HB im Inland weder Wohnsitz noch ständigen Aufenthalt hat, kommt eine Besteuerung im Inland nur dann in Betracht, wenn es sich ei dem Veräußerungsgewinn um beschränkt steuerpflichtige inländische Einkünfte handelt i. S. des § 49 EStG handelt. Zu prüfen bleibt, ob das DBA-IT eine Beschränkung des deutschen Besteuerungsrechts enthält.

Da HB in Italien ansässig ist, ist auf ihn das DBA-IT nach Art. 1 i. V. m. Art. 4 Abs. 1 DBA-IT anzuwenden.

Nach der BFH-Rechtsprechung handelt es sich aus abkommensrechtlicher Sicht bei der KG, soweit es um den Anteil des HB geht, um ein italienisches Unternehmen mit einer in Deutschland belegenen Betriebsstätte – Betriebsstätten einer Personengesellschaft sind abkommensrechtlich deren Gesellschaftern als eigene zuzurechnen: BFH v. 11.10.2017 - I R 42/15, BFH/NV 2018, 616, Abs. 31; BFH v. 12.6.2013 - I R 47/12, BStBl 2014 II 770). Zu prüfen ist hier die Regelung des Art. 13 Abs. 2 DBA-IT.

Gemäß Art. 13 Abs. 2 OECD-MA können Gewinne aus der Veräußerung beweglichen Vermögens, welches Betriebsvermögen einer Betriebsstätte ist, die ein Unternehmen eines Vertragsstaates im anderen Vertragsstaat hat, im anderen Staat (hier: Deutschland) besteuert werden.

Das OECD-MA definiert nicht den Begriff des „beweglichen Vermögens"; in Nr. 24 OECD-MK zu Art. 13 OECD-MA heißt es hierzu sinngemäß, dass bewegliches Vermögen alle die Dinge sind, die nicht unter die Regelung des Art. 13 Abs. 1 OECD-MA fallen; mit einer transparenten Gesellschaft (wie hier) befasst sich Nr. 26 OECD-MK zu Art. 13 OECD-MA. Da das OECD-MA den Begriff „Betriebsvermögen" nicht besonders definiert, ist für Zwecke der deutschen Besteuerung nach Art. 3 Abs. 2 OECD-MA die Begriffsbestimmung des deutschen Rechts maßgeblich (vgl. auch Nr. 27.1 f. OECD-MK zu Art. 13 OECD-MA).

In ständiger Rechtsprechung verweist der BFH zu Art. 13 Abs. 2 OECD-MA darauf, dass der Abkommenstext sich von dem in Art. 10 Abs. 4, Art. 11 Abs. 4, Art. 12 Abs. 3 und Art. 21 Abs. 2 OECD-MA unterscheide: Diese Regelungen sind an die Voraussetzung geknüpft, dass die Quelle der Einkünfte „...tatsächlich zu dieser Betriebsstätte gehört...", die die in einem Vertragsstaat ansässige Person im anderen Vertragsstaat hat.

Dagegen stellt Art. 13 Abs. 2 OECD-MA vielmehr darauf ab, dass das Wirtschaftsgut „zum Betriebsvermögen der Betriebsstätte gehört". Dies stelle eine geringere Voraussetzung als die in den vorgenannten Art. des OECD-MA aufgestellten Voraussetzungen der „tatsächlichen" Zugehörigkeit dar.

Nach Art. 13 Abs. 2 DBA-IT hat Deutschland das Besteuerungsrecht für die Einkünfte aus der Veräußerung des Gesellschaftsanteils; in Italien erfolgt nach Art. 24 Abs. 2 DBA-IT eine Anrechnung der deutschen Steuer.

Ergebnis

Das Besteuerungsrecht steht gemäß Art. 13 Abs. 2 OECD-MA Deutschland zu.

Rechtsprechungshinweise

BFH v. 12.6.2013 - I R 47/12, BStBl 2014 II 770; BFH v. 19.5.2010 - I B 191/09, BStBl 2011 II 156; BFH v. 13.2.2008 - I R 63/06, BStBl 2009 II 414 sowie die in der Lösung genannten Entscheidungen.

FALL 88

Selbständige Arbeit (Art. 14 OECD-MA a. F.)

Sachverhalt

Rechtsanwalt RA, wohnhaft in München, betreibt eine Rechtsanwaltskanzlei in München; er hat sich auf Fragen des europäischen Rechts spezialisiert und vertritt deutsche und internationale Mandanten regelmäßig von dem EuGH in Luxemburg bzw. der Kommission in Brüssel. Im Jahre 01 hat er sich insgesamt 36 Tage in Luxemburg zur Wahrnehmung von Gerichtsterminen sowie insgesamt 60 Tage zur Wahrnehmung von Besprechungen bei der Kommission in Brüssel/Belgien aufgehalten. Im Zusammenhang mit dieser Tätigkeit sind ihm Honorare in Höhe von 75 000 € (Luxemburg) bzw. 90 000 € (Belgien) zugeflossen. Zur Wahrnehmung der Termine hat er sich jeweils zwischen zwei und acht Tagen vor Ort aufgehalten und in einem Hotel übernachtet; in dem Hotel fanden ggf. Besprechungen mit den Mandanten statt; auch wurde hier ggf. letzte Hand an die eingereichten Schriftsätze gelegt. Ferner hat er einen Vortrag vor der Handelskammer Luxemburg über die Entwicklung des deutschen Steuerrechts gehalten (Honorar: 2 500 €).

Frage

Muss das im Ausland erwirtschaftete Honorar in Deutschland versteuert werden?

LÖSUNG

RA ist aufgrund des Wohnsitzes unbeschränkt einkommensteuerpflichtig; demnach unterliegt das sog. Welteinkommen der Besteuerung in Deutschland. Er erzielt Einkünfte aus selbständiger Arbeit gemäß § 18 Abs. 1 Nr. 1 i. V. m. § 34d Nr. 3 EStG.

Das OECD-MA unterscheidet seit dem Update 2000 nicht mehr zwischen gewerblichen Unternehmensgewinnen (Art. 7 OECD-MA) und Gewinnen aus der Ausübung eines freien Berufes (Art. 14 OECD-MA a. F.) – vgl. Art. 3 Abs. 1 Buchst. c) und h) OECD-MA. Dagegen finden sich in Art. 14 DBA-B (auch noch in Art. 9 DBA-Lux 1958) Sonderregelungen, die aber – ebenso wie Art. 14 OECD-MA a. F. – dem Grundprinzip des Art. 7 OECD-MA entsprechen: Gewinne werden nur dann im Tätigkeitsstaat versteuert, wenn die Person in diesem Staat über eine Betriebsstätte bzw. eine feste Einrichtung / ständige Einrichtung verfügt. Ist dies der Fall, so kann nur derjenige Teil des Gewinns im Staat der festen Einrichtung besteuert werden, der über diese feste Einrichtung erzielt worden ist und ihr wirtschaftlich zugerechnet werden kann.

RA verfügt weder in Luxemburg noch in Belgien über eine Betriebsstätte/feste Einrichtung i. S. des Art. 5 OECD-MA/Art. 5 DBA-B/Art. 2 Abs. 1 Nr. 2 DBA-Lux 1958/Art. 5 DBA-Lux 2012. Die Honorare – soweit sie auf das Auftreten vor dem EuGH bzw. der Kommission entfallen – werden somit nicht mittels einer in Belgien bzw. Luxemburg befindlichen festen Einrichtung erzielt. Demnach sind die Honorare nur in Deutschland der Besteuerung zu unterwerfen.

Die Hotelzimmer können nicht als feste Einrichtungen im Sinne des Art. 5 OECD-MA betrachtet werden, u. a. auch wegen der zeitlichen Komponente (fehlende Verwurzelung).

Hinsichtlich des Honorars für den Vortrag vor der Handelskammer Luxemburg fand sich in Art. 9 Abs. 2 Satz 2 DBA-Lux 1958 eine Besonderheit gegenüber der Mehrzahl der deutschen Abkommen: Danach galt der Vorbehalt einer ständigen Einrichtung nicht für eine vortragende Tätigkeit; Luxemburg hatte demnach ein Besteuerungsrecht für den Gewinn aus dem Vortrag, und Deutschland als Wohnsitzstaat stellte diese Einkünfte unter Beachtung des Progressionsvorbehalts frei. Diese Sonderregelung findet sich aber nicht mehr im DBA-Luxemburg 2012.

Ergebnis

Das im Ausland erzielte Honorar stellt Betriebseinnahmen dar, die uneingeschränkt nur im Inland zu versteuern sind; eine Sonderregelung galt für das Vortragshonorar nach dem DBA-Luxemburg 1958.

FALL 89

Selbständige Arbeit, Tätigkeitsdauer als Ersatz für feste Einrichtung (Art. 14 OECD-MA a. F.)

Sachverhalt

Anton Bauer (AB) ist selbständiger Diplomingenieur, verheiratet, wohnhaft in Frankfurt, und befasst sich insbesondere mit Hochwasserschutzbauten. Auf Vermittlung der Deutschen Botschaft wird er ab 1.4.01 in Jakarta/Indonesien bei der dortigen Tsunami-Warnstelle tätig (öffentlich-rechtliche Anstalt, die dem indonesischen Verkehrsministerium nachgeordnet ist), die ihm für seine selbständige Beratungstätigkeit auf ein Konto in Jakarta ein Honorar zahlt; ein eigenes Büro erhält er nicht; ihm werden wechselnde Räume zur Verfügung gestellt. Seine Familie verbleibt in Frankfurt. Am 1.9.01 kehrt er nach Deutschland zurück.

Frage

Muss das Honorar für die Tätigkeit in Indonesien in Deutschland versteuert werden?

LÖSUNG

AB ist aufgrund des Wohnsitzes unbeschränkt einkommensteuerpflichtig; demnach unterliegt das sog. Welteinkommen der Besteuerung in Deutschland. Er erzielt Einkünfte aus selbständiger Arbeit gemäß § 18 Abs. 1 Nr. 1 i. V. m. § 34d Nr. 3 EStG. Dass er auch in Indonesien wegen des zeitweiligen Wohnsitzes unbeschränkt steuerpflichtig ist, ist im Hinblick auf die Regelung des Art. 4 Abs. 2 Nr. 1 DBA-Indonesien für die Anwendung des DBA unerheblich, da der Mittelpunkt seiner Lebensinteressen in Deutschland ist.

Nach Art. 7 Abs. 1 OECD-MA, der seit dem Update 2000 die bis dahin geltende Fassung des Art. 14 Abs. 1 OECD-MA in sich aufgenommen hat, werden – unter Berücksichtigung von Art. 3 Abs. 1 Buchst. h) OECD-MA – die im Ausland erzielten Einkünfte aus selbständiger Tätigkeit im

Wohnsitzstaat besteuert, es sei denn, die Person verfügt im Ausland über eine Betriebsstätte bzw. eine feste Einrichtung; ist dies der Fall, so sind dem Betriebsstättenstaat die durch die Betriebsstätte/feste Einrichtung erzielten Gewinne zuzurechnen und dort zu besteuern (vgl. Art. 14 Abs. 1 OECD-MA a. F./Art. 7 Abs. 1 OECD-MA).

Im vorliegenden Fall verfügt AB über keine feste Einrichtung/Betriebsstätte in Indonesien. So fehlt es z. B. an der uneingeschränkten Verfügungsmacht. Eine bloße Mitbenutzung führt nicht zur Begründung einer Betriebsstätte. Auch die zeitliche Komponente (Verwurzelung) ist nicht erfüllt (BFH v. 18.12.2024 - I R 39/21, BFH/NV 2025, 937; BFH v. 9.1.2019 - I B 138/17, BFH/NV 2019, 681; BFH v. 22.4.2009 - I B 196/08, BFH/NV 2009, 1588).

Im DBA-Indonesien findet sich aber in Art. 14 Abs. 1 Satz 1 2. HS eine vor allem in Abkommen Deutschlands mit Entwicklungsländern häufiger vereinbarte Regelung: Danach reicht es für eine Zurechnung der Einkünfte aus selbständiger Tätigkeit zum Tätigkeitsstaat aus, wenn die betreffende Person sich eine längere Zeit in dem Tätigkeitsstaat aufhält, auch wenn sie dort über eine feste Einrichtung nicht verfügt, aber: „sich in diesem anderen Staat länger als insgesamt 120 Tage während des betreffenden Steuerjahres aufhält. ...oder bleibt sie während des vorgenannten Zeitraums in diesem anderen Staat, so können die Einkünfte im anderen Staat besteuert werden, jedoch nur insoweit, als sie ... während des vorgenannten Zeitraums in diesem anderen Staat bezogen werden.“ Diese Voraussetzungen sind vorliegend erfüllt, so dass Indonesien ein Besteuerungsrecht besitzt. In anderen DBA kann ggf. eine längere Aufenthaltsdauer vorgesehen sein.

Demnach sind die in Indonesien gezahlten Honorare in Indonesien zu versteuern; Deutschland behält das Recht, die freigestellten Einkünfte bei der Ermittlung des besonderen Steuersatzes nach § 32b Abs. 1 Nr. 3 EStG zu berücksichtigen (Art. 23 Abs. 1 Buchst. a) DBA-Indonesien; der Nachweis gemäß Art. 23 Abs. 1 Buchst. d) Doppelbuchst. aa) – technische Beratung – kann als erbracht unterstellt werden).

Ergebnis

Das Honorar ist aufgrund der Besonderheiten des DBA-Indonesien in Deutschland unter Beachtung des Progressionsvorbehalt freigestellt.

Rechtsprechungshinweise

Sie die in der Lösung genannten Entscheidungen

Hinweis

Soweit eine unselbständige Tätigkeit im Rahmen eines Entwicklungshilfeprogramm ausgeübt wird, vgl. Fall 117.

FALL 90

Einkünfte aus unselbständiger Arbeit – Ort der Tätigkeit (Art. 15 Abs. 1 OECD-MA)

Sachverhalt

Auslandskorrespondent K ist im Inland ansässig und arbeitet im DBA-Ausland A (kein Grenzgänger). K unternimmt vom Redaktionsbüro in A aus vereinzelt Dienstreisen in angrenzende Länder.

Sein inländischer Arbeitgeber kündigt ihm am 1.12.2024 zum Jahresende wegen Spesenbetrugs und stellt ihn unter Fortzahlung des Arbeitslohnes von der Arbeit unwiderruflich frei. Daraufhin kehrt K ins Inland zurück.

Frage

Wo werden 2024 die Einkünfte

a) die anteilig auf die Dienstreisetage außerhalb von A entfallen

b) ab Kündigung

besteuert?

LÖSUNG

K ist infolge seines Wohnsitzes (§ 8 AO) im Inland unbeschränkt einkommensteuerpflichtig (§ 1 Abs. 1 EStG). Erfasst werden das Welteinkommen und damit auch die Einkünfte aus nichtselbständiger Arbeit. Diese Einkünfte sind jedoch von der Bemessungsgrundlage der deutschen Steuer auszunehmen, wenn sie nach dem DBA nur im DBA-Ausland besteuert werden können. Art. 15 OECD-MA regelt das Besteuerungsrecht bezüglich Einkünften aus unselbständiger Arbeit und findet auf K Anwendung. Gemäß Art. 15 Abs. 1 Satz 1 OECD-MA können Gehälter, Löhne und ähnliche Vergütungen, die eine in einem Vertragsstaat ansässige Person aus unselbständiger Arbeit bezieht, nur in diesem Staat besteuert werden, es sei denn, die Arbeit wird im anderen Vertragsstaat ausgeübt. Wird die Arbeit dort ausgeübt, so können die dafür bezogenen Vergütungen im anderen Staat besteuert werden (Satz 2).

Demnach ist das Einkommen des K grundsätzlich im Wohnsitzstaat Deutschland zu besteuern. Die Beurteilung, ob Arbeitslohn vorliegt, richtet sich nach deutschem Steuerrecht. Zu prüfen ist sodann, ob die Arbeit im Ausland ausgeübt wird. Wird der Arbeitnehmer im anderen Staat tätig, besteuert grundsätzlich der Tätigkeitsstaat. Die Einkünfte sind im Ansässigkeitsstaat steuerfrei. Sie unterliegen dem Progressionsvorbehalt nach § 32b Abs. 1 Nr. 3 EStG. Grundsätzlich fällt jedoch das Besteuerungsrecht wieder an den Ansässigkeitsstaat zurück, wenn sich der Arbeitnehmer weniger als 183 Tage pro Steuerjahr im ausländischen Tätigkeitsstaat aufhält. Maßgebend sind die jeweiligen Regelungen im DBA. Die 183-Tage-Regelung kann dann nicht gelten, wenn der Arbeitslohn von einem Arbeitgeber gezahlt wird, der im Tätigkeitsstaat ansässig ist. Wer Arbeitgeber ist, richtet sich nach nationalem Recht (so BFH v. 12.12.2024 - VI R 25/22, BStBl 2025 II 507). Dessen Ansässigkeit richtet sich zunächst nach dem Wortlaut und den Definitionen des Abkommens und sodann nach dem Sinn und dem Vorschriftenzusammenhang innerhalb des Abkommens und auf einer nachgelagerten Prüfung nach Art. 4 OECD-MA.

a) Der Arbeitsort befindet sich dort, wo der Arbeitnehmer sich zur Ausübung seiner Tätigkeit tatsächlich aufhält. Ausschlaggebend ist die physische Anwesenheit im Tätigkeitsstaat, nicht eine "vertragliche" Anwesenheit, also eine Anwesenheit, welche sich allein daraus ableitet, dass der Arbeitnehmer arbeitsvertraglich verpflichtet ist, im Rahmen seiner Tätigkeit auch Tätigkeiten in seinem Wohnsitzstaat oder in Drittstaaten zu erbringen und sich dafür (auch) dort tatsächlich aufzuhalten. Hält sich K bei seiner Arbeitsausübung nicht in einem der beiden Vertragsstaaten auf, kann für die Vergütung, die er für solche Aufenthalte anteilig erhält, der Tätigkeitsstaat A kein Besteuerungsrecht beanspruchen (BFH v. 25.11.2014 - I R 27/13, BStBl 2015 II 448).

Es fehlt die Arbeitsausübung auf seinem Staatsgebiet. Das Besteuerungsrecht steht dem Ansässigkeitsstaat zu.

b) Es handelt sich hier um einen Fall der bezahlten Untätigkeit. Im Falle einer unwiderruflichen Arbeitsfreistellung findet keine Tätigkeitsausübung statt (BMF v. 12.12.2023, BStBl 2023 I 2179, Rn 362). Art. 15 Abs. 1 Satz 2 OECD-MA findet keine Anwendung, sodass Satz 1 einschlägig bleibt.

Ergebnis

Die Einkünfte sind in Deutschland, dem Ansässigkeitsstaat, zu besteuern.

Hinweis zu Frage b)

Nach Tz. 2.6 des OECD-MK zu Art. 15 OECD-MA ist darauf abzustellen, wo der Arbeitnehmer gearbeitet hätte, wäre er nicht freigestellt worden (Ausland). Demnach unterlägen die Einkünfte gemäß § 32b Abs. 1 Satz 1 Nr. 3 EStG lediglich dem Progressionsvorbehalt.

Rechtsprechungshinweise

BFH v. 1.8.2024 - VI R 23/22, BFH/NV 2024, 1446 (DBA Schweiz); BFH v. 16.1.2019 - I R 66/17, BFH/NV 2019, 1067; BFH v. 25.11.2014 I R 27/13, BStBl 2015 II 448

Verwaltungsanweisungen

BMF v. 12.12.2023, BStBl 2023 I 2179, Rn 79, Rn 111, 232, 360 bis 362 ergänzt durch BMF v. 8.10.2024, BStBl 2024 I 1308 für das Lohnsteuerabzugsverfahren

FALL 91

Einkünfte aus unselbständiger Arbeit – 183-Tage-Frist (Art. 15 Abs. 2 OECD-MA)

Sachverhalt

Arbeitnehmer Max Maurer (M) mit Wohnsitz bei seiner Familie im Inland wird von 1.12.2023 bis 15.6.2024 von seinem inländischen Arbeitgeber auf einer Baustelle im DBA-Staat A sowie vom 1.10. bis 30.11.2024 im DBA-Staat B eingesetzt. Im Januar und März 2024 kann er die Tätigkeit wegen Krankheit nicht ausüben und verbringt den Januar im Ausland und den März im Inland. Vom 16.6. bis 18.6.2024 fährt M nach Deutschland, um seine Familie in den ausländischen Tätigkeitsstaat zu holen und dort in der Zeit vom 19.6. bis zum 15.7.2024 gemeinsam den Jahresurlaub zu verbringen. Anschließend arbeitet er bis zum 30.9.2024 wieder im Inland. Er wird von seinem inländischen Arbeitgeber weiterbezahlt.

1. Abwandlung

Das DBA mit dem Staat A stellt darauf ab, dass die Tätigkeit in dem anderen Staat insgesamt nicht länger als 183 Tage – übliche Arbeitsunterbrechungen eingeschlossen – während des Kalenderjahres ausgeübt wird.

2. Abwandlung

M ist Vorstandsmitglied einer in der Schweiz ansässigen Kapitalgesellschaft. Er nimmt Aufgaben in und außerhalb der Schweiz wahr. Seine Einkünfte werden in der Schweiz besteuert. Er ist kein Grenzgänger.

Frage

Sind die 2024 erzielten Einkünfte in Deutschland zu versteuern?

LÖSUNG

M ist gemäß § 1 Abs. 1 EStG unbeschränkt einkommensteuerpflichtig. Somit ist sein Welteinkommen der Besteuerung zu unterwerfen (§ 2 Abs. 1 EStG). Zu prüfen ist, inwieweit hierzu die Einkünfte aus der Montagetätigkeit im Ausland einzubeziehen sind.

Gemäß dem Grundsatz des Art. 15 Abs. 1 Satz 1 OECD-MA sind diese Einkünfte im Wohnsitzstaat (Deutschland) zu besteuern. Hier ist allerdings Art. 15 Abs. 1 Satz 2 OECD-MA einschlägig (die Arbeit wird im Ausland = anderen Vertragsstaat ausgeübt), so dass die Einkünfte im Ausland besteuert werden und in Deutschland gemäß Art. 23 A Abs. 1 OECD-MA von der Besteuerung freizustellen sind.

An dieser Stelle ist Art. 15 Abs. 2 OECD-MA zu prüfen, der das Besteuerungsrecht wieder dem Ansässigkeitsstaat zuweist. Dafür müssen drei Voraussetzungen erfüllt sein:

Der Empfänger hält sich im anderen Staat (Tätigkeitsstaat) insgesamt nicht länger als 183 Tage innerhalb eines Zeitraums von 12 Monaten, der während des betreffenden Steuerjahres beginnt oder endet, auf (Buchst. a), das OECD-MA stellt damit nicht auf das Kalenderjahr ab, so z. B. auch Art. 14 Abs. 2 Buchst. a DBA-Finnland,

die Vergütungen werden von einem Arbeitgeber gezahlt, der nicht im anderen Staat ansässig ist, (Buchst. b) und

die Vergütungen werden nicht von einer Betriebsstätte getragen, die der Arbeitgeber im anderen Staat hat (Buchst. c).

Innerhalb des Zeitraums von 12 Monaten (1.12.2023 bis 30.11.2024) hält sich M zwar zweifelsfrei insgesamt länger als 183 Tage im Ausland auf, aber in zwei unterschiedlichen Staaten. Zu prüfen und anzuwenden ist das jeweils einschlägige DBA; es können die Zeiten des Aufenthalts in unterschiedlichen Staaten nicht zusammengerechnet werden, so dass die Tätigkeit in Staat A näher zu untersuchen ist.

Die Krankheitstage im Januar werden dabei mitgezählt (Auslandsaufenthalt), nicht aber die Krankheitstage im März (Inlandsaufenthalt). Nach dem Wortlaut des Art. 15 OECD-MA ist es ausreichend, wenn M im Tätigkeitsstaat physisch anwesend ist („sich aufhält"). Nach dieser Formulierung kommt es insoweit allein auf die tatsächliche Anwesenheit des Arbeitnehmers im Tätigkeitsstaat an; eine Einschränkung des Inhalts, dass die Anwesenheit mit der Arbeitstätigkeit zusammenhängen oder ihr dienen müsse, ist dem Wortlaut der Vorschrift nicht zu entnehmen.

Deshalb ist auch der im Tätigkeitsstaat verbrachte Urlaub als „Aufenthalt" i. S. des Art. 15 Abs. 2 Buchst. a) OECD-MA anzusehen (BFH v. 23.2.2005 - I R 13/04, BFH/NV 2005, 1242). Zum einen betrug der zeitliche Abstand zwischen der Ausreise des M nach Abschluss seiner Tätigkeit und seiner Wiedereinreise zum Zweck des Urlaubs nur wenige Tage. Zum anderen diente die zwischenzeitliche Rückkehr nach Deutschland nicht der Vornahme von Dienstgeschäften; vielmehr wollte M, dessen Urlaub sich unmittelbar an die Arbeitstätigkeit anschloss, lediglich seine Familie an den Urlaubsort holen.

M hält sich im Staat A insgesamt länger als 183 Tage auf (1.12.2023 bis 28.2.2024, 1.4.2024 bis 15.6.2024, 19.6.2024 bis 15.7.2024), so dass Art. 15 Abs. 2 OECD-MA nicht anwendbar ist.

Ergebnis

Art. 15 Abs. 1 Satz 2 OECD-MA bleibt anwendbar mit der Folge, dass die im Staat A erzielten Einkünfte in Deutschland gemäß Art. 23 A Abs. 1 OECD-MA von der Besteuerung ausgenommen werden. Sie unterliegen aber gemäß § 32b Abs. 1 Satz 1 Nr. 3 EStG dem Progressionsvorbehalt – § 50d Abs. 8 EStG beachten. Für den Progressionsvorbehalt sind die (nach dem DBA) steuerfreien Einkünfte hinsichtlich Art, Höhe, persönlicher und sachlicher Zurechnung nach deutschem Steuerrecht zu ermitteln (vgl. BFH v. 15.5.2002 - I B 73/01, BFH/NV 2002, 1295). Die im Staat B erzielten Einkünfte werden dagegen gemäß Art. 15 Abs. 2 OECD-MA in Deutschland besteuert.

Hinweis

Es ist im Einzelfall zu prüfen, ob das jeweilige DBA von den Grundsätzen des OECD-MA abweicht.

1. Abwandlung

Hier wird zweifelsfrei auf die Dauer der Arbeitsausübung im Tätigkeitsstaat abgestellt. Dann zählen z. B. Urlaubstage grundsätzlich nicht mit zur Aufenthaltsdauer (vgl. BMF v. 12.12.2023, BStBl 2023 I 2179, Rn 108, 115, 120 abhängig vom zeitlichen Zusammenhang mit der Arbeitstätigkeit auch Samstage und Sonntage Rn. 118-120), so z. B. nach Art. 15 Abs. 2 Buchst. a DBA-DK. In anderen DBA, z. B. Art. 15 Abs. 2 Nr. 1 DBA-B, werden übliche Arbeitsunterbrechungen mitgezählt.

Somit kann zwar der gesamte Zeitraum vom 1.1.2024 bis 15.6.2024 (166 Tage) zur Aufenthaltsdauer zählen, da sowohl die Krankheitstage im Januar als auch im März 2024 auf den Zeitraum der Auslandstätigkeit in A entfallen. Allerdings kann der Familienurlaub im Anschluss an die Auslandstätigkeit keine „übliche Arbeitsunterbrechung" mehr sein, so dass die Tage während des Zeitraums von 19. 6. bis 15.7.2024 nicht als Ausübungstage betrachtet werden können. M hält sich dann nicht länger als 183 Tage in A auf. Sein Arbeitgeber, der den Arbeitslohn zahlt, ist weder in A ansässig noch werden die Vergütungen von einer Betriebsstätte in A getragen.

Ergebnis

Art. 15 Abs. 2 DBA-A ist anwendbar.

2. Abwandlung

Nach Art. 15 Abs. 4 DBA-CH werden Vorstandsmitglieder einer in der Schweiz ansässigen Kapitalgesellschaft in der Schweiz besteuert. M ist kein Grenzgänger und Art. 15a DBA-CH nicht vorrangig anzuwenden. Nach der Rechtsprechung des BFH (BFH v. 11.11.2009 - I R 83/08, BFH/NV 2010, 524) enthält Art. 15 Abs. 4 DBA-CH eine Fiktion des Tätigkeitsorts. M übt danach seine Arbeit auch an den Tagen in der Schweiz aus, an denen er tatsächlich außerhalb der Schweiz tätig geworden ist. Sämtliche Einkünfte aus der Tätigkeit als Vorstandsmitglied werden nach

Art. 15 Abs. 4 DBA-CH in der Schweiz besteuert und sind von der Besteuerung im Inland ausgenommen (Art. 24 Abs. 1 Nr. 1 Buchst. d DBA-CH). Die Einkünfte unterliegen dem Progressionsvorbehalt (§ 32b Abs. 1 Satz 1 Nr. 3 EStG).

Ergebnis

Die Einkünfte werden in der Schweiz besteuert. Sie unterliegen in Deutschland dem Progressionsvorbehalt.

Rechtsprechungshinweise

BFH v. 1.6.2022 - I R 45/18, BFH/NV 2022, 1221; BFH v. 23.2.2005 - I R 13/04, BFH/NV 2005, 1242

Zur 2. Abwandlung: BFH v. 28.6.2022 - I R 24/21, BFH/NV 2023, 57; BFH v. 30.9.2020 - I R 60/17, BStBl 2023 II 629; BFH v. 14.3.2011 - I R 23/10, BFH/NV 2011, 1599; BFH v. 11.11.2009 - I R 83/08, BFH/NV 2010, 524

Verwaltungsanweisungen

BMF v. 8.10.2024, BStBl 2024 I 1308, Rn. 27; BMF v. 12.12.2023, BStBl 2023 I 2179, Rn 101 ff., 223 ff.; BMF v. 7.12.2023, BStBl 2023 I 2150 zu Ansässigkeits- und Arbeitgeberbescheinigungen nach DBA-CH; BMF v. 25.4.2023, BStBl 2023 I 632 zu Art. 15 Abs. 4 DBA-CH

FALL 92

Einkünfte aus unselbständiger Arbeit – Arbeitsortsprinzip (Art. 15 Abs. 1 Satz 2 OECD-MA)

Sachverhalt

M ist Monteur bei einem inländischen Möbelhersteller. Er wird von seinem Arbeitgeber für 9 Monate an einen Möbelhersteller in Oslo/Norwegen abgeordnet. Sein inländischer Arbeitgeber trägt weiterhin sein Gehalt. Die Ehefrau und die Kinder von M bleiben im gemeinsamen Haus im Inland. Infolge der Abordnung hat M hohe Werbungskosten, wie Familienheimfahrten, die nicht vollumfänglich von seinem Arbeitgeber gezahlt werden.

Frage

Hat M seine Einkünfte aus nichtselbständiger Arbeit in Deutschland zu versteuern? Kann M seine Werbungskosten in Deutschland geltend machen?

LÖSUNG

M ist infolge seines inländischen Wohnsitzes in Deutschland unbeschränkt steuerpflichtig. Es gilt das Welteinkommensprinzip. M ist infolge seines familiären Mittelpunkts im Inland in Deutschland ansässig (Art. 4 DBA-Norwegen). Er erzielt Einkünfte aus nichtselbständiger Arbeit (§ 19 Abs. 1 Satz 1 Nr. 1 EStG).

Nach Art. 15 OECD-MA sind die Einkünfte aus unselbständiger Arbeit grundsätzlich im Ansässigkeitsstaat Deutschland zu versteuern. Das Besteuerungsrecht geht jedoch auf den Tätigkeitsstaat über, wenn dort die Arbeit ausgeübt wird – so in diesem Fall. Diesen Grundsätzen entspricht das DBA-Norwegen. Das Besteuerungsrecht fällt nicht an Deutschland nach Art. 15 Abs. 2 DBA-Norwegen zurück. M ist länger als 183 Tage in Norwegen. Auch nach Art. 15 Abs. 1 DBA-Norwegen ist grundsätzlich der Arbeitslohn im Tätigkeitsstaat Norwegen zu besteuern.

Nach Art. 23 Abs. 2 Buchst. b Doppelbuchst. cc DBA-Norwegen ist die Anrechnungsmethode anzuwenden. Der anteilige Arbeitslohn des M ist damit für die Zeit seiner Abordnung im Tätigkeitsstaat Norwegen und in Deutschland zu besteuern. M kann infolgedessen seine Werbungskosten i. S. des § 9 EStG geltend machen.

Eine Doppelbesteuerung wird durch die Anrechnung der norwegischen Steuer nach § 34c Abs. 6 EStG vermieden.

Ergebnis

Die Einkünfte werden (auch) in Deutschland besteuert. M kann seine Werbungskosten geltend machen.

Verwaltungsanweisungen

BMF v. 8.10.2024, BStBl 2024 I 1309, Rn. 4 bis 10 ergänzt durch BMF v. 8.10.2024, BStBl 2024 I 1308 für das Lohnsteuerabzugsverfahren

FALL 93

Einkünfte aus unselbständiger Arbeit – Abfindung (Art. 15 Abs. 1 OECD-MA)

Sachverhalt

Arbeitnehmer A mit ständigem Wohnsitz im Inland wird nach 20-jähriger Tätigkeit bei der inländischen Motor-AG zum 30.6.2024 wegen Betriebsverlegung gekündigt. Er erhält eine Abfindung in Höhe von 100 000 €, die sich wie folgt zusammensetzt:

80 000 € zwecks Beendigung des Arbeitsverhältnisses und

20 000 € zur Ablösung entstandener Pensionsansprüche.

A war die ersten $9\,^1/_2$ Jahre sowie in 2024 im DBA-Ausland, im Übrigen im Inland tätig. Er wurde während des Auslandsaufenthalts nicht von der bzw. für die Motor-AG bezahlt.

Frage

Wie stellt sich die Besteuerung der Abfindungen dar?

Abwandlung

A geht in Pension. Er lässt sich die Betriebsrente kapitalisiert in Höhe von 90 000 € auszahlen.

LÖSUNG

A ist gemäß § 1 Abs. 1 EStG unbeschränkt einkommensteuerpflichtig. Er erzielt Einkünfte aus nichtselbständiger Arbeit. Erfasst werden auch Zahlungen aus ausländischen Quellen. Das Welteinkommen ist der Besteuerung zu unterwerfen (§ 2 Abs. 1 EStG). Zu prüfen ist, ob die Einkünfte im Inland (teilweise) von der Besteuerung ausgenommen sind.

Abfindung in Höhe von 70 000 €

Abfindungen, die dem Arbeitnehmer anlässlich seines Ausscheidens aus dem Arbeitsverhältnis gezahlt werden, sind regelmäßig den Vergütungen aus unselbständiger Arbeit i S. des Art. 15 Abs. 1 OECD-MA als nachträglich gezahlte Tätigkeitsvergütungen zuzuordnen. Sie stellen gemäß der Rechtsprechung des BFH jedoch kein zusätzliches Entgelt für die frühere Tätigkeit dar und werden nicht für eine konkrete im In- oder Ausland ausgeübte Tätigkeit gezahlt, sondern gerade für den Verlust des Arbeitsplatzes. Ein bloßer Anlasszusammenhang zwischen Zahlung und Tätigkeit genügt nach dem Abkommenswortlaut („dafür") indes nicht. Das für die Besteuerung von Arbeitslöhnen geltende abkommensrechtliche Arbeitsortprinzip gilt nicht für Abfindungen, die anlässlich der Auflösung eines Arbeitsverhältnisses gezahlt werden. Abfindungen wären demnach im Ansässigkeitsstaat des Arbeitnehmers zu besteuern, Art. 15 Abs. 1 Satz 1 erster Halbsatz OECD-MA. Von diesen Grundsätzen weicht z. B. das DBA-Frankreich ab. Nach dem Wortlaut des Art. 13 Abs. 1 DBA-Frankreich steht Frankreich als Tätigkeitsstaat das Besteuerungsrecht zu, wenn A die berufliche Tätigkeit in Frankreich ausgeübt hat (vgl. BFH v. 1.8.2024 - VI R 52/20, BFH/NV 2024, 1453).

Nach Tz. 2.7 des OECD-MK zu Art. 15 OECD-MA stehen Abfindungen grundsätzlich im kausalen Zusammenhang mit aktiven Bezügen. Die Zuordnung richtet sich nach den Verhältnissen der Arbeitstage der letzten zwölf Monate des aktiven Arbeitsverhältnisses.

Durch das Gesetz zur Umsetzung der Änderungen der EU-Amtshilferichtlinie und von weiteren Maßnahmen gegen Gewinnkürzungen und -verlagerungen (BGBl 2016 I 3000) wurde ein neuer § 50d Abs. 12 EStG eingefügt: „Abfindungen, die anlässlich der Beendigung eines Dienstverhältnisses gezahlt werden, gelten für Zwecke der Anwendung eines Abkommens zur Vermeidung der Doppelbesteuerung als für frühere Tätigkeit geleistetes zusätzliches Entgelt. Dies gilt nicht, soweit das Abkommen in einer gesonderten, ausdrücklich solche Abfindungen betreffenden Vorschrift eine abweichende Regelung trifft. § 50d Absatz 9 Satz 1 Nummer 1 sowie Rechtsverordnungen gemäß § 2 Absatz 2 Satz 1 der Abgabenordnung bleiben unberührt."

Die Regelung steht gemäß den Ausführungen in der Gesetzesbegründung (BT-Drs. 18/10506, Seite 86) im Einklang mit dem OECD-MK. Stellt man auf die Verhältnisse der Arbeitstage der letzten zwölf Monate des aktiven Arbeitsverhältnisses ab, war A zur Hälfte im Inland und zur Hälfte im Ausland beschäftigt.

Die Finanzverwaltung stellt dagegen auf die jeweiligen Tätigkeitszeiten in den verschiedenen Staaten ab und bezieht sich nur dann auf die Verhältnisse der letzten 12 Monate des Beschäftigungsverhältnisses, wenn keine Anhaltspunkte feststellbar sind, die sich zur Aufteilung der Abfindung eignen. Dies führt lt. Sachverhalt aber zum selben Ergebnis, da er 10 Jahre im Inland und 10 Jahre im Ausland beschäftigt war.

Hinsichtlich des auf das Inland entfallenden Teils von 40 000 € gebührt Deutschland das Besteuerungsrecht. Im Übrigen findet zunächst Art. 15 Abs. 1 OECD-MA Anwendung, d. h. Besteuerungsrecht des Tätigkeitsstaates. Art. 15 Abs. 2 OECD-MA führt wegen der in Abs. 2 Buchst. b) genannten Voraussetzungen zu keinem anderen Ergebnis. Somit bleibt Art. 15 Abs. 1 Satz 2 OECD-MA anwendbar mit der Folge, dass die Einkünfte in Deutschland nicht besteuert werden, Art. 23 Abs. 1 OECD-MA. Sie unterliegen aber gemäß § 32b Abs. 1 Satz 1 Nr. 3 EStG dem Progressionsvorbehalt – § 50d Abs. 8 EStG beachten.

Abfindung in Höhe von 20 000 €

Es ist zu unterscheiden zwischen den

a) Pensionsanwartschaften, die während der Inlandstätigkeit erworben wurden (10/20) und

b) denjenigen, die während der Auslandstätigkeit erworben wurden (9 $^1/_2$ Jahre + $^1/_2$ Jahr).

Die auf die zu Ziffer a) der Pensionsanwartschaften entfallende Abfindung in Höhe von 10 000 € ist in Deutschland zu besteuern, da Wohnsitz- und Tätigkeitsstaat zusammenfallen.

Bei Abfindungen zur Ablösung eines Pensionsanspruchs, die während seines Auslandsaufenthalts entstanden sind, handelt es sich um laufende Vergütungen aus unselbständiger Arbeit i. S des Art. 15 Abs. 1 OECD-MA, für die dem Tätigkeitsstaat das Besteuerungsrecht zusteht. Art. 15 Abs. 2 OECD-MA findet wegen der in Abs. 2 Buchst. b) genannten Voraussetzungen keine Anwendung. Somit bleibt Art. 15 Abs. 1 Satz 2 OECD-MA anwendbar mit der Folge, dass die Einkünfte in Deutschland nicht besteuert werden; sie unterliegen aber gemäß § 32b Abs. 1 Satz 1 Nr. 3 EStG dem Progressionsvorbehalt – § 50d Abs. 8 EStG beachten.

Ergebnis

Die Abfindung wird in Höhe von 50 000 € in Deutschland besteuert und unterliegt in Höhe von 50 000 € dem Progressionsvorbehalt.

Hinweis

Zur Abfindung von Pensionsansprüchen vgl. Tz. 2.10 OECD-MK zu Art. 15 OECD-MA.

Abwandlung

Einmalzahlungen mit Versorgungscharakter, die bei Beendigung des Arbeitsverhältnisses anstelle einer Betriebspension gezahlt werden, fallen ebenso unter Art. 18 OECD-MA wie ein Ruhegehalt, wenn eine laufende Pensionszahlung kapitalisiert und in einem Betrag ausgezahlt wird.

Ergebnis

Gemäß Art. 18 OECD-MA sind die gesamten 90 000 € in Deutschland zu besteuern.

Rechtsprechungshinweise

BFH v. 20.03.2025 - VI R 24/22, BFH/NV 2025, 855 (DBA-Lux); BFH v. 20.11.2024 - VI R 33/21, BFH/NV 2025, 505 (DBA-F), BFH v. 1.8.2024 - VI R 52/20, BFH/NV 2024, 1453 (DBA-F); BFH v. 1.8.2024 - VI R 23/22, BFH/NV 2024, 1446 (DBA-CH); BFH v. 17.5.2017 - X R 10/15, BFH/NV 2017, 1655; BFH v. 10.6.2015 - I R 79/13, BFH/NV 2015, 1630; BFH v. 24.7.2013 - I R 8/13, BFH/NV 2014, 1455; zu Abfindungen an Geschäftsführer einer deutschen GmbH nach DBA-Polen BFH 30.9.2020 - I R 76/17, BStBl 2021 II 275

Verwaltungsanweisungen

BMF v. 12.12.2023, BStBl 2023 I 2179, Rn 254 bis 268

FALL 94

Einkünfte aus unselbständiger Arbeit – Stock Options (Art. 15 OECD-MA)

Sachverhalt

Arbeitnehmer A werden am 1.1.2016 von der inländischen Motor-AG nicht handelbare Optionen gewährt, die ab dem 1.1.2019 ausgeübt werden dürfen. Er war 2016 und 2017 ausschließlich in einem ausländischen Staat tätig. Zum 1.1.2018 wird er ins Inland zurückversetzt. Die Anzahl der Arbeitstage sei in jedem Monat gleich hoch gewesen. Die Optionen übt er am 2.1.2020 aus und erzielt Gewinne in Höhe von 30 000 €.

Frage

Wie ist der erzielte Optionsgewinn steuerlich zu erfassen?

LÖSUNG

A ist gemäß § 1 Abs. 1 EStG unbeschränkt einkommensteuerpflichtig. Somit ist sein Welteinkommen der Besteuerung zu unterwerfen, § 2 Abs. 1 EStG.

Zu den Einnahmen aus nichtselbständiger Arbeit gehören nach § 19 Abs. 1 Satz 1 Nr. 1 i. V. m. § 8 Abs. 1 EStG, § 2 Abs. 1 LStDV alle Güter, die in Geld oder Geldeswert bestehen und die dem Arbeitnehmer aus dem Dienstverhältnis für das Zurverfügungstellen seiner individuellen Arbeitskraft zufließen. Zu einem geldwerten Vorteil führt auch die verbilligte Überlassung von Aktien. Der Vorteil aus einem für Dienstleistungen gewährten Aktienoptionsprogramm führt allerdings erst in dem Zeitpunkt zum Lohnzufluss, in dem die Ansprüche aus den Optionsrechten erfüllt werden, im Zeitpunkt der Optionsausübung („Endbesteuerung"). Sämtliche steuerlichen Folgen sind somit im VZ 2020 zu ziehen.

Ein nicht handelbares Optionsrecht wird regelmäßig nicht gewährt, um dadurch in der Vergangenheit erbrachte Leistungen abzugelten, sondern um eine zusätzliche Erfolgsmotivation für die Zukunft zu schaffen. Es stellt damit eine Vergütung für den Zeitraum zwischen der Gewährung („grant") und der erstmalig tatsächlich möglichen Ausübung des Optionsrechts durch den Arbeitnehmer („vesting") dar. Soweit die von dem Arbeitnehmer in dem genannten Zeitraum bezogenen Einkünfte aus nichtselbständiger Arbeit wegen einer Auslandstätigkeit nach DBA in Deutschland steuerfrei sind, ist deshalb auch der bei tatsächlicher Ausübung des Optionsrechts zugeflossene geldwerte Vorteil anhand der tatsächlichen Arbeitstage auf den Zeitraum zwischen der Gewährung des Optionsrechts und dem Zeitpunkt der erstmalig möglichen Ausübung aufzuteilen und zeitanteilig unter Beachtung des § 50d Abs. 8 EStG und des Progressionsvorbehalts von der inländischen Besteuerung freizustellen. Es kommt auf den Ort der Arbeitsausübung während des Erdienungszeitraums an. Nach BFH v. 21.12.2022 - I R 11/20, BFH/NV 2023, 246 kommt es für die Anwendung (im Streitfall des BFH des Art. 15 DBA-USA) auf die Ansässigkeit zum Zeitpunkt der tatsächlichen Ausübung der Optionen (den Zufluss) an. Zu diesem Zeitpunkt ist A in Deutschland ansässig.

Hinsichtlich der Arbeitstage in 2016 und 2017 findet zunächst Art. 15 Abs. 1 OECD-MA Anwendung, d. h. Besteuerungsrecht des Tätigkeitsstaates. Das inländische Besteuerungsrecht für die

Einkünfte aus Stock Options wird insoweit eingeschränkt, als die Tätigkeit im ausländischen Staat ausgeübt worden ist (vgl. z. B. Art. 15 Abs. 1 i. V. m. Art. 23 Abs. 3 Satz 1 Buchst. a DBA-USA). A war nur im Ausland tätig. Er hatte keine Beschäftigungstage mit Dienstreisen in Deutschland oder Drittstaaten. Art. 15 Abs. 2 OECD-MA führt zu keinem anderen Ergebnis, da bereits die 183-Tage-Frist überschritten ist. Somit bleibt Art. 15 Absatz 1 Satz 2 OECD-MA anwendbar mit der Folge, dass die anteiligen Einkünfte in Höhe von 20 000 € in Deutschland nicht besteuert werden, Art. 23 A Abs. 1 OECD-MA. Sie unterliegen aber gemäß § 32b Abs. 1 Satz 1 Nr. 3 EStG dem Progressionsvorbehalt.

Hinsichtlich des auf 2018 entfallenden Anteils in Höhe von 10 000 € sind die Einkünfte in Deutschland zu besteuern.

Ergebnis

10 000 € sind in Deutschland zu besteuern, 20 000 € unterliegen dem Progressionsvorbehalt.

Rechtsprechungshinweise

BFH v. 20.11.2024 - VI R 33/21, BFH/NV 2025, 506 zu Aktienoptionsprogrammen nach DBA-F; BFH v. 21.12.2022 - I R 11/20, BFH/NV 2023, 246; BFH v. 19.4.2013 - VIII R 19/11, BStBl 2013 II 689; BFH v. 18.9.2012 - VI R 90/10, BStBl 2013 II 289; BFH v. 24.1.2001 - I R 100/98, BStBl 2001 II 509

Verwaltungsanweisungen

BMF v. 12.12.2023, BStBl 2023 I 2179, Rn 271 bis 288 und für weitere Aktienvergütungsprogramme Rn. 289 bis 306

FALL 95

Einkünfte aus unselbständiger Arbeit – Arbeitgeber (Art. 15 Abs. 2 OECD-MA)

Sachverhalt

Monteur M hat seinen Wohnsitz im Inland gemeinsam mit seiner Ehefrau und ist Arbeitnehmer der Foreign-AG (F), einer nach dem Recht des ausländischen DBA-Staates A gegründeten Kapitalgesellschaft. In einem inländischen Handelsregister ist eine Zweigniederlassung eingetragen. Die Satzung der F bestimmt u. a., dass sich der Sitz und das Hauptbüro der Gesellschaft in A befinden und mindestens einmal jährlich eine Aktionärsversammlung an einem Ort in A durchzuführen ist. In Deutschland wird die F als unbeschränkt steuerpflichtig behandelt, da sie erklärt hat, dass sie mit Wirkung vom 1.1.2020 ihre Geschäftsleitung nach Deutschland verlegt habe. F hat nicht ihren Sitz ins Inland verlegt. M arbeitete in 2020 insgesamt 15 Tage für die F in A. M erklärte den auf diese 15 Tage entfallenden Arbeitslohn als nach dem DBA steuerfrei. Er unterliege dem Progressionsvorbehalt.

Die Konsultationen zwischen beiden Vertragsstaaten verliefen ergebnislos.

Frage

Spielen die auf die Tätigkeit in A entfallenden ausländischen Einkünfte einkommensteuerlich in Deutschland eine Rolle?

LÖSUNG

M ist gemäß § 1 Abs. 1 EStG unbeschränkt einkommensteuerpflichtig. Somit ist sein Welteinkommen der Besteuerung zu unterwerfen, § 2 Abs. 1 EStG. M ist aus abkommensrechtlicher Sicht infolge seines familiären Mittelpunkts nach Art. 4 Abs. 1 OECD-MA in Deutschland ansässig.

Nach dem Grundsatz des Art. 15 Abs. 1 Satz 1 OECD-MA sind die Einkünfte im Wohnsitzstaat (Deutschland) zu besteuern. Hier ist allerdings Art. 15 Abs. 1 Satz 2 OECD-MA einschlägig (die Arbeit wird im Ausland = anderen Vertragsstaat ausgeübt), so dass die Einkünfte im Ausland zu besteuern sein können. M war im anderen Staat tageweise körperlich anwesend. M hielt sich dort jedoch an weniger als 183 Tagen auf. Daher könnte das Besteuerungsrecht an den Ansässigkeitsstaat Deutschland vollumfänglich zurückfallen, wenn außerdem die Vergütungen von einem oder für einen Arbeitgeber gezahlt werden, der nicht im Tätigkeitsstaat ansässig ist und die Vergütungen nicht von einer Betriebsstätte oder festen Einrichtung des Arbeitgebers im Tätigkeitsstaat getragen werden, so Art. 15 Abs. 2 OECD-MA. Problematisch ist lt. Sachverhalt, ob die Vergütungen von einem Arbeitgeber oder für einen Arbeitgeber bezahlt werden, der nicht im „anderen Staat" ansässig ist. Das ausschließliche Besteuerungsrecht steht nur dann Deutschland zu, wenn die in Art. 15 Abs. 2 OECD-MA genannten Bedingungen kumulativ vorliegen. Fehlt es an einer Bedingung, so besteuert der Tätigkeitsstaat.

Die Ansässigkeit des Arbeitgebers bestimmt sich nach Art. 4 OECD-MA. Die F ist gemäß Art. 4 Abs. 1 OECD-MA sowohl in Deutschland (Ort der Geschäftsleitung) als auch in A (Sitz) ansässig. Für diese Situation – doppelte Ansässigkeit einer anderen als einer natürlichen Person und ergebnislose Verständigung zwischen den Vertragsstaaten – bestimmt Art. 4 Abs. 3 Satz 2 OECD-MA 2017, dass der betreffenden Person keine Vergünstigung oder Befreiung von Steuern unter diesem Abkommen zusteht, außer in dem Maße und in der Art, auf die sich die zuständigen Behörden der Vertragsstaaten einigen.

In diesem – vom BFH zum DBA-USA entschiedenen – Fall gilt die Gesellschaft für Zwecke der Inanspruchnahme der Abkommensvergünstigungen als in keinem der Vertragsstaaten ansässig (Art. 4 Abs. 3 DBA-USA). Demnach ist für Zwecke der Besteuerung des M davon auszugehen, dass die F in beiden Vertragsstaaten ansässig war. Denn nach dem Abkommenswortlaut gilt die Gesellschaft nur „für Zwecke der Inanspruchnahme der Vergünstigungen nach diesem Abkommen" als in keinem der Vertragsstaaten ansässig; das bedeutet, dass in einem solchen Fall die Gesellschaft selbst nicht abkommensberechtigt ist, für Zwecke der Besteuerung anderer abkommensberechtigter Personen aber weiterhin als in beiden Vertragsstaaten ansässig gilt.

Daraus wiederum folgt für die Anwendung des Art. 15 Abs. 2 Buchst. b) OECD-MA, dass die F als (auch) in A ansässiger Arbeitgeber anzusehen ist. Somit fehlt es an einer abkommensrechtlichen Voraussetzung für die Anwendung des Art. 15 Abs. 2 OECD-MA. Im Hinblick auf das Besteuerungsrecht bleibt es somit bei der Anwendung des Art. 15 Abs. 1 Satz 2 OECD-MA.

Ergebnis

Die Einkünfte werden im Ausland besteuert und sind im Inland gemäß Art. 23 A Abs. 1 OECD-MA von der Besteuerung auszunehmen. Sie unterliegen aber gemäß § 32b Abs. 1 Satz 1 Nr. 3 EStG dem Progressionsvorbehalt – § 50d Abs. 8 EStG beachten.

Rechtsprechungshinweise

BFH v. 5.6.2007 - I R 1/06, BStBl 2007 II 810

Verwaltungsanweisungen

BMF v. 12.12.2023, BStBl 2023 I 2179, Rn 9, 60, 146 bis 148

FALL 96

Einkünfte aus unselbständiger Arbeit, Ansässigkeit (Art. 15 Abs. 1, Art. 4 OECD-MA)

Sachverhalt

Monteur M, der mit seiner Familie in Frankreich wohnt, ist Arbeitnehmer eines Unternehmens mit Sitz in Frankreich. Sein Arbeitgeber entsendet ihn an die deutsche Tochtergesellschaft nach München. Aufgrund der Entfernung zum Familienwohnsitz mietet er sich in München eine Wohnung an. Er übt seine Tätigkeit vor allem in Deutschland aus. Er macht jedoch an 30 Arbeitstagen Dienstreisen nach Frankreich und an 15 Tagen nach Finnland.

Frage

Welchem Staat steht das Besteuerungsrecht zu?

LÖSUNG

M ist infolge seines Wohnsitzes in München unbeschränkt einkommensteuerpflichtig. Es gilt das Welteinkommensprinzip. M gilt infolge seines Lebensmittelpunkts am Familienwohnsitz in Frankreich für Zwecke des DBA-Frankreich als in Frankreich ansässig (Art. 2 Abs. 4 DBA-F entspricht im Wesentlichen Art. 4 Abs. 1 OECD-MA). Deutschland steht als Ort der Arbeitsausübung für die im Inland ausgeübte Tätigkeit das Besteuerungsrecht zu. Erforderlich ist, dass sich M tatsächlich körperlich im Inland aufhält. Da M sich auch zur Arbeitsausübung in Frankreich und in Finnland aufhält, steht Deutschland kein Besteuerungsrecht für den gesamten Arbeitslohn zu. Für den Arbeitslohn bezogen auf die Tage mit Dienstreisen nach Frankreich, steht Frankreich das ausschließliche Besteuerungsrecht zu (Art. 13 Abs. 1 DBA-Frankreich). Für Dienstreisen in andere Staaten als Frankreich und Deutschland, steht das ausschließliche Besteuerungsrecht Frankreich zu (Art. 18 DBA-Frankreich). Das DBA-Frankreich entspricht Art. 15 Abs. 1 und Abs. 2, Art. 21 OECD-MA i. V. m. Art. 23 A OECD-MA.

Ergebnis

Deutschland als Tätigkeitsstaat steht das Besteuerungsrecht zu für die im Inland ausgeübten Tätigkeiten zu.

Rechtsprechungshinweise

BFH v. 16.1.2019 - I R 66/17, BFH/NV 2019, 1067

Verwaltungsanweisungen

BMF v. 8.10.2024, BStBl 2024 I 1308, Rn. 4 bis 10; BMF v. 12.12.2023, BStBl 2023 I 2179, Rn. 7 bis 25

FALL 97

Einkünfte aus unselbständiger Arbeit (Art. 15 Abs. 1, 2 OECD-MA)

Sachverhalt

Der im Inland wohnhafte Max Maurer (M) wird ab dem 1.1.2023 von seinem inländischen Arbeitgeber zunächst 9 Monate im DBA-Staat A und ab Oktober in Deutschland eingesetzt. Vertraglich vereinbart wurden 220 Arbeitstage und 30 Urlaubstage. M bezieht 2023 und 2024 ein Jahreseinkommen von 115 000 € sowie zusätzlich für den Einsatz im Staat A eine Zulage von 15 000 €. Er verbringt 2023 60 Arbeitstage in Deutschland und 170 Arbeits- sowie 20 Urlaubstage im Staat A. 10 Urlaubstage überträgt er nach 2024, wo sie gegen Zahlung von 5 750 € abgegolten werden. 2024 arbeitet er vereinbarungsgemäß an 220 Tagen in Deutschland.

Frage

Wie sind die Einnahmen einkommensteuerlich zu behandeln?

LÖSUNG

M ist gemäß § 1 Abs. 1 EStG unbeschränkt einkommensteuerpflichtig. Somit ist sein Welteinkommen der Besteuerung zu unterwerfen, § 2 Abs. 1 EStG.

1. Zuweisung des Besteuerungsrechts

Zunächst ist das Besteuerungsrecht bzgl. der einzelnen Einkommensbestandteile den Vertragsstaaten zuzuweisen. Soweit dies nicht einheitlich erfolgt, sind die einzelnen Bestandteile der Höhe nach zu bestimmen.

Arbeitslohn bzgl. der in Deutschland ausgeübten Tätigkeit

Nach dem Grundsatz des Art. 15 Abs. 1 Satz 1 OECD-MA sind die Einkünfte im Ansässigkeitsstaat zu besteuern.

Arbeitslohn bzgl. der in A ausgeübten Tätigkeit

Insoweit ist Art. 15 Abs. 1 Satz 2 OECD-MA einschlägig (die Arbeit wird im Ausland = anderen Vertragsstaat ausgeübt), so dass die Einkünfte im Ausland zu besteuern und im Inland gemäß Art. 23 A Abs. 1 OECD-MA von der Besteuerung auszunehmen sind.

Die Anwendung des Art. 15 Abs. 2 OECD-MA führt zu keinem anderen Ergebnis: Problematisch ist allein die 183-Tage-Frist. Ab dem 1.1.2023 hält sich M insgesamt mehr als 183 Tage im Ausland auf (190 Arbeits- und Urlaubstage).

Somit bleibt Art. 15 Abs. 1 Satz 2 OECD-MA anwendbar mit der Folge, dass diese Einkünfte in Deutschland nicht besteuert werden; sie unterliegen aber gemäß § 32b Abs. 1 Satz 1 Nr. 3 EStG dem Progressionsvorbehalt – § 50d Abs. 8 EStG beachten.

2. Berechnung des steuerpflichtigen Teils der Einkünfte

Vorab ist die Auslandszulage in Höhe von 15 000 € der Tätigkeit in A zuzuordnen.

Sodann ist der Arbeitslohn aufzuteilen. Zu ermitteln ist das Entgelt pro Arbeitstag. Urlaubstage, Krankheitstage und ein ganztätiger Arbeitszeitausgleich sind keine Arbeitstage und aus dem Aufteilungsmaßstab auszuscheiden.

Steuerpflichtig im Veranlagungszeitraum 2023

Arbeitslohn pro Tag 115 000 €/230 (220 vertraglich vereinbart +10 nicht genommene Urlaubstage) Arbeitstage = 500 € pro Arbeitstag

60 Arbeitstage Deutschland x 500 € = 30 000 €

Progressionsvorbehalt

170 Arbeitstage Staat A x 500 € =	85 000 €
Zulage	15 000 €
=	100 000 €

Der mit der Zahlung in 2024 abgegoltene Urlaub (Besteuerung 2020 nach § 11 Abs. 1 EStG „Zuflussprinzip“) ist wirtschaftlich dem Jahr 2023 zuzuordnen. Somit sind für die Aufteilung in 2024 die Verhältnisse aus 2023 maßgeblich:

Steuerpflichtig im Veranlagungszeitraum 2024

Arbeitslohn aus 2024 115 000 €	115 000 €
Urlaubsabgeltung für 2023: 60 Arbeitstage in Deutschland / 230 Arbeitstage x 5 750 € =	1 500 €
=	116 500 €

Progressionsvorbehalt

Urlaubsabgeltung für 2023: 170 Arbeitstage Staat A / 230 Arbeitstage x 5 750 € =	4 250 €

Ergebnis

Im Veranlagungszeitraum 2023 werden 30 000 € in Deutschland besteuert; 100 000 € unterliegen dem Progressionsvorbehalt.

Im Veranlagungszeitraum 2024 werden 116 500 € in Deutschland besteuert; 4 250 € unterliegen dem Progressionsvorbehalt.

Rechtsprechungshinweise

BFH v. 31.3.2004 - I R 88/03, BStBl 2004 II 936

Verwaltungsanweisungen

BMF v. 8.10.2024, BStBl 2024 I 1308, Rn. 4 bis 10; BMF v. 12.12.2023, BStBl 2023 I 2179, Rn. 228 bis 247, insbesondere Rn. 226, 230, 233, 235, 242 und 243

FALL 98

Einkünfte aus unselbständiger Arbeit – Sozialversicherungsbeiträge (Art. 15 OECD-MA)

Sachverhalt

M ist beim österreichischen Arbeitgeber Motor-AG beschäftigt. Er hat vom 1.1. bis 30.6.2024 nur einen Wohnsitz in Deutschland und fährt an jedem Arbeitstag von Passau nach Österreich. Zum 1.7.2024 wird M von seinem Arbeitgeber nach Wien/Österreich versetzt. Aufgrund der Entfernung mietet sich M eine Wohnung in Wien an und kehrt regelmäßig an den Wochenenden nach Passau zu seiner Familie zurück. Der österreichische Arbeitgeber zahlt nach österreichischem Recht für seinen Arbeitnehmer M (Arbeitgeber-)Beiträge an eine gesetzliche Rentenversicherung nach österreichischem Recht. M zahlt seinerseits als Arbeitnehmer einen Beitrag zur gesetzlichen Rentenversicherung nach österreichischem Recht. Diese Beiträge sind in Österreich nicht steuerlich abzugsfähig.

Frage

Wie werden die Beiträge steuerlich behandelt?

LÖSUNG

M ist infolge seines Wohnsitzes in Passau gemäß § 1 Abs. 1 EStG unbeschränkt einkommensteuerpflichtig. Die Aufnahme eines weiteren Wohnsitzes in Wien zum 1.7.2024 ändert hieran nichts. M ist infolge seines familiären Lebensmittelpunkts in Deutschland nach Art. 4 OECD-MA (Art. 4 Abs. 2 Buchst. a DBA-AU) ansässig.

M ist bis zum 30.6.2024 Grenzgänger. Die Einkünfte aus unselbständiger Arbeit werden grundsätzlich im Tätigkeitsstaat besteuert. Etwas anderes gilt bei einem Grenzgänger. Eine Person, die in einem Staat ansässig ist und im anderen ihre Erwerbstätigkeit tatsächlich ausübt und hierzu arbeitstäglich die Grenze überquert, kann Im Ansässigkeitsstaat (hier: im Inland) besteuert werden (Art. 15 Abs. 6 DBA-AU). Die Beiträge der Motor-AG zur gesetzlichen Rentenversicherung sind Teil seines Einkommens aus unselbständiger Arbeit und teilen auch abkommensrechtlich das Schicksal der Bezüge, die M von der Motor-AG erhält. Zukunftssicherungsleistungen gehören zum Arbeitslohn, wenn der Arbeitnehmer gegen die Versorgungseinrichtung, an die der Arbeitgeber die Beiträge geleistet hat, ein unentziehbarer Rechtsanspruch auf die Leistung zu steht (§ 19 Abs. 1 Nr. 1 EStG i. V. m. § 2 Abs. 2 Nr. 3 LStDV). M hat solch einen Anspruch erworben. Die Beiträge des Arbeitgebers zur gesetzlichen Rentenversicherung sind jedoch nach § 3 Nr. 62 EStG in Höhe der gesetzlich geschuldeten Beträge steuerfrei. Die Steuerfreiheit gilt auch, wenn die Verpflichtung auf ausländischen Gesetzen beruht. Infolgedessen fließen die Arbeitgeberbeiträge zur gesetzlichen Rentenversicherung nicht in die steuerliche Bemessungsgrundlage ein.

Infolge des Wechsels des Arbeitsorts zum 1.7.2024 ist M kein Grenzgänger mehr. Die Einkünfte aus unselbständiger Arbeit werden ab 1.7. im Tätigkeitsstaat Österreich besteuert (Art. 15 Abs. 1 OECD-MA entspricht Art. 15 Abs. 1 DBA-AU). Die Einkünfte unterliegen im Inland dem

Progressionsvorbehalt (§ 32b Abs. 1 Satz 1 Nr. 3 EStG). Für den Progressionsvorbehalt sind die (nach dem DBA) steuerfreien Einkünfte hinsichtlich Art, Höhe, persönlicher und sachlicher Zurechnung nach deutschem Steuerrecht zu ermitteln (vgl. BFH v. 17.12.2020 - VI R 21/18, BStBl 2021 II 506; BFH v. 15.5.2002 - I B 73/01, BFH/NV 2002, 1295). Daher erhöhen die Arbeitgeberbeiträge zur gesetzlichen Rentenversicherung den Arbeitslohn nicht (§ 3 Nr. 62 EStG).

Die Pflichtbeiträge des M zur gesetzlichen Rentenversicherung im Ausland hat der Gesetzgeber mit konstitutiver Wirkung den Sonderausgaben zugewiesen. Sie sind somit grundsätzlich als Vorsorgeaufwendungen abziehbar. Ob es sich um einen in- oder ausländischen Sozialversicherungsträger handelt, ist insoweit ohne Belang.

Der Sonderausgabenabzug scheitert auch nicht gemäß § 10 Abs. 2 Satz 1 Nr. 1 EStG i. V. m. § 10 Abs. 1 Nr. 2 EStG daran, dass die Beiträge in unmittelbarem wirtschaftlichem Zusammenhang mit steuerfreien Einnahmen stehen. Der unmittelbare wirtschaftliche Zusammenhang ist zwar dadurch gegeben, dass die steuerfreien Einnahmen verpflichtend der Finanzierung der Vorsorgeaufwendungen dienen. Die Vorsorgeaufwendungen i. S. des § 10 Abs. 1 Nr. 2 Buchst. a EStG stehen jedoch in unmittelbarem wirtschaftlichem Zusammenhang mit in einem Mitgliedstaat der EU (hier: Österreich) erzielten Einnahmen aus nichtselbständiger Arbeit, die nach Art. 15 Abs. 1 DBA-AU steuerfrei sind, und der Beschäftigungsstaat keinerlei steuerliche Berücksichtigung von Vorsorgeaufwendungen im Rahmen der Besteuerung dieser Einnahmen zulässt – so laut Sachverhalt in Österreich. Es ist isoliert auf die jeweilige Art von Vorsorgeaufwendungen und deren steuerliche Behandlung abzustellen (vgl. BFH v. 27.10.2021 - X R 28/20, BFH/NV 2022, 473 zu einem in Luxemburg beschäftigten und sozialversicherungspflichtigen Arbeitnehmer). Die Ausnahme vom Ausschluss des Sonderausgabenabzugs findet auch Anwendung für Steuerpflichtige, die Einnahmen aus einer gesetzlichen Rente aus dem früheren Beschäftigungsstaat erzielen, die Ausfluss der früheren Arbeitnehmertätigkeit im Beschäftigungsstaat sind (vgl. BFH v. 27.10.2021 - X R 11/20, BFH/NV 2022, 469).

Ergebnis

Die Beitragsleistungen des Arbeitgebers zur gesetzlichen Rentenversicherung erhöhen weder die Einkünfte aus nichtselbständiger Arbeit noch die Einkünfte zur Berechnung des besonderen Steuersatzes nach § 32b EStG. Die Beiträge des Arbeitnehmers sind als Sonderausgaben abzugsfähig.

Rechtsprechungshinweise

BFH v. 22.2.2023 - I R 55/20, BFH/NV 2023. 801; BFH v. 27.10.2021 - X R 11/20, BFH/NV 2022, 469; BFH v. 27.10.2021 - X R 28/20, BFH/NV 2022, 473; BFH 13.4.2021 - I R 19/19, BFH/NV 2021, 1357; BFH v. 5.11.2019 - X R 23/17, BFH/NV 2020, 634; BFH v. 17.5.2017 - X R 10/15, BFH/NV 2017, 1655; BFH v. 18.4.2012 - X R 62/09, BStBl 2012 II 721; BFH v. 12.1.2011 - I R 49/10, BStBl 2011 II 446

Verwaltungsanweisungen

EStH H 3.62; BMF v. 3.4.2025, BStBl 2025 I 964

FALL 99

Einkünfte aus unselbständiger Arbeit – Arbeitnehmerverleih (Art. 15 OECD-MA)

Sachverhalt

Die inländische Motor-AG verleiht den im Inland wohnhaften Arbeitnehmer Monteur M zunächst an ein Unternehmen in Salzburg/Österreich und dann in Finnland. M wird für die Dauer von jeweils drei Monaten verliehen. Er war weder zuvor noch danach nochmals in Finnland tätig. Den Lohn des M übernimmt jeweils der Entleiher. Die Motor-AG hat während dieser Zeit keinerlei rechtliche bzw. tatsächliche Möglichkeiten, auf die Tätigkeit des M einzuwirken.

Frage

Sind die Einkünfte in Deutschland zu versteuern?

LÖSUNG

M ist gemäß § 1 Abs. 1 EStG unbeschränkt einkommensteuerpflichtig. Somit ist sein Welteinkommen der Besteuerung zu unterwerfen, § 2 Abs. 1 EStG.

Nach dem Grundsatz des Art. 15 Abs. 1 Satz 1 OECD-MA sind die Einkünfte im Wohnsitzstaat (Deutschland) zu besteuern. Hier ist allerdings Art. 15 Abs. 1 Satz 2 OECD-MA einschlägig (die Arbeit wird im Ausland = anderen Vertragsstaat ausgeübt), so dass die Einkünfte im Ausland zu besteuern sind.

Art. 15 Abs. 2 Buchst. b) OECD-MA ist zu prüfen; problematisch ist lt. Sachverhalt, ob die Vergütungen von einem Arbeitgeber oder für einen Arbeitgeber bezahlt werden, der nicht im anderen Staat ansässig ist.

Die Finanzverwaltung sieht den ausländischen Entleiher in der Regel als Arbeitgeber an. Auch die Kriterien des Nr. 8.14 des OECD-MK zu Art. 15 OECD-MA führen zur Arbeitgeberstellung des Entleihers, da die Motor-AG keinerlei Einflussmöglichkeiten auf M hat. Der Einsatz des Arbeitnehmers muss im Interesse des aufnehmenden Unternehmens, der Arbeitnehmer in dessen Arbeitskreislauf eingebunden und dessen Weisungen unterworfen sein. Somit ist der Arbeitgeber im Sinne des Art. 15 Abs. 2 Buchst. b) OECD-MA im anderen Staat ansässig. Im Hinblick auf das Besteuerungsrecht bleibt es somit bei der Anwendung des Art. 15 Abs. 1 Satz 2 OECD-MA mit der Folge, dass die Einkünfte im Ausland besteuert werden und im Inland gemäß Art. 23 A Abs. 1 OECD-MA von der Besteuerung auszunehmen sind. Sie unterliegen aber gemäß § 32b Abs. 1 Satz 1 Nr. 3 EStG dem Progressionsvorbehalt – § 50d Abs. 8 EStG beachten.

Tätigkeit in Finnland

Nach Art. 14 Abs. 3 DBA-Finnland findet Art. 14 Abs. 2 DBA-Finnland, der Art. 15 Abs. 2 OECD-MA entspricht, keine Anwendung auf Vergütungen für Arbeit im Rahmen gewerbsmäßiger Arbeitnehmerüberlassung. Art. 14 Abs. 1 DBA-Finnland kommt zur Anwendung mit der Folge, dass die Einkünfte im Tätigkeitsstaat Finnland besteuert werden.

Tätigkeit in Österreich

Art. 15 Abs. 3 DBA-AUT führt dazu, dass Art. 15 Abs. 2 Buchst. b) OECD-MA nicht anwendbar ist, da sich M in Österreich insgesamt nicht länger als 183 Tage während des betreffenden Kalenderjahres aufhielt. Damit kommt es nur noch auf Art. 15 Abs. 2 Buchst. a) und c) OECD-MA an; die Voraussetzungen der genannten Normen sind erfüllt. Damit fällt das Besteuerungsrecht gemäß Art. 15 Abs. 2 OECD-MA i. V. m. dem DBA-AUT dem Wohnsitzstaat, also Deutschland zu.

Ergebnis

Die Einkünfte aus Finnland sind in Finnland, die Einkünfte aus Österreich in Deutschland zu besteuern.

Rechtsprechungshinweise

BFH v. 4.11.2021 - VI R 22/19, BStBl 2022 II 562 (zum Begriff des wirtschaftlichen Arbeitgebers bei Arbeitnehmerentsendung); BFH v. 18.12.2002 - I R 96/01, BFH/NV 2003, 1152; BFH v. 4.9.2002 - I R 21/01, BStBl 2003 II 306

Verwaltungsanweisungen

BMF v. 12.12.2023, BStBl 2023 I 2179, Rn. 149, 188 ff.

FALL 100

Einkünfte aus unselbständiger Arbeit – Grenzgänger (Art. 15a DBA-Schweiz)

Sachverhalt

Der im Inland wohnhafte Monteur M ist als Arbeitnehmer bei der X-AG mit Sitz in Winterthur (Schweiz) beschäftigt. Jeden Morgen fährt er nach Winterthur und in der Regel abends wieder zurück. Sofern es geschäftlich erforderlich ist, bleibt er auch am Sitz des Unternehmens und übernachtet in einem Hotel in Winterthur. Dies geschah 42-mal im Jahre 01. Weiter muss M im Rahmen seiner Tätigkeit Dienstreisen unternehmen.

Seine Dienstreisetätigkeit stellt sich wie folgt dar (in Tagen):

a) Dienstreisen im Inland mit Übernachtung:
   16

   (davon am Wochenende):
   4

b) eintägige Dienstreisen in Drittstaaten (weder Deutschland noch Schweiz):
   15

Die Arbeitsleistung an Wochenenden/an Feiertagen war nicht ausdrücklich mit dem Arbeitgeber vereinbart. M erhielt für diese Tage weder einen Freizeitausgleich noch eine zusätzliche Vergütung; ihm wurden die Reisekosten bei Dienstreisen in Drittstaaten ersetzt.

Frage

Können die von der X-AG bezogenen Einkünfte in Deutschland besteuert werden?

Abwandlung

M wird auf der Dienstreise in einen DBA-Staat dort verhaftet und bleibt für 95 Tage in Untersuchungshaft, bevor er gegen Kaution freigelassen wird; der Arbeitgeber zahlt während der Haft das vereinbarte Gehalt weiter.

LÖSUNG

M ist infolge seines Wohnsitzes im Inland unbeschränkt einkommensteuerpflichtig (§ 1 Abs. 1 EStG). Es gilt das Welteinkommensprinzip. M ist im Inland ansässig (Art. 4 OECD-MA/Art. 4 DBA-CH). Nach dem allgemeinen Grundsatz des Art. 15 Abs. 1 DBA-CH (= Art. 15 Abs. 1 OECD-MA) steht der Schweiz als Tätigkeitsstaat das Besteuerungsrecht zu. Andererseits verweist Art. 15 Abs. 1 DBA-CH auf die Grenzgängerregelung in Art. 15a DBA-CH. Danach steht Deutschland das Besteuerungsrecht zu (Art. 15a Abs. 1 DBA-CH), wenn M Grenzgänger ist.

„Grenzgänger" im Sinne des Art. 15a Abs. 2 Satz 1 DBA-CH ist jede in einem Vertragsstaat ansässige Person, die in dem anderen Vertragsstaat ihren Arbeitsort hat und von dort regelmäßig an ihren Wohnsitz zurückkehrt. Allerdings entfällt die Grenzgängereigenschaft dann, wenn der Grenzgänger (hier: M) an mehr als 60 Arbeitstagen auf Grund der Arbeitsausübung nicht an den Wohnsitz zurückkehrt. Entscheidend ist damit die Anzahl der Tage, an denen M aus beruflichen Gründen nicht an seinen inländischen Wohnsitz zurückkehrt.

a) Dienstreisen mit Übernachtung im Wohnsitzstaat

Derartige Dienstreisen führen zu Nichtrückkehrtagen i. S. des Art. 15a Abs. 2 Satz 2 DBA-CH.

Nach dem Wortlaut des Art. 15a Abs. 2 Satz 2 DBA-CH ist die Annahme eines Nichtrückkehrtages auch dann nicht ausgeschlossen, wenn der Arbeitnehmer bei einer Dienstreise im Ansässigkeitsstaat aus beruflichen Gründen nicht an seinen Wohnsitz zurückkehrt. Denn die Vorschrift stellt auf die Rückkehr ab; sie unterscheidet dagegen nicht danach, wo der Arbeitnehmer sich bei einer – berufsbedingten – Nichtrückkehr aufhält.

Es entspricht auch dem Zweck der Grenzgängerregelung, Dienstreisetage mit Übernachtungen im Ansässigkeitsstaat als Nichtrückkehrtage zu erfassen. Der Aufenthalt im Ansässigkeitsstaat führt zwar – im Gegensatz zu Dienstreisen im Tätigkeitsstaat und in Drittstaaten – zu einer engeren Bindung des Arbeitnehmers an den Ansässigkeitsstaat. Hierauf kommt es jedoch nach dem Zweck der Grenzgängerregelung nicht an; maßgeblich für die Grenzgängereigenschaft ist danach vielmehr die Eingliederung des Arbeitnehmers in den Lebenskreis am Wohnort im Ansässigkeitsstaat. Die Annahme eines Nichtrückkehrtages hängt daher davon ab, ob durch die berufsbedingte Nichtrückkehr die persönliche Bindung des Arbeitnehmers an seinen Wohnort gelockert wird; dies ist auch dann der Fall, wenn der Arbeitnehmer im Rahmen einer Dienstreise außerhalb des Wohnortes im Ansässigkeitsstaat übernachtet.

b) Eintägige Dienstreisen in Drittstaaten

Nach dem Wortlaut des Art. 15a Abs. 2 Satz 2 DBA-CH kommt es auf die Rückkehr an und nicht darauf, wo sich der Arbeitnehmer aufhält. Allerdings zählen eintägige Dienstreisen in Drittstaaten gemäß § 2 Abs. 2 AO i. V. m. § 8 Abs. 5 Satz 2 KonsVerCHEV stets zu den Nichtrückkehrtagen.

Der BFH hat aber im Urteil vom 10.6.2015 - I R 79/13, BStBl 2016 II 326, entschieden, dass die Deutsch-Schweizerische Konsultationsvereinbarung trotz ihrer unilateralen "Anhebung" in eine Rechtsverordnung den Anforderungen des Gesetzesvorbehalts nach Art. 20 Abs. 3 GG nicht genügt. Sie fußt mit § 2 Abs. 2 AO nicht auf einer gesetzlichen Ermächtigungsgrundlage, in welcher Inhalt, Zweck und Ausmaß der erteilten Ermächtigung hinreichend bestimmt werden. Dessen aber hätte es nach Art. 80 Abs. 1 GG bedurft. § 2 Abs. 2 AO ermächtigt nicht zu Ergänzungen vereinbarter Abkommen; hierzu bedarf es vielmehr der abermaligen Zustimmung des nationalen Parlaments. Solange diese Zustimmung fehlt, bleibt die Grenzziehung zwischen Auslegung und einer an den Bestimmtheitsanforderungen des Art. 80 Abs. 1 Satz 2 GG scheiternden Lückenschließung "Aufgabe der Judikative".

Eintägige Dienstreisen in Drittstaaten führen nach dem BFH-Urteil v. 11.11.2009 - I R 15/09, BStBl 2010 II 602, nicht zu Nichtrückkehrtagen. Nach dem Wortlaut der Vorschrift ist die Annahme eines Nichtrückkehrtages bei jeder Rückkehr des Arbeitnehmers an den Wohnsitz ausgeschlossen, ohne dass es darauf ankommt, ob der Arbeitnehmer von seinem Arbeitsort oder von einem anderen Ort an den Wohnsitz zurückkehrt. Dem steht nicht entgegen, dass nach Art. 15a Abs. 2 Satz 1 DBA-CH für die Grenzgängereigenschaft die regelmäßige Rückkehr des Arbeitnehmers vom Arbeitsort im Tätigkeitsstaat an den Wohnsitz erforderlich ist. Denn eine solche – zweimalige – Grenzüberschreitung wird an solchen Tagen nicht verlangt, an denen sich der Arbeitnehmer auf Dienstreise außerhalb des Tätigkeitsstaates befindet. Ein Nichtrückkehrtag kann daher nicht bereits dann angenommen werden, wenn es an einem zweimaligen Überschreiten der Grenze zwischen Deutschland und der Schweiz fehlt.

Hinweis: Bei mehrtätigen Dienstreisen in Drittstaaten ist auch der Tag, an dem der Arbeitnehmer von einer mehrtägigen Dienstreise in Drittstaaten an seinen Wohnsitz zurückkehrt (Rückkehrtag) nach dem Wortlaut des Art. 15a Abs. 2 Satz 2 DBA-CH nicht als Nichtrückkehrtag anzusehen. Durch die Rückkehr an den Wohnsitz tritt keine Lockerung der persönlichen Bindung an den Wohnort im Ansässigkeitsstaat ein, so dass auch nach dem Zweck der Grenzgängerregelung nicht von einem Nichtrückkehrtag auszugehen ist. Kehrt jedoch der Arbeitnehmer nicht schon am Rückreisetag zurück, sondern aufgrund der Reisedauer erst am Folgetag, ist der Tag, an dem die Rückreise beginnt, ein Nichtrückkehrtag.

c) Wochenendtage

Keine Nichtrückkehrtage sind gemäß dem BFH-Urteil v. 11.11.2009 - I R 15/09, BStBl 2010 II 602, insoweit anzunehmen, als die Dienstreisen in der Schweiz oder in Drittstaaten auf Wochenenden und Feiertage entfallen und der Arbeitgeber für diese Tage lediglich die Reisekosten erstattet hat. Dies gilt in gleicher Weise für Dienstreisen im Ansässigkeitsstaat.

Die Annahme eines Nichtrückkehrtages setzt nach Art. 15a Abs. 2 Satz 2 DBA-CH einen Arbeitstag voraus. Maßgeblich hierfür sind die im jeweiligen Arbeitsvertrag vereinbarten Arbeitstage. Samstage, Sonntage und Feiertage zählen deshalb dann nicht zu den Arbeitstagen in diesem Sinn, wenn eine Arbeit an diesen Tagen weder ausdrücklich vereinbart ist noch der Arbeitgeber für die an diesen Tagen geleistete Arbeit einen anderweitigen Freizeitausgleich oder ein zusätzliches Entgelt gewährt.

Kein anderes Ergebnis ergäbe sich lt. Sachverhalt gemäß § 2 Abs. 2 AO i. V. m. § 8 Abs. 1 Satz 1 und 2 KonsVerCHEV im Hinblick auf Dienstreisen im Inland mit Übernachtung (a), da die Arbeitsleistung an Wochenenden/an Feiertagen nicht ausdrücklich mit dem Arbeitgeber vereinbart war und M für diese Tage weder einen Freizeitausgleich noch eine zusätzliche Vergütung erhielt.

Fände dagegen § 2 Abs. 2 AO i. V. m. § 8 Abs. 1 Satz 3 KonsVerCHEV keine Anwendung (vgl. BFH v. 30.9.2020 – I R 37/17, BFH/NV 2021, 698, nach dem KonsVerCHEV gegen den Grundsatz des Vorrangs des Gesetzes verstößt), wäre der Feiertag unter d) als Nichtrückkehrtag zu zählen, da der Arbeitgeber die Reisekosten trug. Danach wären die Nichtrückkehrtage der Rückreisetage bei Dienstreisen in Drittstaaten mit Ankunft am Folgetag (d) nicht um den Feiertag zu kürzen.

ed) Berechnung der Nichtrückkehrtage

Nichtrückkehrtage Hotel Winterthur:		42
Dienstreisen im Inland mit Übernachtung (a):	16	
abzgl. Übernachtung am Wochenende (c):	./. 4	
	12	12
= anzusetzende Nichtrückkehrtage:		54

Somit kehrt M nicht an mehr als 60 Arbeitstagen aufgrund der Arbeitsausübung nicht an seinen Wohnsitz zurück. Er ist Grenzgänger, so dass Deutschland das Besteuerungsrecht gemäß Art. 15a DBA-CH zusteht.

Soweit die Tätigkeit im Rahmen der Dienstreisen weder in der Schweiz noch in Deutschland ausgeübt wurde, sind die jeweiligen DBA einschlägig. Da man aber davon ausgehen kann, dass alle einschlägigen DBA eine dem DBA-CH entsprechende 183-Tage-Klausel enthalten, verbleibt das Besteuerungsrecht insoweit Deutschland; denn Art. 15 DBA-CH regelt nur die Besteuerung der in der Schweiz oder in Deutschland ausgeübten Tätigkeit, nicht die in Drittstaaten ausgeübte unselbständige Tätigkeit; hier gilt Art. 21 DBA-CH.

Ergebnis

Die von der X-AG bezogenen Einkünfte des M werden in Deutschland besteuert.

Abwandlung

Während der beruflich veranlassten Untersuchungshaft zählt gemäß der Rechtsprechung des BFH (Urteil v. 11.11.2009 - I R 15/09, BStBl 2010 II 602) jeder Arbeitstag als ein Tag, an dem der Arbeitnehmer aus beruflichen Gründen nicht an seinen Wohnsitz zurückkehrt (Nichtrückkehrtag). Er bleibt an den vertraglich vereinbarten Arbeitstagen zur Arbeitsleistung verpflichtet, auch wenn er diese aufgrund der Untersuchungshaft nicht bzw. nur in eingeschränktem Umfang erbringen kann. Die Untersuchungshaft ist nicht mit – arbeitsfreien – Krankheitstagen vergleichbar, die nicht zu Nichtrückkehrtagen im Sinne des Art. 15a Abs. 2 Satz 2 DBA-CH führen.

Bei der Berechnung der Nichtrückkehrtage sind alle in den Zeitraum der Untersuchungshaft fallenden Arbeitstage zu berücksichtigen. Die in Nr. II.1. des Verhandlungsprotokolls zum Änderungsprotokoll vom 18. Dezember 1991 (BGBl 1993 II 1889, BStBl 1993 I 929) getroffene Regelung steht dem nicht entgegen. Danach wird zwar die Annahme einer regelmäßigen Rückkehr an den Wohnsitz im Sinne des Art. 15a Abs. 2 Satz 1 DBA-CH nicht dadurch ausgeschlossen, dass sich die Arbeitsausübung bedingt durch betriebliche Umstände, wie z. B. bei Schichtarbeitern oder Krankenhauspersonal mit Bereitschaftsdienst, über mehrere Tage erstreckt; ein mehrtägiger ununterbrochener Arbeitseinsatz führt damit nicht zu mehreren, sondern allenfalls zu einem einzigen Nichtrückkehrtag. Die Untersuchungshaft ist jedoch nicht mit den in der Protokollregelung genannten Regelbeispielen vergleichbar. Bei der Untersuchungshaft handelt es sich um einen atypischen Fall, der nicht von der Protokollregelung erfasst wird.

Somit entfällt die Grenzgängereigenschaft, da M an mehr als 60 sog. Nichtrückkehrtagen nicht an den Wohnsitz zurückkehrt, Art. 15a Abs. 2 Satz 2 DBA-CH. Art. 15a DBA-CH ist nicht anwendbar. Nach dem allgemeinen Grundsatz des Art. 15 Abs. 1 DBA-CH steht der Schweiz als Tätigkeitsstaat das Besteuerungsrecht zu.

Die 183-Tage-Regelung des Art. 15 Abs. 2 DBA-CH (= Art. 15 Abs. 2 OECD-MA) kommt bei der Rückverweisung nicht zur Anwendung, weil – unabhängig von der Dauer der Tätigkeit – die Voraussetzung des Art. 15 Abs. 2 Buchst. b) DBA-CH nicht erfüllt ist.

Ergebnis

Die von der X-AG bezogenen Einkünfte des M werden in Deutschland freigestellt und lediglich im Rahmen des Progressionsvorbehalts (vgl. Art. 24 Abs. 1 Nr. 1 Satz 1 Buchst. d) Satz 2 DBA-CH) besteuert – § 50d Abs. 8 EStG beachten.

Rechtsprechungshinweise

BFH v. 30.9.2020 - I R 37/17, BFH/NV 2021, 698; BFH v. 30.5.2018 - I R 62/16 unter III. 3. Buchst. b) der Entscheidungsgründe, BFH v. 10.6.2015 - I R 79/13, BStBl 2016 II 326 unter II. 4. und 5. der Entscheidungsgründe; BFH v. 13.11.2013 - I R 23/12, BStBl 2014 II 508 bestätigt durch BFH v. 1.6.2022 - I R 32/19, BFH/NV 2023, 54; BFH v. 11.11.2009 - I R 15/09, BStBl 2010 II 602; BFH v. 11.11.2009 - I R 50/08, BFH/NV 2010, 647; anhängige Verfahren beim BFH: VI R 14/24 (Auslegung Tatbestandsmerkmal „aufgrund der Arbeitsausübung"), VI R 31/24 (Nichtrückkehrtage bei Teilzeitbeschäftigung)

Verwaltungsanweisungen

BMF v. 12.12.2023, BStBl 2023 I 2179, insbesondere Rn 29, 39, 268, 350 ff, 374

FALL 101

Einkünfte aus unselbständiger Arbeit, Berufskraftfahrer (Art. 15 OECD-MA)

Sachverhalt

Jens Jensen (JJ) wohnt in Flensburg und ist als Berufskraftfahrer bei der dänischen Spedition Eurotransped A/S (= Aktieselskab = Aktiengesellschaft) mit Sitz und Geschäftsleitung in Padborg/Dänemark beschäftigt. Am Sonntagabend fährt er von zu Hause um 21:30 Uhr los in das rund 10 km entfernte Padborg, übernimmt seinen Lkw und fährt durch Deutschland, Belgien, Frankreich und Spanien nach Faro in Portugal, wo er im Lauf des Mittwochs ankommt (ca. 3 100 km). Dort übernimmt er eine neue Ladung frisches Gemüse mit dem Ziel Deutschland. Die Rückreise tritt er am Donnerstagmorgen an; die Reiseroute ist identisch. Sein Arbeitgeber besteuert den gesamten Lohn beim zuständigen dänischen Finanzamt.

Frage

Sind Lohnteile in Deutschland zu versteuern?

LÖSUNG

Vgl. Fall 52.

JJ ist aufgrund seines Wohnsitzes unbeschränkt einkommensteuerpflichtig und erzielt Einkünfte aus nichtselbständiger Arbeit gemäß § 19 EStG; der inländischen Besteuerung unterliegt sein Welteinkommen einschließlich etwaiger ausländischer Einkünfte gemäß § 34d Nr. 5 EStG.

Nach h. A. halten sich Berufskraftfahrer während der Arbeitsausübung in oder bei ihrem Fahrzeug auf. Das Fahrzeug ist daher ihre regelmäßige Arbeitsstätte. Der Ort der Arbeitsausübung des Berufskraftfahrers bestimmt sich nach dem jeweiligen Aufenthalts- oder Fortbewegungsort des Fahrzeugs.

Nach dem Grundprinzip des Art. 15 Abs. 1 OECD-MA werden Einkünfte aus unselbständiger Arbeit im Tätigkeitsstaat versteuert (Arbeitsortsprinzip). Von diesem Grundsatz gibt es zum einen die Ausnahme nach Art. 15 Abs. 2 OECD-MA bei der 183-Tage-Regelung und zum anderen die Ausnahme bei Vergütungen für unselbständige Arbeit, die an Bord eines Seeschiffes oder eines Luftfahrzeuges im internationalen Verkehr ausgeübt wird, nach Art. 15 Abs. 3 OECD-MA – hierzu vgl. die nachfolgenden Fälle. Unstreitig liegen im obigen Sachverhalt die Voraussetzungen für beide Ausnahmen nicht vor:

Die 183-Tage-Regelung scheitert – in Bezug auf Dänemark – unabhängig von der tatsächlichen Aufenthaltsdauer in Dänemark an Art. 15 Abs. 2 Buchst. b) OECD-MA (= Art. 15 Abs. 2 Buchst. b) DBA-DK). Das bedeutet weiter, dass ein Besteuerungsrecht Dänemarks nur dann besteht, wenn JJ seine Tätigkeit in Dänemark ausübt – Art. 15 Abs. 1 Satz 2 OECD-MA (= Art. 15 Abs. 1 Satz 2 DBA-DK) – vgl. hierzu BFH v. 1.6.2022 - I R 45/18, BStBl 2022 II 646. Nach BFH a. a. O., ist bei einer Tätigkeit in mehreren Staaten die Aufteilung ggf. zu schätzen.

Soweit JJ seine Tätigkeit im Inland ausübt, steht das Besteuerungsrecht für die anteilige Vergütung Deutschland nach Art. 15 Abs. 1 OECD-MA zu.

Zu prüfen ist weiter, ob das Besteuerungsrecht der jeweiligen Tätigkeitsstaaten nach Art. 15 Abs. 1 Satz 2 OECD-MA greift. Dies trifft zwar grundsätzlich zu; aber das Besteuerungsrecht verbleibt bei Deutschland, da in Bezug auf die anderen Staaten (Belgien, Frankreich, Spanien und Portugal) die Voraussetzungen der jeweiligen 183-Tage-Klausel in den einschlägigen Abkommen nicht erfüllt werden, d. h., mangels Erfüllung der erforderlichen Aufenthaltsdauer in dem jeweiligen ausländischen Staat wird das Besteuerungsrecht nicht auf den jeweiligen Tätigkeitsstaat verlagert.

Im Verhältnis zu Dänemark ergibt sich das Besteuerungsrecht Deutschlands für die anteilige Vergütung, soweit sie auf die Tätigkeit weder in Deutschland noch in Dänemark entfällt (Fahrten durch die genannten europäischen Staaten), aus Art. 21 Abs. 2 DBA-DK.

Versuche der Literatur und Beratung, für Fernfahrer im internationalen Verkehr die Regelung des Art. 15 Abs. 3 OECD-MA analog anzuwenden, wurden von der Rechtsprechung des BFH zurückgewiesen (BFH v. 16.5.2002 - I B 80/01, BFH/NV 2002, 1423). Mit Luxemburg ist eine Verständigungsvereinbarung zu diesem Themenkomplex getroffen worden; ebenso mit der Schweiz.

In Art. 14 Abs. 3 DBA-ES befindet sich eine Regelung, nach der die Besonderheiten des Art. 15 Abs. 3 OECD-MA auch für „Straßenfahrzeuge, die im internationalen Verkehr betrieben werden" ebenfalls zur Anwendung kommen, wobei die Besteuerung in dem Staat stattfindet, in dem sich der Ort der tatsächlichen Geschäftsleitung des Unternehmens (= Arbeitgeber) befindet.

Ergebnis

Grundsätzlich ist der gesamte Lohn von JJ in Deutschland zu versteuern, soweit die Tätigkeit nicht in Dänemark ausgeübt wird; die 183-Tage-Regelung scheidet aus; zur Aufteilung vgl. BMF v. 8.10.2024.

Rechtsprechungshinweise

BFH v. 28.6.2023 - I R 43/20, BStBl 2024 II 861; BFH v. 1.6.2022 - I R 45/18, BStBl 2022 II 646; BFH v. 25.1.2012 - I B 103/11, BFH/NV 2012, 1141; BFH v. 31.3.2004 - I R 88/93, BStBl 2004 II 936; BFH v. 31.3.2004 - I R 88/03, BStBl 2004 II 936; BFH v. 16.5.2002 - I B 80/01, BFH/NV 2002, 1423.

Verwaltungsanweisungen

BMF v. 8.10.2024, BStBl 2024 I 1308; BMF v. 12.12.2023, BStBl 2023 I 2179, Tz. 380 ff.

FALL 102

Einkünfte aus unselbständiger Arbeit an Bord von Seeschiffen im internationalen Verkehr (Art. 15 Abs. 3 OECD-MA)

Sachverhalt

Dorothea Maier (DM), wohnhaft in Stuttgart, ist gelernte Restaurantfachfrau, die sich gerne die Welt ansieht. Deswegen lässt sie sich von der Catering Inc., Dublin/Irland, anstellen, und zwar für folgende Tätigkeit: Bedienung im Speisesaal I des Schiffes „MS Dreamschiff", bereedert von der Hauke Haien Reederei mit Sitz und Geschäftsleitung in Kiel/Schleswig-Holstein. Das Schiff ist in das deutsche Schifffahrtsregister eingetragen und fährt unter deutscher Flagge. Ihre Wohnung in Stuttgart hat DM beibehalten, in die sie regelmäßig zurückkehrt.

Frage

Welchem Staat steht das Besteuerungsrecht für die Einkünfte aus der an Bord des Schiffes ausgeübten unselbständigen Arbeit zu?

LÖSUNG

DM ist aufgrund ihres Wohnsitzes unbeschränkt einkommensteuerpflichtig und bezieht Einkünfte aus nichtselbständiger Arbeit nach § 19 EStG und ggf. ausländische Einkünfte nach § 34d Nr. 5 EStG.

Nach Art. 15 Abs. 3 OECD-MA 2014 können ungeachtet der Bestimmungen des Art. 15 Abs. 1 und 2 OECD-MA 2014 Vergütungen für unselbständige Arbeit, die an Bord eines Seeschiffes oder Luftfahrzeuges, das im internationalen Verkehr betrieben wird, oder an Bord eines Schiffes, das der Binnenschifffahrt dient (gestrichen durch OECD-MA Update 2017), ausgeübt wird, in dem Vertragsstaat besteuert werden, in dem sich der Ort der tatsächlichen Geschäftsleitung des Unternehmens befindet. Seit dem Update 2017 erfolgt aufgrund der Neufassung des Art. 15 Abs. 3 OECD-MA 2017 eine Besteuerung ausschließlich im Wohnsitzstaat der betreffenden Person.

Wie der BFH zu einer Art. 15 Abs. 3 OECD-MA 2014 entsprechenden DBA-Norm in ständiger Rechtsprechung entschieden hat, kann „Unternehmen" i. S. des Art. 15 Abs. 3 OECD-MA nur ein Unternehmen sein, das selbst internationalen See- und Luftverkehr betreibt. Zugleich muss dieses Unternehmen wirtschaftlicher Arbeitgeber des Besatzungsmitglieds im Sinne des Abkommensrechts sein.

Diese Voraussetzungen werden im Streitfall nicht erfüllt: Die Reederei war lt. Sachverhalt nicht Arbeitgeberin von DM; dies war vielmehr die Catering Inc. Die Catering Inc. wiederum ist kein Verkehrsunternehmen i. S. des Art. 15 Abs. 3 OECD-MA (= Art. 14 Abs. 3 DBA-IR 2011).

Scheidet damit ein Besteuerungsrecht Irlands nach Art. 15 Abs. 3 OECD-MA aus, bleibt es bei der Grundregel des Art. 15 Abs. 1 OECD-MA (=Art. 14 Abs. 1 DBA-IR 2011): Die Besteuerung erfolgt im Wohnsitzstaat, sofern die Tätigkeit nicht im anderen Vertragsstaat ausgeübt wird. Ein Schiff auf hoher See gilt völkerrechtlich als schwimmender Bestandteil des Flaggenstaates; nach neuer Auffassung des BMF stellen Schiffe auf hoher See „abkommensrechtlich kein Staats- oder Hoheitsgebiet eines Vertragsstaats dar." Also wird insoweit die unselbständige Tätigkeit im Wohnsitzstaat ausgeübt, da das Schiff in Deutschland registriert ist (geänderte Auffassung erst ab 2026).

Soweit das Schiff sich in den Hoheitsgewässern eines anderen Staates aufhält, steht Deutschland (im Verhältnis zu Irland) das Besteuerungsrecht nach Art. 21 Abs. 1 OECD-MA (= Art. 20 Abs. 1 DBA-IR 2011) zu.

Lediglich dann, wenn sich das Schiff in irischen Hoheitsgewässern aufhält, würde Irland nach Art. 15 Abs. 1 Satz 2 OECD-MA (=Art. 14 Abs. 1 Satz 2 DBA-IR 2011) das Besteuerungsrecht für den betreffenden Teil der Vergütung erhalten unter Beachtung der 183-Tage-Regelung.

Ergebnis

Die Einkünfte der DM werden nach DBA-IR 2011 im Wohnsitzstaat Deutschland besteuert.

Rechtsprechungshinweise

BFH v. 21.8.2015 - I R 63/13, BFH/NV 2016, 36.

Verwaltungsanweisungen

BMF v. 15.4.2025, BStBl 2025 I 1008; BMF v. 8.10.2024, BStBl 2024 I 1308; BMF v. 12.12.2023, BStBl 2023 I 2179, Tz. 392 ff.

FALL 103

Einkünfte aus unselbständiger Arbeit im internationalen Luftverkehr (Art. 15 Abs. 3 OECD-MA)

Sachverhalt

Tanja Bauer, wohnhaft in Frankfurt/Deutschland, ist Flugbegleiterin bei der österreichischen Fluggesellschaft Worldwideair, die Sitz und Geschäftsleitung in Wien/Österreich hat und weltweit tätig ist. Sie kommt regelmäßig auf allen Linien der Fluggesellschaft zum Einsatz, u. a. auch auf Flüge zwischen Wien und Salzburg.

Frage

Wo wird das Gehalt besteuert?

LÖSUNG

TB ist aufgrund ihres Wohnsizes unbeschränkt einkommensteuerpflichtig und bezieht Einkünfte aus nichtselbständiger Arbeit nach § 19 EStG und ggf. ausländische Einkünfte nach § 34d Nr. 5 EStG.

Zu Art. 15 Abs. 3 OECD-MA vgl. die vgl. die vorstehenden Ausführungen im Fall 102. Die Regelung im in Art. 15 Abs. 5 DBA-AU entspricht der Regelung in Art. 15 Abs. 3 OECD-MA 2014 (grundsätzlich Besteuerung im Geschäftsleitungsstaat des Luftfahrtunternehmens).

Soweit nach den vorstehenden Bestimmungen das Besteuerungsrecht bei Österreich liegt, werden die Vergütungen für in Deutschland ansässige Personen nach Art. 23 Abs. 1 Nr. 2 Buchst. b) Doppelbuchst. ee) i. V. m. Art. 15 Abs. 5 DBA-AU der deutschen Besteuerung unter Anrechnung der ausländischen Steuer unterworfen.

Von dieser Regelung abweichend erfolgt in vielen deutschen Abkommen in den Fällen des Art. 15 Abs. 3 OECD-MA Freistellung von der Besteuerung in Deutschland (unter Beachtung des Progressionsvorbehalts), sofern das jeweilige Abkommen nicht entsprechend Art. 15 Abs. 3 OECD-MA 2017 dem Wohnsitzstaat des Arbeitnehmers das alleinige Besteuerungsrecht zuweist („...shall be taxable only ...").

Nach dem Update 2017 sind die Flüge, die ausschließlich innerhalb Österreichs stattfinden, von dem Besteuerungsrechts des Wohnsitzstaates auszunehmen.

Ergebnis

Vergleiche die Ausführungen in der Lösung unter Beachtung der unterschiedlichen Regelungen im OECD-MA 2014 und OECD-MA 2017.

Rechtsprechungshinweise

BFH v. 24.10.2024 - VI R 28/22, BStBl 2025 II 240; BFH v. 18.11.2015 - I B 121/15, BFH/NV 2016, 376; BFH v. 20.5.2015 - I R 68/14, BStBl 2016 II 90.

Verwaltungsanweisungen

BMF v. 8.10.2024, BStBl 2024 I 1308; BMF v. 12.12.203, BStBl 2023 I 2179, Tz. 392 ff.

FALL 104

Einkünfte aus unselbständiger Arbeit, Blockmodell, Altersteilzeit, Aufstockungsbetrag (Art. 15 Abs. 1 OECD-MA)

Sachverhalt

Cristian Keller (CK) ist wohnhaft in Lörrach/Deutschland und arbeitet in Liestal/Schweiz als angestellter Ingenieur bei der dortigen Kältemaschinen AG; aufgrund der geringen Entfernung (26 km) pendelt CK grundsätzlich morgens hin und nach Arbeitsende wieder zurück (Grenzgänger). Mit seinem Arbeitgeber schließt CK mit 61 Jahren folgende Vereinbarung: Altersteilzeit im Blockmodell für 4 Jahre, d. h., er arbeitet 2 Jahre Vollzeit (2021, 2022) und ist 2 Jahre (2023, 2024) freigestellt bis zum Beginn seiner Altersrente. Während der gesamten Altersteilzeit von 4 Jahren wird monatlich die Hälfte der vereinbarten Vergütung gezahlt.

Frage

Wie stellt sich die Besteuerung im VZ 2024 dar?

1. Abwandlung

Andrzej Nowak (AN), wohnhaft in Zgorzelec /Polen, polnischer Staatsbürger, ist beim Möbelhersteller Wostra in Görlitz/Deutschland (Entfernung 2 km) als Schreiner beschäftigt und vom 1.1.2020 bis zum 31.12.2023 im Rahmen einer Altersteilzeit tätig. Er war in dieser Zeit zu 50 % beschäftigt und erhielt in dieser Zeit ein Arbeitsentgelt i. H. v. 2 000 € monatlich sowie einen Aufstockungsbetrag in Höhe von 20 % des Brutto-Arbeitsentgelts für die Altersteilzeitarbeit.

Frage

Wie stellt sich die Besteuerung der Vergütung einschließlich Aufstockungsbetrag im VZ 2023 dar?

2. Abwandlung

AN (aus der 1. Abwandlung) vereinbart mit seinem Arbeitgeber vom 1.1.2020 bis zum 31.12.2023 eine Altersteilzeit in Form des Blockmodells – 2020 und 2021 Vollzeittätigkeit, 2022 und 2023 Freistellung. Während seiner Freistellung ist AN als ehrenamtlicher Jugendfußballtrainer unentgeltlich in seinem Wohnort tätig.

Frage

Welchem Staat steht die Besteuerung der Vergütung in der 2. Stufe des Blockmodells zu?

LÖSUNG

CK ist in Deutschland ansässig und somit unbeschränkt einkommensteuerpflichtig mit seinen Einkünften aus nichtselbständiger Arbeit nach § 1 Abs. 1, § 19, § 34d Nr. 5 EStG.

Nach Art. 15 Abs. 1 DBA-CH kann die Vergütung für die (grenzüberschreitende) Tätigkeit nur in dem Staat besteuert werden, in dem die Tätigkeit ausgeübt wird (Arbeitsortsprinzip). Demnach hat die Schweiz grundsätzlich das Besteuerungsrecht. Da aber CK lt. Sachverhalt Grenzgänger ist, ist die Sonderregelung des Art. 15a DBA-CH zu beachten, die dem Art. 15 DBA-CH vorgeht (Art. 15 Abs. 1 Satz 1 HS 1 DBA-CH). Demnach besteht ein vorrangiges Besteuerungsrecht des Ansässigkeitsstaates (= Deutschland). Die Schweiz hat aber ein der Höhe nach begrenztes Quellenbesteuerungsrecht nach Art. 15a Abs. 1 Satz 2 DBA-CH in Höhe von 4,5 % des Bruttobetrages der Vergütung.

Die vorstehenden Grundsätze gelten unstreitig für die Zeit, in der CK in der Schweiz tätig war (= 1. Stufe des Blockmodells).

Für die 2. Stufe des Blockmodells, in der CK von seiner Tätigkeit freigestellt war, gilt Folgendes: Nach der Rechtsprechung des BFH handelt es sich bei den Zahlungen in der Freistellungsphase des Blockmodells nicht um eine Rente oder um Versorgungsbezüge, sondern weiterhin um nachtägliche laufende Einkünfte aus nichtselbständiger Arbeit (BFH v. 12.1.2011 - I R 49/10, BStBl 2011 II 446, Abs. 14; BFH v. 1.8.2024 - VI R 23/22, BFH/NV 2024, 1446). Demnach verbleibt es bei einem grundsätzlichen Besteuerungsrecht des Ansässigkeitsstaates, da eine Tätigkeit im bisherigen Tätigkeitsstaat Schweiz nicht ausgeübt wird, und damit ein Besteuerungsrecht der Schweiz nach Art. 15 Abs. 1 Satz 1 DBA-CH ausscheidet.

Fraglich ist, ob die Schweiz für die Zahlungen während der Freistellungsphase weiterhin nach Art. 15a DBA-CH ein Besteuerungsrecht für Grenzgänger hat. Hierzu hat der BFH entschieden: Hinsichtlich der Freistellungsphase ist der Steuerpflichtige bereits deshalb kein Grenzgänger i. S. des Art. 15a Abs. 2 DBA-CH, weil er in diesem Zeitraum nicht mehr regelmäßig an seinen inländischen Wohnsitz zurückgekehrt ist (Art. 15a Abs. 2 Satz 1 DBA-CH). D. h. die während der Freistellungsphase (= 2. Stufe Blockmodell) vom Schweizer Arbeitgeber gezahlten Vergütungen sind nur in Deutschland zu besteuern und unterliegen in vollem Umfang der unbeschränkten Steuerpflicht; der Schweiz steht insoweit kein Besteuerungsrecht nach Art. 15a Abs. 1 Satz 2 DBA-CH zu. Als Ergebnis ist demnach festzuhalten, dass die Besteuerung während der 2. Stufe des Blockmodells allein in Deutschland erfolgt.

1. Abwandlung

AN erzielt beschränkt steuerpflichtige Einkünfte aus nichtselbständiger Arbeit nach § 49 Abs. 1 Nr. 4 Buchst. a) Satz 1 EStG, da er in Deutschland weder Wohnsitz noch ständigen Aufenthalt hat. Nach dem Art. 15 Abs. 1 Satz 2 DBA-Polen besitzt Deutschland ein Quellenbesteuerungsrecht, da die nichtselbständige Arbeit in Deutschland ausgeübt wird (Arbeitsortsprinzip).

Fraglich ist, wie der Aufstockungsbetrag nach § 3 Abs. 1 Nr. 1 Buchst. a) des Altersteilzeitgesetz (AltTZG) steuerlich zu behandeln ist. Nach § 3 Nr. 28 EStG ist dieser Aufstockungsbetrag steuerfrei. Allerdings ist der steuerfreie Aufstockungsbetrag nach § 32b Abs. 1 Satz 1 Nr. 1 Buchst. g) EStG im Rahmen des Progressionsvorbehalts zu berücksichtigen.

Nach § 46 Abs. 2 Nr. 1 EStG hat das zuständige deutsche FA eine Einkommensteuer-Veranlagung von Amts wegen durchzuführen, wenn die positive Summe der Einkünfte und Leistungen, die dem Progressionsvorbehalt unterliegen (wie hier), jeweils mehr als 410 € beträgt. Diese Voraussetzung ist vorliegend erfüllt, da der monatlich Aufstockungsbetrag 20 % von 2 000 € = 400 € monatlich, 4 800 € jährlich beträgt.

Als Ergebnis ist somit festzuhalten, dass AN den Aufstockungsbetrag (zusammen mit dem verminderten Arbeitsentgelt) in Deutschland der Besteuerung unterwerfen muss.

2. Abwandlung

Hinsichtlich der VZ 2020 und 2021 gibt es gegenüber der Grundaussage in der 1. Abwandlung keine Abweichung.

Fraglich ist, wie die 2. Stufe des Blockmodells steuerlich zu behandeln ist, denn AN hält sich nicht mehr zur Arbeitsausübung in Deutschland auf.

Wie der BFH entschieden hat, handelt es sich bei den Bezügen während der 2. Stufe des Blockmodells um nachtägliche laufende Einkünfte aus nichtselbständiger Arbeit (s. o.). Demnach wären die Einkünfte nach Art. 15 Abs. 1 Satz 1 DBA-Polen in Polen zu versteuern, da AN die Tätigkeit nicht in Deutschland ausübt. Durch Art. 3 Nr. 23 JStG 2024 (BGBl 2024 I Nr. 387) wurde in § 50d der Abs. 15 eingefügt. Danach gilt Arbeitslohn, der für Zeiten einer widerruflichen oder unwiderruflichen Arbeitsfreistellung im Zusammenhang mit der Beendigung des Arbeitsverhältnisses gezahlt wird, für Zwecke der Anwendung eines DBA als Vergütung, die für die Ausübung einer Tätigkeit in dem Staat gewährt wird, in dem die Tätigkeit ohne die Freistellung ausgeübt worden wäre (Amtliche Begründung in BT-DRs. 20/12780, S. 124). Da man aufgrund des Sachverhalts davon ausgehen kann, dass die Tätigkeit auch weiterhin in Deutschland ausgeübt worden wäre, wäre somit aus deutscher Sicht ein deutsches Besteuerungsrecht begründet (Treaty override). Ob der andere Vertragsstaat diesem nationalen Alleingang zustimmen wird, bleibt abzuwarten, obwohl sich der Gesetzgeber auf den OECD-MK beruft (Ziff. 2.6 OECD-MK zu Art. 15 OECD-MA). AN könnte auf jeden Fall ein Verständigungsverfahren nach Art. 26 DBA-Polen beantragen.

Ergebnis

Vgl. die Ergebnisse in den verschiedenen Abwandlungen.

Rechtsprechungshinweise

Vgl. die in der Lösung genannten Entscheidungen.

Verwaltungsanweisungen

LStH 2025 R 39b.2; BMF v. 12.12.2023, BStBl 2023 I 2179, Tz. 6.5

FALL 105

Einkünfte aus unselbständiger Arbeit, Geschäftsführer von Kapitalgesellschaften (Art. 15 OECD-MA)

Sachverhalt

Franz Huber (FH), wohnhaft in Lindau/Deutschland, wird zum weiteren Geschäftsführer der X-GmbH, Sitz und Geschäftsleitung in Vaduz/Liechtenstein, bestellt; er pendelt täglich zwischen Wohnort und Arbeitsstätte (62 km).

1. Abwandlung

Erich Martin (EM), ansässig in Vaduz/Liechtenstein, wird formell zum weiteren Geschäftsführer der Y-GmbH, Sitz und Geschäftsleitung in Lindau/Deutschland, bestellt und ins Handelsregister eingetragen. Er pendelt täglich zwischen Wohnort und Arbeitsstätte.

2. Abwandlung

Harry Krischnar (HK), ansässig in Mumbai/Indien, wird zum weiteren Geschäftsführer der IT-International GmbH, Frankfurt/Deutschland bestellt, ins Handelsregister eingetragen und leitet die Niederlassung der IT-GmbH in Mumbai. Er übt sein Amt als Geschäftsführer fast ausschließlich von seinem Büro in Mumbai aus; lediglich an 15 Tagen von 270 Arbeitstagen hält er sich in Frankfurt auf.

3. Abwandlung

Hubert Maier (HM), ansässig in Rosenheim/Deutschland, ist weiterer Geschäftsführer der Z-GmbH, Sitz und Geschäftsleitung in Vöcklabruck/Österreich; unter der Woche wohnt er in einer in Vöcklabruck angemieteten Wohnung; Mittelpunkt der Lebensinteressen ist Rosenheim.

4. Abwandlung

Ulrich Mann (UM), ansässig in Kreuzlingen/Schweiz, ist Geschäftsführer der B-GmbH, Sitz und Geschäftsleitung in Konstanz/Deutschland. Jeweils nach Arbeitsende kehrt er zu seiner Familie zurück nach Hause.

5. Abwandlung

Manfredo Baella (MB), verheiratet, 2 Kinder, italienischer Staatsbürger, ist mit seiner Familie in Frankfurt/Deutschland ansässig; von Beruf ist MB weiteres Vorstandsmitglied der Consulting-AG, Zürich/Schweiz. Sein Tätigungsfeld ist die Betreuung der Kunden der C-AG in Italien und im Kanton Tessin/Schweiz. Unter der Woche übernachtet er in einer in Zürich/Schweiz angemieteten Wohnung, sofern er sich nicht in Italien bzw. im Tessin zur Betreuung der Kunden aufhält und dort in einem Hotel übernachtet; am Wochenende und allen sonstigen freien Tagen kehrt er jeweils nach Frankfurt zu seiner Familie zurück

Frage

Wie werden die Einkünfte aus der Tätigkeit als Geschäftsführer der Kapitalgesellschaft in Deutschland steuerlich behandelt?

LÖSUNG

Vorbemerkung

Unabhängig von der im nationalen Steuerrecht diskutierten Frage, ob ein Gesellschafter-Geschäftsführer Einkünfte aus nichtselbständiger Arbeit oder Einkünfte aus Kapitalvermögen erzielt oder selbständig ist (BFH v. 20.10.2010 - VIII R 34/08, BFH/NV 2011, 585; BFH v. 29.3.2017 - I R 48/16, BFH/NV 2017, 1316), ist im internationalen Steuerrecht grundsätzlich davon auszugehen, dass die Vergütung für die Tätigkeit eines Geschäftsführers oder Vorstandsmitglied einer Kapitalgesellschaft Einkünfte aus unselbständiger Arbeit i. S. des Art. 15 OECD-MA darstellt.

Nach dem deutschen Zivil- und Gesellschaftsrecht ist es nicht erforderlich, dass der Geschäftsführer im Inland ansässig ist; er muss allerdings grundsätzlich in Deutschland einer nichtselbständigen Arbeit nachgehen dürfen, was für die Staatsbürger der EU- und EWR-Mitgliedstaaten kein Problem darstellt; wenn dagegen – wie in der 2. Abwandlung – ein Drittstaatsbürger zum Geschäftsführer bestellt werden soll, muss er zum einen eine Arbeitserlaubnis besitzen und zum anderen jederzeit nach Deutschland einreisen können (Visum), um ins Handelsregister als Geschäftsführer eingetragen werden zu können.

Grundfall

FH ist aufgrund seines inländischen Wohnsitzes unbeschränkt steuerpflichtig und hat sein Welteinkommen der deutschen Besteuerung zu unterwerfen; aus seiner Tätigkeit als Geschäftsführer erzielt er ausländische Einkünfte i. S. des § 34d Nr. 5 EStG, weil er die nichtselbständige Tätigkeit im Ausland ausübt. Auch für den Geschäftsführer einer Kapitalgesellschaft gilt im Rahmen des internationalen Steuerrechts bei unselbständiger Arbeit grundsätzlich das strenge Arbeitsortsprinzip der Besteuerung an dem Ort, an dem die Tätigkeit ausgeübt wird und sich die betreffende Person physisch aufhält (BFH v. 8.12.2010 - I B 94/10, BFH/NV 2011, 802; so auch ausdrücklich BMF v. 12.12.2023, BStBl 2023 I 2179, Tz. 6.1, Rz. 353).

Aufgrund des DBA-Liechtenstein und des Vorrangs des DBA nach § 2 Abs. 1 AO gilt für die in Liechtenstein ausgeübte unselbständige Arbeit das vorrangige Besteuerungsrecht nach Art. 14 Abs. 1 Satz 2 DBA-Liechtenstein des Tätigkeitsstaates; in Deutschland erfolgt nach Art. 23 Abs. 1 Buchst. b) Doppelbuchst. ee) DBA-Liechtenstein Vermeidung der Doppelbesteuerung durch Anrechnung der liechtensteinischen Steuer.

1. Abwandlung

Im umgekehrten Fall erzielt EM, der im Inland weder Wohnsitz noch ständiger Aufenthalt besitzt, beschränkt steuerpflichtige Einkünfte gemäß § 49 Abs. 1 Nr. 4 Buchst. c) EStG. Abweichend vom § 15 OECD-MA verlangt die nationale Norm keine Ausübung im Inland, sondern knüpft formal allein an die Bestellung als Geschäftsführer, Prokurist oder Vorstandsmitglied einer Gesellschaft mit Geschäftsleitung im Inland an, so dass durch die Norm auch die ausschließliche Tätigkeit eines Geschäftsführers für eine im Inland ansässige Kapitalgesellschaft im Ausland erfasst wird.

Diese Vorschrift wird aber – wie im vorhergehenden Fall – gemäß § 2 AO verdrängt durch die Regelung des Art. 14 Abs. 1 DBA-Liechtenstein, die dazu führt, dass Deutschland als Tätigkeitsstaat nach dem strengen Arbeitsortsprinzip das vorrangige Besteuerungsrecht besitzt; die rein isolierte Anwendung des § 49 Abs. 1 Nr. 4 Buchst. c) EStG hätte zum gleichen Ergebnis geführt. In Liechtenstein wird nach Art. 23 Abs. 2 Buchst. b) DBA-Liechtenstein eine Doppelbesteuerung durch Anrechnung der deutschen Steuer auf die liechtensteinischen Steuer vermieden.

2. Abwandlung

An diesem Beispiel, welches wie die 1. Abwandlung zu lösen ist (§ 49 Abs. 1 Nr. 4 Buchst. c) EStG, aber Vorrang von Art. 15 Abs. 1 DBA-Indien, somit Besteuerung im Staat der Ausübung, wo sich die Person physisch aufhält = Indien), soll lediglich aufgezeigt werden, dass das Arbeitsortsprinzip eines DBA die inländische Rechtsnorm verdrängt und es rein faktisch dazu führen kann, dass die Tätigkeit überhaupt nicht im Inland ausgeübt wird.

Zwischenfazit

Das hier am Beispiel des DBA-Liechtenstein dargelegte Grundprinzip der Besteuerung der Einkünfte des Geschäftsführers (eines Vorstandsmitgliedes) einer Kapitalgesellschaft gilt in der Mehrzahl der von Deutschland abgeschlossenen DBA.

3. Abwandlung

HM ist aufgrund seines Wohnsitzes unbeschränkt steuerpflichtig und erzielt aus seiner Tätigkeit ausländische Einkünfte nach § 34d Nr. 5 EStG (siehe Grundfall).

Das anzuwendende DBA-AU gehört zu jener Gruppe von DBA, die für den Geschäftsführer oder das Vorstandsmitglied einer Kapitalgesellschaft eine Sonderregelung enthalten. Diese Sonderregelungen finden sich i. d. R. im Zusammenhang mit Art. 16 OECD-MA bzw. der dieser Norm entsprechenden DBA-Bestimmung.

Art. 16 OECD-MA behandelt grundsätzlich nur die Einkünfte aus der Tätigkeit als Aufsichtsrats- und/oder Verwaltungsrats (Regelfall). In Art. 16 Abs. 2 DBA-AU aber findet sich folgende Text: „Ungeachtet ... dürfen Vergütungen, die eine in einem Vertragsstaat ansässige Person in ihrer Eigenschaft als Geschäftsführer oder als Vorstandsmitglied einer Gesellschaft bezieht, die in dem anderen Vertragsstaat ansässig ist, im anderen Staat besteuert werden." Mit dieser Regelung – Besteuerung des Geschäftsführers im Ansässigkeitsstaat der Gesellschaft – fällt das Besteuerungsrecht unabhängig von der Regelung in Art. 15 Abs. 1 DBA-AU an den Staat, in dem die Gesellschaft ansässig ist, in diesem Fall also an Österreich; denn die Regelung des Art. 16 Abs. 2 DBA-AU geht der des Art. 15 DBA-AU vor (vgl. Art. 15 Abs. 1 Satz 1 DBA-AU). Die Zuteilung ist unabhängig vom Ort der Ausübung der Tätigkeit als Geschäftsführer der Kapitalgesellschaft und knüpft an die formelle Bestellung an.

Die Einkünfte aus der Geschäftsführertätigkeit des HM werden in Österreich besteuert; in Deutschland werden sie von der Besteuerung unter Beachtung des Progressionsvorbehalt nach Art. 23 Abs. 1 Buchst. a) Satz 1, 2 DBA-AU, § 32b Abs 1 Satz 1 Nr. 3 EStG freigestellt.

Eine Art. 16 Abs. 2 DBA-AU vergleichbare Regelung für geschäftsführende Organe findet sich u. a. in Art. 16 Abs. 2 DBA-B, Art. 15 DBA-Bulgarien, Art. 16 Abs. 2 DBA-DK, Art. 16 Abs. 2 DBA-Kanada, Art. 16 DBA-Mexiko, Art. 15 Abs. 2 DBA-NL, Art. 16 Abs. 2 DBA-Polen, Art. 16 DBA-Schweden.

4. Abwandlung

Das DBA-CH entspricht im Wesentlichen dem OECD-MA (siehe oben Grundfall und 1. Abwandlung).

UM erzielt beschränkt steuerpflichtige Einkünfte nach § 49 Abs. 1 Nr. 4 Buchst. c) EStG, so dass Deutschland ein Besteuerungsrecht besitzt.

Unabhängig davon – Vorrang des DBA – unterliegt die von UM ausgeübte Tätigkeit nach dem Arbeitsortsprinzip des Art. 15 Abs. 1 DBA-CH der Besteuerung in Deutschland.

Zusätzlich ist die Sonderreglung des Art. 15 Abs. 4 DBA-CH zu beachten: Danach kann eine natürliche Person, die in einem Vertragsstaat (hier: Schweiz) ansässig, aber als Vorstandsmitglied, Direktor, Geschäftsführer oder Prokurist einer in dem anderen Vertragsstaat (hier: Deutschland) ansässigen Kapitalgesellschaft tätig ist, mit den Einkünften aus dieser Tätigkeit in diesem anderen Staat (= Deutschland/Tätigkeitsstaat) besteuert werden – Fiktion des Arbeitsortes. Zum historischen Hintergrund sowie der ständigen Rechtsprechung des BFH zu Art. 15 Abs. 4 DBA-CH vgl. BFH v. 25.10.06 - I R 81/04, BStBl II 2010, 778, insb. Abs. 14 ff.

Zusammenfassend kann festgestellt werden, dass das Besteuerungsrecht Deutschland auf insgesamt drei voneinander unabhängigen Rechtsgrundlagen basiert.

Allerdings gilt die vorstehende Lösung dann nicht, wenn UM – wie lt. Sachverhalt – Grenzgänger ist, weil die Bestimmungen des Art. 15 Abs. 1 und 4 DBA-CH lediglich „...vorbehaltlich des Art. 15a ...“ gelten. Die Grenzgängerregelung nach Art. 15a DBA-CH – hier unstreitig einschlägig – führt zu einem Rückfall des Besteuerungsrechts für die Vergütung für die in Deutschland ausgeübte Tätigkeit als Geschäftsführer an den Ansässigkeitsstaat des UM (Schweiz) – vgl. BFH v. 25.10.06 - I R 18/04, BFH/NV 2007, 875. Deutschland darf eine Einkommensteuer in Höhe von 4,5 % erheben (Art. 15a Abs. 1 Satz 3 DBA-CH), in der Schweiz wird der Bruttobetrag der Vergütungen bei der Ermittlung der Bemessungsgrundlage um ein Fünftel herabgesetzt.

5. Abwandlung

MB ist aufgrund seines Wohnsitzes in Deutschland unbeschränkt einkommensteuerpflichtig und erzielt aus seiner Tätigkeit als Vorstandsmitglied der in der Schweiz ansässigen Kapitalgesellschaft ausländische Einkünfte nach § 34d Nr. 5 EStG. Abkommensrechtlich für das DBA-CH ist MB – trotz der Zweitwohnung in Zürich/Schweiz – allein in Deutschland ansässig, weil sich dort der Mittelpunkt seines Lebensinteresses befindet. Die Besteuerung seiner Einkünfte aus seiner Tätigkeit als Vorstandmitglied erfolgt nach Art. 15 Abs. 4 DBA-CH in der Schweiz (Fiktion des Arbeitsorts).

Nach Art. 24 Abs. 1 Nr. 1 Satz 1 Buchst. d) DBA-CH werden die Einkünfte aus der Vorstandstätigkeit von der Bemessungsgrundlage der deutschen Einkommensteuer unter Beachtung des Progressionsvorbehalts freigestellt (Art. 24 Abs. 1 Nr. 1 Satz 2 DBA-CH). Allerdings heißt es im DBA „...vorausgesetzt, die Arbeit wird in der Schweiz ausgeübt.“ Da MB aber seine Tätigkeit lt. Sachverhalt überwiegend in Italien ausübt, ist fraglich, ob nicht doch das Besteuerungsrecht an Deutschland zurückfällt, da er seine Tätigkeit nicht nur im anderen Vertragsstaat ausübt, sondern auch in einem Drittstaat (Italien). Hierzu hat der BFH entschieden, dass die Tätigkeit eines in Deutschland ansässigen leitenden Angestellten für eine schweizerische Kapitalgesellschaft, die unter Art. 15 Abs. 4 DBA-CH fällt, auch dann i. S. des Art. 24 Abs. 1 Nr. 1 Buchst. d) DBA-CH „in der Schweiz ausgeübt“ wird, wenn sie tatsächlich überwiegend außerhalb der Schweiz verrichtet wird (BFH v. 25.10.2006 - I R 81/04, BStBl II 2010, 778, u. a. bestätigt durch BFH v. 11.11.2009 - I R 83/08, BStBl 2010 II 781; BFH v. 30.9.2020 - I R 60/17, BStBl 2023 II 629). Es verbleibt demnach beim vorrangigen Besteuerungsrecht der Schweiz.

Ergebnis

Vgl. die Ausführungen zu den einzelnen Abwandlungen

Rechtsprechungshinweise

Vgl. die in der Lösung genannten Entscheidungen

Verwaltungsanweisungen

BMF v. 12.12.2023, BStBl 2023 I 2179

FALL 106

Einkünfte aus unselbständiger Arbeit, Mitarbeiterbeteiligung (Art. 15 OECD-MA)

Sachverhalt

Michael Müller (MM), verheiratet, war von 2015 bis 2023 leitender Angestellter bei der Elektro-GmbH, Köln, welche auch in Frankreich, Belgien und den Niederlanden Tochtergesellschaften unterhält. In 2017 wurde MM die Teilnahme an einem Managementbeteiligungsprogramm (MPP) angeboten. Dieses sah vor, dass die Führungspersonen der Elektro-GmbH Kommanditisten einer vermögensverwaltenden, nicht gewerblich geprägten GmbH & Co. KG, der X-GmbH & Co. KG (X-KG), werden sollten. Die X-KG sollte Anteile an der Elektro-GmbH zu einem Vorzugspreis (10 % unter dem tatsächlichen Wert) erwerben. Hierfür war von MM eine Kommanditeinlagen zu leisten. Ziel des Programms war die Teilhabe am Unternehmenserfolg der Elektro-GmbH. MM leistete in 2017 die vereinbarte Einlage und war damit zu 0,75 % mittelbar an der Elektro-GmbH beteiligt. Bei Beendigung des Arbeitsverhältnisses muss MM aus der X-KG ausscheiden und seinen Gesellschaftsanteil an die X-KG veräußern.

In den Jahren 2019 und 2020 war MM in der Niederlassung in Belgien, und in 2021 und 2022 in der Niederlassung in den Niederlanden tätig; seit 1.1.2023 war MM bis zu seinem altersbedingten Ausscheiden am 30.9.2023 wieder in Köln tägig. Seinen Alters-Wohnsitz hatte er bereits am 1.7.2023 nach Toulon/Frankreich verlegt, wo seine Frau lebt; er unterhielt in Köln nur noch eine kleine 1-Zimmer-Wohnung bis zum 30.9.2023; die arbeitsfreie Zeit verbrachte er in Frankreich, wohin auch er seinen Wohnsitz am 1.10.2023 auf Dauer verlegt.

Die vertragliche vereinbarte Veräußerung der Anteile an der X-KG fand am 15.10.2023 vor dem Notar in Köln statt; MM erzielt aus der Veräußerung der Anteile an der X-KG einen marktüblichen Erlös, welche ihm am 31.10.2023 auf sein Konto in Toulon überwiesen wurde.

Frage

Wo ist der Veräußerungserlös zu versteuern?

LÖSUNG

Fraglich ist, ob es sich bei dem Erlös aus der Veräußerung der Mitarbeiterbeteiligung um Arbeitslohn handelt oder nicht.

Zu den Einkünften aus nichtselbständiger Arbeit gehören gemäß § 19 Abs. 1 Satz 1 Nr. 1 EStG auch andere Bezüge und Vorteile, die „für" eine Beschäftigung im privaten Dienst gewährt werden, unabhängig davon, ob ein Rechtsanspruch auf sie besteht und ob es sich um laufende oder um einmalige Bezüge handelt (§ 19 Abs. 1 Satz 2 EStG).

Der für das Vorliegen von Einkünften aus nichtselbständiger Arbeit erforderliche geldwerte Vorteil liegt nach ständiger Rechtsprechung des BFH im Falle der Übertragung einer Beteiligung am Arbeitgeber nicht in der übertragenen Beteiligung selbst. Er besteht vielmehr in der Verbilligung, also in dem Preisnachlass. Der Erwerb einer solchen Beteiligung zum marktüblichen

Preis kann hingegen keinen geldwerten Vorteil in diesem Sinne bewirken (BFH v. 15.3.2018 - VI R 8/16, BStBl 2018 II 550; BFH v. 1.9.2016 - VI R 67/14, BStBl 2017 II 69; BFH v. 7.5.2014 - VI R 73/12, BStBl 2014 II 904; BFH v. 23. 6.2005 - VI R 10/03, BStBl 2005 II 770). Dementsprechend begründet auch die marktübliche Veräußerung einer Beteiligung durch den Arbeitnehmer keinen geldwerten Vorteil. Ein solcher kann nur insoweit vorliegen, als der Arbeitnehmer bei der Veräußerung einen marktunüblichen Überpreis erzielt (BFH v. 14.12.2023 - VI R 1/21, BStBl 2024 II 387).

Kein Arbeitslohn liegt vor, wenn eine Zuwendung wegen anderer Rechtsbeziehungen oder wegen sonstiger, nicht auf dem Dienstverhältnis beruhender Beziehungen zwischen Arbeitnehmer und Arbeitgeber gewährt wird (BFH v. 21.6.2022 - VI R 20/20, BStBl 2023 II 87). MM hat mit seiner Beteiligung an der vermögensverwaltenden X-KG, aufgrund der ihm die von der X-KG gehaltenen Anteile an Elektro-GmbH gemäß § 39 Abs. 2 Nr. 2 AO entsprechend seiner Kommanditbeteiligung anteilig zuzurechnen waren, ein zivilrechtlich wirksames Sonderrechtsverhältnis (Kapitalbeteiligung) begründet, das neben seinem Arbeitsverhältnis zu der GmbH bestand.

Der MM aufgrund seiner Kommanditbeteiligung zuzurechnende Gewinn aus der Veräußerung der Gesellschaftsanteile an der Elektro-GmbH beruht auf dem selbständig neben dem Arbeitsverhältnis bestehenden Sonderrechtsverhältnis. Dadurch veranlasste Erwerbseinnahmen werden nicht „für“ eine Beschäftigung gewährt und stellen folglich keinen Arbeitslohn dar. Erträge (zum Beispiel in Form von Gewinnausschüttungen oder Veräußerungsgewinnen), die der Steuerpflichtige aus einer solchen Beteiligung erzielt, sind daher (selbst wenn die Beteiligung am Unternehmen seines Arbeitgebers besteht) nicht nach § 19 EStG, sondern allein nach den insoweit einschlägigen Tatbeständen des EStG – vorrangig nach § 20 EStG – steuerbar.

Demnach kann die Vorschrift des Art. 15 OECD-MA – Einkünfte aus Tätigkeit in unselbständiger Arbeit – nicht zur Anwendung kommen, sondern Art. 10 bzw. Art. 13 OECD-MA.

Eine Prüfung des Art. 7 DBA-F (= Art. 13 OECD-MA) ergibt, dass der Veräußerungserlös aus der Veräußerung der KG-Anteile nur im Ansässigkeitsstaat des Veräußerers besteuert werden kann – Art. 7 Abs. 5 DBA-F. Damit entfällt auch eine Prüfung, ob etwaige Erlösanteile auf Belgien oder die Niederlande entfallen.

Eine Prüfung nach Art. 7 Abs. 6 DBA-F entfällt – ebenso wie die Prüfung des § 6 AStG – da MM mit weniger als 1 % an der GmbH beteiligt war (§ 6 Abs. 1 Satz 1 1. HS AStG i. V. m. § 17 Abs. 1 Satz 1 EStG).

Der verbilligte Erwerb fand im Jahre 2017 statt; für die Versteuerung des Erlöses spielt dies keine Rolle; der Vorteil hätte im Jahre 2017 der Besteuerung unterworfen werden müssen (BFH v. 14.1.2023 - VI R 1/21, BStBl 2024 II 387). In diesem Zusammenhang ist dann § 3 Nr. 39 EStG sowie § 19a EStG zu prüfen.

Ergebnis

Der Erlös aus der Veräußerung der Anteile ist im Ansässigkeitsstaat des Veräußerers zu versteuern.

Rechtsprechungshinweise

BFH v. 14.12.2023 - VI R 1/21, BStBl 2024 II 387

Verwaltungsanweisungen

BMF v. 1.6.2024, BStBl 2024 I 946

FALL 107

Aufsichtsrats- und Verwaltungsratsvergütungen (Art. 16 OECD-MA)

Sachverhalt

Beat Hürlimann (BH) ist Schweizer Staatsangehöriger und wohnt in Zürich/Schweiz. Er ist u. a. Aufsichtsratsmitglied der GPI German Print International AG, Freiburg/Deutschland. Er hat in 01 an vier Aufsichtsratssitzungen teilgenommen, die in Freiburg (zweimal), Paris/Frankreich und London/Großbritannien – je einmal – stattgefunden haben. Für seine Tätigkeit wurden ihm auf sein Konto in seinem Heimatstaat insgesamt 20 000 € überwiesen; sämtliche Steuern, Reisekosten sowie die Überweisungskosten werden von der AG getragen und sind in dem vorgenannten Betrag enthalten.

Frage

Welcher Staat hat das Besteuerungsrecht für die Einkünfte aus der Tätigkeit als Aufsichtsratsmitglied?

LÖSUNG

BH erzielt aufgrund der Tatsache, dass er weder Wohnsitz noch gewöhnlichen Aufenthalt in Deutschland besitzt, beschränkt steuerpflichtige Einkünfte gemäß § 49 Abs. 1 Nr. 3 i. V. m. § 18 Abs. 1 Nr. 3 EStG.

Nach Art. 16 OECD-MA können Vergütungen, die eine in einem Vertragsstaat ansässige Person in ihrer Eigenschaft als Mitglied des Aufsichts- oder Verwaltungsrats einer Gesellschaft bezieht, die im anderen Vertragsstaat ansässig ist, im anderen Staat besteuert werden. Voraussetzung ist aber, dass die Person diejenigen Funktionen ausübt, die nach deutschem Verständnis die Aufgaben eines Aufsichtsrats, so wie sie im AktG beschrieben sind, darstellen (Kontrollfunktion, keine geschäftsleitende Tätigkeit – vgl. § 111 AktG; BFH v. 28.8.2003 - IV R 1/03, BStBl 2004 II 112).

Da BH Aufsichtsratsmitglied einer deutschen AG ist, gelten für ihn die Regeln der §§ 96 ff. AktG; er erfüllt als Aufsichtsratsmitglied die Voraussetzungen des Art. 16 OECD-MA. Dies bedeutet, dass Deutschland für die Aufsichtsratsvergütungen das Besteuerungsrecht besitzt, und zwar unabhängig davon, wo die Tätigkeit ausgeübt wird. D. h., für das Besteuerungsrecht ist es nicht zwingend erforderlich, dass die Aufsichtsratstätigkeit in Deutschland ausgeübt wird; auch die in Frankreich und Großbritannien ausgeübte Aufsichtsratstätigkeit unterliegt dem deutschen Besteuerungsrecht, da Anknüpfungspunkt der Staat der Ansässigkeit der kontrollierten Gesellschaft (= Deutschland) ist.

Dieser Regelung entspricht auch Art. 16 DBA-CH; BH muss demnach seine Bezüge aus seiner Tätigkeit in Deutschland der deutschen Besteuerung unterwerfen; in der Schweiz erfolgt eine Besteuerung unter Anrechnung der deutschen Steuer.

Vereinzelt findet man in diversen DBA auch abweichende Regelungen: So ist z. B. in Art. 16 DBA-USA vorgesehen, dass die Besteuerung der Aufsichtsratsvergütung im Sitzstaat der Gesellschaft nur dann erfolgt, wenn auch die Aufsichtsratstätigkeit im anderen Staat ausgeübt worden ist.

Ergebnis

Grundsätzlich Quellensteuerrecht des Staates, in dem die Gesellschaft ansässig ist, die von dem betreffenden Aufsichtsratsmitglied kontrolliert wird.

FALL 108

Aufsichtsrats- und Verwaltungsratsvergütungen (Art. 16 OECD-MA)

Sachverhalt

Hans Messmer (HM), deutscher Staatsangehöriger mit Wohnsitz in München/Deutschland, wird zum Mitglied des Board of Directors der in London ansässigen IT World Inc. berufen; er hält sich rund 70 Tage in Deutschland und rund 175 Tage in London auf.

Frage

Wie und wo ist die Vergütung, die HM für seine Tätigkeit erhält, zu versteuern?

LÖSUNG

HM ist aufgrund seines Wohnsitzes in Deutschland unbeschränkt einkommensteuerpflichtig und muss grundsätzlich sein Welteinkommen versteuern. Zu prüfen ist, ob das deutsche Besteuerungsrecht durch das DBA-UK eingeschränkt wird.

Fraglich ist, unter welche Norm des DBA-UK die Einkünfte aus der Tätigkeit als Mitglied des Board of Directors in London einzuordnen sind. Unter Art. 15 DBA-UK (= Art 16 OECD-MA) können die Einkünfte nur dann eingeordnet werden, wenn sich die Tätigkeit auf die bloße Überwachung des Vorstandes beschränkt. Es gibt aber im englischen (und amerikanischen) Gesellschaftsrecht nicht die vom deutschen Aktienrecht her bekannte strenge Trennung von Vorstand und Aufsichtsrat (dualistisches Prinzip). Vielmehr ist davon auszugehen, dass im Board of Directors grundsätzlich beide Funktionen (Leitungs- und Kontrollorgan) vereint zu finden sind (sog. Monistisches Prinzip). Deshalb hat der BFH Art. 16 OECD-MA (und die dieser Vorschrift entsprechenden Bestimmungen der einzelnen DBA) dahingehend ausgelegt, dass nur die für eine Kontrolltätigkeit gezahlten Vergütungen der Vorschrift unterliegen (vgl. BFH v. 14.3.2011 - I R 23/10, BStBl 2013 II 73, Abs. 14, 15; BFH v. 23.2.2005 - I R 46/03, BStBl 2005 II 547; BFH v. 27.4.2000 - I B 114/99, BFH/NV 2001, 6, Abs. 14, zu Art. 16 DBA-ES 1962; BFH v. 5.10. 1994 - I R 67/93, BStBl 1995 II 95, zu Art. 16 DBA-Kanada 1981).

Kann nicht zweifelsfrei entschieden werden, ob die Vergütung nur für die Überwachungstätigkeit gezahlt wurde, oder lässt sich die gezahlte Vergütung für die Tätigkeit als Mitglied des Board of Directors nicht einfach, klar und eindeutig von der Vergütung für eine geschäftsleitende Tätigkeit trennen, so ist nach der Rechtsprechung des BFH von einer Vergütung für unselbständige Arbeit auszugehen, d. h., im vorliegenden Fall ist dann die Regelung des Art. 14 DBA-UK anzuwenden, sofern nicht nachgewiesen wird, dass und in wie weit es sich um eine selbständig ausgeübte Tätigkeit i. S. Art. 16 OECD-MA (= Art. 15 DBA-UK) handelt.

Da HM seine Tätigkeit in Großbritannien ausübt, kommt das Arbeitsortsprinzip nach Art. 14 Abs. 1 DBA-UK zur Anwendung: Besteuerung im Tätigkeitsstaat, soweit die Tätigkeit dort ausgeübt wird; in Deutschland Freistellung nach Art. 23 Abs. 1 Buchst. a, Buchst. d DBA-UK. Falls die Einkünfte unter Art. 15 DBA-UK zu subsumieren wären, hätte UK grundsätzlich das Besteuerungsrecht; in Deutschland würde eine Doppelbesteuerung durch Anrechnung nach Art. 23 Abs. 1 Buchst. b Doppelbuchstand cc DBA-UK vermieden werden.

Ergebnis

Die Bezüge als Mitglied eines Board of Directors im anglo-amerikanischen Gesellschaftsrecht unterliegen i. d. R. nicht dem Art. 16 OECD-MA, sondern dem Art. 15 OECD-MA.

Rechtsprechungshinweise

BFH v. 5.3.2008 - I R 54, 55/07, BFH/NV 2008, 1487, Abs. 12 ff.; BFH v. 5.10.1994 - I R 67/93, BStBl 1995 II 95 zum DBA-Kanada 1981

FALL 109

Künstler und Sportler (Art. 17 OECD-MA)

Sachverhalt

Der mit seiner Familie in Stuttgart lebende Langstreckenläufer Didi Möbius (DM) wurde vergangenes Jahr Olympiasieger, nachdem er zuvor mehrere Weltmeistertitel errungen hatte. Aufgrund von Werbeverträgen mit dem in Italien ansässigen Sportartikelhersteller Vite-S.R.L. (= GmbH) ist er verpflichtet, zu jedem Wettkampf von seinem Vertragspartner hergestellte Schuhe sowie dessen Logo auf seinem Trikot zu tragen. Außerdem muss DM einmal pro Jahr bei der jährlichen Produktvorstellung der Vite-S.R.L. außerhalb der Laufsaison in Monza/Italien zu Werbezwecken vor Ort sein und hierbei ein Hemd mit einem auf dem Hemdkragen aufgedruckten Logo der Vite-S.R.L. tragen.

DM belegte auf verschiedenen Leichtathletikwettkämpfen im DBA-Ausland jeweils vordere Plätze und erhielt hierfür insgesamt 50 000 € Siegprämien. Von seinem Vertragspartner Vite-S.R.L. bezog er insgesamt 300 000 €, wovon 270 000 € auf die Werbemaßnahmen im Zusammenhang mit seiner sportlichen Betätigung (Schuhe/Trikot) entfielen und 30 000 € auf die Produktvorstellung in Monza.

Frage

Wie stellt sich die Besteuerung der Einkünfte dar?

LÖSUNG

Nach § 1 Abs. 1 Satz 1 EStG ist DM aufgrund seines inländischen Wohnsitzes unbeschränkt einkommensteuerpflichtig und unterliegt mit seinen im In- und Ausland erzielten Einkünften grundsätzlich der deutschen Einkommensteuer (Welteinkommensprinzip).

Berufssportler, die nicht abhängig beschäftigt sportlich tätig sind, erzielen nach inländischen Maßstäben Einkünfte aus Gewerbebetrieb i. S. des § 15 Abs. 2 EStG. Hierunter fallen neben den Einkünften aus der eigentlichen sportlichen Betätigung (Siegesprämien) grundsätzlich auch solche aus entgeltlichen werbenden Tätigkeiten in Zusammenhang mit den sportlichen Auftritten, z. B. deutlich sichtbare Benutzung von Sportgeräten oder das Tragen von Sportkleidung anlässlich solcher Wettbewerbe. Auch soweit der Sportler gegen Entgelt Produkt- und Imagewerbung unabhängig von Wettbewerben betreibt (z. B. Produktvorstellung in Monza), liegt eine gewerblich werbende Tätigkeit vor.

Im OECD-MA ist der Vorrang der sog. allumfassenden Sportler-Klausel in Art. 17 OECD-MA gegenüber der Regelung in Art. 7 und Art. 15 OECD-MA festgelegt. Art. 17 ist Lex speciales zu Art. 7 OECD-MA. Fraglich ist, hinsichtlich welcher Beträge das deutsche Besteuerungsrecht durch Art. 17 OECD-MA (= Art. 17 Abs. 1 DBA-IT) eingeschränkt wird.

Siegprämien von 50 000 €

Die Siegprämien, die DM aus seinen sportlichen Betätigungen in den diversen DBA-Vertragsstaaten erzielt hat, fallen zweifelsfrei unter Art. 17 Abs. 1 OECD-MA und sind – je nach Ausgestaltung der einzelnen DBAs – im Tätigkeitsstaat zu besteuern und in Deutschland ggf. unter Progressionsvorbehalt freizustellen, bzw. die ausländische Steuer ist anzurechnen.

Werbemaßnahmen in Zusammenhang mit der sportlichen Betätigung

Problematisch sind die 270 000 €, die Didi Möbius für das Tragen der Schuhe sowie des Logos auf dem Trikot von der Vite-S.R.L. erhalten hat.

Sinn und Zweck der Sportlerklausel des OECD-MA bestehen darin, die praktischen Schwierigkeiten zu vermeiden, die oft bei der Besteuerung im Ausland auftretender Künstler und Sportler entstehen. Diese praktischen Schwierigkeiten bestehen nicht nur dann, wenn ein international tätiger Berufssportler ein Entgelt für das Erbringen sportlicher Höchstleistungen erhält, sondern auch dann, wenn er anlässlich dieser sportlichen Tätigkeit für den Zahlenden Werbeleistungen erbringt. Aufgrund der im OECD-MA vorgegebenen Zielsetzung einer möglichst weitgehenden Vereinfachung und Praktikabilität der Besteuerung international tätiger Sportler ist eine einheitlich sportlich-werbende Tätigkeit auch abkommensrechtlich einheitlich zu beurteilen.

Diese weite Auslegung trägt dem Umstand Rechnung, dass eine Sportausübung im Bereich des Profisports ohne Werbung für Sponsoren kaum denkbar erscheint.

Durch Umformulierungen in Art. 17 Abs. 1 OECD-MA in der Form des Update 2014 wurden die Begriffe „sportsmen" durch „sportspersons" ersetzt. Damit soll jedoch nur eine geschlechtsneutrale Formulierung des Sportlerbegriffs erreicht werden. Demgegenüber soll durch den neuen Begriff des „entertainers" gegenüber „artist" eine Ausweitung des Sportlerbegriffs auf solche Tätigkeiten erreicht werden, die einen gewissen Unterhaltungscharakter aufweisen.

Somit sind auch die 270 000 € – wiederum je nach Ausgestaltung der einzelnen DBAs – im Tätigkeitsstaat zu besteuern und in Deutschland (ggf. unter Progressionsvorbehalt) freizustellen, bzw. die ausländische Steuer ist anzurechnen.

30 000 € für die Produktvorstellung in Monza

Nicht unter den Anwendungsbereich des Art. 17 Abs. 1 OECD-MA fallen aber Einkünfte aus Werbeverträgen, die zwar das Image und den Namen des Sportlers verwerten, aber nicht im unmittelbaren örtlichen oder zeitlichen Zusammenhang mit einer sportlichen Darbietung stehen (sog. sportfremde Werbung). Die Produktvorstellung findet außerhalb der Sportsaison statt und steht auch nicht in Zusammenhang mit einem Leichtathletikwettbewerb. Diese Einkünfte fallen daher nicht unter Art. 17 Abs. 1 OECD-MA, sondern unter Art. 7 OECD-MA. Nach Art. 7 Abs. 1 OECD-MA erfolgt die Besteuerung grundsätzlich im Wohnsitzstaat, sofern nicht im Tätigkeitsstaat eine Betriebsstätte unterhalten wird. Da dies lt. Sachverhalt nicht der Fall ist, verbleibt es bei der Besteuerung in Deutschland.

Ergebnis

Unter Art. 17 Abs. 1 OECD-MA fallen die Siegprämien in Höhe von 30 000 € und die Werbemaßnahmen in Höhe von 270 000 €, aber nicht die 30 000 € für die Produktvorstellung in Monza.

Rechtsprechungshinweise

BFH v. 20.12.2017 - I R 98/15, BFH/NV 2018, 497; BFH v. 27.10.2015 - I B 27/14, BFH/NV 2016, 749; BFH v. 19.12.2007 - I R 19/06, BFH/NV 2008, 672; siehe zur Verwertung von künstlerischer Betätigung im Inland: BFH v. 25.4.2018 - I R 59/15, BFH/NV 2018, 1097, der eine sog. segmentierende Betrachtungsweise einer künstlerischen Gesamtproduktion anwendet.

FALL 110

Künstler und Sportler (Art. 17 OECD-MA)

Sachverhalt

Pietro Antonio (PA) ist Theaterregisseur und wohnt mit seinem Lebensgefährten in Berlin. In 2023 gastierte sein Ensemble sechs Wochen lang in Riga/Lettland, und er erzielte aus seiner selbständigen Tätigkeit als Regisseur Einkünfte in Höhe von 30 000 €. Im Rahmen dieses Gastspiels erkrankte ein Schauspieler, und PA übernahm dessen Rolle. Aus dieser Tätigkeit als Schauspieler erzielte er Einkünfte von 5 000 €.

Frage

In welchem Staat sind die Einkünfte als Regisseur und Schauspieler zu versteuern?

LÖSUNG

PA hat seinen Wohnsitz in Berlin und ist daher mit seinem Welteinkommen, also auch mit den in Lettland erzielten Einkünften aus seiner Tätigkeit als Regisseur und Schauspieler, in Deutschland unbeschränkt einkommensteuerpflichtig (§ 1 Abs. 1, § 15 Abs. 1, § 18 Abs. 1, § 34d EStG).

Abkommensrechtlich ist PA gem. Art. 4 Abs. 1 Satz 1 OECD-MA (= Art. 4 Abs. 1 Satz 1 DBA-LET) in Deutschland ansässig und muss demnach sein Welteinkommen der Besteuerung unterwerfen.

Fraglich ist, ob die in Lettland erzielten Einkünfte unter Art. 17 OECD-MA (= Art. 17 DBA-LET) fallen. Dann wären sie in Lettland zu versteuern und die lettische Steuer wäre gem. Art. 23 Abs. 1 DBA-LET auf die deutsche Steuer anzurechnen.

Nach Art. 17 Abs. 1 OECD-MA (= Art. 17 Abs. 1 DBA-LET) können ungeachtet der Art. 7 und 15 Einkünfte, die Künstler, wie Bühnen-, Film-, Rundfunk- oder Fernsehkünstler und Musiker sowie Sportler aus ihrer in dieser Eigenschaft persönlich ausgeübten selbständigen Tätigkeit beziehen, im Tätigkeitsstaat besteuert werden.

Regie und Schauspiel sind Tätigkeiten, die von PA selbständig ausgeübt worden sind.

Einkünfte aus der Tätigkeit als Regisseur

Fraglich ist, wie der Begriff des „Künstlers“ auszulegen ist und ob der Regisseur darunterfällt. Der Begriff wird im Abkommen nicht definiert und ist daher auszulegen.

Nach der Wortlautauslegung ist ein Regisseur – in einem weiten Sinne – als Bühnen- oder Filmkünstler anzusehen. Im Regelfall haben sich die Schauspieler nach seinen Anweisungen zu richten und seine künstlerischen Ideen und Vorstellungen auf der Bühne umzusetzen.

Aus dem Sachzusammenhang ergibt sich aber eine andere Auslegung. Art. 17 Abs. 1 OECD-MA enthält eine beispielhafte Aufzählung von Künstlern: Bühnen-, Film-, Rundfunk- und Fernsehkünstler sowie Musiker. Die Aufzählung einer bestimmten Gruppe von Künstlern als beispielhafte Erläuterung dieses Begriffs stellt einen Zusammenhang zwischen den Beispielen und dem abstrakten Begriff her. Den beispielhaft aufgeführten Künstlern ist sämtlich zu eigen, dass sie grundsätzlich unmittelbar oder allenfalls mittelbar über die Medien darstellerisch vor Publikum auftreten, in der Öffentlichkeit selbst in Erscheinung treten und dabei Darbietungen erbringen, welche künstlerischen oder auch unterhaltenden Charakter haben (vortragender Künstler). Hierbei ist in der Praxis sehr genau zu unterscheiden, ob es sich um einen werkschaffenden Künstler handelt, der nicht unter Art. 17 OECD-MA fällt, oder um eine persönlich ausgeübte vortragende oder unterhaltende Tätigkeit, bei welcher der Kläger unmittelbar oder über Medien mittelbar in der Öffentlichkeit aufgetreten ist (BFH v. 11.7.2018 - I R 44/16, BFH/NV 2019, 149, zum Lichtdesigner). Der Theaterregisseur ist ein werkschaffender Künstler und fällt demnach nicht unter den Begriff des Künstlers im Sinne des Abkommensrechts. Er ist auch kein „entertainer“ i. S. des Updates zum OECD-MA 2014.

Dieses einengende Verständnis entspricht auch dem Sinn und Zweck der Regelung, nämlich eine einkunftsartunabhängige Zuweisung des Besteuerungsrechts für eine bestimmte Berufsgruppe vorzunehmen, deren steuerliche Erfassung im Wohnsitzstaat infolge spezifischer Mobilität und vielfacher Einnahmemöglichkeiten oftmals besonderen praktischen Schwierigkeiten ausgesetzt ist. Es ist deshalb sachgerecht, das Besteuerungsrecht dem jeweiligen Quellenstaat vorzubehalten. Daher sollte der betroffene Personenkreis nicht zu weit gefasst, sondern auf diejenigen vortragenden Künstler beschränkt werden, die im Tätigkeitsstaat in der Öffentlichkeit in Erscheinung treten.

Damit ermöglicht Art. 17 Abs. 1 OECD-MA abkommensrechtlich eine eigenständige Auslegung des Künstlerbegriffs und es besteht keine Veranlassung, auf deutsches Einkommensteuerrecht und auf das dort gegebene Begriffsverständnis zurückzugreifen.

Somit ist Art. 14 DBA-LET zu prüfen (selbständige Tätigkeit). Nach dem Grundsatz des Art. 14 Abs. 1 Satz 1 DBA-Lettland (= Art. 7 Abs. 1 OECD-MA) erfolgt die Besteuerung der Einkünfte aus selbständiger Tätigkeit im Wohnsitzstaat, es sei denn, der betreffende Steuerpflichtige unterhält im Tätigkeitsstaat eine Betriebsstätte. Die einzelnen Theater wird man in diesem Zusammenhang – unabhängig von der konkreten Ausgestaltung – schon deswegen nicht als Betriebsstätten qualifizieren können, weil es an der Dauer für eine Verwurzelung sowie an der Verfügungsbefugnis fehlt. Die Ausnahmeregelung des Art. 14 Abs. 1 Satz 3 DBA-LET – Aufenthaltsdauer länger als 183 Tage – scheidet ebenfalls aus. Demnach verbleibt es bei der Grundregel des Art. 14 Abs. 1 Satz 1 DBA-LET: Besteuerung im Wohnsitzstaat.

Einkünfte aus der Tätigkeit als Schauspieler

Ein Schauspieler tritt unmittelbar darstellerisch vor Publikum auf und erbringt dabei Darbietungen, welche künstlerischen oder auch unterhaltenden Charakter haben. Er ist damit ein vortragender Künstler und fällt unter den Künstlerbegriff des Art. 17 Abs. 1 Satz 1 OECD-MA. Lettland hat als Tätigkeitsstaat ein Besteuerungsrecht. Die lettische Steuer ist gem. Art. 23 Abs. 1 DBA-LET (Art. 23 B Abs. 1 Satz 1 Buchst. a OECD-MA) auf die deutsche Steuer anzurechnen.

Ergebnis

Die Einkünfte aus der Tätigkeit als Regisseur unterliegen ausschließlich der deutschen Einkommensteuer. Die Einkünfte aus der Tätigkeit als Schauspieler sind in Lettland und in Deutschland zu versteuern. Die lettische Steuer ist auf die deutsche anzurechnen.

Rechtsprechungshinweise

BFH v. 11.7.2018 - I R 44/16, BFH/NV 2019, 149; BFH v. 30.5.2018 - I R 62/16, BFH/NV 2019, 62, zur Anwendung des Art. 17 DBA-CH auf Chorsänger als berufsmäßigem Künstler

FALL 111

Künstler und Sportler (Art. 17 OECD-MA)

Sachverhalt

Der international bekannte tschechische Schriftsteller und Buchkritiker Vladimir Radetzky (VR) wohnt in Brünn/Tschechien und wird gegen ein Entgelt von 5 000 € am Sonntagabend in die renommierte, von Michaela Michaelis moderierte Talkshow des deutschen Fernsehsenders A-TV eingeladen, um zum Thema „Fernsehen heute, unterhaltsam, aber kulturlos?“ zu diskutieren. Diese Fernsehsendung bezweckt ausschließlich die Unterhaltung der Zuschauer und zeichnet sich nicht durch ein besonderes künstlerisches Niveau aus.

Frage

Unterliegen die 5 000 € der deutschen Einkommensteuer?

LÖSUNG

Es ist davon auszugehen, dass VR nach nationalem tschechischem Steuerrecht unbeschränkt einkommensteuerpflichtig ist; abkommensrechtlich ist Tschechien Ansässigkeitsstaat (Art. 4 Abs. 1 DBA-CZ = Fortgeltung des DBA-Tschechoslowakei).

Zu prüfen ist zunächst, ob VR in Deutschland beschränkt steuerpflichtig ist. Er hat weder Wohnsitz noch gewöhnlichen Aufenthalt in Deutschland. Fraglich ist, ob inländische Einkünfte gem. § 49 EStG vorliegen. In Betracht kommen inländische Einkünfte nach § 49 Abs. 1 Nr. 2 Buchst. d), nach § 49 Abs. 1 Nr. 9 oder nach § 49 Abs. 1 Nr. 3 EStG.

Eine künstlerische Tätigkeit i. S. von § 49 Abs. 1 Nr. 3 i. V. m. § 18 Abs. 1 Nr. 1 EStG liegt vor, wenn der Steuerpflichtige eine eigenschöpferische Leistung vollbringt, in der seine individuelle Anschauungsweise und Gestaltungskraft zum Ausdruck kommt und die über eine hinreichende Beherrschung der Technik hinaus eine gewisse Gestaltungshöhe erreicht.

Der Auftritt des VR als Interviewpartner in der Talkshow hat diesem zwar die Gelegenheit geboten, sich in seiner Person der Öffentlichkeit darzustellen. Diese Selbstdarstellung stand aber nicht mit der Präsentation bestimmter künstlerischer oder schriftstellerischer Leistungen in Zusammenhang und war daher als solche auch keine künstlerische oder schriftstellerische Leistung. Sie hatte rein unterhaltenden Charakter und bot kein kulturelles Niveau. Der Talkshowauftritt führt vielmehr zu sonstigen Einkünften i. S. d. § 22 Nr. 3 EStG, die der beschränkten Steuerpflicht gem. § 49 Abs. 1 Nr. 9 EStG unterfallen (siehe auch BFH v. 28.11.2007 - IX R 39/06, BStBl 2008 II 469, und v. 24.4.2012 - IX R 6/10, BStBl 2012 II 581, „Big Brother"). Dahinstehen kann, ob zusätzlich der Tatbestand des § 49 Abs. 1 Nr. 2 Buchst. d) EStG erfüllt ist, der seit dem VZ 2009 seinem Wortlaut nach auch rein unterhaltenden Tätigkeiten (ohne künstlerisches Niveau) erfasst.

Zu prüfen ist nun, wie diese Doppelbesteuerung durch das DBA-CZ zu lösen ist, und ob sich ein Besteuerungsrecht Deutschlands aus Art. 17 Abs. 1 OECD-MA (vergleichbar mit Art. 17 Abs. 1 DBA-CZ) ergibt. Art. 17 OECD-MA ist auch auf kurzfristige Tätigkeitseinkünfte anwendbar, wenn die Teilnahme an der Talkshow als künstlerisch zu qualifizieren ist.

Zwischen dem Künstlerbegriff des deutschen innerstaatlichen Steuerrechts und dem des Abkommensrechts ist zu differenzieren. Art. 17 OECD-MA möchte – im Gegensatz zum innerstaatlichen Recht in § 18 EStG – nicht ein besonders künstlerisches oder sportliches Niveau einer Leistung einer besonderen steuerlichen Behandlung unterwerfen, sondern lediglich eine bestimmte Kategorie von Tätigkeiten, die „schwer zu fassen" sind, erfassen. Das künstlerische Niveau einer Darbietung kann daher deutlich hinter ihren Unterhaltungscharakter zurücktreten. Für diese Auslegung sprechen nicht nur die parallel verwendeten Begriffe des Künstlers und des Sportlers sowie die englische und französische Fassung von Art. 17 Abs. 1 OECD-MA 2017 („public entertainer", „entertainer", „professionnels du spectacle", „artists du spectacle"). Der abkommensrechtliche Künstlerbegriff erfordert daher eine persönlich ausgeübte vortragende Tätigkeit, die vornehmlich der Unterhaltung und keinem anderen Zweck dient. Diese Voraussetzungen sind hier erfüllt: Die Ausstrahlung der Talkshow hat ausschließlich unterhaltenden Charakter. Der Diskutant tritt mittelbar über das Medium Fernsehen persönlich vor Publikum auf und ist damit (vortragender) Künstler i. S. des Art. 17 Abs. 1 OECD-MA. Diese Auslegung entspricht auch dem Wortlaut des Art. 17 Abs. 1 des Updates zum OECD-MA 2014, wonach der Begriff „artist" durch den Begriff des „entertainers" ersetzt worden ist.

Art. 17 Abs. 1 DBA-CZ ist Lex speciales gegenüber Art. 14 DBA-CZ.

Ergebnis

Art. 17 Abs. 1 DBA-CZ weist das Besteuerungsrecht an den Einkünften Deutschland zu. Die Einkünfte unterliegen der deutschen Einkommensteuer.

Rechtsprechungshinweise

BFH v. 27.10.2015 - I B 27/14, BFH/NV 2016, 749; BFH v. 19.12.2007 - I R 19/06, BFH/NV 2008, 672; BFH v. 28.11.2007 - IX R 39/06, BStBl 2008 II 469; BFH v. 21.4.1999 - I B 99/98, BStBl 2000 II 254; siehe auch BFH v. 4.3.2009 - I R 6/07, BStBl 2009 II 625, und BFH v. 13.6.2007 - I R 41/11, BStBl 2012 II 880, zur abkommensrechtlichen Behandlung von Vergütungen für die Überlassung von Live-Fernsehübertragungsrechten sowie BFH v. 24.4.2012 - IX R 6/10, BStBl 2012 II 581 zu „Big Brother"

FALL 112

Künstler und Sportler – Schiedsrichter, Trainer (Art. 17 OECD-MA)

Sachverhalt

Der international tätige Tennisschiedsrichter Iwan Iwanovic (II) wohnt in Berlin und erzielt aus seiner Schiedsrichtertätigkeit in verschiedenen DBA-Vertragsstaaten Einkünfte in Höhe von insgesamt 400 000 € aufgrund von Verträgen mit den jeweiligen nationalen Tennisverbänden. Sämtliche DBA-Vertragsstaaten haben mit Deutschland DBA abgeschlossen, die wortgleich sind mit dem OECD-MA.

Abwandlung

II ist als international anerkannter Trainer tätig.

Frage

Hat Deutschland das ausschließliche Besteuerungsrecht?

LÖSUNG

II hat seinen Wohnsitz (§ 8 AO) in Deutschland und ist daher unbeschränkt einkommensteuerpflichtig (§ 1 Abs. 1 EStG).

Zu prüfen ist zunächst, welcher Einkunftsart seine Einkünfte als international tätiger Tennisschiedsrichter zuzuordnen sind. Er arbeitet selbständig, nachhaltig und mit Gewinnerzielungsabsicht. Da die Schiedsrichtertätigkeit zu keiner der in § 18 EStG aufgezählten Fallgruppen gehört, nicht den Katalogberufen des § 18 Abs. 1 Nr. 1 EStG ähnlich ist und weder eine wissenschaftliche, künstlerische, schriftstellerische, unterrichtende oder erzieherische Tätigkeit darstellt, liegt keine selbständige Tätigkeit gemäß § 18 Abs. 1 Nr. 2 bzw. 3 EStG vor.

Ein Tennisschiedsrichter beteiligt sich am allgemeinen wirtschaftlichen Verkehr, weil er seinen Beruf international für mehrere nationale Tennisverbände ausübt. Daher erzielt er gewerbliche Einkünfte (§ 15 Abs. 1 Nr. 1, Abs. 2 Satz 1 EStG).

Ob Deutschland ein ausschließliches Besteuerungsrecht zusteht, kann nur auf Grundlage der jeweiligen DBA, die allesamt dem OECD-MA entsprechen, geklärt werden. Deutschland ist nach Art. 4 Abs. 1 OECD-MA Ansässigkeitsstaat.

Den DBA-Vertragsstaaten, in denen II seine Schiedsrichtertätigkeit ausgeübt hat, steht kein Besteuerungsrecht nach Art. 7 Abs. 1 Satz 1 OECD-MA zu. Dies wäre nur dann der Fall, wenn II in den DBA-Vertragsstaaten jeweils eine Betriebsstätte hätte, was aber mangels einer festen Geschäftseinrichtung (Art. 5 Abs. 1 OECD-MA) nicht zutrifft.

Ein Besteuerungsrecht könnte sich aber aus Art. 17 Abs. 1 OECD-MA ergeben. Diese Regelung betrifft nicht nur nach nationalem Recht Selbständige i. S. des § 18 EStG, sondern alle Sportler, die nicht abhängig beschäftigt sind, auch die gemäß § 15 EStG gewerblich tätigen. Fraglich ist aber, ob ein Schiedsrichter unter den Begriff des Sportlers zu subsumieren ist.

Nach dem Wortlaut des Begriffs ist Sportler, wer eine körperliche oder geistige Tätigkeit ausübt, die um ihrer selbst willen, meist unter Anerkennung bestimmter Regeln und in eigens dafür bestimmten Organisationsformen betrieben wird. Sport beinhaltet eine äußerlich beobachtbare Anstrengung oder Bewegung, die einem persönlichen Können zurechenbar ist (Leistung) und gezielt gesteigert werden kann (Training). Diese Anforderungen erfüllt der Schiedsrichter regelmäßig nicht, da er lediglich die Einhaltung der Regeln überwacht, denen sich ein Sportler unterwirft, und Entscheidungen in Wettkämpfen trifft, diese aber nicht selbst bestreitet. Seine Leistungsfähigkeit bestimmt sich vornehmlich nach der durch Prüfung erworbenen Lizenz und nicht – wie bei einem Sportler – nach einer durch regelmäßiges Training steigerbaren Leistung.

Bei der systematischen Auslegung des Sportlerbegriffs ist ein Vergleich zur Auslegung des – ebenfalls in Art. 17 Abs. 1 OECD-MA verwendeten – Künstlerbegriffs anzustellen. Nachdem nur der unmittelbar oder zumindest mittelbar über die Medien auftretende Künstler (vortragender Künstler) unter Art. 17 Abs. 1 OECD-MA fällt, ist unter den Begriff des Sportlers ebenfalls nur der unmittelbar oder mittelbar über die Medien öffentlich auftretende Sportler zu subsumieren. Das sind typischerweise Sportler, die Wettkämpfe bestreiten, aber nicht Schiedsrichter, die solche Wettkämpfe lediglich überwachen.

Die Tätigkeit des Schiedsrichters unterfällt Art. 7 OECD-MA; da er in den jeweiligen Tätigkeitsstaaten keine Betriebsstätte unterhält, sind die Einkünfte im Wohnsitzstaat zu besteuern (BFH v. 20.12.2017 - I R 98/15, BFH/NV 2018, 497).

Abwandlung

Der BFH hat hinsichtlich der Trainertätigkeit erhebliche Zweifel daran, dass es eine Tätigkeit ist, die unter Art. 17 OECD-MA fällt wegen des fehlenden Auftritts als Sportler in der Öffentlichkeit (BFH v. 23.7.2019 - XI R 7/17, BFH/NV 2020, 106).

Ergebnis

Den DBA-Staaten steht auch nach Art. 17 OECD-MA kein Besteuerungsrecht zu. Das Recht Deutschlands, die 400 000 € zu besteuern, ist daher ein ausschließliches.

Rechtsprechungshinweis

Vgl. die in der Lösung genannten Entscheidungen

FALL 113

Ruhegehälter (Art. 18, 21 OECD-MA)

Sachverhalt

Der im DBA-Ausland wohnhafte Rentner R ohne weiteren Wohnsitz in Deutschland war sein ganzes Berufsleben lang als Controller bei der Motor-AG (M-AG) in Stuttgart erwerbstätig. Nunmehr bezieht er

- eine Betriebsrente der M-AG aus einer Pensionskasse; die Beiträge zur Pensionskasse waren steuerlich begünstigt.
- eine Rente aus einer freiwilligen privaten Rentenversicherung bei einer in Deutschland ansässigen Versicherung, deren Ansprüche vererblich sind.

R hat keinen Antrag gemäß § 1 Abs. 3 EStG gestellt.

Frage

Muss R in Deutschland Steuern zahlen?

LÖSUNG

R ist mangels eines inländischen Wohnsitzes nicht unbeschränkt einkommensteuerpflichtig gemäß § 1 Abs. 1 EStG. Er hat auch keinen Antrag auf unbeschränkte Steuerpflicht nach § 1 Abs. 3 EStG gestellt. Die Frage ist, ob R beschränkt einkommensteuerpflichtig gemäß § 1 Abs. 4 EStG ist. § 1 Abs. 4 EStG im Zusammenhang mit § 49 EStG und dem OECD-MA ist zu prüfen. R müsste inländische Einkünfte i. S. des § 49 EStG erzielen.

Betriebsrente

Bei betrieblichen Renten kommt es für die Besteuerung auf den Durchführungsweg und darauf an, ob die Beiträge steuerlich begünstigt waren. Hierbei handelt es sich nicht um inländische Einkünfte i. S. des § 49 Abs. 1 Nr. 7 i. V. m. § 22 Nr. 1 Satz 3 Buchst. a) Doppelbuchst. bb) EStG. Denn § 22 Nr. 1 Satz 3 Buchst. a) Doppelbuchst. bb) EStG erfasst keine betrieblichen Bezüge. Bei betrieblichen Renten kann es sich um nachträglichen Arbeitslohn nach § 19, 24 Nr. 2 EStG (BFH v. 7.7.2005 - VI B 72/04, BFH/NV 2005, 1998) oder um Leistungen aus der betrieblichen Altersversorgung, Leistungen aus Pensionskassen, i. S. des § 22 Nr. 5 EStG handeln – so die Leistungen des R aus einer Pensionskasse. Die Leistungen i. S. des § 22 Nr. 5 EStG sind inländische Einkünfte gemäß § 49 Abs. 1 Nr. 10 EStG (ohne danach zu differenzieren, ob die Leistungen nach § 22 Nr. 5 Satz 1 oder Satz 2 EStG besteuert werden). Gemäß Art. 18 OECD-MA können allerdings Ruhegehälter und ähnliche Vergütungen, die einer in einem Vertragsstaat ansässigen Person für frühere, im anderen Staat ausgeübte unselbständige Tätigkeit gezahlt werden, nur im Wohnsitzstaat besteuert werden. Damit entfällt das Besteuerungsrecht Deutschlands, da R seinen Wohnsitz im Ausland hat. Dies gilt für Leistungen für eine frühere unselbständige Tätigkeit, die der Versorgung des Arbeitnehmers nach dessen Eintritt in den Ruhestand dienen. Dem OECD-MA entsprechende Regelungen haben z. B. Art. XII Abs. 1 DBA-Griechenland, Art. 18 DBA-Schweiz und Art. 18 Abs. 1 DBA-USA.

In neueren DBA hat sich die deutsche DBA-Politik seit dem Alterseinkünftegesetz mit Einführung der nachgelagerten Besteuerung niedergeschlagen mit der Folge, dass Deutschland als Quellenstaat die Rente besteuern kann, so z. B. nach Art. 17 Abs. 3 Buchst. a) DBA-Spanien bis zu 5 % des Bruttobetrags der der Vergütungen.

Freiwillige private Rentenversicherung

Leistungen aus einer freiwilligen privaten Rentenversicherung sind Einkünfte i. S. des § 22 Nr. 1 Satz 3 Buchst. a) Doppelbuchst. bb) EStG. Es kann sich um inländische Einkünfte i. S. des § 49 Abs. 1 Nr. 7 EStG handeln. Erfasst werden Einkünfte inländischer Versicherungsunternehmen, wenn die Beiträge, die den Leistungen zugrunde liegen, nach § 10 Abs. 1 Nr. 2 EStG ganz oder teilweise bei der Ermittlung der Sonderausgaben berücksichtigt wurden. Da jedoch die Ansprüche vererblich waren, war ein Sonderausgabenabzug nicht möglich (§ 10 Abs. 1 Satz 2 EStG) und es liegen keine inländischen Einkünfte vor. Die Einkünfte sind im Inland nicht steuerbar. Infolgedessen ist nicht zu prüfen, ob, da diesbezüglich im OECD-MA nichts geregelt ist, die Auffangklausel des Art. 21 OECD-MA zum Tragen kommt und diese Einkünfte nur im Wohnsitzstaat besteuert werden können.

Ergebnis

Das Besteuerungsrecht Deutschlands kann entfallen, da R seinen Wohnsitz im Ausland hat.

Rechtsprechungshinweise

BFH v. 17.5.2017 - X R 10/15, BStBl 2017 II 1251; BFH v. 5.4.2017 - X R 50/14, BStBl 2017 II 1187; BFH v. 11.10.2023 - I R 37/20, BFH/NV 2024, 375, BFH v. 20.12.2017 - I R 8/16, BFH/NV 2018, 720 und BFH v. 20.12.2017 - I R 9/16, BStBl 2018 II 439 jeweils zu in ein Nicht-EU-Staat gezahlte Renten der Deutschen Rentenversicherung Bund (DBA Norwegen bzw. DBA Kanada); BFH v. 28.10.2020 - X R 29/18, BStBl. 2021 II 675 zur Vergleichbarkeit von ausländischen Leistungen mit inländischen Leistungen (DBA USA)

FALL 114

Renten, Altersrenten (Art. 18, Art. 21 OECD-MA)

Sachverhalt

Hans Holbein (HH), deutsche Staatsangehöriger, verwitwet, bezieht nach Beendigung seines Arbeitslebens als sozialversicherungspflichtig angestellter Arbeitnehmer eine sog. Altersrente der Deutschen Rentenversicherung Bund (DRV). Zwischenzeitlich hat er seinen Wohnsitz von Deutschland nach Lausanne/Schweiz verlegt und genießt dort seinen Lebensabend und die Rente.

1. Abwandlung

Er hat den Wohnsitz nach Saint-Paul-de-Vence/Frankreich verlegt.

2. Abwandlung

Er hat den Wohnsitz nach Faro/Portugal verlegt

3. Abwandlung

Er hat den Wohnsitz nach Eisenstadt/Österreich verlegt.

4. Abwandlung

Er hat seinen Wohnsitz nach Torremolinos/Spanien verlegt.

5. Abwandlung

Antonio Blanco (AB), italienischer Staatsangehöriger, war beim deutschen Autobauer X-AG, als Ingenieur sozialversicherungspflichtig angestellt. Nach dem Eintritt in den Ruhestand hat er seinen Wohnsitz aus Deutschland zurück nach Italien verlegt und erhält dort eine Rente der DRV.

6. Abwandlung

Anton Karras (AK) österreichischer Staatsbürger, war sozialversicherungspflichtiger Arbeitnehmer in Passau/Deutschland. Nach Eintritt in den Ruhestand verlegt er seinen Wohnsitz nach Bari/Italien. Dort bezieht er eine Altersrente der DRV.

Frage

Wo wird die Altersrente aus der Sozialversicherung versteuert?

LÖSUNG

Vorab ist festzustellen, dass die steuerliche Behandlung von Sozialversicherungsrenten – sog. Altersrente – in den DBA sehr unterschiedlich gelöst ist, und es sich daher kein einheitliches Bild ergibt. Demnach muss jeder Fall sorgfältig an Hand des betreffenden DBA geprüft werden. Grundsätzlich nicht einschlägig ist Art. 18 OECD-MA, denn die Rente wird nicht für eine frühere unselbständige Arbeit gezahlt. Demnach ist für die Besteuerung von Sozialversicherungsrente von der Regelung in § 21 Abs. 1 OECD-MA auszugehen.

Grundfall

Zu der ersten Gruppe von DBA, welche keine gesonderten Regelungen für Renten enthält, gehört u. a. das DBA-CH – hier: Art. 21 DBA-CH. Dies bedeutet, dass Deutschland kein Quellensteuerrecht an derartigen Leistungen besitzt, und es zur ausschließlichen Besteuerung im Wohnsitzstaat/Ansässigkeitsstaat kommt.

Folgende DBA gehören zu dieser Gruppe: U. a. die DBA mit Estland, Indien, dem Iran, Island, Kuwait, Lettland, Litauen, Marokko, Tschechien und der Slowakei (für die beiden letztgenannten aufgrund des weiterhin anzuwenden DBA-Tschechoslowakei von 1980).

1. Abwandlung

Eine zweite Gruppe von DBA regelt die Besteuerung von Altersrenten in der Weise, dass sie ausdrücklich dem Wohnsitzstaat des Empfängers das alleinige Besteuerungsrecht zuweist, d. h. Deutschland besitzt kein Besteuerungsrecht. Hierzu gehört u. a. das DBA-F; in Art. 13 Abs. 8 DBA-F ist bestimmt, dass Renten (einschließlich Bezügen aus der gesetzlichen Sozialversicherung) „… nur in dem Staat besteuert werden (können), in dem der Begünstigte ansässig ist.“.

Zu dieser Gruppe zählen ferner z. B. das DBA-USA (Art. 18 Abs. 5) oder das DBA-Thailand (Art. 18 Abs. 1).

2. Abwandlung

Die Altersrente unterfällt grundsätzlich Art. 22 DBA-P, d. h. keine Quellenbesteuerungsrecht für Deutschland. Im Gegensatz zu den beiden vorgenannten Gruppen von DBA enthält Art. 22 Abs. 1 Satz 2 DBA-P aber eine sog. Rückfallklausel, wonach dann für Deutschland ein Besteuerungsrecht besteht, wenn die Rente in Portugal nicht besteuert wird. Zu dieser Gruppe zählen das DBA-Südafrika (Art. 16 Abs. 1) und das DBA-Sri Lanka (Art 18 Abs 1).

Da in der Praxis Portugal Zuwanderern eine nationale Steuerbefreiung für 10 Jahre gewährt, führt die Rückfallklausel dazu, dass Deutschland die Rente besteuert (FG Rheinland-Pfalz v. 15.11.2023 - 1 K 2026/22, EFG 2024, 286, Revision unter X R 1/24).

3. Abwandlung

Das DBA-AU gehört zu der Gruppe von DBA, die Deutschland als Quellenstaat ein (alleiniges) Besteuerungsrecht für Renten aus der Sozialversicherung gewähren – hier: Art. 18 Abs. 2 DBA-AU. Zu dieser Gruppe gehören u. a. die DBA mit Algerien, Argentinien, Belgien, Bulgarien, VR

China, Dänemark, Finnland, Israel, Japan, Kanada, Korea, Liechtenstein, Malta, Neuseeland, Polen, Rumänien, Singapur, Türkei, Ungarn, VAE und Zypern.

4. Abwandlung

Das DBA-ES gehört zu der Gruppe der DBA, welche Deutschland bei Renten aus der Sozialversicherung ein Besteuerungsrecht einräumen, dieses aber der Höhe nach begrenzt. Im Einzelnen regelt Art. 17 Abs. 2 DBA-ES Folgendes: Renten können im Staat der leistenden Einrichtung (= Deutschland) mit einer Steuer bis zu 5 % des Bruttobetrages besteuert werden, wenn der Renteneintritt nach dem 31.12.2014 geschehen ist. Zu dieser Gruppe gehören u. a. das DBA-Norwegen (Art. 18 i. d. F. des Protokolls vom 24.6.2013) und das DBA-Türkei (Art. 18 Abs. 2).

5. Abwandlung

Das DBA-IT hat die Besonderheit, dass im Rahmen der Besteuerung der Altersrenten die Staatsangehörigkeit eine Rolle spielt. Nach Art. 19 Abs. 4 DBA-IT, hängt das Besteuerungsrechts Deutschlands davon ab, ob der Leistungsempfänger die deutsche Staatsangehörigkeit besitzt – dann Besteuerungsrecht Deutschlands –, oder nicht – dann alleiniges Besteuerungsrechts Italiens. Da der Empfänger der Altersrente lt. Sachverhalt nur die italienische Staatsangehörigkeit besitzt, kann die Altersrente nur in Italien besteuert werden. Eine vergleichbare Regelung findet sich in Art. 18 Abs. 2 DBA-Schweden.

6. Abwandlung

Auf den ersten Blick kann man feststellen, dass der Wortlaut des Art. 19 Abs. 4 DBA-IT nicht so richtig passt, da der Rentenempfänger weder die Staatsangehörigkeit des einen noch des anderen Vertragsstaates besitzt, sondern eine dritte.

Da AK seinen Wohnsitz in Italien hat, ist auf ihn das DBA-IT anzuwenden (Art. 1, Art. 4 Abs. 1 DBA-IT). Die Voraussetzungen einer beschränkten Steuerpflicht von AK nach Maßgabe des § 1 Abs. 4 EStG sind erfüllt. Denn er erzielt – ohne inländischen Wohnsitz oder gewöhnlichen Aufenthalt – inländische Einkünfte i. S. des § 49 Abs. 1 Nr. 7 EStG, indem er sonstige Einkünfte i. S. des § 22 Nr. 1 Satz 3 Buchst. a) Doppelbuchst. aa) Satz 1 EStG (Leibrente aus einer gesetzlichen Rentenversicherung) bezogen hat. Fraglich kann nur sein, wie der zweite Halbsatz in Art. 19 Abs. 4 DBA-IT zu verstehen ist. Nach dem Wortlaut besteht ein Besteuerungsrecht Deutschlands nur dann, *wenn* der Rentenempfänger die deutsche Staatsangehörigkeit besitzt. Da dies aber nicht der Fall ist, und der Rentenempfänger auch nicht die italienische Staatsangehörigkeit besitzt, wird die Besteuerung in diesem speziellen Fall sich nach Art. 21 Abs. 1 DBA-IT richten.

Ergebnis

Vgl. die einzelnen unterschiedlichen Darstellungen.

Rechtsprechungshinweise

BFH v. 17.8.2022 - I R 17/19, BStBl 2023 II 554; BFH v. 20.12.2017 - I R 9/16, BStBl 2018 II 439; BFH v. 13.12.2011 - I B 159/11, BFH/NV 2012, 417

Verwaltungshinweise

Ausführliche Darstellung der Rechtslage aus der Sicht der Finanzverwaltung unter www.finanzamt-rente-im-ausland.de

FALL 115

Öffentlicher Dienst (Art. 19 OECD-MA), Grenzgänger

Sachverhalt

Richard Stein (RS) ist Staatsanwalt bei der Staatsanwaltschaft Offenburg (Deutschland). Seit mehreren Jahren wohnt RS mit seiner Familie im nahe gelegenen Straßburg (Frankreich), von wo aus er täglich mit dem Auto nach Offenburg pendelt (ca. 28 km).

Frage

Wo muss Richard Stein seine Besoldung versteuern?

LÖSUNG

RS hat seinen Wohnsitz und gewöhnlichen Aufenthalt in Frankreich und ist dort unbeschränkt steuerpflichtig. Er ist aber in Deutschland mit seinen inländischen Einkünften aus im Inland ausgeübter nichtselbständiger Arbeit gemäß § 1 Abs. 4 i. V. m. § 49 Abs. 1 Nr. 4 EStG beschränkt einkommensteuerpflichtig. Nach Art. 15 Abs. 1 Satz 1 OECD-MA (= Art. 13 Abs. 1 Satz 1 DBA-F) steht das Besteuerungsrecht für Einkünfte aus nichtselbständiger Arbeit grundsätzlich dem Tätigkeitsstaat zu. Abweichend hiervon bestimmt Art. 13 Abs. 5 Buchst. a) DBA-F (ohne eine Entsprechung im OECD-MA), dass Einkünfte aus nichtselbständiger Arbeit von Personen, die im Grenzgebiet eines Vertragsstaats arbeiten und ihre ständige Wohnstätte, zu der sie in der Regel jeden Tag zurückkehren, im Grenzgebiet des anderen Vertragsstaats haben („Grenzgänger"), nur in diesem anderen Staat besteuert werden. RS erfüllt zwar diese Voraussetzungen. Die sog. Grenzgängerregelung des Art. 13 Abs. 5 DBA-F ist aber durch die Sonderregelung des Art. 19 Abs. 1 OECD-MA (= Art. 14 Abs. 1 DBA-F) ausgeschlossen (vgl. Art. 13 Abs. 1 Satz 2 DBA-F), da RS als Beamter (des Landes Baden-Württemberg) eine Besoldung aus einer öffentlichen Kasse bezieht.

Nach dem Kassenstaatsprinzip des Art. 19 Abs. 1 Buchst. a) OECD-MA (= Art. 14 Abs. 1 Satz 1 DBA-F), das den völkerrechtlichen Grundsatz der staatlichen Souveränität sichern soll, wird Deutschland das ausschließliche Besteuerungsrecht zugewiesen. Frankreich stellt die Einkünfte unter Progressionsvorbehalt frei. Etwas anderes würde nach Art. 14 Abs. 1 Satz 2 DBA-F (= Art. 19 Abs. 1 Buchst. b) OECD-MA) gelten, wenn RS französischer Staatsangehöriger wäre.

Hinweis

Das DBA-F verlangt als zusätzliche Voraussetzung des Kassenstaatsprinzips, dass die Dienstleistung „in der Verwaltung oder den Streitkräften" erbracht wird. Da die rechtsprechende Gewalt nach Art. 92, 97 GG (ausschließlich) den unabhängigen Richtern vorbehalten ist, sind Staatsanwälte nach ganz herrschender Meinung der Exekutive zuzuordnen. Das Tatbestandsmerkmal „in der Verwaltung" ist aber weder im Sinne der Gewaltenteilung (Art. 20 Abs. 2 GG) zu verstehen, noch kommt es darauf an, ob die Tätigkeit nach herkömmlichem Sprachgebrauch eine (tatsächlich) verwaltende Tätigkeit ist. Erforderlich ist lediglich eine gewisse Einbindung des Dienstleistenden in eine Gebietskörperschaft oder juristische Person des öffentlichen Rechts und grenzt damit einmalige oder gelegentliche Leistungen von selbständig oder gewerblich Tätigen für die Verwaltung aus dem Anwendungsbereich des Art. 14 Abs. 1 DBA-F aus. Ferner fordert es eine Dienstleistung für die Gebietskörperschaft oder juristische Person des öffentlichen Rechts. Eine weitere Abgrenzung danach, ob mit den Dienstleistungen unmittelbar öffentliche Aufgaben verwirklicht werden, ist nach ständiger Rechtsprechung des BFH nicht vorzunehmen. Nur dann, wenn die juristische Person des öffentlichen Rechts, wie ein Privatrechtssubjekt, eine auf Gewinnerzielung ausgerichtete Tätigkeit ausübt, wird das Kassenstaatsprinzip durch Art. 14 Abs. 3 DBA-F weiter eingeschränkt. Auch die erziehende und unterrichtende Tätigkeit eines verbeamteten Lehrers fällt unter Art. 14 Abs. 1 DBA-F, vgl. BFH v. 22.2.2023 - I R 45/19, BFH/NV 2023, 947, Verfassungsbeschwerde unter 2 BvR 270/24 anhängig.

Ergebnis

Nach dem Kassenstaatsprinzip muss RS seine Besoldung in Deutschland versteuern.

Rechtsprechungshinweise

BFH v. 11.7.2012 - I R 76/11, BFH/NV 2012, 1966; BFH v. 23.9.2008 - I R 57/07, BFH/NV 2009, 390; BFH v. 7.4.2004 - I B 196/03, BFH/NV 2004, 1377; BFH v. 5.9.2001 - I R 88/00, BFH/NV 2002, 623

BFH v. 11.7.2024 - VI R 35/21, BStBl 2024 II 710, zur Definition des Begriffs „inländische öffentliche Kasse" i. S. von § 49 Abs. 1 Nr. 4 Buchst. b) EStG; ggf. auch anwendbar auf den Begriff i. S. von Art. 19 OECD-MA und i. S. des Auslandstätigkeitserlasses

Verwaltungsanweisungen

BMF v. 12.12.2023, BStBl 2023 I 2179; BMF v. 28.12.2021, BStBl 2022, 92

FALL 116

Öffentlicher Dienst, Pension, Versorgungsbezüge (Art. 19 OECD-MA)

Sachverhalt

In Abwandlung des vorangegangenen Falls wurde Staatsanwalt RS vor zwei Jahren pensioniert. Er hält sich seitdem ununterbrochen in der Provence in der Nähe von Nizza/Frankreich auf. Seine Beamtenpension wird ihm vom Landesamt für Besoldung und Versorgung Baden-Württemberg mit Sitz in Fellbach (Baden-Württemberg) direkt auf sein Konto bei der Société Générale in Nizza überwiesen.

Frage

Welches Land darf die Beamtenpension des RS besteuern?

LÖSUNG

Das Kassenstaatsprinzip des Art. 19 Abs. 1 OECD-MA (= Art. 14 Abs. 1 DBA-F) gilt nicht nur für die aktiven Bezüge, sondern auch für die Ruhegehälter/Pensionen/Versorgungsbezügen von Beamten bzw. gleichgestellten Personen nach Art. 19 Abs. 2 Buchst. a) OECD-MA (Art. 14 Abs. 2 DBA-F), die von einem der Vertragsstaaten, einem Land, einer Gebietskörperschaft oder einer juristischen Person des öffentlichen Rechts dieses Staates geleistet werden. Die Vorschrift stellt eine Sonderregelung für Ruhegehälter und ähnliche Vergütungen dar, die aus einer öffentlichen Kasse gezahlt werden (vgl. den ausdrücklichen Vorbehalt in Art. 18 OECD-MA). Die Pension des RS darf demnach „nur" in Deutschland besteuert werden.

Ergebnis

Wie die aktiven Bezüge (Besoldung) unterfällt auch das Ruhegehalt (Pension) dem Kassenstaatsprinzip und ist in Deutschland zu versteuern.

Rechtsprechungshinweise

Vgl. die in der Lösung zum vorigen Fall genannten Urteile.

Verwaltungsanweisungen

BMF v. 12.12.2023, BStBl 2023 I 2179; BMF v. 28.12.2021, BStBl 2022, 92

FALL 117

Öffentlicher Dienst, Entwicklungshilfeklausel (Art. 19 OECD-MA)

Sachverhalt

Anton Bauer (AB) ist angestellter Diplomingenieur, verheiratet, wohnhaft in Frankfurt/Deutschland, und befasst sich insbesondere mit Hochwasserschutzbauten. Auf Vermittlung des Bundesministeriums für wirtschaftliche Zusammenarbeit und Entwicklung (BMZ) in Berlin/Deutschland wird er ab 1.4.01 in Jakarta/Indonesien bei der dortigen Tsunami-Warnstelle im Rahmen eines Entwicklungshilfeprogramms nichtselbständig tätig; die Kosten dafür übernimmt das BMZ, die das Gehalt auf ein inländisches Bankkonto zahlt; ein eigenes Büro erhält er in Jakarta nicht; ihm werden wechselnde Räume zur Verfügung gestellt. Seine Familie verbleibt in Frankfurt. Am 1.5.02 kehrt er nach Deutschland zurück.

1. Abwandlung

Das Honorar wird nicht vom BMZ gezahlt, sondern aufgrund einer mit der Deutschen Gesellschaft für Internationale Zusammenarbeit GmbH (GIZ), einer Gesellschaft in Bonn/Deutschland, welche im Auftrag verschiedener Bundesministerien im Bereich der technischen Zusammenarbeit und Entwicklungshilfe tätig wird, geschlossenen Arbeitsvertrag; zum GIZ zählt auch CIM Centrum für internationale Migration und Entwicklung = Kompetenzcentrum für weltweite Arbeitsmobilität in der internationalen Zusammenarbeit der deutschen Bundesregierung zur Vermittlung von Fachkräften an Arbeitgeber weltweit.

2. Abwandlung

Das Projekt in Indonesien wurde zu 51,3 % aus deutschen öffentlichen Mitteln finanziert und zu 48,7 % aus Mitteln der Europäischen Union (sog. kombifinanziertes Projekt/Mischfinanzierung); dies gilt auch für die an Anton Bauer gezahlte Vergütung.

Frage

Muss das Honorar für die Tätigkeit in Indonesien in Deutschland versteuert werden?

LÖSUNG

AB ist aufgrund des Wohnsitzes in Deutschland unbeschränkt steuerpflichtig mit seinem Welteinkommen; daneben ist er aufgrund des Zweitwohnsitzes in Jakarta auch in Indonesien unbeschränkt steuerpflichtig. Nach Art. 4 Abs. 2 Buchst. a) DBA-Indonesien gilt er für Zwecke des Abkommens als in Deutschland ansässig (Mittelpunkt der Lebensinteressen). Abweichend von der Lösung im Fall 89 geht es im vorliegenden Fall aufgrund der nichtselbständigen Tätigkeit um die sog. Entwicklungshilfeklausel, die in einer Reihe von DBA mit Entwicklungsländern vereinbart ist – hier: Art. 19 Abs. 3 DBA-Indonesien. Danach können Vergütungen, die im Rahmen eines Entwicklungshilfeprogramms geleistet werden, die aus Mitteln, die ausschließlich von diesem Staat bereitgestellt werden, nur in diesem Staat zu besteuert werden. Hier werden die Kosten vom BMZ aus Haushaltsmitteln der Bundesrepublik Deutschland getragen. Demnach verbleibt das Besteuerungsrecht in Deutschland; in Indonesien ist die Vergütung von der dortigen Besteuerung (ohne Progressionsvorbehalt) freigestellt.

1. Abwandlung

Nach Auffassung des BFH v. 8.9.2021 - I R 17/18, BFH/NV 2022, 352, Abs. 14 f.; BFH v. 7.7.2015 - I R 42/13, BStBl 2016 II 14, ist es für es die Annahme eines deutschen Entwicklungshilfeprogramms i. S. des Art. 19 Abs. 3 DBA-Indonesien unschädlich, wenn zu dessen Durchführung die Deutsche Gesellschaft für Technische Zusammenarbeit GmbH (GTZ) bzw. deren Nachfolgeorganisation GIZ eingeschaltet wird. Auch in diesem Fall bleibt das uneingeschränkte Besteuerungsrecht Deutschlands bestehen.

Darüber hinaus wurden die Zahlungen für den Kassenstaat Deutschland geleistete Dienste erbracht. Es reicht aus, dass die Vergütung mit Rücksicht auf Dienstleistungen gezahlt wird, die im öffentlichen Interesse liegen, dies folgt jedenfalls aus § 50d Abs. 7 EStG.

§ 50d Abs. 7 EStG bestimmt für Einkünfte i. S. des § 49 Abs. 1 Nr. 4 EStG, die aus einer Kasse einer juristischen Person des öffentlichen Rechts im Sinne der Vorschrift eines Abkommens zur Vermeidung der Doppelbesteuerung über den öffentlichen Dienst gewährt werden, dass diese Vorschrift bei Bestehen eines Dienstverhältnisses mit einer anderen Person in der Weise auszulegen ist, dass die Vergütungen für der erstgenannten Person geleistete Dienste gezahlt werden, wenn sie ganz oder im Wesentlichen aus öffentlichen Mitteln aufgebracht werden. Vergütungen stammen "ganz oder im Wesentlichen aus öffentlichen Mitteln", wenn ein inländischer Finanzierungsanteil von mindestens 75 % vorliegt (BFH v. 28.3.2018 - I R 42/16, BStBl 2019 II 671, Abs. 27).

Die Vorschrift zielt darauf ab, den Tatbestand der abkommensrechtlichen Kassenstaatsklausel auf mittelbare Beschäftigungsverhältnisse mit der öffentlichen Hand auszudehnen und das Besteuerungsrecht Deutschlands zu sichern, wenn die Zahlung der Arbeitsvergütungen aus öffentlichen Kassen erfolgt (vgl. BT-Drs. 13/5952, S. 49 f.).

Für den Fall, dass eine abkommensrechtliche Kassenstaatsklausel ein unmittelbares Dienstverhältnis mit dem Kassenstaat fordert, handelt es sich bei § 50d Abs. 7 EStG um einen sog. Treaty override. Hiergegen bestehen allerdings keine verfassungsrechtlichen Bedenken. Auch wenn § 50d Abs. 7 EStG nur von einer „Auslegung" der abkommensrechtlichen Kassenstaatsklauseln spricht, kommt hinreichend klar zum Ausdruck, dass der Gesetzgeber das Abkommen erforderlichenfalls überschreiben will (BFH v. 8.9.2021 - I R 17/18, BFH/NV 2022, 352, Abs. 24 ff., m. w. N.).

2. Abwandlung

Finanzgerichte haben zu dieser Variante entschieden, dass wegen des Wortes „ausschließlich" in Art. 19 Abs. 3 DBA-Indonesien ein Besteuerungsrecht Deutschlands ausscheidet (FG Hessen v. 25.4.2018 - 9 K 1757/16, EFG 2018, 1717), dieser Auffassung ist der BFH in seinem Urteil vom 8.9.2021 - I R 17/18, BFH/NV 2022, 372, mit folgenden Leitsätzen entgegengetreten: 1. Die von der Kassenstaatsklausel des Art. 18 Abs. 1 Buchst. a DBA-Tadschikistan geforderte Zahlung durch den Kassenstaat liegt auch dann vor, wenn Zuschüsse durch eine privatrechtliche Körperschaft im Auftrag und für Rechnung des Bundesministeriums für wirtschaftliche Zusammenarbeit und Entwicklung gezahlt werden. 2. Sofern die Voraussetzungen der allgemeinen Kassenstaatsklausel (ggf. i. V. m. § 50d Abs. 7 EStG) erfüllt sind, wird ihre Anwendung nicht durch die erweiterte Kassenstaatsklausel des Art. 18 Abs. 4 DBA-Tadschikistan verdrängt. Dies bedeutet, dass unabhängig von einer Mischfinanzierung das Besteuerungsrecht Deutschlands aufrecht erhalten bleibt.

Ergebnis

Das Gehalt wird in allen Varianten in Deutschland besteuert.

Rechtsprechungshinweise

Vgl. die in der Lösung genannten Urteile

Verwaltungsanweisungen

BMF v. 12.12.2023, BStBl 2023 I 2179; BMF v. 13.11.2019, BStBl 2019 I 1082

FALL 118

Studenten (Art. 20 OECD-MA)

Sachverhalt

Nach dem Zweiten Juristischen Staatsexamen entschließt sich Gabriele Müller (GM) zu einem Master of Laws-Studium an der Harvard Law School (HLS) in Cambridge (Massachusetts, USA). Zur Finanzierung dieses Vorhabens erhält GM ein angemessenes Stipendium eines deutschen gemeinnützigen Vereins in Höhe von 20 000 €. Während ihres USA-Aufenthalt behält sie ihren Wohnsitz in Stuttgart/Deutschland bei.

Frage

Muss GM die Zahlung in Deutschland oder in Amerika versteuern?

LÖSUNG

GM ist aufgrund ihres Wohnsitzes in Deutschland während ihres Master-Studiums in Deutschland weiterhin unbeschränkt einkommensteuerpflichtig (§ 1 Abs. 1 Satz 1 EStG i. V. m. § 8 AO). Stipendien können in Deutschland als sonstige Einkünfte gemäß § 22 Nr. 1 oder Nr. 3 EStG steuerbar sein. Das Stipendium der GM ist aber in Deutschland nach § 3 Nr. 44 EStG steuerfrei (zu

§ 3 Nr. 44 EStG vgl. ferner zur Stipendien BFH v. 24.10.2023 - VIII R 11/22, BFH/NV 2024, 316; BFH v. 29.9.2022 - VI R 34/20, BStBl 2023 II 142; BFH v. 28.9.2022 - X R 21/20, BFH/NV 2023, 75; BFH v. 8.7.2020 - X R 6/19, BStBl 2021 II 557).

Nach Art. 20 OECD-MA dürfen Zahlungen, die ein Student, Praktikant oder Lehrling, der sich in einem Vertragsstaat (= Studienstaat) ausschließlich zum Studium oder zur Ausbildung aufhält und der im anderen Vertragsstaat ansässig ist (oder dort unmittelbar vor der Einreise in den erstgenannten Staat ansässig war), für seinen Unterhalt, sein Studium oder seine Ausbildung erhält, im Studienstaat nicht besteuert werden, sofern diese Zahlungen aus Quellen außerhalb dieses Staates stammen.

Im vorliegenden Fall werden die Zahlungen aus dem Stipendium der GM nach Art. 20 Abs. 2, 3 DBA-USA in den USA steuerfrei gestellt. Als Studentin ist GM darüber hinaus nach Art. 20 Abs. 4 DBA-USA auch für Einkünfte aus unselbständiger Tätigkeit in den USA steuerbefreit, die 9 000 US-Dollar je Steuerjahr nicht übersteigen, vorausgesetzt, dass ihr Aufenthalt in den USA nicht länger als vier Jahre dauert. GM könnte in diesem Umfang also studienbegleitend eine geringfügige Nebentätigkeit beispielsweise in einer amerikanischen Kanzlei steuerfrei ausüben, um die restlichen Studiengebühren oder ihren Lebensunterhalt in den USA zu finanzieren.

Ergebnis

GM muss die Zahlung weder in Deutschland noch in Amerika versteuern.

Rechtsprechungshinweise

Vgl. die in der Lösung genannten Urteile.

Verwaltungsanweisungen

R 3.44 EStR, H 3.44 EStH; OFD Frankfurt/Main v. 15.8.2024, S 2121 A – 00027 – 0357 – St 29, juris

FALL 119

Studenten (Art. 20 OECD-MA)

Sachverhalt

Klaus Krämer (KK), der noch bei seinen Eltern wohnt, war im gesamten Jahr 01 als Student an einer Business School in London immatrikuliert (Bachelor-Studium); er hatte das Studium unmittelbar nach dem Abitur aufgenommen. Die vorlesungsfreie Zeit verbringt er ausschließlich zu Hause bei seinen Eltern bzw. auf Reisen mit befreundeten Studenten quer durch Europa und Asien. Neben Unterstützungsleistungen seiner Eltern erhält er ein Stipendium einer deutschen, nach § 5 Abs. 1 Nr. 9 KStG gemeinnützigen deutschen Studienstiftung in Höhe von 350 € monatlich. Angesichts der sehr hohen Lebenshaltungskosten in London, und da daher Stipendium und elterliche Unterstützung definitiv nicht ausreichen, jobbt er nebenher in einem Fitnessstudio in London zweimal pro Woche abends als angestellter Trainer.

Frage

KK ist der Auffassung, dass die Einkünfte aus dem Stipendium und der Tätigkeit als Trainer weder in Deutschland noch in Großbritannien steuerpflichtig sind. Nehmen Sie hierzu Stellung.

LÖSUNG

KK ist unbeschränkt steuerpflichtig (vgl. BFH v. 20.2.2025 - III R 32/23, BFH/NV 2025, 979; BFH v. 21.6.2023 - III R 11/21, BStBl 2023 II 970 mit weiteren Rechtsprechungsnachweisen), da er den bisherigen Wohnsitz bei seinen Eltern zu mehr als der Hälfte der ausbildungsfreien Zeit nutzt und somit einen Wohnsitz in Deutschland hat; sein Welteinkommen unterliegt der deutschen Besteuerung. Die Zahlungen der Studienstiftung sind nach § 3 Nr. 44 EStG in Deutschland steuerfrei (ausführlich zu Stipendien siehe vorhergehenden Fall). Die Unterstützungszahlungen seiner Eltern sind keine steuerpflichtigen Einkünfte.

KK ist nach Art. 4 Abs. 1 Satz 1 OECD-MA/Art. 4 Abs. 1 Satz 1 DBA-UK auch in Großbritannien ansässig. Aber nach der Tie-Breaker-Rule des Art. 4 Abs. 2 Buchst. a) DBA-UK ist KK im Sinne des Abkommens in Deutschland ansässig.

Nach Art. 19 Abs. 2 DBA-UK sind Zahlungen, die ein Student, der sich in einem Vertragsstaat ausschließlich zum Studium aufhält (hier: UK) und der im anderen Vertragsstaat ansässig ist, für seinen Unterhalt, sein Studium oder seine Ausbildung erhält, in UK steuerfrei, sofern diese Zahlungen aus Quellen außerhalb dieses Staates stammen. Diese Voraussetzungen sind hinsichtlich der Zahlungen der Studienstiftung erfüllt.

Die Einkünfte aus seiner Nebentätigkeit als Fitnesstrainer sind Einkünfte aus unselbständiger Arbeit i. S. des Art. 15 OECD-MA/Art. 14 DBA-UK, auch wenn sie unstreitig ausschließlich dazu dienen, den Lebensunterhalt während des Studiums zu finanzieren und hierzu auch erforderlich sind. Für diese Einkünfte gilt die Grundregel des § 15 Abs. 1 OECD-MA = Besteuerung im Tätigkeitsstaat (Arbeitsortsprinzip). Die 183-Tage-Klausel kann außer Betracht bleiben, weil der Arbeitgeber im Tätigkeitsstaat ansässig ist (Art. 15 Abs. 2 Buchst. b) OECD-MA / Art. 14 Abs. 2 Buchst. b) DBA-UK). Damit sind die Einkünfte uneingeschränkt in Großbritannien der dortigen Income Tax zu unterwerfen. In Deutschland sind diese Einkünfte nach Art. 23 Abs. 1 Buchst. a) und d) DBA-UK unter Beachtung des Progressionsvorbehalts freizustellen.

Ergebnis

Das Stipendium ist sowohl in Deutschland als auch in Großbritannien von der Steuer befreit; dagegen sind die Einkünfte aus der Tätigkeit als Fitnesstrainer als Einkünfte aus unselbständiger Arbeit – unabhängig von ihrem Verwendungszweck – grundsätzlich der Besteuerung in Großbritannien zu unterwerfen; in Deutschland Freistellung mit Progressionsvorbehalt.

Rechtsprechungshinweise

Vgl. die in der Lösung genannten Entscheidungen

FALL 120

Gastdozenten

Sachverhalt

Brian Peterson (BP), ansässig in Croydon/UK, ist Professor für Steuerrecht an der London School of Economics and Political Science (LSE). Während eines Forschungssemesters an der LSE unterrichtet er von Anfang Februar bis Ende Oktober 2024 an der Westfälischen Wilhelms-Universität

Münster/Nordrhein-Westfalen englisches Steuerrecht. Von Februar bis Oktober 2024 hat er eine Wohnung in Münster angemietet. Sein Gehalt bezieht er weiterhin von der LSE. Von der Universität Münster erhält er keine gesonderte Vergütung.

Frage

Wird BP in Deutschland zur Einkommensteuer herangezogen?

LÖSUNG

BP hat einen Wohnsitz i. S. von § 8 AO im Inland und hält sich zudem länger als sechs Monate in Deutschland auf (§ 9 Satz 2 AO), so dass er unbeschränkt einkommensteuerpflichtig (§ 1 Abs. 1 Satz 1 EStG) ist. Als Professor erzielt er Einkünfte aus nichtselbständiger Tätigkeit im Sinne von § 19 EStG. Das Besteuerungsrecht Deutschlands könnte jedoch durch das DBA-UK beschränkt sein.

In Abweichung vom OECD-MA, das keine besondere Regelung für Gastlehrtätigkeit vorsieht, enthalten einige deutsche DBA-Sonderregelungen für Gastprofessoren (z. B. Art. 16 DBA-F, Art. 20 DBA-USA, Art. 20 DBA-AU, Art. 17 DBA-NL). In den Fällen, in denen das DBA keine spezielle Regelung enthält, kommen – je nach Fallgestaltung – entweder Art. 14, 15 oder 19 OECD-MA zur Anwendung.

Das DBA-UK enthält in Art. 19 Abs. 1 eine Sonderregelung für natürliche Personen, die sich höchstens zwei Jahre lang zur Ausübung einer Lehr- oder Forschungstätigkeit oder im Rahmen eines amtlichen Kulturaustausches an einer Universität, Hochschule, Schule, einem Museum oder einer anderen Kultur- oder Bildungseinrichtung in einem Vertragsstaat aufhalten und die im anderen Vertragsstaat ansässig sind oder dort unmittelbar vor der Einreise in den erstgenannten Staat ansässig waren. Diese sind im erstgenannten Staat mit ihren für diese Tätigkeit bezogenen Vergütungen von der Steuer befreit, vorausgesetzt, dass diese Vergütungen von außerhalb dieses Staates bezogen werden.

Da sich BP zur Ausübung einer Lehr- oder Forschungstätigkeit neun Monate und damit nicht länger als zwei Jahre in Deutschland aufgehalten hat, unmittelbar vor seiner Einreise nach Deutschland in UK ansässig war (i. S. von Art. 4 Abs. 1 DBA-UK) und seine Vergütung von außerhalb Deutschlands bezieht, sind seine Einkünfte in Deutschland nach Art. 19 Abs. 1 DBA-UK steuerfrei und dürfen nur in UK besteuert werden. Sollte sich BP allerdings entschließen, länger als zwei Jahre in Deutschland zu lehren, dann entfällt die Steuerbefreiung rückwirkend. Bei der Berechnung des Zweijahreszeitraums ist auf die objektiv feststellbare Verweildauer abzustellen, auch wenn ursprünglich eine kürzere Verweildauer geplant war und der Aufenthalt später verlängert wurde.

Hinweis

In der Regel setzt das ausschließliche Besteuerungsrecht des ursprünglichen Wohnsitzstaates (aus dem der Gastprofessor stammt) voraus, dass er in seinem Heimatland im abkommensrechtlichen Sinne ansässig bleibt. Für das vorliegende DBA-UK ist es nicht erforderlich, dass die Ansässigkeit im ursprünglichen Wohnsitzstaat beibehalten wird. Im Hinblick darauf kann es zu einer doppelten Nichtbesteuerung in beiden Staaten kommen, wenn in einem Veranlagungszeitraum weder ein Wohnsitz noch der gewöhnliche Aufenthalt in UK gegeben sein sollte, und der Gastprofessor somit in UK nicht mehr (unbeschränkt) steuerpflichtig wäre.

Hinsichtlich der Dauer des Aufenthaltes i. S. von Art. 20 Abs. 1 DBA-USA eines an einer Universität in den USA tätigen deutschen Hochschullehrers bei zeitweiliger Beurlaubung vgl. FG Ba-Wü v. 28.6.2001 - 14 K 341/94, EFG 2001, 1261.

Ergebnis

BP wird in Deutschland nicht zur Einkommensteuer herangezogen.

Rechtsprechungshinweise

BFH v. 22.7.1987 - I R 224/83, BStBl 1987 II 842

Verwaltungsanweisungen

BMF v. 10.1.1994, BStBl 1994 I 14

FALL 121

Diskriminierungsverbot (Art. 24 OECD-MA, DBA-USA)

Sachverhalt

Der US-Amerikaner Toni Tenor (TT) ist Opernsänger und wohnt mit seiner Familie in den Niederlanden. Im Jahr 2023 war er fest engagiert – unselbständig tätig – bei der „De Nationale Opera" in Amsterdam mit einem Bruttoarbeitslohn von 150 000 €. Zudem trat er vereinzelt als Solist in der Elbphilharmonie in Hamburg auf und erzielte hieraus Einkünfte aus nichtselbständiger Arbeit in Höhe von 30 000 €, von denen der inländische Arbeitgeber pauschale Lohnsteuern mit einem Steuersatz von 25 % einbehielt und abführte. TT entstanden im Jahr 2023 Sonderausgaben von 200 € sowie Werbungskosten in Form von Reisekosten zu den Konzertveranstaltungen von 5 000 €, die er steuerlich geltend machen möchte. Er beantragte daher beim zuständigen Betriebsstättenfinanzamt, das den Lohnsteuerabzug vorgenommen hat, die Durchführung einer Veranlagung. Diesen Antrag lehnte das Finanzamt unter Hinweis auf die US-Staatsangehörigkeit des Steuerpflichtigen ab.

Frage

Verstößt die Ablehnung der Veranlagung gegen Art. 24 DBA-USA?

LÖSUNG

TT ist mangels Wohnsitzes oder ständigen Aufenthalts in Deutschland nur beschränkt steuerpflichtig; seine Einkünfte aus der unselbständig ausgeübten Tätigkeit als Opernsänger unterliegen der inländischen Besteuerung nach § 49 Abs. 1 Nr. 4 EStG.

Er erfüllt auch nicht die Voraussetzungen für eine unbeschränkte Steuerpflicht nach § 1 Abs. 3 EStG. Für seine ausländischen Einkünfte als Opernsänger in Amsterdam in Höhe von 150 000 €, die den deutschen Grundfreibetrag nach § 32a Abs. 1 Satz 2 Nr. 1 von 10 908 € übersteigen, hat Deutschland kein Besteuerungsrecht. Folglich unterliegen seine Gesamteinkünfte im Kalenderjahr 2023 (150 000 € in Amsterdam und 30 000 € in Hamburg) nicht mindestens zu 90 % der deutschen Einkommensteuer.

Im Grundsatz gilt bei beschränkt Steuerpflichtigen die Einkommensteuer für Einkünfte, die dem Steuerabzug vom Arbeitslohn unterliegen, nach § 50 Abs. 2 Satz 1 EStG durch den Steuerabzug als abgegolten. Die Ausnahme gemäß § 50 Abs. 2 Satz 2 Nr. 4 Buchst. b EStG, wonach bei Einkünften aus nichtselbständiger Arbeit eine Veranlagung beantragt werden kann, greift nach dem eindeutigen Gesetzeswortlaut des § 50 Abs. 2 Satz 7 EStG aber nur dann, wenn der beschränkt Steuerpflichtige Staatsangehöriger eines Mitgliedstaats der EU oder eines anderen Staates ist, auf den das EWR-Abkommen Anwendung findet, und kumulativ im Hoheitsgebiet eines dieser Staaten seinen Wohnsitz oder gewöhnlichen Aufenthalt hat (Gegenausnahme). Da TT seinen ausschließlichen Wohnsitz in den Niederlanden und damit in einem EU-Staat hat, ist die zweite Voraussetzung der Gegenausnahme erfüllt, aber aufgrund seiner US-Staatsangehörigkeit fehlt es an der ersten Voraussetzung der Staatsangehörigkeit eines EU- oder EWR-Staates.

Fraglich ist, ob die Gegenausnahmevorschrift des § 50 Abs. 2 Satz 7 EStG mit der Regelung des Art. 24 Abs. 1 Satz 1 DBA-USA vereinbar ist. Dies hat der BFH in seinem Urteil v. 3.9.2020 - I 80/16, BStBl 2021 II 237, bejaht. Im Rahmen der Prüfung der "gleichen Verhältnisse" i. S. von Art. 24 Abs. 1 Satz 1 DBA-USA sind nicht nur die tatsächlichen Umstände, sondern auch die rechtlichen Verhältnisse zu berücksichtigen, die für die jeweilige Besteuerung maßgeblich sind. Im Fall des § 50 Abs. 2 Satz 7 EStG sind dies die auf Unionsrecht (Arbeitnehmerfreizügigkeit) beruhende Verpflichtung Deutschlands zur Schaffung des Veranlagungswahlrechts und die Begrenzung der unionsrechtlichen Arbeitnehmerfreizügigkeit auf Staatsangehörige der Mitgliedstaaten.

Ergebnis

Die Gegenausnahme des § 50 Abs. 2 Satz 7 EStG verstößt nicht gegen Art. 24 Abs. 1 DBA USA. Es verbleibt daher bei dem Grundsatz des § 50 Abs. 2 Satz 1 EStG, wonach die Einkommensteuer für die inländischen Einkünfte von 30 000 € durch den (pauschalen) Steuerabzug des Arbeitgebers als abgegolten gilt. TT hat daher keinen Anspruch auf Durchführung einer Veranlagung.

Rechtsprechungshinweise

BFH v. 25.10.2023 - I R 35/21, BStBl 2024 II 243; BFH v. 3.9.2020 - I R 80/16, BStBl 2021 II 237 – Verfassungsbeschwerde anhängig unter 2 BvR 555/24

Verwaltungsanweisungen

BMF v. 28.3.2013, BStBl 2013 I 443, Tz. 4.3; BMF v. 31.7.2002, BStBl 2002 I 707

Kapitel 6: Außensteuergesetz

Vorbemerkung zu den Fällen zum AStG

Das AStG ist durch das ATADUmsG grundlegend geändert worden. Unstreitig sind die bis zum Inkrafttreten der Neufassung des Gesetzes verwirklichten Fälle/eingelegten Rechtsbehelfe bis weit in die zwanziger Jahre des 21. Jahrhunderts noch abzuarbeiten und relevant. Ungeachtet dessen wird in den nachfolgenden Fällen ausschließlich das aktuelle AStG behandelt und auf einen Vergleich mit dem AStG a. F. verzichtet.

FALL 122

Berichtigung von Einkünften, Geschäftsbeziehungen, Verrechnungspreise (§ 1 AStG)

Sachverhalt

Die Motor-AG hat Sitz und Geschäftsleitung in Deutschland. Sie hat mehrere Tochtergesellschaften im In- und Ausland. Im Januar 01 hatte sie in den Niederlanden die R-BV gegründet, eine niederländische Kapitalgesellschaft, deren einzige Gesellschafterin die Motor-AG war. Die R-BV sollte im Wesentlichen als Konzern-Finanzierungsgesellschaft fungieren; ihr autorisiertes Kapital belief sich auf 200 000 €.

Die R-BV nahm im Februar 01 eine Anleihe in Höhe von 250 Mio. € auf und zeichnete entsprechende Schuldverschreibungen. Die Motor-AG übernahm eine unbedingte und unwiderrufliche Garantie für die ordnungsgemäße Bedienung der sich aus den Schuldverschreibungen ergebenden Verbindlichkeiten (harte Patronatserklärung). Im April 01 gewährte die R-BV der Motor-AG ein Darlehen in Höhe des Anleihebetrags. Die Darlehensbedingungen waren fremdüblich.

Für die Übernahme der Garantie berechnete die Motor-AG der R-BV kein Entgelt. Das FA nimmt nach einer Betriebsprüfung dagegen an, dass für diese Leistung zwischen fremden Dritten ein Entgelt vereinbart worden wäre. Es erließ deshalb für 01 Steuerbescheide, in denen es von den Steuererklärungen der Motor-AG in der Weise abwich, dass es um 312 500 € (= 0,125 % von 250 Mio. €) erhöhte Einkünfte aus der Übernahme der unbedingten und unwiderruflichen Garantie ansetzte. Der angewandte Prozentsatz ist fremdüblich.

Frage

Ist die Abweichung von der Erklärung materiell zutreffend?

LÖSUNG

Werden nach § 1 Abs. 1 AStG Einkünfte eines Steuerpflichtigen aus Geschäftsbeziehungen zum Ausland mit einer ihm nahestehenden Person dadurch gemindert, dass er seiner Einkünfteermittlung andere Bedingungen, insbesondere Preise (Verrechnungspreise), zugrunde legt, als sie voneinander unabhängige Dritte unter gleichen oder vergleichbaren Verhältnissen vereinbart hätten (Fremdvergleichsgrundsatz), sind seine Einkünfte unbeschadet anderer Vorschriften so anzusetzen, wie sie unter den zwischen voneinander unabhängigen Dritten vereinbarten Bedingungen angefallen wären.

Die R-BV ist eine zur Motor-AG nahestehende Person gemäß § 1 Abs. 2 Satz 1 Nr. 1 Buchst. a AStG, da die Motor-AG zu mindestens 25 % an der R-BV beteiligt ist. Gemäß § 1 Abs. 1 AStG hat demnach die Muttergesellschaft der niederländischen Tochtergesellschaft für die Übernahme der Garantieerklärung diejenigen Kosten in Rechnung zu stellen, die ein fremder Dritter – hier: z. B. eine Bank – für die Garantiezusage berechnet hätte.

Der Begriff der Geschäftsbeziehungen wird in § 1 Abs. 4 AStG erläutert. Für das Bestehen einer Geschäftsbeziehung als solcher hat es grundsätzlich keine Bedeutung, ob sie betrieblich oder gesellschaftsrechtlich veranlasst ist, ob und inwieweit ihr also betriebliche oder gesellschaftliche Interessen zugrunde liegen. Deshalb gehören z. B. verbindliche Kreditgarantien, nachträglicher Zinsverzicht, zinslose oder zinsgünstige Darlehen sowie die unentgeltliche oder teilentgeltliche Gewährung anderer Leistungen einer inländischen Kapitalgesellschaft an ihre ausländische Tochtergesellschaft zu den „Geschäftsbeziehungen" unabhängig davon, ob sie fehlendes Eigenkapital der Tochtergesellschaft ersetzen oder die wirtschaftliche Betätigung dieser Gesellschaft stärken sollen (vgl. BFH v. 27.11.2019 - I R 40/19, BStBl 2024 II 670). Im vorliegenden Fall sind die Voraussetzungen der Geschäftsbeziehung unstreitig erfüllt.

Die Berichtigung der Einkünfte erfolgt also zu Recht. Wie die hinzuzurechnenden Einkünfte ermittelt werden, ergibt sich aus § 1 Abs. 3 und Abs. 3a AStG. Im vorliegenden Fall bietet sich konkret die Preisvergleichsmethode an, d. h., was hätte die R-BV für eine vergleichbare Garantiezusage durch eine nicht mit dem Konzern verbundene Geschäftsbank bzw. einen fremden dritten Finanzdienstleister als allgemeinen Marktpreis zahlen müssen (vgl. zur Anwendung der Preisvergleichsmethode BFH v. 18.5.2021 - I R 4/17, BStBl 2023 II 678; BFH v. 6.4.2005 - I R 22/04, BStBl 2007 II 658; BFH v. 17.10.2001 - I R 103/00, BStBl 2004 II 171).

Der EuGH hat sich mit dem Problem des § 1 AStG in dem Verfahren C-382/16 Rs. Hornbach, Urteil v. 31.5.2018, IStR 2018, 461, auf Vorlage des FG Rheinland-Pfalz v. 28.6.2016 - 1 K 1472/13, EFG 2016, 1678, befasst. Es ging um ein Darlehen der Tochtergesellschaften, für das die Muttergesellschaft (MG) eine Patronatserklärung gegenüber der kreditgewährenden Bank abgegeben hat, ohne hierfür von den Tochtergesellschaften ein Entgelt zu verlangen. Das zuständige Finanzamt erhöhte die Einkünfte der MG um fiktive Einnahmen aus der Patronatserklärung. In dem Rechtsstreit trug die MG vor, dass es beachtliche wirtschaftliche Gründe geben würde, die gegen ein Entgelt sprechen würden. Im Rahmen der Prüfung der Verhältnismäßigkeit hat dann der EuGH geprüft, ob die nationale Regelung des § 1 AStG nicht über das hinaus geht, was zur Erreichung des Ziels notwendig ist. Hierzu gehört, dass dem Steuerpflichtigen ausnahmslos die Möglichkeit einzuräumen ist, Beweise für etwaige wirtschaftliche Gründe für den Abschluss des umstrittenen Rechtsgeschäfts vorzulegen (eine Art Escape-Klausel). Das Gericht hat zu den von der MG vorgebrachten Gründen Stellung genommen und ausgeführt, dass mit der von der MG eingenommenen Stellung als Gesellschafterin der ausländischen Konzerngesellschaften zusammenhängende wirtschaftliche Gründe die Gewährung der Patronatserklärung ohne Vergütung rechtfertigen könnten. Der Senat hat das Verfahren an das vorlegende Gericht zurückverwiesen und ausgeführt: Im vorliegenden Fall sei es Sache des vorlegenden Gerichts, zu überprüfen, ob der MG, ohne sie übermäßigen Verwaltungszwängen zu unterwerfen, die Möglichkeit eingeräumt wurde, Beweise für etwaige wirtschaftliche Gründe für die Gewährung der Patronatserklärung ohne Vergütungsanspruch beizubringen, ohne dabei auszuschließen, dass wirtschaftliche Gründe, die sich aus ihrer Stellung als Gesellschafterin der gebietsfremden Gesellschaft ergeben, berücksichtigt werden können. Der EuGH hat also § 1 Abs. 1 AStG zwar nicht verworfen, aber gleichsam „umgeformt" und die Vereinbarkeit nur unter dieser Bedingung ausgesprochen. Ob und in welcher Weise das Verfahren vor dem Finanzgericht erledigt wurde, ist nicht amtlich bekannt; man kann aber davon ausgehen, dass die Finanzverwaltung die Klägerin klaglos gestellt hat, um ein BFH-Urteil zu vermeiden. Der BFH hat dem EuGH folgend dann grundsätzlich ausgeführt, dass dem Steuerpflichtigen die Möglichkeit eingeräumt wird, Nachweise für etwaige wirtschaftliche Gründe für den Abschluss des Geschäfts zu erbringen (BFH v. 27.11.2019 - I R 40/19, BStBl II 2024, 670).

Hinweis

Wenn die Zurechnung bei der MG zu Recht erfolgt ist, ist der Gewinn der niederländischen Tochtergesellschaft entsprechend zu korrigieren. Dieser Anspruch der Tochtergesellschaft ergibt sich zum einen aus Art. 9 Abs. 2 OECD-MA (Art. 9 Abs. 2 DBA-Niederlande 2012) und zum anderen aus der EU-Schiedskonvention Nr. 90/436/EWG zur Beseitigung der Doppelbesteuerung im Fall von Gewinnberichtigungen zwischen verbundenen Unternehmen.

Ergebnis

Die Hinzurechnung einer fiktiven Einnahme in Höhe eines fremdüblichen Entgelts erfolgt zu Recht, sofern nicht – wie in der Entscheidung des EuGH im Falle Hornbach – wirtschaftliche Gründe für eine unentgeltliche Patronatserklärung sprechen.

Rechtsprechungshinweise

Vgl. die im Text genannten Entscheidungen

Verwaltungsanweisungen

BMF v. 12.12.2024, BStBl 2025 I 207

FALL 123

Berichtigung von Einkünften, Verrechnungspreise, Darlehen/Finanzdienstleistung, Konzernrückhalt (§ 1 AStG)

Sachverhalt

Die deutsche Muttergesellschaft (MG) gewährt ihrer 100 %-igen belgischen Tochtergesellschaft TG

a) ein zinsloses Darlehen,

b) ein Darlehen zu einem nicht fremdüblichen Zinssatz in Höhe von 1,5 % p. a.,

c) ein Darlehen zu einem fremdüblichen Zinssatz, aber ohne Sicherheit und ohne zusätzlichen Risikozuschlag, welche zwischen fremden Dritten vereinbart worden wären.

Dabei beruft sich MG in allen drei Fällen u. a. auf den sog. Konzernrückhalt.

Frage

Das Finanzamt möchte in allen drei Fällen der Muttergesellschaft fiktive Zinseinnahmen nach § 1 Abs. 1 AStG zurechnen. Möglich?

1. Abwandlung

Die Tochtergesellschaft ist in Marokko ansässig.

2. Abwandlung

Die Tochtergesellschaft ist in Chile ansässig.

3. Abwandlung

Die Muttergesellschaft nimmt wegen des schlechten Wirtschaftsverlaufs zwecks Vermeidung der Insolvenz der Tochtergesellschaft in Belgien eine Teilwertabschreibung auf die Darlehensforderung vor bzw. verzichtet rückwirkend auf die vereinbarten Zinsen.

LÖSUNG

Die Voraussetzungen des § 1 Abs. 1 AStG liegen vor; die Darlehenshingabe ist als Geschäftsbeziehung i. S. des § 1 Abs. 4 AStG zu qualifizieren (vgl. Fall 122).

Für die Anwendung des Fremdvergleichsgrundsatzes ist davon auszugehen, dass die voneinander unabhängigen Dritten alle wesentlichen Umstände der Geschäftsbeziehung kennen und nach den Grundsätzen ordentlicher und gewissenhafter Geschäftsleiter handeln. Führt die Anwendung des Fremdvergleichsgrundsatzes zu weitergehenden Berichtigungen als die anderen Vorschriften, sind die weitergehenden Berichtigungen neben den Rechtsfolgen der anderen Vorschriften durchzuführen.

Die Gewährung eines Darlehens ohne Vereinbarung eines Zinses (Grundfall a) bzw. ohne Risikozuschlag bei fehlender Sicherheit (Grundfall c) ist in der Regel nicht fremdüblich, d. h. fremde Dritte hätten die Bedingungen des Darlehens so nicht vereinbart (Ausnahme: siehe Ausführungen im Fall 122 zur Hornbach-Entscheidung des EuGH). Gleiches gilt, wenn zwischen nahestehenden Personen ein Zins vereinbart ist, der nicht dem fremdüblichen Zins entspricht (Grundfall b).

Diese Tatsachen berechtigen das Finanzamt also grundsätzlich einen fremdüblichen Zins anzusetzen, wobei hier eine ganze Reihe von zinsbestimmenden Faktoren zu berücksichtigen sind:

- Branchenzugehörigkeit von Muttergesellschaft und Tochtergesellschaft,
- Darlehenswährung – Währungsrisiken,
- Darlehenshöhe, Darlehensdauer,
- Kreditwürdigkeit,
- Einhaltung von Finanzkennzahlen,
- Sicherheiten, Konzernrückhalt,
- Risikozuschlag,
- Refinanzierungskosten,
- Zuordenbare Verwaltungskosten.

Der so ermittelte Zins aufgrund von Marktanalysen – hierzu BFH v. 13.1.2022 - I R 15/21, BStBl 2023 II 675, Rn. 29 f. – (Bandbreite; denn den einen festen Fremdvergleichspreis gibt es nicht, sondern grundsätzlich eine Bandbreite – vgl. BFH v. 17.10.2001 - I R 103/00, BStBl 2004 I 171) ist bei der Muttergesellschaft als fiktive Einnahme der Besteuerung zu unterwerfen.

Allerdings sind – gleichsam als Gegenkontrolle – die Grundsätze des EuGH-Urteils in der Rs. Hornbach (Urteil v. 31.5.2018, IStR 2018, 461) zu berücksichtigen. Es muss dem Steuerpflichtigen die Möglichkeit eingeräumt werden, Nachweise für etwaige wirtschaftliche Gründe für den Abschluss des Geschäfts unter den konkreten Bedingungen (zinslos, ermäßigter Zins etc.) zu erbringen. Diese Prüfung – wenn sie nicht von der Finanzverwaltung vorgenommen worden ist – ist dem nationalen Gericht vorbehalten und ist vorrangig Aufgabe des FG (BFH v. 27.11.2019 - I R 40/19, BStBl 2024 II 670).

Im Fall c) hat die Finanzverwaltung das Fehlen einer Sicherheit/Risikozuschlags schon immer als einen Verstoß gegen die Fremdüblichkeit angesehen.

Nach Auffassung der Finanzverwaltung berechtigt für sich allein betrachtet die Zugehörigkeit zu einem Konzern (zum Konzernbegriff vgl. §§ 17, 18 AktG) nicht zu einer Einkünfteberichtigung (BMF v. 12.12.2024, BStBl 2025 I 207, Tz. 3.4, 3.71). Hierzu müssen im konkreten Fall weitere Umstände hinzutreten.

Der Rückhalt im Konzern – kurz: Konzernrückhalt – ist eine Figur, mit der vom fremdüblichen abweichende Regelungen zwischen Konzerngesellschaften gerechtfertigt werden soll. Nach Auffassung der Finanzverwaltung (BMF v. 12.12.2024, a. a. O., Tz. 3.138) beschreibt der Begriff lediglich den rechtlichen und wirtschaftlichen Rahmen der Unternehmensverflechtung. Dieser Begriff wird vor allem im Zusammenhang mit Finanztransaktionen (Darlehen, Finanzgarantien, Zahlungsziele etc.) diskutiert (vgl. hierzu auch OECD Transfer Pricing Guidelines for Multinational Enterprises and Tax Administrations 2022, Kapitel X – Finanztransaktionen, Abschnitt C.1 Konzerninterne Darlehen, D Finanzgarantien – nachfolgend OECD-Verrechnungspreisrichtlinien).

Der Konzernrückhalt stellt aus der Sicht der Finanzverwaltung keine rechtlich durchsetzbare Sicherheit dar – im Gegensatz etwa zur Bürgschaft – und ist auch nicht stellvertretend hierfür heranzuziehen. Dem Konzernrückhalt kommt jedoch bei der Bemessung der subjektiven Ausfallwahrscheinlichkeit des Darlehensnehmers Bedeutung zu, und er wirkt sich damit de facto auf dessen Bonität aus. Je nach der wirtschaftlichen Stellung und Bedeutung des jeweiligen Darlehensnehmers innerhalb der Unternehmensgruppe – auch unter Berücksichtigung des Zwecks der Darlehensgewährung – würde dieser für den Fall, dass er eine wirtschaftliche Schieflage erleidet, gestützt werden. Je bedeutender also der Darlehensnehmer für die Unternehmensgruppe ist, desto eher würde dieser eine Stützung seitens der Unternehmensgruppe erfahren. Im gleichen Maße tritt die isolierte Betrachtung des Darlehensnehmers bei der Beurteilung der Bonität in den Hintergrund. Das Ausmaß und die Auswirkungen des Konzernrückhalts sind im jeweiligen Einzelfall sachgerecht zu prüfen.

Der BFH hat sich in den letzten Jahren wiederholt mit dem Problem des Konzernrückhalts auseinandergesetzt und gewisse Grundsätze entwickelt. So lauten die Leitsätze des Urteils v. 9.6.2021 - I R 32/17, BStBl 2023 II 686 auszugsweise (vgl. auch BFH v. 13.1.2022 - I R 15/21, BStBl 2023 II 675):

1. Die fehlende Darlehensbesicherung gehört zu den „Bedingungen" i. S. des § 1 Abs. 1 AStG, die im Rahmen einer Gesamtbetrachtung zur Fremdunüblichkeit der Geschäftsbeziehung führen kann.

2. Ob ein unbesichertes Konzerndarlehen im Rahmen einer Gesamtbetrachtung aller Umstände des Einzelfalles fremdvergleichskonform ist, hängt davon ab, ob auch ein fremder Dritter – ggf. unter Berücksichtigung möglicher Risikokompensationen– das Darlehen unter

gleichen Bedingungen ausgereicht hätte. Als „fremde Dritte" kommen insoweit nicht nur Banken, sondern auch andere Kreditgeber in Betracht, wenn es für die konkrete Finanzierung einen Markt gibt, auf dem solche Kreditgeber tätig sind.

3. Wäre ein unbesichertes Konzerndarlehen nur mit einem höheren als dem tatsächlich vereinbarten Zinssatz fremdüblich, hat eine Einkünftekorrektur vorrangig in Höhe dieser Differenz zu erfolgen.

4. Im Rahmen von Feststellungen zum Fremdvergleich ist die Ausreichung unbesicherter Darlehen durch fremde Dritte an die Konzernobergesellschaft nicht geeignet, die Würdigung des einer (Tochter-)Gesellschaft eingeräumten Darlehens am Maßstab einer fremdüblichen Kreditgewährung zu ersetzen.

Zum Konzernrückhalt hat er im Urteil vom 13.1.2022 a. a. O. dezidiert ausgeführt: „Der Senat hat bereits mehrfach entschieden, dass der „Konzernrückhalt" lediglich den rechtlichen und wirtschaftlichen Rahmen der Unternehmensverflechtung beschreibt und die Üblichkeit zum Ausdruck bringt, innerhalb eines Konzerns Kreditansprüche nicht wie unter Fremden abzusichern. Eine fremdübliche (werthaltige) Besicherung des Rückzahlungsanspruchs im Sinne einer aktiven Einstandsverpflichtung kann darin nicht gesehen werden. Hieran hat der Senat zuletzt nach nochmaliger Überprüfung festgehalten (BFH v. 9.6.2021 a. a. O). Zur näheren Begründung wird wiederum auf diese Entscheidung verwiesen."

Und weiter: „Eine fremdübliche (werthaltige) Besicherung des Rückzahlungsanspruchs im Sinne einer aktiven Einstandsverpflichtung kann allein in den Einflussnahmemöglichkeiten des beherrschenden Gesellschafters auf den Darlehensnehmer nicht gesehen werden. Hieran hält der Senat auch nach nochmaliger Überprüfung fest. Insoweit verlangt ein Fremdvergleich (nur) das „Wegdenken" der Nahestehensbeziehung. Dann ist bei der Prüfung zu unterstellen, ein Darlehensgeber wäre nicht ein Gesellschafter, sondern ein fremder Dritter. Mithin würden (faktische) Sicherheiten, die aus dessen Gesellschafterstellung resultieren, grundsätzlich gerade keine Berücksichtigung finden können. Das Tatbestandsmerkmal der „gleichen oder ähnlichen Verhältnisse" vermag diesen – so verstandenen – Fremdvergleich nicht dahingehend zu relativieren, dass stattdessen ein reduzierter Fremdvergleich nach Art eines „Konzernvergleichs" vorzunehmen wäre. Die Nichtbesicherung im Streitfall weicht vom Fremdüblichen ab, wenn ein fremder Gläubiger die Darlehensgewährung von der Einräumung werthaltiger Sicherungsrechte abhängig gemacht hätte. Dies festzustellen ist Aufgabe des FG."

Hinsichtlich des erforderlichen Vergleichs, insbesondere auch der zu prüfenden Marktbedingungen, verweist der BFH in dem Urteil vom 13.1.2022 a. a. O. auf sein Urteil v. 18.5.21 - I R 4/17, BStBl 2023 II 678: „Für die Ermittlung fremdüblicher Darlehenszinssätze ist vor Anwendung der sog. Kostenaufschlagsmethode zu prüfen, ob die Vergleichswerte mithilfe der Preisvergleichsmethode ermittelt werden können. Das gilt auch für unbesichert gewährte Konzerndarlehen und unabhängig davon, ob die Darlehen von der Muttergesellschaft oder von einer als Finanzierungsgesellschaft fungierenden anderen Konzerngesellschaft gewährt worden sind."

Da im Rahmen des Fremdvergleichs auch die Frage des Zinssatzes sowie der damit einhergehenden Bonität zu prüfen ist, sind die nachfolgenden Ausführungen immer zu berücksichtigen: „Für die Beurteilung der Bonität ist nicht die durchschnittliche Kreditwürdigkeit des Gesamtkonzerns, sondern die Bonität der darlehensnehmenden Konzerngesellschaft maßgebend („Stand alone"-Rating). Ein nicht durch rechtlich bindende Einstandsverpflichtungen anderer Konzernunternehmen verfestigter Konzernrückhalt ist nur zu berücksichtigen, falls ein konzernfremder Darlehensgeber der Konzerngesellschaft dadurch eine Kreditwürdigkeit zuordnen würde, die die „Stand alone"-Bonität der Gesellschaft übersteigt."

Damit ist der Fremdvergleich durch die Finanzverwaltung/Finanzgericht grundsätzlich mit Hilfe der Preisvergleichsmethode vorzunehmen. Hierzu muss das FG als Tatsacheninstanz Erhebungen betreiben, ob ein Markt für unbesicherte Darlehen existiert, und wie die konkreten Marktbedingungen aussehen, um abzuklären, ob, und wenn ja, inwieweit die konkret vereinbarten Darlehensbedingungen fremdvergleichsüblich sind.

Weiter kommt in diesem Zusammenhang – fehlende Sicherheit – die Interpretation des Art. 9 OECD-MA durch den BFH hinzu. Die fehlende Darlehensbesicherung gehört grundsätzlich zu den nicht fremdüblichen „Bedingungen" i. S. des § 1 Abs. 1 AStG. Gleiches gilt für Art. 9 Abs. 1 OECD-MA (BFH v. 13.1.2022 a. a. O.). Art. 9 Abs. 1 OECD-MA beschränkt den Korrekturbereich des § 1 Abs. 1 AStG nicht nur auf sog. Preisberichtigungen, sondern ermöglicht auch die Neutralisierung der gewinnmindernden Ausbuchung einer Darlehensforderung oder einer Teilwertabschreibung hierauf.

1. und 2. Abwandlung

Die Tatsache, dass die TG in einem DBA-Staat (hier: Marokko) oder in einem Nicht-DBA-Staat (hier: Chile) ansässig ist, ändert an den oben dargestellten Grundsätzen der Korrektur der Einkünfte nach den Regeln des AStG nichts. Wichtig ist aber, dass in beiden Fällen die Grundsätze des Hornbach-Urteils des EuGH nicht anwendbar sind. Der Gerichtshof hatte seine Entscheidung wesentlich auf Niederlassungsfreiheit gem. Art. 49 AEUV gestützt, welche nicht im Verhältnis zu Drittstaaten/Nicht-EU-/EWR-Mitgliedstaaten anwendbar ist.

3. Abwandlung

Der BFH hat sich auch mit den Aspekten der Teilwertabschreibung und des rückwirkenden oder künftigen Verzichts im Zusammenhang mit unbesicherten Darlehen an Tochtergesellschaften/nahestehenden Personen i. S. des § 1 Abs. 2 AStG befasst. Auch diese sind grundsätzlich nach § 1 Abs. 1 AStG zu korrigieren (BFH v. 19.2.2020 - I R 19/17, BStBl 2021 II 223; BFH v. 27.2.2019 - I R 73/16, BStBl 2019 II 394).

Ergebnis

Das FA darf also grundsätzlich in allen Fällen wegen der fehlenden Fremdüblichkeit fiktive Zinseinnahmen ansetzen. Soweit es sich aber um Geschäftsbeziehungen zu nahestehende Personen mit Ansässigkeit in EU- bzw. EWR-Mitgliedstaaten handelt, ist dem Steuerpflichtigen die Gelegenheit zu geben nachzuweisen, dass die Bedingungen aus wirtschaftlichen Gründen vereinbart wurden, die sich aus seiner Stellung als Gesellschafter der gebietsfremden Gesellschaft ergeben.

Rechtsprechungshinweise

Vgl. die in der Lösung aufgezeigten Entscheidungen des EuGH und des BFH; BVerfG v. 4.3.2021 - 1 BvR 1161/19, IStR 2021, 363

Verwaltungsanweisungen

BMF v. 12.12.2024, BStBl 2025 I 207

FALL 124

Berichtigung von Einkünften, Verrechnungspreise Lieferungen (§ 1 AStG)

Sachverhalt

Die südwestdeutsche „Wurst und Schinken GmbH" – GmbH – möchte Schwarzwälder Schinken der Marke „Bollenhut" in Italien am Markt positionieren. Hierzu gründet sie die 100 %ige Tochtervertriebsgesellschaft „Prosciutto Tedesca Foresta Nera PTFN S.r.l." (= Societa a responsabilita limitata = GmbH) mit Sitz in Mailand/Italien. Die PTFN soll die ersten Schinken-Lieferungen ab Juli 01 in Norditalien nach einer massiven Werbekampagne absetzen; derartige Werbefeldzüge sind auch in den kommenden Jahren erforderlich, um den italienischen Verbraucher von der Qualität des deutschen Schinkens im Verhältnis zum nationalen Parmaschinken zu überzeugen.

Seitens der Geschäftsführung der GmbH ist man sich aufgrund einer seriösen Marktanalyse klar, dass frühestens das Geschäftsjahr 03 der PTFN mit einer „schwarzen Null" enden wird.

Frage

Sie sollen für die Geschäftsleitung der GmbH darlegen, zu welchem Preis die Schinken geliefert werden können, und wie sich die GmbH an den Werbekampagnen und der Markteroberung und -durchdringung beteiligen kann.

LÖSUNG

Ausgangspunkt der Beantwortung der gestellten Frage ist § 1 Abs. 1 AStG. Danach gilt, dass im Verhältnis zu nahestehenden Personen i. S. des § 1 Abs. 2 AStG – wozu die italienische Tochtergesellschaft unstreitig gehört – Bedingungen, insbesondere Preise (Verrechnungspreise) zugrunde zu legen sind, wie sie voneinander unabhängige Dritte unter gleichen oder vergleichbaren Verhältnissen vereinbart hätten (Fremdvergleichsgrundsatz). Dies bedeutet, dass die Lieferpreise an die Tochtergesellschaft grundsätzlich nicht von denen abweichen dürfen, die die GmbH an fremde dritte Abnehmer berechnet.

Im internationalen Steuerrecht sind folgende Methoden zur Überprüfung von Verrechnungspreisen anerkannt:

- Preisvergleichsmethode (Teil II B.1 der OECD-Verrechnungspreisrichtlinien)
- Wiederverkaufspreismethode (Teil II C.1 der OECD-Verrechnungspreisrichtlinien)
- Kostenaufschlagsmethode (Teil II D.1 der OECD-Verrechnungspreisrichtlinien)
- Geschäftsvorfallbezogene Nettomargenmethode TNMM (Teil III B.1 der OECD-Verrechnungspreisrichtlinien)
- Geschäftsvorfallbezogene Gewinnaufteilungsmethode (Teil III C.1 der OECD-Verrechnungspreisrichtlinien)

Die Wiederverkaufspreismethode wird i. d. R. dann angewendet werden, wenn das liefernde Unternehmen dasjenige ist, welches das Marktgeschehen beherrscht und dem abnehmenden Unternehmen letztlich nur eine untergeordnete Rolle in der Wertschöpfungskette zukommt (Bsp.: Vertriebsgesellschaft). Dies bedeutet, dass bei einer Lieferung im Konzern das produzierende

Unternehmen, welches gleichzeitig alle bzw. die überwiegende Zahl der Marktrisiken trägt, die Kosten für die an eine ausländische Vertriebsgesellschaft gelieferten Waren i. d. R. nach der Wiederverkaufspreismethode berechnen wird, wobei die von der ausländischen Vertriebsgesellschaft übernommenen Funktionen und Risiken von Bedeutung sind (Risiken für Lagerhaltung, Kundendienst, Werbung, Kundenpflege, Preispolitik, Marktdurchdringung usw.). Zu dieser Methode vgl. BFH v. 6.4.2005 - I R 22/04, BStBl 2007 II 658; v. 17.10.2001 - I R 103/00, BStBl 2004 II 171. In Abhängigkeit von dem konkreten Funktions- und Risikoprofil der Vertriebsgesellschaft ist auch die Anwendung einer anderen Verrechnungspreismethode denkbar (z. B. die TNMM oder die Kostenaufschlagsmethode bei Vertriebsgesellschaften mit einem stark limitierten Funktions- und Risikoprofil – sog. Low Risk Distributoren).

Im vorliegenden Fall ergibt sich die Besonderheit, dass die italienische Tochtergesellschaft am italienischen Markt sich eine Marktposition erst erkämpfen muss, dass also nennenswerte Anstrengungen erforderlich sind, um diese Marktposition zu erringen. Diese Kosten wird ein fremder Dritter aber nur dann aufwenden, wenn er entweder einen Kostenzuschuss von der Gesellschaft erhält, deren Waren er bewirbt und vertreibt, oder wenn ihm nach Abzug der Kosten des Werbefeldzugs ein angemessener Gewinn verbleibt.

In dem sog. Aquavit-Urteil (BFH v. 17.2.1983 - I R 3/92, BStBl 1993 II 457 – hierzu Tz. 3.31 BMF v. 12.12.2024, BStBl 2025 I 207) hat das Gericht dazu ausgeführt: Der ordentliche und gewissenhafte Geschäftsleiter einer Vertriebsgesellschaft wird für die Gesellschaft, deren Geschäfte er führt, nur dann ein neues Produkt am Markt einführen und vertreiben, wenn er daraus bei vorsichtiger und vorheriger kaufmännischer Prognose (Businessplan) innerhalb eines überschaubaren Kalkulationszeitraumes und unter Berücksichtigung der voraussichtlichen Marktentwicklung (bezogen auf dieses Produkt) für die Gesellschaft – ggf. nach Verlusten innerhalb einer vertretbaren Anlaufzeit – einen angemessenen Gesamtgewinn erwarten kann. Denn es ist die Aufgabe einer Kapitalgesellschaft als eines Erwerbsunternehmens, Gewinne zu erzielen und die Gewinne nach Möglichkeit zu steigern.

Ein ordentlicher und gewissenhafter Geschäftsleiter würde keine Vermögensminderungen wegen zu hoher Einführungspreise oder wegen des Aufwands der Markteinführung und Werbung hinnehmen, insbesondere dann, wenn dieser Aufwand üblicherweise von Dritten – insbesondere vom Hersteller oder Lieferanten – getragen wird. Zudem ist das wirtschaftliche Interesse des Herstellers/Lieferanten im Vergleich zum Interesse des Vertriebspartners am Absatz des Produkts zu würdigen.

Diese Grundsätze sind bei der Preisgestaltung zu beachten: Durch die Werbemaßnahmen der italienischen Tochtergesellschaft ergibt sich ein neuer Absatzmarkt für die GmbH. Je erfolgreicher die Tochtergesellschaft wirbt, desto mehr Umsatz kann die GmbH in Italien tätigen. Somit besteht grundsätzlich ein ursächlicher Zusammenhang zwischen Werbeaufwand und Absatz der GmbH. Dass bedeutet, dass der Werbeaufwand bei der GmbH zu berücksichtigen ist, und zwar so, dass der italienischen Tochtergesellschaft – jedenfalls nach Ablauf einer vertretbaren Anlaufzeit – ein Gewinn verbleibt, der ihrem Funktions- und Risikoprofil gerecht wird.

Die Art und Weise der Unterstützung kann auf zweierlei Weise erfolgen: Entweder werden die Schinken zu einem Preis geliefert, bei dessen Gestaltung die Werbeaufwendungen berücksichtigt werden, oder es wird – bei einem fremdüblichen Preis für die Warenlieferung – ein Zuschuss zu den Werbemaßnahmen gezahlt. Welcher Weg auch gewählt wird, auf jeden Fall sollte – um verdeckte Gewinnausschüttungen genauso wie verdeckte Einlagen zu vermeiden – die Art und Weise der Unterstützung bei der Markteinführung im Voraus klar und eindeutig vereinbart werden (vgl. zum Schriftformerfordernis im Rahmen des Fremdvergleichs jüngst den Beschluss des Bundesverfassungsgerichts vom 27.5.2025 (2 BvR 172/24).

Sollte sich jeweils am Jahresende ergeben, dass die Planzahlen nicht mit den Istzahlen übereinstimmen, sind die Vorgaben für das nächste Jahr anzupassen, d. h entweder die Zuschüsse zu kürzen oder zu erhöhen. Es muss sichergestellt sein, dass die Tochtergesellschaft auch in der Anlaufphase, spätestens jedoch nach einem „überschaubaren Kalkulationszeitraum" (drei bis längstens fünf Jahre) einen angemessenen Betriebsgewinn ausweisen kann. Diese, auch nachträglichen Preisanpassungen, werfen rechtlich dann kein Problem auf, wenn von Anfang an eine Preisanpassungsklausel zwischen Muttergesellschaft und Tochtergesellschaft vereinbart wurde (Tz. 3.69 f. OECD-Verrechnungspreisrichtlinien, BMF v. 12.12.2024, BStBl 2025 I 207, Tz. 1.22; vgl. § 1a AStG).

Die Grundsätze für die steuerliche Anerkennung von Anlaufverlusten gelten auch im internationalen Steuerrecht. Die Rechtsprechung gesteht für neu gegründete Gewerbebetriebe im Wege des Anscheinsbeweises die steuerliche Anerkennung von Anlaufverlusten von drei bis allerhöchstens fünf Jahre zu (vgl. BFH v. 25.6.1996 - VIII R 28/94, BStBl 1997 II 202, m. w. N.). Reagiert ein Steuerpflichtiger trotz einer länger andauernden Verlustperiode nicht mit Umstrukturierungsmaßnahmen, so kann darin ein gewichtiges äußeres Beweisanzeichen gegen das Vorliegen einer mit Gewinnerzielungsabsicht betriebenen Tätigkeit liegen (BFH v. 7.12.2006 - VIII B 48/05, BFH/NV 2007, 712). Im Übrigen sind nach ständiger Rechtsprechung des BFH auch Verluste der Anlaufzeit dann steuerrechtlich nicht anzuerkennen, wenn aufgrund der bekannten Entwicklung des Betriebs eindeutig feststeht, dass dieser von vornherein nicht in der Lage gewesen ist, nachhaltig Gewinne zu erzielen und deshalb nach objektiver Beurteilung von Anfang an keine Einkunftsquelle i. S. des Einkommensteuerrechts darstellt (BFH v.1.12.2006 - VIII B 2/06, BFH/NV 2007, 450).

Ergebnis

Der Werbeaufwand muss bei der Preisgestaltung der Lieferungen an die italienische Tochtergesellschaft durch die inländische GmbH berücksichtigt werden.

Rechtsprechungshinweise

BFH v. 6.4.2005 - I R 22/04, BStBl 2007 II 658; BFH v. 17.10.2001 - I R 103/00, BStBl 2004 II 171; BFH v. 17.2.1993 - I R 3/92, BStBl 1993 II 457 sowie die in der Lösung genannten Entscheidungen

Verwaltungsanweisungen

Vgl. die in der Lösung genannten Fundstellen in den OECD-Verrechnungspreisrichtlinien sowie die Verwaltungsgrundsätze Verrechnungspreise 2024 (BMF v. 12.12.2024, BStBl 2025 I 207)

FALL 125

Berichtigung von Einkünften, Marke, Logo (§ 1 AStG)

Sachverhalt

Die deutsche „Mastersaw Deutschland GmbH" (GmbH) mit Sitz in Stuttgart betreibt die Herstellung sowie den Vertrieb von Sägen aller Art sowie deren Export und Import. Ihr Stammkapital wird zu 100 % von der niederländischen „Mastersaw Holding B.V." (Konzernspitze) gehalten. Alle konzernabhängigen Unternehmen – auch die GmbH – führen den Begriff „Mastersaw" an erster Stelle der jeweiligen Firma. Dem Begriff wird ein bestimmtes Logo (zweidimensionale Zeichen) beigefügt. Begriff und Logo hat sich der ausländische Konzern markenrechtlich europaweit schützen lassen.

Die GmbH hat mit der Muttergesellschaft einen Lizenzvertrag abgeschlossen, wonach ihr als Lizenznehmerin ein einfaches Recht zur Benutzung des Konzernnamens und des Firmenlogos als Marke für die im Lizenz-Gebiet verkauften oder zum Verkauf angebotenen Produkte eingeräumt wird. Die Lizenzgebühr beträgt 1,5 % des betreffenden Umsatzes (grundsätzlich angemessen) und wurde bisher als Betriebsausgabe gebucht.

Frage

Das Finanzamt vertritt die Auffassung, die Namens- und Logo-Überlassung sei nicht verrechenbarer Konzernrückhalt, und möchte die Lizenzzahlungen daher als verdeckte Gewinnausschüttungen (vGA) behandeln. Zutreffend?

LÖSUNG

Führt die Anwendung des Fremdvergleichsgrundsatzes zu weitergehenden Berichtigungen als die anderen Vorschriften, sind die weitergehenden Berichtigungen neben den Rechtsfolgen der anderen Vorschriften durchzuführen –- § 1 Abs. 1 Satz 4 AStG. Dies gilt vor allem für verdeckte Gewinnausschüttungen und verdeckte Einlagen. Deswegen ist vorab zu prüfen, ob die Voraussetzungen einer vGA, wie das Finanzamt meint, vorliegen. Allerdings hat der BFH in seinem Urteil vom 27.11.2019 - I R 40/19, BStBl 2024 II 670, entscheiden, dass sich kein Vorrang des § 8 Abs. 3 Satz 2 KStG gegenüber § 1 Abs. 1 AStG ergibt. Beide Vorschriften überlagern einander vielmehr in dem Sinne, dass sich eine Gewinnkorrektur nach der einen Vorschrift erübrigt, wenn sie bereits nach der anderen vollzogen wurde. Soweit die Rechtsfolgen der beiden Vorschriften nicht voneinander abweichen, kann der Rechtsanwender wählen, welche von ihnen er vorrangig prüft. Hierzu auch BT-Drs. 16/4841, Seite 85: „Es wird ausdrücklich klargestellt, dass Berichtigungen nach Satz 1 andere Regelungen (vor allem verdeckte Gewinnausschüttung, verdeckte Einlage, Entnahme, Einlage), die unverändert grundsätzlich Vorrang haben, ergänzen, soweit die Rechtswirkungen des Absatzes 1 über die Rechtswirkungen der anderen Vorschriften hinausgehen."

Vor § 1 AStG ist demnach zu prüfen, ob eine vGA gemäß § 8 Abs. 3 Satz 2 KStG vorliegt. Der BFH vertritt in ständiger Rechtsprechung die Auffassung, dass eine vGA bei einer Kapitalgesellschaft eine Vermögensminderung (verhinderte Vermögensmehrung) ist, die durch das Gesellschaftsverhältnis veranlasst ist, sich auf die Höhe des Einkommens auswirkt und in keinem Zusammenhang mit einer offenen Ausschüttung steht. Hierzu muss geklärt werden, ob die Lizenzzahlungen für die Verwendung von Namen und Logo diese Grundaussage des BFH erfüllen.

Nach der Rechtsauffassung der Finanzverwaltung (BMF v. 12.12.2024, BStBl 2025 I 207, Verwaltungsgrundsätze Verrechnungspreise 2024, Tz. 3.55 ff.) ist die bloße Nutzung eines Unternehmenskennzeichens innerhalb einer multinationalen Unternehmensgruppe ohne die Überlassung von Markenrechten oder anderen immateriellen Werten grundsätzlich nicht entgeltfähig. Dies soll jedoch nicht gelten, wenn sich allein aus der Nutzung von Unternehmenskennzeichen wirtschaftliche Vorteile ergeben und Dritte von dieser Nutzung ausgeschlossen werden können. In diesem Fall ist für die Nutzung des Markenrechts auch nach der Rechtsauffassung der Finanzverwaltung ein Entgelt zu bezahlen, und dies im Grundsatz auch für den Fall, dass die Marke mit dem Konzernnamen identisch und nach wirtschaftlichen Aspekten untrennbar verbunden ist.

Der BFH (Urteile v. 9.8.2000 - I R 12/99, BStBl 2001 II 401 und v. 21.1.2016 - I R 22/14, BStBl 2017 II 336) ist der Auffassung, dass die Überlassung markenrechtlich geschützter Produkt- und Unternehmensbezeichnungen grundsätzlich entgeltfähig und auch im Konzernverbund verrechenbar ist: Der Markenrechtsinhaber kann das Markenrecht auch als Produktnamen übertragen, vorausgesetzt, Letzteres geschieht zusammen mit dem Geschäftsbetrieb. Gleichermaßen ist er darin frei, ein Tochter- oder Schwesterunternehmen unter Verwendung des Markennamens zu bezeichnen. Markenrechte als Produkt identifizierende Kennzeichnungen einerseits und Unternehmensbezeichnungen als besondere Bezeichnungen eines Geschäftsbetriebes andererseits sind strikt auseinanderzuhalten. Beiden kommen verschiedene Inhalte zu; beide sind grundsätzlich unabhängig voneinander verwertbar und mit entsprechenden Schutzrechten ausgestattet. Das gilt auch, wenn der Marken- und der Firmenname gleichlautend sind.

Dieser Rechtslage steht das Gesellschaftsrecht nicht entgegen. Vor allem fordert dieses nicht, dass das Markenrecht von einer Mutter- zur Tochterunternehmung unentgeltlich lizenziert werden muss, auch nicht bei gleichlautender Firma der Tochtergesellschaft. Der Gesellschafter ist vielmehr darin frei, ob er die Gesellschaft nach dem Namen der Gesellschafter oder aber nach dem Gegenstand des Unternehmens – und dies auch unter Verwendung des Markennamens – benennen will.

Vor diesem Hintergrund kommt es für die körperschaftsteuerliche Beurteilung darauf an, ob das Entgelt der deutschen Tochtergesellschaft für die Einräumung des Firmennamens oder für die Einräumung des Nutzungsrechts an dem Markennamen geleistet wird und wenn ja, in angemessener Höhe. Im letzteren Fall können grundsätzlich die geleisteten Zahlungen im Konzernverbund steuerrechtlich berücksichtigt werden. Soweit die überlassene Marke werthaltig ist, kann sie der abhängigen Beteiligungsgesellschaft unter den gleichen Umständen und Bedingungen wie einem fremden Dritten überlassen werden (vgl. auch Tz. 6.21 ff. der OECD-Verrechnungspreisrichtlinien; BMF v. 12.12.2024, a. a. O., Tz. 3.55 ff.).

Entscheidend dafür, ob der überlassenen Marke ein eigenständiger Wert zukommt, ist nicht, ob deren Einräumung bei der deutschen Tochtergesellschaft tatsächlich zu einer Absatzsteigerung und/oder zu einer Erhöhung des einschlägigen Marktanteils geführt hat. Vielmehr kommt es darauf an, ob die mit der Einräumung verbundenen besonderen und marktfähigen Schutzrechte geeignet sind, zur Absatzförderung beizutragen.

Für die bloße Überlassung des Firmennamens durch einen Gesellschafter an die Gesellschaft als Gegenstand der gesellschaftsvertraglichen Vereinbarung – i. S. einer Erlaubnis, den Namen als Bestandteil des eigenen Firmennamens und damit i. S. des deutschen Handelsrechts zur Unternehmensunterscheidung (§ 18 Abs. 1 HGB) zu nutzen – sind in der Regel Lizenzentgelte steuerlich nicht verrechenbar. Nur wenn durch einen Warenzeichen-Lizenzvertrag, der ein Recht zur Benutzung des Konzernnamens und des Firmenlogos als Warenzeichen für die im Gebiet verkauften oder zum Verkauf angebotenen Produkte einräumt, ein untrennbarer Zusammenhang zwischen Namensrecht und produktbezogenem Markenrecht hergestellt wird, kann die Überlassung des Markenrechts, wenn insoweit ein eigenständiger Wert festzustellen ist, im Vordergrund stehen und insoweit insgesamt (einheitlich) nach Maßgabe der Sorgfalt eines ordentlichen und gewissenhaften Geschäftsleiters ein fremdübliches Entgelt gefordert werden (BFH v. 21.1.2016 - I R 22/14, BStBl 2017 II 336).

Die Behandlung der Lizenzzahlungen an den Markenrechtsinhaber stellt entgegen der Rechtsauffassung des Finanzamts keine vGA dar, sondern es handelt sich um abzugsfähige Betriebsausgaben; die Voraussetzungen des § 1 Abs. 1 AStG sind nicht erfüllt.

Ergebnis

Die Rechtsauffassung des Finanzamtes ist unzutreffend.

Rechtsprechungshinweise

BFH v. 21.1.2016 - I R 22/14, BStBl 2017 II 336; BFH v. 9.8.2000 - I R 12/99, BStBl 2001 II 401

Verwaltungsanweisungen

BMF v. 12.12.2024, BStBl 2025 I 207

FALL 126

Erweitert beschränkte Einkommensteuerpflicht (§ 2 AStG)

Sachverhalt

Der deutsche Staatsangehörige Max Wilhelm (M) lebt seit seiner Geburt in Düsseldorf. Im Laufe des Jahres 2013 heiratete er die schweizerische Staatsangehörige Frederike Birmele (F). Am 6.7.2021 wanderten die Eheleute nach Monaco aus.

a) M ist Gesellschafter der M & Söhne OHG in Düsseldorf. Für die Zeit vom 1. 1. bis 31.12.2025 wurde ihm gemäß § 180 Abs. 1 Nr. 2 AO ein Gewinnanteil i. H. v. 18 000 € zugerechnet.

b) Außerdem hat er eine typisch stille Beteiligung an der E-GmbH in München. Nach Einbehalt der gesetzlichen Kapitalertragsteuer i. H. v. 25 % (§ 43a Abs. 1 Nr. 1 EStG – Solidaritätszuschlag ist außer Betracht zu lassen) ist ihm hieraus am 10.10.2025 als Gewinnanteil ein Betrag i. H. v. 15 000 € auf dem Konto einer Bank in Monaco gutgeschrieben worden.

c) Weiterhin erhält M im November 2025 von einem Darlehensnehmer D aus Düsseldorf 6 000 € Zinsen. Die Darlehensforderung ist durch eine Grundschuld an einem Grundstück des D in Brüssel (Belgien) gesichert.

d) M besitzt zudem ein Festgeldkonto bei der Commerzbank in Düsseldorf, auf dem ihm per 31.12.2025 Zinsen i. H. v. 9 000 € gutgeschrieben wurden.

e) Aus einem Hotelbetrieb in Monaco erzielt er in der Zeit vom 1. 1. bis 31.12.2025 einen Gewinn i. H. v. 50 000 €.

f) Seine Frau F hat für ein dinglich ungesichertes Darlehen, das sie ihrer Düsseldorfer Bekannten B gewährt hat, am 3.11.2025 Zinsen i. H. v. 4 000 € erhalten.

Frage

Welche Auswirkungen hat der Wohnsitzwechsel auf die Einkommensteuerpflicht der Eheleute M und F im Jahre 2025 (ohne Solidaritätszuschlag)?

Welche Besonderheiten ergeben sich hinsichtlich der Ermittlung des zu versteuernden Einkommens sowie der Steuerschuld für die Zeit nach dem Wohnsitzwechsel?

LÖSUNG

Mit dem Wohnsitzwechsel endet für die Eheleute M und F die unbeschränkte Einkommensteuerpflicht (§ 1 Abs. 1 EStG), da sie anschließend weder über einen Wohnsitz (§ 8 AO) noch über einen gewöhnlichen Aufenthalt (§ 9 AO) in Deutschland verfügen.

F ist nicht (beschränkt) einkommensteuerpflichtig, weil sie keine inländischen Einkünfte gemäß § 49 EStG erzielt. Die Zinsen i. H. v. 4 000 € gehören nicht zu den inländischen Einkünften, da es an der Besicherung durch ein inländisches Grundstück fehlt (§ 49 Abs. 1 Nr. 5 Buchst. c) Doppelbuchst. aa) EStG).

Für M und F ist sodann getrennt zu überprüfen, ob die Vorschrift des § 2 AStG zur Anwendung kommt. Voraussetzung hierfür ist u. a., dass der Steuerpflichtige in den letzten 10 Jahren vor Ende seiner unbeschränkten Steuerpflicht als Deutscher (gemäß Art. 116 GG) insgesamt mindestens 5 Jahre unbeschränkt steuerpflichtig war, er über wesentliche wirtschaftliche Interessen im Inland verfügt und in einem Gebiet mit niedriger Besteuerung oder in keinem Gebiet ansässig wird. Diese Voraussetzungen der erweitert beschränkten Einkommensteuerpflicht sind bei Ehegatten jeweils getrennt zu prüfen.

Bei F fehlt es bereits am Tatbestandsmerkmal der deutschen Staatsangehörigkeit, so dass für sie die Anwendung des § 2 AStG nicht in Betracht kommt.

M hingegen erfüllt die persönlichen Voraussetzungen, da er als Deutscher in den letzten 10 Jahren vor dem Wohnsitzwechsel mindestens fünf Jahre unbeschränkt steuerpflichtig war. Er verfügt unstreitig auch über wesentliche wirtschaftliche Interessen; allein die Beteiligung als Mitunternehmer der M & Söhne OHG begründet nach § 2 Abs. 3 Nr. 1 AStG wesentliche wirtschaftliche Interessen.

Eine niedrige Besteuerung ist nach § 2 Abs. 2 AStG dann gegeben, wenn das ausländische Gebiet von einer unverheirateten natürlichen Person bei einem Einkommen von 77 000 € eine Einkommensteuer erhebt, die um mehr als 1/3 geringer ist als die deutsche Einkommensteuer oder wenn eine wesentliche Vorzugsbesteuerung gewährt wird. Da Monaco bei natürlichen Personen (ausgenommen Bürger mit französischer Staatsangehörigkeit) überhaupt keine Steuern vom Einkommen erhebt, ist die Voraussetzung einer niedrigen Besteuerung gegeben und damit das letzte Tatbestandsmerkmal der erweiterten beschränkten Steuerpflicht erfüllt. Als Rechtsfolge ergibt sich Folgendes:

M ist für das Jahr 2021 und die folgenden 10 Jahre mit allen Einkünften im Sinne des § 2 Abs. 1 EStG steuerpflichtig, die bei unbeschränkter Einkommensteuerpflicht nicht ausländische Einkünfte im Sinne des § 34d EStG sind (Erweiterung des Kataloges der inländischen Einkünfte gemäß § 49 EStG). Auf Einkünfte, die dem Steuerabzug auf Grund des § 50a EStG unterliegen, ist § 50 Abs. 2 EStG nicht anzuwenden (§ 2 Abs. 5 Satz 2 AStG); diese Einkünfte sind also in die Veranlagung einzubeziehen (BMF v. 22.12.2023, BStBl 2023 I Sondernr. 1/2023, S. 2, Tz. 2.5.2., Rn. 36; zur Rechtsprechung des BFH vgl. BMF v. 7.4.2010, BStBl 2010 I 368).

Im VZ 2025 sind für M folgende Einkünfte anzusetzen:

1.	Einkünfte aus Gewerbebetrieb (§ 49 Abs. 1 Nr. 2 Buchst. a) EStG)	18 000 €
2.	Einkünfte aus Kapitalvermögen:	
	a) aus typischer stiller Beteiligung (§ 49 Abs. 1 Nr. 5 Buchst. a) EStG)	20 000 €
	b) aus Sparguthaben (§ 20 Abs. 1 Nr. 7 EStG), obwohl die nach § 49 Abs. 1 Nr. 5 Buchst. c) Doppelbuchst. aa) EStG erforderliche dingliche Sicherung im Inland fehlt, handelt es sich nicht um ausländische Einkünfte gemäß § 34d Nr. 6 EStG. Der Sparer-Pauschbetrag i. H. von 1 000 € (§ 20 Abs. 9 EStG) ist auch bei erweiterter beschränkter Steuerpflicht zu berücksichtigen (Umkehrschluss aus § 20 Abs. 1 Satz 3 EStG)	8 000 €
	Gesamtbetrag der Einkünfte, zugleich zu versteuerndes Einkommen:	46 000 €

Die Einkünfte aus dem Hotel in Monaco sind gemäß § 34d Nr. 2 Buchst. a) EStG ausländische Einkünfte, die Einkünfte aus der in Belgien grundbuchmäßig gesicherten Darlehensforderung sind gemäß § 34d Nr. 6 EStG ausländische Einkünfte. Deshalb sind diese Einkünfte im Rahmen der erweiterten beschränkten Steuerpflicht nicht anzusetzen.

Bei der Ermittlung der Einkommensteuer ist § 32a Abs. 1 EStG nach § 50 Abs. 1 Satz 2 Halbsatz 1 EStG mit der Maßgabe anzuwenden, dass das zu versteuernde Einkommen um den Grundfreibetrag des § 32a Abs. 1 Satz 2 Nr. 1 EStG erhöht wird. Hierbei kommt gemäß § 2 Abs. 5 Satz 1 AStG der Steuersatz zur Anwendung, der sich für sämtliche Einkünfte, also auch unter Hinzurechnung der ausländischen Einkünfte i. H. v. 56 000 € (6 000 € von D und 50 000 € aus Monaco), ergibt (Progressionsvorbehalt). Unberücksichtigt bleiben allerdings die Einkünfte aus Kapitalvermögen, da diese gemäß § 2 Abs. 5b, § 32d Abs. 1 und § 43 Abs. 5 EStG der Abgeltungsteuer unterliegen:

Berechnung:

Bemessungsgrundlage für die tarifliche Einkommensteuer	18 000 €
Grundfreibetrag VZ 2025	12 096 €
ausländische Einkünfte	+ 56 000 €
Für die Berechnung des Steuersatzes maßgebendes zu versteuerndes Einkommen:	86 096 €
Tarifliche Einkommensteuer (VZ 2025):	25 248 €

durchschnittlicher Steuersatz bezogen auf 84 908 €	29,33 %
Die Anwendung des durchschnittlichen Steuersatzes auf das zu versteuernde Einkommen i. H. v. 18 000 € ergibt als tarifliche Steuer:	5 279 €
Gesonderter Steuertarif für die Einkünfte aus Kapitalvermögen in Höhe von 28 000 € gemäß § 32d Abs. 1 EStG	7 000 €
anzurechnende Kapitalertragsteuer	·/. 5 000 €
verbleibende Einkommensteuer	7 279 €

Aufgrund der hohen ausländischen Einkünfte greift die Beschränkung des § 2 Abs. 6 AStG – der zufolge die Steuer nach § 2 AStG nicht erhoben wird, soweit sie höher ist, als die Steuer bei unbeschränkter Steuerpflicht und ausschließlich inländischem Wohnsitz gewesen wäre – nicht ein.

Ergebnis

Mit dem Wohnsitz wechselt die Steuerpflicht von der unbeschränkten zur (erweitert) beschränkten Einkommensteuerpflicht. Mit Ausnahme der Einkünfte aus Kapitalvermögen sind die inländischen und die nicht ausländischen Einkünfte des M zu veranlagen.

Rechtsprechungshinweise

BFH v. 19.12.2007 - I R 19/06, BStBl 2010 II 398

Verwaltungsanweisungen

BMF v. 7.4.2010, BStBl 2010 I 368; BMF v. 22.12.2023, BStBl 2023 I Sondernr. 1/2023, S. 2, Tz. 2, Rn. 3 ff.

FALL 127

Vermögenszuwachsbesteuerung (§ 6 AStG)

Sachverhalt

Franco Zuccero (FZ), italienischer Staatsbürger, seit 1988 wohnhaft in Friedrichshafen am Bodensee/Deutschland, ist Alleingesellschafter-Geschäftsführer der Maschbauer GmbH, Friedrichshafen. Daneben hält FZ im Privatvermögen jeweils eine Beteiligung von 5 % an der Schweizer Käse AG in Emmental/Schweiz und der chilenischen Mortador SA (= AG) mit Sitz in Santiago de Chile.

FZ lernt beim Seenachtsfest in Konstanz die Österreicherin Beate Jaegli (BJ) kennen und lieben. FZ und BJ wollen heiraten und den gemeinsamen Wohnsitz in Bregenz/Österreich nehmen.

1. Abwandlung

FZ lernt beim Seenachtsfest die Schweizerin Almut Fischer (AF) kennen und lieben. FZ und AF wollen heiraten und den gemeinsamen Wohnsitz in Ermatingen im Kanton Thurgau/Schweiz nehmen.

Frage

Welche steuerlichen Konsequenzen ergeben sich in den verschiedenen Fallvarianten aus dem Wegzug ins Ausland?

LÖSUNG

Nach § 6 Abs. 1, 2 AStG in der ab VZ 2022 gültigen Fassung ist bei einer natürlichen Person, die in den letzten zwölf Jahren vor Beendigung der unbeschränkten Steuerpflicht durch Aufgabe des Wohnsitzes oder des gewöhnlichen Aufenthalts insgesamt mindestens sieben Jahre nach § 1 Abs. 1 EStG unbeschränkt steuerpflichtig war, auf Anteile im Sinne des § 17 Abs. 1 Satz 1 EStG im Zeitpunkt der Beendigung der unbeschränkten Steuerpflicht § 17 EStG auch ohne Veräußerung anzuwenden, wenn im Übrigen für die Anteile zu diesem Zeitpunkt der Aufgabe des Wohnsitzes oder des gewöhnlichen Aufenthalts die Voraussetzungen des § 6 AStG erfüllt sind = Vermögenszuwachsbesteuerung, Besteuerung eines fiktiven Veräußerungsgewinns.

FZ erfüllt die persönlichen Voraussetzungen des § 6 AStG – mindestens sieben Jahre unbeschränkte Steuerpflicht –, denn im Gegensatz zu § 2 AStG erfasst die Vermögenszuwachsbesteuerung nicht nur deutsche Staatsangehörige, sondern alle in Deutschland unbeschränkt Steuerpflichtigen, unabhängig von der Staatsangehörigkeit.

FZ besitzt auch Anteile im Sinne des § 17 Abs. 1 Satz 1 EStG (= Anteile an Kapitalgesellschaften). Der Begriff „Kapitalgesellschaft" wird für das deutsche Steuerrecht abschließend in § 1 Abs. 1 Nr. 1 KStG definiert. Hierunter fallen Anteile u. a. an einer GmbH oder einer AG.

Die Vermögenszuwachsbesteuerung bezieht sich sowohl auf seine Beteiligung an der Maschbauer GmbH als auch auf die Beteiligungen an der Schweizer Käse AG in Emmental/Schweiz und der chilenischen Mortador SA (= AG), da sich die Vermögenszuwachsbesteuerung auf Anteile i. S. des § 17 Abs. 1 EStG an in- und ausländischen Kapitalgesellschaften erstreckt. Ob die Kapitalgesellschaften in DBA-Ländern (Schweiz) oder Nicht-DBA-Ländern (Chile), EU- oder EWR-Staaten ansässig sind, ist für die Vermögenszuwachsbesteuerung nach § 6 AStG ohne Bedeutung.

Der Vermögenszuwachs, welcher der Einkommensbesteuerung unterworfen wird, ergibt sich aus der Gegenüberstellung der Anschaffungskosten und des gemeinen Wertes der Anteile im Zeitpunkt der Beendigung der unbeschränkten Einkommensteuerpflicht. In § 17 Abs. 2 EStG ist die Berücksichtigung der Veräußerungskosten vorgesehen; da im Falle des § 6 AStG aber keine effektive Veräußerung erfolgt, können derartige Kosten auch nicht fiktiv berücksichtigt werden.

FZ ist EU-Staatsbürger (Italien), wohnt in einem EU-Mitgliedstaat (Deutschland - Wegzugsstaat) und möchte seinen Wohnsitz in einen anderen EU-Mitgliedstaat (Österreich - Zuzugsstaat) verlegen; verbunden mit der Aufgabe des Wohnsitzes ist die Aufgabe der unbeschränkten Steuerpflicht. Entgegen der früheren Fassung des § 6 AStG sind in der ab VZ 2022 gültigen Fassung keine Sonderregelungen mehr für EU- und/oder EWR-Bürger, den Wegzug in EU- und/oder EWR-Staaten enthalten (§ 6 Abs. 5 AStG a. F., § 6 Abs. 7 AStG a. F.); auch die Sonderregelung für Brexit-Fälle (§ 6 Abs. 8 AStG a. F.) ist ersatzlos entfallen; demnach unterliegt jeglicher Wegzug und die Aufgabe der unbeschränkten Steuerpflicht der Wegzugsbesteuerung.

Als Entlastungsmöglichkeit kann nach neuem Recht lediglich die festgesetzte Steuer, die auf die nach Absatz 1 realisierten Einkünfte entfällt, auf Antrag des Steuerpflichtigen in sieben gleichen Jahresraten entrichtet werden; diesem Antrag ist in der Regel nur gegen Sicherheitsleistung stattzugeben. Die bisher geltenden unterschiedlichen Möglichkeiten (§ 6 Abs. 4 und 5 AStG a. F.) sind jetzt durch eine allgemein gültige Regelung ohne Ausnahmen ersetzt worden (sog. One-Fits-Alls-Solution).

Die Neufassung führt zu folgendem Ergebnis: Die Vermögenszuwachsbesteuerung ist (immer) festzusetzen. In Fällen einer vorübergehenden Abwesenheit des Steuerpflichtigen (§ 6 Abs. 3 AStG) entfällt der Steueranspruch unter bestimmten Voraussetzungen.

1. Abwandlung

Aufgrund der Neufassung des AStG ab VZ 2022 ergeben sich grundsätzlich keine Besonderheiten gegenüber dem Grundfall entgegen der bisherigen Rechtslage, welche nach dem Zuzugsstaat entschieden hat.

Für Altfälle ist zu beachten, dass das FG Baden-Württemberg in seinem Urteil vom 31.8.2020 - 2 K 835/19, n. v. entschieden hat, dass zwar die Einkommensteuer auf den Vermögenzuwachs festgesetzt werden kann, aber ohne Sicherheit zinslos zu stunden ist, bis eine effektive Veräußerung der Kapitalgesellschaftsanteile erfolgt. Die Möglichkeit der Zahlung der Steuer in Teilbeträgen gemäß § 6 Abs. 4 AStG kann aufgrund der mit der sofortigen Einziehung verbundenen erheblichen Härten den Liquiditätsnachteil bei Wohnsitzverlegung in die Schweiz nicht aufheben. Der BFH hat das Urteil des FG Baden-Württemberg im Revisionsverfahren I R 35/20 aufgehoben. Der BFH schloss sich zwar inhaltlich der Auffassung des FG an, wonach beim Wegzug in die Schweiz eine zinslose Stundung zu gewähren ist. Über die Gewährung der zinslosen Stundung wäre allerdings im Steuererhebungsverfahren zu entscheiden gewesen. Die Festsetzung der Einkommensteuer auf den Vermögenszuwachs in dem im Rahmen des Klageverfahrens angegriffenen Einkommensteuerbescheid selbst war aus der Sicht des BFH rechtmäßig (BFH v. 6.9.2023 - I R 35/20, BFH/NV 2024 302). Die Finanzverwaltung hat sich mit BMF-Schreiben vom 2.6.2025 (BStBl 2025 I 1448 zu den Auswirkungen der Rechtsprechung des EuGH und des BFH in der Rechtssache Wächtler (EuGH v. 26.2.2019 - C-581/17, EU C 2019 138 und BFH v. 6.9.2023 - I R 35/20, BFH/NV 2024 302) auf bis zum 31.12.2021 erfolgte Wegzüge in die Schweiz positioniert. Im Anwendungsbereich des Freizügigkeitsabkommens zwischen der Europäischen Union und der Schweiz hat danach auf Antrag des Steuerpflichtigen abweichend von § 6 Abs. 4 AStG a. F. eine unbefristete und zinslose Stundung zu erfolgen.

Die Tatsache, dass FZ wegen einer Heirat mit einer Schweizerin in die Schweiz verzieht, führt nicht zum Ausschluss der Vermögenszuwachsbesteuerung; denn die Billigkeitsregelung des BMF-Schreibens v. 19.9.1994, BStBl 1994 I 683, Tz. 41, betrifft nur die überdachende Besteuerung der Einkünfte nach Art. 4 Abs. 4 DBA-Schweiz.

Für künftige Veräußerungen der Beteiligungen an den Kapitalgesellschaften nach dem Wegzug in die Schweiz ist dann Art. 13 Abs. 5 DBA-CH zu beachten, der eine Doppelbesteuerung vermeiden soll.

Ergebnis

Nach der Neufassung des § 6 AStG ist in jedem Wegzugsfall die Besteuerung des Vermögenszuwachses vorzunehmen; Erleichterung hinsichtlich der Liquidität erfolgt lediglich durch zinslose Zahlung in sieben Raten auf Antrag.

Hinweis

Auf Grundlage der Rechtsprechung des EuGH in der Rechtssache Wächtler ist die Möglichkeit der Zahlung der Steuer auf den Vermögenszuwachs in Teilbeträgen nicht dazu geeignet, den mit der Wegzugsbesteuerung verbundenen Liquiditätsnachteil aufzuheben. Es bestehen damit im Hinblick auf das ab dem VZ 2022 gültige einheitliche siebenjährige Ratenzahlungskonzept des § 6 Abs. 4 AStG erhebliche unionsrechtliche Bedenken.

Würde sich bei einer Ermittlung der Vermögenszuwachsbesteuerung ein fiktiver Verlust ergeben, so wäre dieser nicht ausgleichsfähig (BFH v. 26.4.2017 - I R 27/15, BStBl 2017 II 1194).

Rechtsprechungshinweise

Vgl. die in der Lösung angeführten Urteile; ferner zu § 6 AStG a. F.: BFH v. 25.8.2009 - I R 88, 89/07, BStBl 2016 II 438; BFH v. 23.9.2008 - I B 92/08, BFH/NV 2008, 2085

Verwaltungsanweisungen

BMF v. 22.12.2023, BStBl 2023 I Sondernr. 1/2023, Tz. 6, Rn. 71 ff.

Zu Wegzügen in die Schweiz nach § 6 AStG a. F.: BMF v. 2.6.2025, BStBl 2025 I 1448

FALL 128

Hinzurechnungsbesteuerung (§§ 7 bis 13 AStG)

Sachverhalt

Der in Düsseldorf ansässige Dieter Weber (DW) ist zu 5 % an der PASSIV-S.A.R.L. beteiligt, die ihren Sitz in Monaco hat. Er verfügt jedoch über 20 % der Stimmrechte. Zugleich ist er mit 70 % an der AKTIV-S.C.S. (Société en Commandite Simple) beteiligt. Diese Gesellschaft hat ihren Sitz ebenfalls in Monaco und ist ihrerseits zu 60 % an der PASSIV-S.A.R.L. beteiligt. Die PASSIV-S.A.R.L. erzielt ausschließlich Einkünfte aus passivem Erwerb im Sinne des § 8 AStG. Es gibt keine allgemeine Körperschaftssteuer in Monaco. Die vorgesehenen Sonderfälle (mehr als 25 % der Umsätze außerhalb von Monaco bzw. Einnahmen aus Patenten, Lizenzen oder Copyrights im künstlerischen und literarischen Bereich) bleiben außer Betracht.

Frage

a) Liegt eine Beteiligung an einer ausländischen Zwischengesellschaft i. S. von §§ 7 ff. AStG vor?

b) Die PASSIV-S.A.R.L. bezieht ausschließlich Einkünfte mit Kapitalanlagecharakter i. S. des § 13 Abs. 2 AStG. Welche Änderungen ergeben sich?

LÖSUNG

a) DW hat seinen Wohnsitz (§ 8 AO) und seinen gewöhnlichen Aufenthalt (§ 9 AO) in Deutschland und ist daher unbeschränkt einkommensteuerpflichtig (§ 1 Abs. 1 Satz 1 EStG).

Die monegassische S.A.R.L. entspricht der deutschen GmbH und ist daher eine Körperschaft, deren Sitz und Geschäftsleitung sich im Ausland befinden (ausländische Gesellschaft im Sinne von § 7 Abs. 1 AStG). Lt. Sachverhalt liegt eine niedrige Besteuerung i. S. des § 8 Abs. 5 AStG (Ertragsteuern von weniger als 15 Prozent) vor.

Seit der Neufassung des AStG als Folge des ATADUmsG erfolgt eine Abkehr von der Inländerbeherrschung (§ 7 AStG a. F.) hin zu einer gesellschafterbezogenen Betrachtungsweise unter Berücksichtigung nahestehender Personen (Beherrschungskonzept – § 7 Abs. 1 AStG n. F.). Nach § 7 Abs. 2 AStG liegt eine Beherrschung vor, wenn dem Steuerpflichtigen (DW) allein oder zusammen mit ihm nahestehenden Personen am Ende des Wirtschaftsjahres der ausländischen Gesellschaft, in dem diese die Einkünfte nach Absatz 1 erzielt hat (maßgebendes Wirtschaftsjahr), mehr als die Hälfte der Anteile am Nennkapital unmittelbar oder mittelbar zuzurechnen sind.

Da im Bereich der unmittelbaren Beteiligung des DW seine Stimmrechte (20 %) seine Kapitalbeteiligung (5 %) übersteigen, sind die Stimmrechte maßgeblich (§ 7 Abs. 2 AStG). Hierzu addiert sich sein mittelbarer Anteilsbesitz über die AKTIV-S.C.S. (§ 7 Abs. 2 AStG) von durchgerechnet 42 % (70 % von 60 % der Anteile), so dass DW insgesamt zu 62 % an der PASSIV-S.A.R.L. beteiligt ist.

Mit einer Beteiligungsquote von 62 % beherrscht DW die Passiv-S.A.R.L., so dass die Voraussetzungen für eine Hinzurechnung der Einkünfte der ausländischen Zwischengesellschaft in Höhe seiner Anteile erfüllt sind.

b) Sofern die PASSIV-S.A.R.L. Einkünfte mit Kapitalanlagecharakter (§ 13 Abs. 2 AStG – zum Begriff der Einkünfte mit Kapitalanlagecharakter vgl. BFH v. 12.10.2016 I R 80/14, BStBl 2017 II 615) – erzielt, unterliegt sie bereits dann der Hinzurechnungsbesteuerung nach § 7 ff. AStG, wenn ein unbeschränkt Steuerpflichtiger auch ohne Beherrschung an der Zwischengesellschaft beteiligt ist (§ 13 Abs. 1 Satz 1 AStG). Erzielt die ausländische Zwischengesellschaft ausschließlich oder fast ausschließlich (i. S. einer 90%-Grenze, vgl. BFH v. 28.3.2018 - I R 42/16, BFH/NV 2018, 1118, Rdn. 27) Einkünfte mit Kapitalanlagecharakter, dann kann auch eine Beherrschung von weniger als 1 % zu einer Hinzurechnung führen (§ 13 Abs. 1 Satz 4 AStG). Außerdem darf in diesem Fall kein wesentlicher und regelmäßiger Handel mit Aktien der ausländischen Gesellschaft an einer Börse in einem EU- oder EWR-Mitgliedstaat stattfinden.

Ferner existiert eine Geringfügigkeitsklausel: § 13 Abs. 1 Satz 1 AStG ist nicht anzuwenden, wenn die Einkünfte mit Kapitalanlagecharakter nicht mehr als 10 % der gesamten Einkünfte, für die die ausländische Gesellschaft Zwischengesellschaft ist, betragen, und die bei einer Zwischengesellschaft oder bei einem Steuerpflichtigen hiernach außer Ansatz zu lassenden Beträge insgesamt 80 000 Euro nicht übersteigen.

Gemäß § 13 Abs. 4 AStG kann für Kapitalanlagegesellschaften der Motivtest gemäß § 8 Abs. 2 AStG erbracht werden. Die Einschränkung des § 8 Abs. 3 AStG auf Gesellschaften mit Sitz oder

Geschäftsleitung innerhalb des EU-/EWR-Raums greift nicht, da im Rahmen des § 13 AStG der Schutzbereich der auch auf Drittstaaten anwendbaren Kapitalverkehrsfreiheit eröffnet ist. Es sind in diesem Fall jedoch bestimmte Anforderungen an den Informationsaustausch mit dem ausländischen Staat zu beachten.

Ergebnis

Die PASSIV-S.A.R.L. ist eine ausländische Gesellschaft i. S. von §§ 7 ff. AStG, deren Einkünfte DW anteilig hinzugerechnet werden.

Rechtsprechungshinweise

Zum AStG a. F.: BFH v. 30.8.1995 - I R 77/94, BStBl 1996 II 122; BFH v. 26.10.1983 - I R 200/78, BStBl 1984 II 258

Verwaltungsanweisungen

BMF v. 22.12.2023, BStBl 2023 I Sondernr. 1/2023, S. 2, Tz. 13, Rn. 701 ff.

FALL 129

Hinzurechnungsbesteuerung (§§ 7 bis 13 AStG)

Sachverhalt

Arnold Müller (AM), wohnhaft in Hamburg, Inhaber einer Rechtsanwaltskanzlei, ist an der in Caracas/Venezuela ansässigen Bona Alimento Sociedad Anónima (= Aktiengesellschaft) – BA – mit 24,9 % beteiligt; seine Ehefrau Beate Müller (BM), leitende Oberärztin am Universitätsklinikum Hamburg-Eppendorf, ist ebenfalls mit 26,1 % beteiligt; weitere Gesellschafter mit 22 % sind die in St. Nazaire/Frankreich ansässige volljährige Tochter Sabine Müller (SM), welche mit Horst Haller (HH) verheiratet ist, und deren beide minderjährigen Töchter Aurelie Haller (AH) – vier Jahre alt, Beteiligung 13,5 %, und Pauline Haller (PH) – zwei Jahre alt, Beteiligung ebenfalls 13,5 %, welche die Anteile an der BA jeweils zur ihrer Geburt von ihrem Großvater AM geschenkt erhalten haben. HH leitet seit 5 Jahren die französische Niederlassung der Lübecker Maschinenfabrik AG in St. Nazaire. SM ist ferner Eigentümerin eines vermieteten Appartements im Blankeneser Villenviertel in Hamburg.

Geschäftsgegenstand der BA ist – trotz des wohlklingenden Namens – der Anbau und der Verkauf des Cocastrauchs in Kolumbien. Da die Einkünfte außerhalb Venezuela generiert werden, unterliegt die Gesellschaft in Venezuela keiner Ertragsteuer.

Frage

Liegen für AM die Voraussetzungen für eine Hinzurechnungsbesteuerung nach dem AStG vor?

1. Abwandlung

Der Großvater AM hat sich bei der Schenkung der Anteile an seine Enkel die Verwaltung der Anteile vorbehalten.

LÖSUNG

Sowohl AM als auch BM sind nach dem Sachverhalt unstreitig unbeschränkt steuerpflichtige Personen i. S. von § 1 Abs. 1 EStG und erfüllen somit die Grundvoraussetzung des § 7 Abs. 1 Satz 1 AStG. Die BA ist eine Kapitalgesellschaft mit Sitz und Geschäftsleitung außerhalb des Inlands (ausländische Gesellschaft). Die Einkünfte der BA sollen annahmegemäß nicht aus aktivem Erwerb i. S. d. § 8 Abs. 1 AStG stammen (siehe aber die Lösungshinweise zu Argumenten für eine aktive land- und forstwirtschaftliche Tätigkeit i. S. d. § 8 Abs. 1 Nr. 1 AStG); eine niedrige Steuer i. S. von § 8 Abs. 5 AStG liegt ebenfalls vor.

Frage kann nur sein, ob AM zusammen mit BM die Gesellschaft i. S. des § 7 Abs. 2 AStG beherrscht. Beider Anteile zusammen ergeben 51,0 % der Anteile an der Gesellschaft. Für eine Zusammenrechnung ist aber Voraussetzung, dass AM und BM nahestehende Personen sind. Hierzu verweist § 7 Abs. 3 AStG auf § 1 Abs. 2 AStG. Bei einer Textanalyse des § 1 Abs. 2 AStG könnte man Ehegatten – wenn überhaupt – nur unter die Varianten des § 1 Abs. 2 Satz 1 Nr. 2 bzw. § 1 Abs. 2 Satz 1 Nr. 4 AStG einordnen. Neu aufgenommen wurde in § 7 Abs. 4 AStG die Bestimmung „gelten Personen als dem Steuerpflichtigen nahestehend, wenn sie mit ihm in Bezug auf die Zwischengesellschaft durch abgestimmtes Verhalten zusammenwirken." Kann man Ehegatten allein wegen der Tatsache, dass sie miteinander verheiratet sind, als nahestehende Personen im Sinne des AStG betrachten? Zweifelsfrei sind sie Angehörige i. S. des § 15 AO. Diese sind aber nicht notwendigerweise nahestehende Personen. Der BFH hat sich in dem Urteil v. 29.4.2014 - VIII R 9/13, BStBl 2014 II 986, ausführlich mit dieser Problematik – bezogen auf § 32d EStG – auch unter verfassungsrechtlichen Gesichtspunkten (Art. 6 GG) befasst (weitere Urteile: BFH v. 29.4.2014 - VIII R 35/13, BStBl 2014 II 990, v. 29.4.2014 - VIII R 44/13, BStBl 2014 II 992 und v. 28.1.2015 - VIII R 8/14, BStBl 2015 II 397). Zusammengefasst kam er zu dem Ergebnis, dass Ehegatten – im Gegensatz zur Auffassung der Finanzverwaltung – grundsätzlich nicht als eine Einheit steuerlich behandelt werden dürfen und daher auch grundsätzlich keine nahestehenden Personen seien; dies gelte allerdings dann nicht, wenn der eine Ehegatte vom anderen z. B. finanziell abhängig ist; dies wird auch in dem BMF-Schreiben v. 19.5.2022, Einzelfragen zur Abgeltungsteuer, BStBl 2022 I 742, Randnummer 136, an Hand des dortigen Beispiels deutlich.

Betrachtet man die Ausführungen in der amtlichen Begründung zu § 7 Abs. 4 AStG in dem Gesetzentwurf der Bundesregierung BT-Drs. 19/28652, Seite 53 f., so scheint der Gesetzgeber – ungeachtet der verfassungsrechtlichen Bedenken gemäß Art. 6 GG – der Auffassung zu sein, dass allein die Tatsache, dass Gesellschafter die Mitglieder ein und derselben Familie seien, für ein Nahestehen ausreichen. Einer Definition, was unter Familie im konkreten Zusammenhang mit dem AStG zu verstehen ist, enthält er sich wohlweislich. Das BVerfG versteht unter „Familie" die zwischen Eltern und Kindern bestehende Gemeinschaft einschließlich der Gemeinschaft mit Stief-, Adoptiv- und Pflegekindern. Ob man der engen These des Gesetzgebers folgen kann, ist fraglich; richtigerweise müssten zumindest Anzeichen für ein „abgestimmtes Verhalten" nachweisbar sein – hierzu darf beispielhaft auf das Urteil des BGH v. 13.12.2022 - II ZR 14/21, NSW WpÜG § 30, hingewiesen werden; dort lautet der Leitsatz: „Aktien werden nur dann für Rechnung des Bieters gehalten, wenn dieser die Möglichkeit hat, auf die Stimmrechtsausübung des Eigentümers der Aktien Einfluss zu nehmen. Ein Zusammenwirken in sonstiger Weise kann auch außerhalb der Hauptversammlung vorliegen und erfordert die koordinierte, auf einer gemeinsamen Absprache und Strategie beruhende Ausübung gesellschaftsrechtlich vermittelten Einflusses auf den Emittenten, wobei eine tatsächliche Einflussnahme nicht erforderlich ist, sondern bereits die bloße Absicht genügt.“ Nach der Rechtsauffassung der Finanzverwaltung kann eine Familienangehörigkeit für die Annahme eines Zusammenwirkens durch abgestimmtes Verhalten sprechen. Als Familienangehörige sind aus Sicht der Finanzverwaltung die Angehörigen i. S. d. § 15 AO anzusehen (BMF v. 22.12.2023, BStBl 2023 I Sondernummer 1, 2, Rn. 294).

Da aber vorliegend davon auszugehen ist, dass sowohl AM als auch BM aufgrund ihrer jeweiligen beruflichen Tätigkeit finanziell unabhängig vom anderen Ehepartner sind, kann man sie nicht als nahestehende Personen qualifizieren; andere Anhaltspunkte, insbesondere Hinweise für ein abgestimmtes Verhalten, sind im Sachverhalt nicht ersichtlich.

Demnach scheidet im Verhältnis AM und BM wegen fehlender Beherrschung i. S. des § 7 Abs. 2 AStG eine Hinzurechnungsbesteuerung aus.

Bei AH und PH scheitert ein Nahestehen an der Tatsache, dass der Großvater AM in keiner aktuellen umfassenden sorgerechtlichen Beziehung zu den Enkeln steht, und Enkel nicht unter den vom BVerfG definierten Begriff der Familie fallen. Allerdings ist grundsätzlich zu beachten, dass die Person, die dem Steuerpflichtigen (= AM) nahesteht, nicht unbedingt in Deutschland unbeschränkt (oder beschränkt) steuerpflichtig sein muss.

SM erzielt aus der Vermietung des in Deutschland gelegenen Appartements beschränkt steuerpflichtige Einkünfte nach § 49 Abs. 1 Nr. 6 EStG. Zwar können auch beschränkt Steuerpflichtige der Hinzurechnungsbesteuerung unterliegen, wie sich aus § 7 Abs. 1 Satz 4 AStG ergibt, aber nur unter der Voraussetzung, dass die Beteiligung an der ausländischen Gesellschaft unmittelbar oder mittelbar einer inländischen Betriebsstätte des Steuerpflichtigen zuzuordnen ist, durch die eine Tätigkeit i. S. des § 15 Abs. 2 EStG ausgeübt wird. Da diese Voraussetzung aber nicht erfüllt wird, ist auch insoweit keine Hinzurechnung vorzunehmen. Ihr Vater AM besitzt angesichts der Ehe mit HH grundsätzlich keine Möglichkeit der Einflussnahme, die ein Nahestehen i. S. des § 1 Abs. 2 AStG begründen würde; hierzu fehlen weitere Angaben im Sachverhalt.

Zu prüfen wäre schließlich der Vollständigkeit halber, ob es sich überhaupt um eine Zwischengesellschaft handelt. Lt. Sachverhalt betreibt die BA landwirtschaftlichen Anbau von Pflanzen. Dass das Produkt dieser Pflanzen schädlich ist und es sich um den Ausgangstoff zur Herstellung von Drogen/Rauschmitteln handelt, ist aber für § 8 Abs. 1 Nr. 1 AStG unerheblich; denn solange es sich um Land- und Forstwirtschaft i. S. des §§ 13 f. EStG handelt, handelt es sich nicht um eine Zwischengesellschaft.

Ebenso fehlt z. B. in § 8 Abs. 1 Nr. 1 AStG die Einschränkung, welche in § 2a Abs. 2 Satz 1 EStG bei Waffen zu finden ist (vgl. auch Tz. 5 des sog. Pauschalierungserlasses, BMF v. 10.4.1984 BStBl 1984 I 252). Eine Beteiligung an einer Fabrik für Munition, Gewehre, Panzer und/oder Raketen ist ebenfalls eine Beteiligung, welche zu keiner Hinzurechnungsbesteuerung führt.

1. Abwandlung

Durch die Tatsache, dass AM sich die Verwaltung der Anteile vorbehalten hat, ist er in der Lage, diese in seinem Sinne zu verwalten sowie in seinem Sinne in der Gesellschafterversammlung abzustimmen. Damit sind die Voraussetzungen i. S. des § 1 Abs. 2 Nr. 4, § 7 Abs. 4 AStG erfüllt, und demnach sind AH und PH nahestehende Personen, ungeachtet der Tatsache, dass sie Steuerausländer sind. Deren Anteile sind AM zuzurechnen, was dann bei ihm zu Anteilen an der BA von insgesamt 51,9 % führt. Somit ist die Beherrschung i. S. des § 7 Abs. 2 AStG (mehr als die Hälfte der Stimmrechte) gegeben und es erfolgt bei AM die Hinzurechnung der Einkünfte.

Ergebnis

Die Voraussetzungen einer Beherrschung i. S des § 7 AStG sind beim Grundfall nicht erfüllt, wohl aber in der 1. Abwandlung.

Rechtsprechungshinweise

Siehe die im Lösungstext genannten Entscheidungen

Verwaltungsanweisungen

BMF v. 22.12.2023, BStBl 2023 I Sondernummer 1, 2, Tz. 8.1.1, 8.1.2, 7.4.1

FALL 130

Hinzurechnungsbesteuerung (§§ 7 bis 13 AStG)

Sachverhalt

Der in Köln ansässige Großhandelskaufmann Gustav Gross (GG) ist an der Patent LLC (Limited Liability Company ≈ GmbH) mit Sitz in Abu Dhabi/Vereinigte Arabische Emirate – VAE – (Körperschaftsteuer: 9 %) mit 49 % beteiligt. Die Gesellschaft erwirtschaftet ausschließlich passive Einkünfte i. S. des § 8 Abs. 1 AStG. Es handelt sich dabei nicht um Einkünfte mit Kapitalanlagecharakter i. S. d. § 13 Abs. 2 AStG.

1. Abwandlung

Die Gesellschaft hat Sitz und Geschäftsleitung in Zug im Kanton Zug (Schweiz); die lokale Körperschaftsteuer beträgt 8,5 % zuzügliche kantonale Steuer in Höhe von 3,5 %. Die Beteiligung des GG beträgt 60 %; in der Geschäftsstelle der Gesellschaft werden drei hauptberuflich tägige Arbeitnehmer beschäftigt; die fremd angemieteten Geschäftsräume entsprechen den Anforderungen an eine sachlich qualifizierte fremdübliche Ausstattung.

2. Abwandlung

Wie 1. Abwandlung, aber die Geschäftsleitung befindet sich in Vaduz/Liechtenstein.

3. Abwandlung

Die Gesellschaft hat Sitz und Geschäftsleitung in Vilnius/Litauen; die effektive Belastung mit lokaler Körperschaftsteuer beträgt 14 %. Die Beteiligung des GG beträgt 60 %; in der Geschäftsstelle der Gesellschaft werden drei hauptberuflich tägige Arbeitnehmer beschäftigt; die fremd angemieteten Geschäftsräume entsprechen den Anforderungen an eine sachlich qualifizierte fremdübliche Ausstattung.

Frage

Kommt es in den vorgenannten Fällen zu einer Hinzurechnungsbesteuerung nach §§ 7 ff. AStG?

LÖSUNG

Trotz der niedrigen Besteuerung gemäß § 8 Abs. 5 AStG und trotz der Tatsache, dass ausschließlich Zwischeneinkünfte i. S. des § 8 Abs. 1 AStG erzielt werden, scheitert eine Hinzurechnungsbesteuerung an der Tatsache, dass nach lokalem nationalen Recht ein Ausländer in den VAE nicht mehr als 49 % der Anteile an einer Kapitalgesellschaft halten darf. Damit scheidet eine Beherrschung i. S. des § 7 Abs. 2 AStG und demnach auch eine Hinzurechnungsbesteuerung aus.

Da die Patent LLC keine Einkünfte mit Kapitalanlagecharakter i. S. d. § 13 Abs. 2 AStG erzielt, kommt auch eine Anwendung der erweiterten Hinzurechnungsbesteuerung des § 13 AStG für Beteiligungen an Kapitalanlagegesellschaften, für die keine Beherrschung der ausländischen Gesellschaft erforderlich ist, nicht in Betracht.

Auch eine Anwendung der verschärften Hinzurechnungsbesteuerung des § 9 StAbwG scheidet aus, da es sich bei den VAE nicht um ein nicht kooperatives Steuerhoheitsgebiet i. S. d. StAbwG handelt.

1. Abwandlung

Es liegt eine niedrige Besteuerung (§ 8 Abs. 5 AStG) und eine Beherrschung i. S. des § 7 Abs. 2 AStG vor; ebenfalls liegt eine echte wirtschaftlich relevante Tätigkeit mit der erforderlichen sachlichen und personellen Ausstattung vor – Substanztest/Motivtest (§ 8 Abs. 2 AStG). Da aber der Substanztest/Motivtest nach dem aktuellen Wortlaut des Gesetzes nur dann zum Tragen kommt, wenn die ausländische Gesellschaft ihren Sitz oder ihre Geschäftsleitung in einem EU-Mitgliedstaat oder EWR-Vertragsstaat hat (§ 8 Abs. 3 AStG), die Schweiz aber – ungeachtet des sog. Freizügigkeitsabkommens v. 21.6.1999, BGBl 2001 II 810 – als Drittland gilt, kommt es zu einer Hinzurechnungsbesteuerung.

Mit Schreiben des BMF vom 17.3.2021, BStBl 2021 I 342, hatte die Finanzverwaltung zum AStG a. F. aufgrund der Urteile des BFH v. 22.5.2019 - I R 11/19, BStBl 2021 II 265, sowie BFH v. 18.12.2019 - I R 59/17, BStBl 2021 II 270, entschieden, dass der Motivtest auch für Gesellschaften in Drittstaaten zugänglich ist. Durch das ATAD-UmsG wurde eine Änderung des Beherrschungskonzepts der Hinzurechnungsbesteuerung weg von einer Inländerbeherrschung, hin zu einer Beteiligtenbeherrschung vorgenommen; damit hat der Gesetzgeber versucht, den Vorgang der Hinzurechnungsbesteuerung nicht mehr unter die auch für Drittstaaten gültige Kapitalverkehrsfreiheit (Art. 63 ff. AEUV), sondern unter die Niederlassungsfreiheit (Art. 49 ff. AEUV) einzuordnen, welche nur in den EU- und EWR-Mitgliedstaaten gilt; daher auch der Text in § 8 Abs. 3 AStG in der aktuellen Fassung. Ob dies gelungen ist, wird erst die Zukunft zeigen. Jedenfalls aber ist im Augenblick davon auszugehen, dass der Motivtest nicht mehr für Gesellschaften in der Schweiz gilt. Damit bleibt es bei dem vorgenannten Ergebnis.

Im Urteil vom 13.6.2018 hat der BFH (I R 94/15, BStBl 2020 II 755) entschieden, dass (insbesondere bei administrativen oder vermögensverwaltenden Tätigkeiten) an den Cadbury-Substanztest Motivtest in objektiver Hinsicht keine „qualifizierten" Anforderungen zu stellen sind (vgl. BFH a. a. O. Rn. 35). Im Entscheidungsfall einer zypriotischen Limited konnte der Substanznachweis durch eine (einzige) Mitarbeiterin (eine Geschäftsführerin mit einem Jahresgehalt von

20 000 €) und ein angemietetes Büro (Monatsmiete 226 €) erbracht werden (vgl. BFH a. a. O. Rn. 5).

Im Hinblick auf die (Nicht-)Anwendung der erweiterten Hinzurechnungsbesteuerung des § 13 AStG für Beteiligungen an Kapitalanlagegesellschaften und der verschärften Hinzurechnungsbesteuerung gemäß § 9 StAbwG ergeben sich gegenüber dem Grundfall keine Änderungen.

2. Abwandlung

Da sich die Geschäftsleitung in Liechtenstein (EWR-Mitgliedstaat) befindet, kann die Gesellschaft den Substanztest nach § 8 Abs. 2, 3 AStG in Anspruch nehmen mit der Folge, dass eine Hinzurechnungsbesteuerung ausscheidet. Dies ergibt sich aus der Tatsache, dass § 8 Abs. 3 AStG das Wort „oder" verwendet. Dabei wird unterstellt, dass die erforderlichen Auskünfte (vgl. § 8 Abs. 4 AStG) aufgrund der EU-Amtshilferichtlinie zwischen den EU- und EWR-Mitgliedstaaten – so jedenfalls die ständige Rechtsprechung des EuGH – erteilt werden; im Verhältnis zu Liechtenstein gilt zudem Art. 26 DBA-Deutschland/Liechtenstein vom 17.11.2011 (sog. große Auskunftsklausel).

Nach Art. 4 Abs. 3 des DBA zwischen der Schweiz und Liechtenstein vom 10.7.2015 (Bundesblatt der Schweiz - BBl - 2015 S. 7831) gilt die Gesellschaft (für Zwecke des Abkommens) als in Liechtenstein ansässig. Da aber sowohl Sitz als auch Geschäftsleitung i. S. des AStG sich ausschließlich nach deutschem Recht (§§ 10,11 AO) entscheiden, sind etwaige DBA für die Frage des § 8 Abs. 3 AStG außer Betracht zu lassen.

Im Hinblick auf die (Nicht-)Anwendung der erweiterten Hinzurechnungsbesteuerung des § 13 AStG für Beteiligungen an Kapitalanlagegesellschaften und der verschärften Hinzurechnungsbesteuerung gemäß § 9 StAbwG ergeben sich gegenüber dem Grundfall und der 1. Abwandlung im Übrigen keine Änderungen.

3. Abwandlung

Gegenüber der 2. Abwandlung ergeben sich keine Änderungen, da Litauen eine EU-Mitgliedstaat ist.

Im Hinblick auf die (Nicht-)Anwendung der erweiterten Hinzurechnungsbesteuerung des § 13 AStG für Beteiligungen an Kapitalanlagegesellschaften und der verschärften Hinzurechnungsbesteuerung gemäß § 9 StAbwG ergeben sich gegenüber dem Grundfall und der 1. und 2. Abwandlung ebenfalls keine Änderungen.

Hinweis

In den drei Abwandlungen bleibt GG zur Abgabe der Erklärung zur gesonderten Feststellung verpflichtet (§ 18 Abs. 3 Satz 1 AStG). Diese hat nach einem amtlich vorgeschriebenen Vordruck zu erfolgen. In den Fällen, in denen eine Hinzurechnung aber nach § 8 Abs. 2 AStG (2. und 3. Abwandlung) unterbleibt, genügt eine Anzeige gemäß § 18 Abs. 3 Satz 2 AStG.

Ergebnis

Im Grundfall und in der zweiten und dritten Abwandlung unterliegen die Einkünfte nicht der Hinzurechnungsbesteuerung.

Rechtsprechungshinweise

Vgl. die in der Lösung genannten Entscheidungen; EuGH v. 12.9.2006 - C-196/04 Cadbury-Schweppes, IStR 2006, 670

Verwaltungsanweisungen

BMF v. 22.12.2023, BStBl 2023 I Sondernr. 1/2023, S. 2, Tz. 8.2, Rn. 434 ff.

FALL 131

Hinzurechnungsbesteuerung (§§ 7 bis 13 AStG)

Sachverhalt

Alexander Aichinger (AA) aus Köln ist Alleingesellschafter der A-GmbH mit Sitz und Geschäftsleitung in Vaduz/Liechtenstein. Die Gesellschaft hat im Wirtschaftsjahr 2023 Einkünfte in Höhe von 800 000€ aus aktiven Dienstleistungen i. S. d. § 8 Abs. 1 Nr. 5 AStG erwirtschaftet. Daneben sind Lizenzeinkünfte i. H. v. 50 000 € angefallen. Diese Erträge erfüllen nicht die Voraussetzungen des § 8 Abs. 1 Nr. 6 Buchst. a) AStG und sind auch nicht im Rahmen der funktionalen Betrachtungsweise als Teil der aktiven Einkünfte zu beurteilen. Sie gehören damit zu den Einkünften aus passivem Erwerb. AA hielt im Jahr 2023 keine weiteren Beteiligungen an Zwischengesellschaften i. S. d. §§ 7 ff. AStG.

Frage

Mit welchen Einkünften ergibt sich für AA die Steuerpflicht gemäß §§ 7 ff. AStG?

LÖSUNG

Die A-GmbH erzielt im Wirtschaftsjahr 2023 gemischte Einkünfte (hier: aktive Dienstleistungseinkünfte und passive Lizenzeinkünfte). Damit ist der Anwendungsbereich des § 9 AStG eröffnet. Gemäß § 9 AStG bleiben die Einkünfte aus passivem Erwerb (hier: Lizenzeinkünfte) bei AA außer Ansatz. Denn diese Einkünfte aus passivem Erwerb (50 000 €) übersteigen nicht 10 % der gesamten Einkünfte der A-GmbH (850 000 €) und die bei AA hiernach insgesamt außer Ansatz zu lassenden Einkünfte übersteigen nicht einen Betrag von 80 000 € (relative gesellschaftsbezogene Freigrenze und absolute gesellschafterbezogene Freigrenze des § 9 AStG).

Ergebnis

AA unterliegt nicht der der Hinzurechnungsbesteuerung.

Rechtsprechungshinweise

Zu AStG a. F. BFH v. 15.9.2004 - I R 102-104/03, BStBl 2005 II 255; BFH v. 20.4.1988 - I R 41/82, BStBl 1988 II 868

Verwaltungsanweisungen

BMF v. 22.12.2023, BStBl 2023 I Sondernr. 1/2023, S. 2, Tz. 9, Rn. 506 ff.

FALL 132

Hinzurechnungsbesteuerung (§§ 7 bis 13 AStG)

Sachverhalt

Der unbeschränkt einkommensteuerpflichtige Jörg Schmidt (JS) aus Stuttgart ist mit 60 % an einer Zwischengesellschaft im Sinne des §§ 7 ff. AStG beteiligt. Im Wirtschaftsjahr 2022 erzielte die Zwischengesellschaft einen Verlust aus passivem Erwerb i. H. v. 90 000 €. Im Wirtschaftsjahr 2023 erzielt die Zwischengesellschaft positive Einkünfte aus passiver Tätigkeit in Höhe von 600 000 € (ermittelt nach den Vorschriften des deutschen Steuerrechts nach § 4 Abs. 1 EStG gemäß § 10 Abs. 3 Satz 2 AStG), auf die eine lokale Steuer von 10 % erhoben wird, welche auch entrichtet wurde.

Hinweis

Es handelt sich nicht um Zwischeneinkünfte mit Kapitalanlagecharakter im Sinne des §§ 13 Abs. 2 AStG.

Frage

Wie wird die Hinzurechnungsbesteuerung bei JS für die Zwischeneinkünfte des Jahres 2023 durchgeführt, wenn

a) die Beteiligung Privatvermögen des JS ist;

b) die Beteiligung Betriebsvermögen des JS ist;

c) die Beteiligung von einer inländischen Kapitalgesellschaft gehalten wird, deren Anteile JS seit fünf Jahren gehören, und wenn Deutschland ein DBA mit dem Niedrigsteuerland hat, in dem die Freistellung für Erträge aus Schachtelbeteiligungen geregelt ist?

LÖSUNG

a) JS muss den Teil der Zwischeneinkünfte, der seinem Anteil an der Gesellschaft entspricht, als Einkünfte aus Kapitalvermögen gemäß § 20 Abs. 1 Nr. 1 EStG versteuern (§ 10 Abs. 2 Satz 1 AStG). Der Hinzurechnungsbetrag gilt in dem Veranlagungszeitraum als zugeflossen, in dem das maßgebende Wirtschaftsjahr der ausländischen Gesellschaft endet (§ 10 Abs. 2 Satz 1 2. HS AStG).

   Der anteilige Hinzurechnungsbetrag i. H. v. 60 % von 600 000 € = 360 000 € darf gemäß § 10 Abs. 3 Satz 5 AStG – in entsprechender Anwendung der Vorschrift des § 10d EStG – gemindert werden um den anteiligen Verlust aus passivem Erwerb des Wirtschaftsjahres 2022 i. H. v. 60 % von 90 000 € = 54 000 €, so dass für JS bei der ESt-Veranlagung 2023 ein Hinzurechnungsbetrag von 306 000 € der Besteuerung zu unterwerfen ist. Auf den Hinzurechnungsbetrag finden weder das Teileinkünfteverfahren (§ 3 Nr. 40 Buchst. d) EStG) noch der gesonderte Steuertarif nach § 32d EStG (Abgeltungsteuer) gemäß § 10 Abs. 2 Satz 4 AStG Anwendung.

   Ein Abzug der von der Zwischengesellschaft entrichteten Steuern im Rahmen der Ermittlung des Hinzurechnungsbetrags ist nicht mehr zulässig. Die Doppelbesteuerung wird künftig durch Steueranrechnung im Rahmen der Veranlagung des Steuerpflichtigen vermieden – § 12 Abs. 1 Satz 1 AStG; bei der Anwendung der Anrechnung sind die Vorschriften des § 34c Abs. 1 EStG und § 26 Abs. 1 und Abs. 2 Satz 1 KStG entsprechend anzuwenden (§ 12 Abs. 3 AStG). Im vorliegenden Fall sind 60 % von 60 000 € (= 10 % von 600 000 €), d. h. 36 000 € anrechenbar.

Verluste sind nach § 10 Abs. 3 Satz 5 und 6 AStG nur noch vortragsfähig; der nach dem AStG a. F. zulässige Verlustrücktrag wird gesetzlich ausgeschlossen.

b) Der Hinzurechnungsbetrag ist bei dem gewerblichen Gewinn des JS für das Wirtschaftsjahr zu erfassen, in dem das Wirtschaftsjahr der ausländischen Gesellschaft endet (§ 10 Abs. 2 Satz 2 AStG). Soweit bei JS das Wirtschaftsjahr dem Kalenderjahr entspricht, ist der Hinzurechnungsbetrag im Wirtschaftsjahr 2023 zu erfassen. Als gewerbliche Einkünfte (§ 10 Abs. 2 Satz 2 AStG) geht der Hinzurechnungsbetrag über § 7 GewStG in die Ermittlung des Gewerbeertrags ein. Seit dem EZ 2017 ordnet § 7 Satz 7 GewStG an, dass Hinzurechnungsbeträge i. S. d. § 10 Abs. 1 AStG Einkünfte sind, die in einer inländischen Betriebsstätte anfallen. Eine Kürzung nach § 9 Nr. 3 GewStG (ausländische Betriebsstätten) kommt damit nicht mehr in Betracht. Eine Kürzung nach § 9 Nr. 7 GewStG (internationales gewerbesteuerliches Schachtelprivileg) scheidet ebenfalls aus, da diese Kürzungsvorschrift gemäß § 10 Abs. 2 Satz 4 AStG auf den Hinzurechnungsbetrag nicht anwendbar ist.

c) Der Hinzurechnungsbetrag ist im Rahmen der Ermittlung des zu versteuernden Einkommens der inländischen Kapitalgesellschaft zu erfassen. Die Beteiligungsertragsbefreiung des § 8b Abs. 1 KStG (allgemeines Schachtelprivileg) ist auf den Hinzurechnungsbetrag nicht anzuwenden (§ 10 Abs. 2 Satz 4 AStG). Auch das Vorhandensein eines DBA mit dem Niedrigsteuerland, in dem die Freistellung von Schachteldividenden (DBA-Schachtelprivileg) vereinbart ist, hat keinen Einfluss auf die Ermittlung und Erfassung des Hinzurechnungsbetrags (§ 20 Abs. 1 AStG).

Ergebnis

Mit Ausnahme der Vorjahresverluste, die bei der Ermittlung im Rahmen eines Verlustvortrags berücksichtigt werden, unterliegt der Hinzurechnungsbetrag der Besteuerung.

Verwaltungsanweisungen

BMF v. 22.12.2023, BStBl 2023 I Sondernr. 1/2023, S. 2.

FALL 133

Hinzurechnungsbesteuerung (§§ 7 bis 13 AStG)

Sachverhalt

Michael Maier (MM) aus Dortmund ist zu 58 % an der im Ausland ansässigen Zwischengesellschaft im Sinne der §§ 7 ff. AStG beteiligt; deren Geschäftsjahr entspricht dem Kalenderjahr; niedrige Besteuerung liegt vor. MM hält die Beteiligung zulässigerweise im Betriebsvermögen seines Einzelunternehmens. Im Jahre 2022 musste MM einen Hinzurechnungsbetrag nach neuem Recht (§ 10 Abs. 2 Satz 1 AStG n. F.) i. H. von 80 000 € versteuern. Das Hinzurechnungskorrekturvolumen auf den 31.12.2022 beträgt gemäß § 11 Abs. 3 Satz 1, Abs. 2 Satz 1 AStG 80 000 €.

Am 10.3.2023 schüttet die Gesellschaft erstmals einen Betrag i. H. v. 30 000 € an MM aus; Quellensteuer wird nicht einbehalten. für das Jahr 2023 ergibt sich ein Hinzurechnungsbetrag von 15 000 €. Zwischen dem ausländischen Staat und Deutschland besteht kein DBA.

Frage

Welche steuerlichen Auswirkungen ergeben sich in den VZ 2022 und 2023 aufgrund der Beteiligung an der ausländischen Gesellschaft? Was geschieht hinsichtlich der in den Vorjahren der Besteuerung unterworfenen Hinzurechnungsbeträge? Welche Auswirkungen hat es, wenn die Zwischengesellschaft eine Quellensteuer i. H. von 15 % auf die Ausschüttung 2023 einbehalten hätte? Die ausländische Quellensteuer entspricht der deutschen Einkommensteuer.

LÖSUNG

Im VZ 2022 ist der Hinzurechnungsbetrag von 80 000 € als (fiktive) Einnahme i. S. des § 20 Abs. 1 Nr. 1 i. V. m. Abs. 8 i. V. m. § 15 Abs. 1 EStG zu erfassen (§ 10 Abs. 2 Satz 2 AStG); da die Anteile im BV gehalten werden, gilt nach § 10 Abs. 2 Satz 2 AStG: Der Hinzurechnungsbetrag gehört zu den Einkünften aus Gewerbebetrieb und erhöht den nach dem Einkommen- oder Körperschaftsteuergesetz ermittelten Gewinn des Betriebs für das Wirtschaftsjahr, in dem das Wirtschaftsjahr der ausländischen Gesellschaft endet. Die Gewinnausschüttung der Zwischengesellschaft im Jahr 2023 unterliegt dem Teileinkünfteverfahren und ist somit zu 60 % steuerpflichtig.

Hinsichtlich der Berücksichtigung von tatsächlichen Ausschüttungen der Zwischengesellschaft (2023) sind gegenüber dem bisherigen Recht nicht unerhebliche Änderungen eingetreten. Nach § 52 Abs. 4 Satz 16 EStG ist § 3 Nr. 41 EStG letztmals für VZ 2021 anzuwenden. Ab dem VZ 2022 wird § 3 Nr. 41 EStG durch den Kürzungsbetrag des § 11 AStG ersetzt (BT-Drs. 19/28652, S. 59 ff.). Das neue System bestimmt, dass bei der Besteuerung von realen Ausschüttungen einer Zwischengesellschaft, die bereits früher aufgrund der Hinzurechnungsbesteuerung besteuert wurden, nunmehr bei der Ermittlung der Summe der Einkünfte (§ 2 Abs. 2 EStG) ein Kürzungsbetrag nach § 11 Abs. 2 AStG abzuziehen ist. Wie der Kürzungsbetrag zu ermittelt ist, regelt § 11 Abs. 2 AStG: Der Kürzungsbetrag entspricht grundsätzlich dem Bezug i. S. des § 11 Abs. 1 AStG; begrenzt wird er durch das auf den Schluss des vorangegangenen Veranlagungszeitraums festgestellte Hinzurechnungskorrekturvolumen zuzüglich dem Hinzurechnungsbetrag für das laufende Jahr (§ 11 Abs. 2 Satz 2 AStG).

Als Kürzungsbetrag für 2023 kommt in Frage: 18 000 € (= 60 % von 30 000 €); dieser Betrag kann bei der Ermittlung der Summe der Einkünfte abgezogen werden.

Das Hinzurechnungskorrekturvolumen auf den 31.12.2023 beträgt

Hinzurechnungsbetrag des laufenden VZ 2023	15 000 €
Kürzung nach § 11 Abs. 1 AStG in Höhe der Ausschüttung in 2023	./. 30 000 €
Zuzüglich Hinzurechnungskorrekturvolumen auf 31.12.2022	80 000 €
Hinzurechnungskorrekturvolumen 31.12.2023	65 000 €

Hat MM bereits in den Vorjahren Hinzurechnungsbeträge der Besteuerung unterworfen, gilt Folgendes: Für den Systemwechsel war es aus Rechtsgründen erforderlich, dass für nach bisherigem Recht versteuerte Hinzurechnungsbeträge ein Anfangsbestand des Hinzurechnungskorrekturvolumens bestimmt wird, damit diese nicht verloren gehen. Nach § 11 Abs. 3 Satz 1 AStG ist das am Schluss eines Veranlagungszeitraums verbleibende Hinzurechnungskorrekturvolumen gemäß § 18 AStG für jeden Steuerpflichtigen gesondert festzustellen. Nach § 21 Abs. 4 Satz 4 AStG ist als Anfangsbestand des Hinzurechnungskorrekturvolumens zum 31.12.2021 die Summe der Hinzurechnungsbeträge zu erfassen, die beim Steuerpflichtigen gemäß § 10 Abs. 2 in der am 30.6.2021 geltenden Fassung des AStG für die VZ 2015 bis 2022 (für 2022 hinsichtlich der Hinzurechnungen nach AStG a. F.) der Besteuerung unterliegen, soweit diese nicht für eine Steuerbefreiung von Gewinnausschüttungen der Zwischengesellschaft gemäß § 3 Nr. 41 EStG a. F. zu berücksichtigen sind.

Demnach ist für MM als Anfangsbestand des Hinzurechnungskorrekturvolumens zum 31.12.2022 die Summe der Hinzurechnungsbeträge festzustellen (§ 11 Abs. 3 Satz 1 AStG, §§ 179 ff. AO), die beim Steuerpflichtigen gemäß § 10 Abs. 2 in der am 30.6.2021 geltenden Fassung des AStG für die VZ 2015 bis 2022 der Besteuerung unterliegen, soweit diese nicht für eine Steuerbefreiung von Ausschüttungen der Zwischengesellschaft gemäß § 3 Nr. 41 EStG a. F. zu berücksichtigen waren.

Unterstellt, die ausländische Quellensteuer entspricht der deutschen Einkommensteuer, so kann die festgesetzte und gezahlte und um einen entstandenen Ermäßigungsanspruch gekürzte ausländische Quellensteuer nach § 34c Abs. 1 Satz 1 EStG angerechnet werden; der Kürzungsbetrag nach § 11 AStG vermindert nicht das Anrechnungspotential (BT-Drs. 19/28652, S. 62).

Ergebnis

Siehe die Ermittlungen der Besteuerungsgrundlagen im Lösungstext

Verwaltungsanweisungen

BMF v. 22.12.2023, BStBl 2023 I Sondernr. 1/2023, S. 2, Tz. 11, Rn. 604 ff.

FALL 134

AStG und DBA (§ 20 AStG)

Sachverhalt

Karl Kaufmann (KK) betreibt ein Handelsunternehmen in Düsseldorf (Deutschland). In seiner Hauptniederlassung in der Königsallee handelt er mit Teppichen. Daneben verfügt er seit 2020 über eine Zweigniederlassung (Handelsbetriebsstätte) in Zug/Kanton Zug (Schweiz). Die Steuerbelastung im Kanton Zug liegt unter 15 %. Die in der Schweiz abgesetzten Teppiche werden der schweizerischen Zweigniederlassung von der inländischen Hauptniederlassung überlassen. Die Niederlassung ist lediglich an 2 Tagen in der Woche zum Verkauf geöffnet; die Geschäfte in Zug werden durch KK persönlich abgewickelt.

Frage

Unterliegt der in der schweizerischen Zweigniederlassung erwirtschaftete Gewinn der deutschen Besteuerung?

Abwandlung

Der Teppichhandel in der Schweiz erfolgt nicht über eine Zweigniederlassung, sondern über eine nach schweizerischem Recht gegründete Personengesellschaft, an welcher KK in Höhe von 49 % beteiligt ist. Von den Beteiligungsverhältnissen abweichende Stimmrechts- oder Gewinnbeteiligungsregelungen bestehen nicht. An der schweizerischen Personengesellschaft sind keine KK nahestehenden Personen beteiligt.

LÖSUNG

KK mit Wohnsitz (§ 8 AO) und gewöhnlichem Aufenthalt (§ 9 AO) im Inland ist nach § 1 Abs. 1 EStG unbeschränkt einkommensteuerpflichtig. Das deutsche Besteuerungsrecht für die schweizerischen Betriebsstätteneinkünfte ist allerdings grundsätzlich durch Art. 7 DBA-Schweiz ausgeschlossen. Eine Zweigniederlassung ist regelmäßig als Betriebsstätte anzusehen (Art. 5 Abs. 2 Buchst. b) DBA-Schweiz – Art. 5 Abs. 2 Buchst. b) OECD-MA). Nach Art. 24 Abs. 1 Nr. 1 Buchst. a) DBA-Schweiz sind die Gewinne der schweizerischen Betriebsstätte, soweit sie nachweislich durch Handel unter Teilnahme am allgemeinen Wirtschaftsverkehr erzielt worden sind, von der Bemessungsgrundlage der deutschen Steuer ausgenommen.

§ 20 Abs. 2 AStG enthält allerdings eine „Umschalt-Regelung" („Switch-Over") von der Freistellungsmethode (mit Progressionsvorbehalt, § 32b EStG) zur Anrechnungsmethode (§ 34c EStG), wenn passive Einkünfte in der ausländischen Betriebsstätte eines unbeschränkt Steuerpflichtigen anfallen, die als Zwischeneinkünfte steuerpflichtig wären, falls diese Betriebsstätte eine ausländische Gesellschaft wäre. Wäre die schweizerische Handelsbetriebsstätte eine eigenständige Gesellschaft, wäre davon auszugehen, dass ihr vom inländischen Steuerpflichtigen die Verfügungsmacht an den Waren i. S. von § 8 Abs. 1 Nr. 4 Buchst. a) AStG verschafft würde. Zwar besteht die Gegenausnahme nach dem 2. Halbsatz („in kaufmännischer Weise eingerichteter Geschäftsbetrieb"), aber die zweite Voraussetzung der Gegenausnahme („Ausführung der Geschäfte gehörenden Tätigkeiten ohne Mitwirkung eines solchen Steuerpflichtigen oder einer solchen nahestehenden Person") ist nicht erfüllt, da KK der Steuerpflichtige ist, welcher auch in der Schweiz handelt. Damit lägen passive Einkünfte vor.

Die Umschaltklausel des § 20 Abs. 2 AStG greift „ungeachtet des § 8 Abs. 2 (AStG)", so dass der dort geregelte Motivtest bei Anwendung der Umschaltklausel auf Einkünfte aus ausländischen Betriebsstätten ausdrücklich ausgeschlossen ist. Da sich die Betriebsstätte des KK in der Schweiz und damit außerhalb des EU-/EWR-Raums befindet, wäre die Möglichkeit zum Gegenbeweis nach § 8 Abs. 2 AStG ohnehin nicht eröffnet, da der Anwendungsbereich des Gegenbeweises gemäß § 8 Abs. 3 AStG auf den EU-/EWR-Raum beschränkt ist. § 50d Abs. 9 Satz 3 EStG lässt § 20 Abs. 2 AStG unberührt.

Der Gewinn der schweizerischen Betriebsstätte unterliegt nach § 7 Satz 8 GewStG der Gewerbesteuer.

Ergebnis

Der in der schweizerischen Zweigniederlassung erwirtschaftete Gewinn unterliegt der deutschen Besteuerung. Die schweizerische Steuer wird nach § 34c EStG auf die deutsche ESt angerechnet.

Abwandlung

Betriebsstätten einer ausländischen Personengesellschaft werden den im Inland unbeschränkt steuerpflichtigen Gesellschaftern für steuerliche Zwecke wie eigene Betriebsstätten zugerechnet (vgl. BFH v. 22.2.2017 - I R 2/15, BStBl 2017 II 709). Die unbeschränkte Steuerpflicht erstreckt sich auch auf die Einkünfte von KK aus der durch die schweizerische Personengesellschaft vermittelten Betriebsstätte. Wie im Ausgangsfall ist das deutsche Besteuerungsrecht für die schweizerischen Betriebsstätteneinkünfte allerdings grundsätzlich durch Art. 7 DBA-Schweiz ausgeschlossen. Nach Art. 24 Abs. 1 Nr. 1 Buchst. a) DBA-Schweiz sind die Gewinne der schweizerischen Betriebsstätte, soweit sie nachweislich durch Handel unter Teilnahme am allgemeinen Wirtschaftsverkehr erzielt worden sind, von der Bemessungsgrundlage der deutschen Steuer ausgenommen.

Die unilaterale Switch-Over-Regelung des § 20 Abs. 2 AStG ist dem Grunde nach anwendbar. Die schweizerische Betriebsstätte des KK erzielt – soweit ihr KK die Verfügungsmacht an den gehandelten Waren verschafft – Einkünfte aus passivem Erwerb, die in Zug einer niedrigen Besteuerung i S des § 8 Abs. 5 AStG unterliegen. Der Motivtest des § 8 Abs. 2 EStG ist im Bereich des § 20 AStG nicht anwendbar und würde im Übrigen auch an der durch § 8 Abs. 3 AStG angeordneten räumlichen Beschränkung auf den EU-/EWR-Raum scheitern. Fraglich ist jedoch, ob eine Anwendung des § 20 Abs. 2 AStG vorliegend daran scheitert, dass KK keine Mehrheitsbeteiligung an der schweizerischen Personengesellschaft innehat.

Nach der Rechtsauffassung der Finanzverwaltung (gesellschafterbezogene Betrachtung) soll es für die Anwendung des § 20 Abs. 2 AStG nicht auf den Umfang der Beteiligung an der ausländischen Personengesellschaft ankommen (vgl. BMF v. 26.9.2024, BStBl 2014 I 1258, Tz. 4.1.1.2.2; BMF v. 22.12.2023, BStBl 2023 I Sondernr. 1/2023, Tz. 20.2.3, Rn. 1002). Der Bundesfinanzhof hat dieser Rechtsauffassung mit Urteil vom 8.4.2025 (IX R 32/23, BFH/NV 2025, 1088) eine Absage erteilt. Danach ist die Umschalt-Regelung des § 20 Abs. 2 AStG gesellschaftsbezogen auszulegen und nur anwendbar, wenn der Steuerpflichtige mehrheitlich an der Personengesellschaft, welche ihm die ausländische Betriebsstätte vermittelt, beteiligt ist. Der BFH begründet seine Entscheidung neben systematischen Erwägungen insbesondere mit dem Zweck des § 20 Abs. 2 AStG (Missbrauchsabwehr). Durch § 20 Abs. 2 AStG soll eine Umgehung der Hinzurechnungsbesteuerung (§§ 7-13 AStG) durch die Nutzung ausländischer Betriebsstätten anstelle ausländischer Kapitalgesellschaften vermieden werden. Eine Anwendung des § 20 Abs. 2 AStG (auch) auf Minderheitsbeteiligungen an ausländischen Personengesellschaften würde jedoch dazu führen, dass die Regelungen der sekundären Missbrauchsabwehr (§ 20 Abs. 2 AStG) weiter gingen als die Regelungen der primären Missbrauchsabwehr (§§ 7-13 AStG). Eine derart weitreichende Anwendung der Umschaltklausel des § 20 Abs. 2 AStG ist vom Gesetzeszweck nach der Rechtsauffassung des BFH nicht gedeckt.

Die Einkünfte des KK aus der Beteiligung an der schweizerischen Personengesellschaft sind nach Art. 24 Abs. 1 Nr. 1 Buchst. a) DBA-Schweiz von der Besteuerung in Deutschland auszunehmen. Die Voraussetzungen des § 20 Abs. 2 AStG sind nicht erfüllt, da KK keine Mehrheitsbeteiligung an der schweizerischen Personengesellschaft innehat. Ein „Umschalten" von der Freistellungsmethode auf die Anrechnungsmethode kommt damit nicht in Betracht. Die Einkünfte aus der durch die schweizerische Personengesellschaft vermittelten Betriebsstätte unterliegen gemäß § 9 Nr. 3 Satz 1 GewStG nicht der Gewerbsteuer. Eine fiktive Zuordnung zu einer inländischen Betriebsstätte gemäß § 7 Satz 8 GewStG kommt mangels Mehrheitsbeteiligung nicht in Betracht.

Verwaltungsanweisungen

BMF v. 22.12.2023, BStBl 2023 I Sondernr. 1/2023, S. 2, Tz. 20.2, Rn. 990 ff.

Rechtsprechungshinweise

BFH v. 8.4.2025 - IX R 32/23, BFH/NV 2025, 1088; BFH v. 22.2.2017 - I R 2/15, BStBl 2017 II 709

Kapitel 7: Komplexe Fälle

FALL 135

Komplexer Fall 1

Sachverhalt

Hans Beimer (HB), deutscher Staatsangehöriger, ist in zweiter Ehe mit Alma Löfven (AL), schwedische Staatsangehörige, verheiratet. Sie wohnen in Hamburg in einem HB gehörenden Einfamilienhaus mit ihren gemeinsamen Kindern: Olof (8 Jahre alt) und Frida (6 Jahre alt). HB ist von Beruf Dipl.-Ing. und Geschäftsführer der Baltic Sea Transsped GmbH, Hamburg, an der er aktuell zu 42 % beteiligt ist; die GmbH verfügt über eine Niederlassung in Malmö/Schweden. Die Kinder haben jeweils aus Anlass der Geburt einen Anteil von 4 % an der GmbH geschenkt erhalten; die sich aus den geschenkten Anteilen ergebenden gesellschaftsrechtlichen Pflichten werden lt. Vertrag durch den Vater ausgeübt. Die restlichen Anteile an der GmbH hält Y.

AL ist zurzeit ohne Tätigkeit; ihr gehört ein Einfamilienhaus in Ystad/Schweden, welches nicht vermietet ist und bisher als Sommerwohnsitz der Familie diente.

Die Familie lebte bis zum 15.7.01 in Hamburg. Am 16.7.01 zogen AL und die beiden gemeinsamen minderjährigen Kinder nach Ystad/Schweden; die wichtigsten Teile des Hausrates wurden mit nach Schweden genommen, so dass das Haus in Hamburg nur noch rudimentär eingerichtet ist. Es ist geplant, den Familienwohnsitz auf Dauer nach Schweden zu verlegt.

Nach dem Wegzug der Familie arbeitet HB im Jahr 01 weiterhin in Deutschland als Gesellschafter-Geschäftsführer und wohnt weiterhin in dem Einfamilienhaus in Deutschland. Die Familie in Schweden besucht er an den Wochenenden, Feiertagen und im Urlaub.

HB hat ferner zwei erwachsene Kinder aus erster Ehe, Hans und Christa, die in Deutschland leben. Auch seine Eltern und Freunde leben in Deutschland. Des Weiteren ist HB Präsident eines deutschen Unternehmerverbandes.

HB will in der zweiten Jahreshälfte 02 zum 1.7.02 zu seiner Familie nach Schweden ziehen. Die Geschäftsführerposition in Deutschland soll zum 31.12.02 aufgeben werden; geplant ist danach ab 1.1.03 eine Beratertätigkeit für die schwedische Niederlassung in Malmö im Angestelltenverhältnis.

In das schuldenfreie Einfamilienhaus in Hamburg soll der erwachsener Sohn Hans mit seiner Familie ziehen; eine Miete muss er nicht zahlen, wohl aber die verbrauchabhängigen Betriebskosten (Müllabfuhr, Wasser, Strom, Heizung etc.); Grundsteuer und Hausversicherungen werden von HB getragen.

Im September 01 und 02 wird aufgrund eines Beschlusses der Gesellschafterversammlung jeweils der Gewinn der GmbH für das Vorjahr an die Gesellschafter ausbezahlt.

Frage

Nehmen Sie zur Besteuerung der Einkünfte von HB und den Kindern in den Veranlagungszeiträumen 01 und 02 umfassend Stellung.

LÖSUNG

HB

Veranlagungszeitraum 01

Im gesamten VZ 01 ist HB wegen des Wohnsitzes in Deutschland unbeschränkt steuerpflichtig (§ 1 Abs. 1 EStG) und hat daher sein Welteinkommen zu versteuern.

Aufgrund des gesamten Erscheinungsbildes ist davon auszugehen, dass HB auch in Schweden einen Wohnsitz hat. Der steuerliche Wohnsitz i. S. des § 8 AO bedeutet das Innehaben einer Wohnung unter Umständen, die den Schluss rechtfertigen, dass der Wohnungsinhaber diese Wohnung beibehalten und benutzen wird (St. Rspr., vgl. BFH v. 8.5.2014 - III R 21/12, BStBl 2015 II 135). Eine Wohnung setzt neben zum dauerhaften Wohnen geeigneten Räumlichkeiten das Innehaben der Wohnung in dem Sinne voraus, dass der Steuerpflichtige tatsächlich über sie verfügen kann und sie als Bleibe entweder ständig benutzt oder sie doch mit einer gewissen Regelmäßigkeit, wenn auch in größeren Zeitabständen, aufsucht; auf die Nutzungsdauer pro Jahr kommt es nicht an (BFH v. 24.7.2007 - I R 64/06, BFH/NV 2007, 1893; vgl. ferner AEAO zu § 8 AO).

Es ist daher davon auszugehen, dass HB auch in Schweden einen Wohnsitz hat und damit der unbeschränkten Einkommensteuerpflicht in Schweden unterliegt.

Zwischen Deutschland und Schweden existiert ein DBA v. 14.7.1992 (BGBl 1994 II 687). Nach Art. 2 Abs. 4 Buchst. a) DBA-S gilt Abschnitt II des Abkommens – Besteuerung des Einkommens und des Vermögens – für Personen, die in einem Vertragsstaat oder in beiden Vertragsstaaten ansässig sind. Die Ansässigkeit ist – entsprechend Art. 4 OECD-MA – in Art. 4 DBA-S geregelt. Da man davon ausgehen kann, dass HB wegen der doppelten Ansässigkeit in Deutschland und in Schweden der unbeschränkten Steuerpflicht in beiden Staaten unterliegt, ist er für Zwecke des Abkommens eindeutig einem der beiden Vertragsstaaten mit Hilfe der sog. Tie-breaker-rule des Art. 4 Abs. 2 DBA-S zuzuordnen. Die Prüfungsreihenfolge ist dabei wie folgt:

- Wohnstätte (Art. 4 Abs. 2 Buchst. a) 1. Alt. DBA-S);
- Bei Wohnstätten in beiden Staaten (was hier vorliegt) Anknüpfungspunkt „Mittelpunkt der Lebensinteressen" (Art. 4 Abs. 2 Buchst. a) 2. Alt. DBA-S).

Zur Entscheidung sind alle Umstände des persönlichen und wirtschaftlichen Umfeldes zu ermitteln. Wertet man dies, so muss man eingestehen, dass HB zu beiden Staaten in ihrer Bedeutung sehr große persönliche Beziehungen hat (Schweden: Ehefrau und gemeinsame Kinder – Deutschland: Kinder aus erster Ehe, Eltern und Freunde). In seinem Urteil vom 31.10.1990 fordert der BFH „... deutlich engeren Beziehungen ...".

Es bestehen Bedenken, ob man Ehefrau und gemeinsame Kinder aus zweiter Ehe gegen Kinder aus erster Ehe und Eltern so gegeneinander abwägen kann, dass man hier von „deutlich engeren persönlichen" Beziehungen sprechen kann; hierbei handelt es sich um höchstpersönliche Momente, die lediglich an nach außen erkennbaren Umständen objektiviert werden können. Grundsätzlich würde eine rein zahlenmäßige Bewertung der Vorschrift und ihrer Intension nicht gerecht.

Weiter kommt hinzu, dass er „...gegenwartsbezogene wirtschaftliche Beziehungen..." zu Deutschland hat, denn er erzielt Einkünfte aus nichtselbständiger Arbeit als Gesellschafter-Geschäftsführer, aus Kapitalvermögen (GmbH-Anteile) und aus Vermietung und Verpachtung (Einfamilienhaus – unabhängig von der konkreten Einnahmeerzielungsabsicht); diese wirtschaftlichen Beziehungen werden sich lt. Sachverhalt abbauen, aber erst in der Zukunft nach der Umsiedlung nach Schweden. Des Weiteren hat er noch die Funktion in dem Unternehmerverband, die aber nach dem Umzug nach Schweden auch aufgegeben werden wird/muss.

Man könnte also mit guten Gründen die Auffassung vertreten, dass HB bis zur Auswanderung in der zweiten Jahreshälfte des VZ 02 den Mittelpunkt seiner Lebensinteressen in Deutschland hat; es muss allerdings darauf hingewiesen werden, dass dies nicht eindeutig ist. Mit gleich guten Gründen kann man die Auffassung vertreten, dass diesbezüglich eine Pattsituation eingetreten ist, sodass eine Entscheidung nach Art. 4 Abs. 2 Buchst. a) DBA-S aus tatsächlichen Gründen nicht möglich ist.

Wenn man der letzten Auffassung zuneigt, dann wären die weiteren Zuordnungsbedingungen des Art. 4 Abs. 2 DBA-S zu prüfen:

Bei der gegebenen Situation ist eine Entscheidung auch nicht durch Anwendung des Prinzips des Art. 4 Abs. 2 Buchst. b) DBA-S möglich, da HB lt. Sachverhalt in beiden Vertragsstaaten eine „...ständige Wohnstätte..." hat. Der Begriff der ständigen Wohnstätte ist abschließend für das DBA-CH durch den BFH geklärt (BFH v. 30.9.2015 - I B 29/14, BFH/NV 2016, 557; BFH v. 5.5.2007 - I R 2/06, BStBl II 2007, 812; BFH v. 16.12.1997 - I R 40/97, BStBl II 1999, 207). Die Ausführungen in diesen Urteilen können aber zur Auslegung des Art. 4 Abs. 2 Buchst. b) DBA-S herangezogen werden. Ausgehend von den Ausführungen des BFH in den vorgenannten Urteilen kann man (bis zur Umsiedelung nach Schweden) davon ausgehen, dass HB in beiden Vertragsstaaten über eine ständige Wohnstätte verfügt. Die Tatsache, dass das Haus nur noch rudimentär eingerichtet ist, spricht nicht gegen eine ständige Wohnstätte (vgl. BFH v. 10.4.2013 - I R 50/12, BFH/NV 2013, 1909).

Somit ist die Entscheidung, in welchem Vertragsstaat HB in abkommensrechtlichen Sinne ansässig ist, nach Art. 4 Abs. 2 Buchst. c) DBA-S zu treffen: Da HB nur die deutsche Staatsangehörigkeit besitzt, ist er für Zweck des DBA-S als in Deutschland ansässig zu betrachten.

Dies bedeutet, dass HB als unbeschränkt Steuerpflichtiger nach § 1 Abs. 1 EStG seine in Deutschland (und die weltweit erzielten) erzielten Einkünfte (Einkünfte aus nichtselbständiger Arbeit, Kapitaleinkünfte aus seiner Beteiligung an der GmbH) bis einschließlich 31.12.01 in Deutschland zu versteuern hat. Zu prüfen wäre noch anhand der konkreten Zahlen, ob eine gemeinsame Veranlagung mit AL steuerliche Vorteile bringt; die Voraussetzungen nach § 1a Abs. 1 Satz 1 Nr. 2 EStG liegen vor.

Soweit HB das Haus unentgeltlich an den Sohn Hans überlassen wird, erzielt er keine steuerpflichtigen Einkünfte – Liebhaberei; Dementsprechend kann HB auch die Ausgaben für Steuer und Versicherung nicht als Werbungskosten bei den Einkünften aus Vermietung und Verpachtung geltend machen – § 3c Abs. 1, § 21 Abs. 2 EStG.

<u>Veranlagungszeitraum 02</u>

Wenn HB wie geplant am 1.7.02 seinen Wohnsitz auf Dauer nach Schweden verlegt ergibt sich Folgendes:

Die bis einschließlich 30.6.02 erzielten Einkünfte unterliegen der unbeschränkten Steuerpflicht in Deutschland und, wegen der Doppelansässigkeit, auch in Schweden. Diese Doppelansässigkeit wird nach den Bestimmungen des DBA-S aufgelöst; da er für Zwecke des Abkommens als in Deutschland ansässig gilt, richtet sich die Besteuerung im Verhältnis der beiden Staaten zueinander nach Art. 23 Abs. 1 DBA-S.

Alle nach dem 1.7.02 erzielten Einkünfte unterliegen der Besteuerung in Schweden; da es in Deutschland ab diesem Zeitpunkt weder einen Wohnsitz noch einen ständigen Aufenthalt gibt, kommt wenn überhaupt, nur noch eine beschränkte Steuerpflicht nach § 49 EStG in Betracht kommt.

Soweit HB noch nach dem Wohnsitzwechsel nach Schweden die Tätigkeit als Geschäftsführers der Baltic Sea Transsped GmbH ausübt, erzielt er inländische Einkünfte nach § 49 Abs. 1 Nr. 4 Buchst. c) EStG. Dies Einkünfte können nach Art. 16 2. HS DBA-S ist Deutschland besteuert werden. Entlastung von der Doppelbesteuerung in Schweden durch Anrechnung nach Art. 23 Abs. 2 Buchst. a) DBA-S.

Soweit HB Einkünfte aus Gewinnanteilen an der GmbH erzielt, sind diese nach § 49 Abs. 1 Nr. 5 Buchst. a) Doppelbuchst. aa) EStG i. V. m. § 20 Abs. 1 Nr. 1 EStG beschränkt steuerpflichtig, für die die GmbH Kapitalertragsteuer einbehalten, anmelden und abführen muss. Nach Art. 10 Abs. 1 DBA-S findet die Besteuerung der Dividenden grundsätzlich im Wohnsitzstaat (Schweden) statt. Der Quellenstaat (Deutschland) darf allerdings nach Art. 10 Abs. 2 DBA-S eine Quellensteuer in Höhe von 15 % erheben; die darüber hinausschießende Kapitalertragsteuer erhält HB gemäß einem Antrag nach § 50d Abs. 1 Satz 2 ff. EStG zurück.

Soweit HB das Haus unentgeltlich an den Sohn Hans vermietet, erzielt er keine steuerpflichtigen Einkünfte (siehe oben zum VZ 01) – Liebhaberei; Die Anwendung des Art. 6 DBA-S kann mangels Einkünfte außer Betracht bleiben.

Hinsichtlich seiner Beratertätigkeit für die Niederlassung in Malmö ist es aus deutscher Sicht festzuhalten, dass diese erst nach der Aufgabe des Wohnsitzes in Deutschland ausgeübt werden wird und es damit an jeglichem Anknüpfungspunkt für eine Besteuerung in Deutschland fehlt.

Die in der Zeit vom 1.7.02 bis zum 31.12.02 aus deutscher Sicht erzielten ausländischen Einkünfte dürfen nicht in die Bemessungsgrundlage der deutschen Einkommensteuer einbezogen werden, denn es gibt keinen Anknüpfungspunkt für eine deutsche Besteuerung. Sie sind jedoch gemäß § 32b Abs. 1 Nr. 2 EStG im Wege des Progressionsvorbehalts zu berücksichtigen: Nach § 32b Abs. 1 Nr. 2 EStG ist bei der Festsetzung der Einkommensteuer u. a. dann ein besonderer Steuersatz (§ 32b Abs. 2 EStG) anzuwenden, wenn ein zeitweise unbeschränkt Steuerpflichtiger ausländische Einkünfte bezogen hat, die im Veranlagungszeitraum nicht der deutschen Einkommensteuer unterlegen haben. Diese Regelung gilt kraft ausdrücklicher gesetzlicher Bestimmung „nur für Fälle der zeitweisen unbeschränkten Steuerpflicht einschließlich der in § 2 Abs. 7 Satz 3 geregelten Fälle". Wie sich aus dem Wort "einschließlich" ableiten lässt, erfasst die Norm nicht nur die in § 2 Abs. 7 Satz 3 EStG geregelte Situation, in der ein Steuerpflichtiger in einem Teil des Kalenderjahres unbeschränkt steuerpflichtig ist und in einem anderen beschränkt steuerpflichtige Einkünfte i. S. des § 49 EStG erzielt (hier: Einkünfte aus Kapitalvermögen). Sie greift vielmehr ihrem Wortlaut nach auch dann ein, wenn in einem Teil des Kalenderjahres unbeschränkte Steuerpflicht besteht, und im anderen Teil keine im Inland zu besteuernden Einkünfte anfallen.

Bei Aufgabe des inländischen Wohnsizes ist noch die Vermögenszuwachsbesteuerung nach § 6 AStG zu prüfen. Die Voraussetzungen liegen unstreitig vor; zu einer genauen Berechnung bedürfte es zusätzlicher Angaben.

Olaf / Frida

Lt. Sachverhalt haben die Kinder Einkünfte aus Kapitalvermögen zu einem Zeitpunkt, zu dem sie nicht mehr der unbeschränkten Steuerpflicht in Deutschland unterliegen (beschränkt steuerpflichtige Kapitaleinkünfte nach § 49 Abs. 1 Nr. 5 Buchst. a) Doppelbuchst. aa) i. V. m. § 20 Abs. 1 Nr. 1 EStG. Die Ausführungen oben zu HB gelten entsprechend.

Bei Aufgabe des Wohnsitzes im Inland im VZ 01 ist im Hinblick auf die Kapitalbeteiligung an der GmbH noch die Vermögenszuwachsbesteuerung nach dem AStG zu prüfen. Bei Olof sind die Voraussetzungen des § 6 Abs. 2 Satz 1 AStG erfüllt: Innerhalb der letzten zwölf Jahre war er mindestens sieben Jahre unbeschränkt steuerpflichtig; bei Frida ist diese Voraussetzung nicht erfüllt. Aber da sie die Anteile unentgeltlich erworben hat, ist ihnen die Besitzzeit ihres Vater nach § 6 Abs. 2 Satz 2 AStG zuzurechnen, so dass auch ihr gegenüber eine Besteuerung des Vermögenszuwachses festgesetzt werden kann.

FALL 136

Komplexer Fall 2

Sachverhalt

Franz Freudig (FF), ledig, wohnt seit einigen Jahren in Mannheim und ist als Geschäftsführer der „Deutschen Baugesellschaft mbH“, mit Sitz in Mannheim, angestellt. Aus dieser Geschäftsführertätigkeit erzielt er in 2024 Einnahmen aus nichtselbständiger Arbeit in Höhe von 160 000 €; Werbungskosten in Höhe von 600 €.

Im Jahr 2005 hat FF eine Ferienwohnung in Antibes/Frankreich erworben, die er unstreitig nur zur Erzielung von Einkünften aus Vermietung und Verpachtung durch Fremdvermietung nutzt. Die nach deutschen Grundsätzen ermittelten Einkünfte betragen:

2023	+ 11 000 €
2024	./. 7 000 €

Weiter hat er in 2002 eine Ferienwohnung in Laax/Schweiz erworben, in der er sich regelmäßig zur Regeneration aufhält. Daneben überlässt er die Wohnung auch noch seinem Bruder und dessen Familie kostenlos für Ferienzwecke. Die nach deutschen Grundsätzen ermittelten Einkünfte betragen:

2023	./. 8 000 €
2024	./. 10 000 €

Schließlich hat FF aus Schmiergeldern, die er in 2010 anlässlich eines Bauprojekts in Saudi-Arabien erhalten hat und die nicht der Besteuerung in Deutschland unterworfen wurden, ein kleines Ferienappartement in Agadir/Marokko erworben, das fest an eine dortige Vermietungsagentur vermietet ist. Die nach deutschen Grundsätzen ermittelten Einkünfte betragen:

2023	+ 5 500 €
2024	+ 7 000 €

FF ist seit 2002 an der „Excavatrice S.A." (Aktiengesellschaft, Handel mit gebrauchten Baumaschinen) mit Sitz und Geschäftsleitung in Andorra la Vella/Andorra beteiligt (Beteiligung 2,5 %). In 2024 veräußert er die Beteiligung an einen Libanesen und erzielte dabei einen Verlust von 20 000 €.

FF hat in Andorra keine Steuern gezahlt.

FF besitzt seit 2004 Anteile an der polnischen „Budowa Spółka akcyjna" (= Aktiengesellschaft) mit Sitz und Geschäftsleitung in Sieradz (Polen). Nach Abzug der polnischen Kapitalertragsteuer (15 % gemäß Art. 10 Abs. 2 Buchst. b) DBA-Polen) flossen FF in 2024 Dividenden in Höhe von 12 750 € zu; Werbungskosten sind keine angefallen – § 32d Abs. 2 Nr. 3 EStG ist nicht anwendbar.

Die abziehbaren Sonderausgaben betragen 5 000 €.

Hinweis

Der Sachverhalt lehnt sich an den Sachverhalt an, der in der Steuerberaterprüfung 2006 geprüft wurde (BStBl 2007 I 191).

Auf Fragen zum Solidaritätszuschlag ist nicht einzugehen.

Frage

Ermitteln Sie das niedrigste zu versteuernde Einkommen für den Veranlagungszeitraum 2023; alle erforderlichen Anträge gelten als gestellt.

LÖSUNG

Da FF seinen Wohnsitz in Deutschland hat, ist er nach § 1 Abs. 1 EStG unbeschränkt steuerpflichtig ist und hat sein Welteinkommen zu versteuern; Besteuerungsbeschränkungen können sich aus der Anwendung der einzelnen DBA ergeben.

Einkünfte aus nichtselbständiger Arbeit

Da die tatsächlichen Werbungskosten niedriger als die WK-Pauschale sind, kommt letztere zum Ansatz.

Einkünfte aus nichtselbständiger Arbeit	160 000 €
Abzüglich WK-Pauschale	./. 1 230 €
	158 770 €

Ferienwohnung Frankreich

Nach Art. 3 Abs. 1 DBA-F können Einkünfte aus unbeweglichem Vermögen nur in dem Staat besteuert werden, in dem das Vermögen belegen ist. Nach Art. 20 Abs. 1 Buchst. a) DBA-F besitzt aber Deutschland das Recht, die ausgenommenen Einkünfte und Vermögensteile bei der

Festsetzung ihres Steuersatzes zu berücksichtigen (Progressionsvorbehalt). Anhaltspunkte, dass die Vermietung der Ferienwohnung als gewerbliche Tätigkeit zu qualifizieren ist, ergeben sich nicht aus dem Sachverhalt (vgl. BFH v. 14.12.2004 - IX R 70/02, BFH/NV 2005, 1040).

Da Frankreich EU-Mitgliedstaat ist, gilt für die steuerliche Berücksichtigung der Verluste aus Vermietung und Verpachtung § 2a Abs. 1 Nr. 6 Buchst. a), Abs. 2a EStG mit der Folge, dass die negativen Einkünfte nicht unter § 2a EStG fallen.

Positive und negative Einkünfte aus Vermietung und Verpachtung aus einem EU-DBA-Staat unterliegen aufgrund der Regelung des § 32b Abs. 1 Satz 1 Nr. 3, Satz 2 Nr. 3 EStG nicht der Regelung über den Progressionsvorbehalt nach § 32b Abs. 1 Satz 1 Nr. 3 EStG. Sie bleiben somit bei der Veranlagung außer Betracht.

Somit Einkünfte aus V + V Frankreich: 0 €

Ferienwohnung Schweiz

Nach Art. 6 Abs. 1 DBA-CH können Einkünfte aus unbeweglichem Vermögen in dem Staat besteuert werden, in dem dieses Vermögen liegt. Da diese Einkünfte auch in Deutschland dem Welteinkommen unterliegen, wird eine Doppelbesteuerung durch Anrechnung der schweizerischen Steuer erreicht (Art. 24 Abs. 1 Nr. 2 DBA-CH).

Für die Einkünfte aus der in der Schweiz gelegenen Ferienwohnung gelten zwar grundsätzlich die Regelungen des § 2a EStG. Da aber die Einkünfte für Zwecke der Besteuerung in Deutschland nach deutschem Steuerrecht ermittelt werden, und da nach deutschem Einkommensteuerrecht selbstgenutztes Wohneigentum (einschließlich unentgeltlich an nahe Angehörige überlassene Immobilien) nicht der Einnahmeerzielung dient (vgl. BFH v. 14.1.2010 - IX B 146/09, BFH/NV 2010, 869), sind alle mit der selbstgenutzten Ferienwohnung zusammenhängenden Einnahmen und Ausgaben steuerlich nicht berücksichtigungsfähig (vgl. BFH v. 30.9.1997 - IX R 80/94, BStBl II 1998, 771) – Stichwort: Konsumgutlösung.

Somit Einkünfte aus V + V Schweiz: 0 €

Ferienwohnung Marokko

Nach Art. 6 Abs. 1 DBA-Marokko können Einkünfte aus unbeweglichem Vermögen in dem Staat besteuert werden, in dem dieses Vermögen liegt. Nach Art. 23 Abs. 1 Nr. 1 DBA-Marokko besitzt aber Deutschland das Recht, die ausgenommenen Einkünfte und Vermögensteile bei der Festsetzung ihres Steuersatzes zu berücksichtigen (Progressionsvorbehalt).

Die Tatsache, dass die Ferienwohnung in Marokko mit unversteuerten Geldern erworben wurde, ist für die Ermittlung der laufenden Einkünfte aus dieser Einkommensquelle unerheblich.

Da die Einnahmen aus der Vermietung der Immobilie nach dem DBA mit Marokko in Deutschland von der Besteuerung freigestellt sind, und da Marokko Drittstaat i. S. des § 32b Abs. 1 Satz 2 i. V. m. § 2a Abs. 2a EStG ist, sind die Einkünfte im Rahmen des Progressionsvorbehalts nach § 32b EStG zu berücksichtigen.

Beteiligungsveräußerung „Excavatrice S.A."

Andorra ist i. S. des § 2a Abs. 1 und 2a EStG ein sog. Drittstaat (weder EU- noch EWR-Staat). Negative Einkünfte aus Kapitalvermögen mit Drittstaatenbezug (§ 2a Abs. 1 Nr. 4 EStG) sind dann gegeben, wenn die Beteiligung – wie hier – die Grenze des § 17 Abs. 1 Satz 1 EStG übersteigt. Derartige Verluste unterliegen grundsätzlich dem eingeschränkten Verlustausgleich des § 2a Abs. 1 Satz 3 EStG. Aber nach § 2a Abs. 2 Satz 2 i. V. m. Satz 1 EStG ist dann eine Verrechnung der erzielten Verluste möglich, wenn FF nachweist (§ 2a Abs. 2 Satz 2 EStG), dass die Kapitalgesellschaft die Voraussetzungen des § 2a Abs. 2 Satz 1 EStG erfüllt. Da die „Excavatrice S.A." lt. Sachverhalt mit gebrauchten Baumaschinen handelt, bewirkt sie aktive gewerbliche Leistungen. Damit ist der Verlust im Rahmen der Ermittlung des Welteinkommens zu berücksichtigen.

Somit Einkünfte aus Kapitalvermögen: ./. 20 000 €

Dividenden aus Polen

Die Dividenden stellen nach § 20 Abs. 1 Nr. 1, § 34d Nr. 6 EStG Einkünfte aus Kapitalvermögen dar, die der Abgeltungssteuer nach § 32d Abs. 1 EStG unterliegen. Diese Einkünfte unterlagen zwar im Ausland der dortigen Kapitalertragsteuer, nicht aber der deutschen Kapitalertragsteuer und sind daher nach § 32d Abs. 3 EStG in der Steuererklärung anzugeben; die in Polen erhobene Kapitalertragsteuer in Höhe von 15 % ist nach § 32d Abs. 1 Satz 2, Abs. 5 EStG anzurechnen. Ausgehend von dem Zufluss in Höhe von 12 750 € ergibt sich durch Rückrechnung ein Bruttobetrag von 15 000 €, auf den die 15 % Kapitalertragsteuer in Polen erhoben wurden (= 2 250 €).

Zusammenfassung der Einkünfte 2024

Einkünfte nach § 17 EStG	./. 20 000 €
Einkünfte nach § 19 EStG	158 770 €
Einkünfte nach § 21 EStG	0 €
Summe	138 770 €
Abzüglich SA/AB	5 000 €
Zu versteuerndes Einkommen	133 770 €

Der Steuersatz für die Anwendung des Progressionsvorbehalts hinsichtlich der Einkünfte aus Marokko ist aus einem zu versteuernden Einkommen von 140 770 € zu entnehmen.

Davon unabhängig

Einnahmen aus Kapitalvermögen 2023	15 000 €
Abzüglich Sparer-Pauschbetrag	1 000 €
Einkünfte	14 000 €
Hierauf Abgeltungssteuer 25 %	3 500 €
Abzüglich Anrechnung ausl. Kapitalertragsteuer	2 250 €
Einkommensteuer auf Kapitalerträge	1 250 €

FALL 137

Komplexer Fall 3

Sachverhalt

Die Truckrental AG (T), Vaduz/Liechtenstein, erwirbt Lkw samt Anhänger und Zubehör und vermietet sie anschließend an Speditionen in Deutschland.

Die deutsche Sped-GmbH mit Sitz und Geschäftsleitung in Ravensburg/Deutschland (S) betreibt eine internationale Spedition. Die zum Betrieb ihrer Spedition erforderlichen LKW mietet sie von der T. Nach dem Rahmenmietvertrag zwischen S und T erfolgt die Anmietung „...zur ausschließlichen Benutzung als Mietmaschine"; die Gegenstände der den jeweiligen LKW betreffenden Vereinbarungen werden in einer sog. Bestandsliste festgehalten.

S vermietet einige LKW mit einem Gewinnaufschlag von 5 % an selbständige, in Deutschland ansässige Frachtführer (§§ 407 ff. HGB) weiter, welche von S zugleich eine „Vollbeschäftigungsgarantie" erhalten. Die Laufzeiten der Anmietung der von der T gemieteten Lkw decken sich mit den Laufzeiten der Vermietung an die Frachtführer. Die Frachtführer benutzen die LKW ausschließlich für Fahrten im Rahmen der Vereinbarung mit S. Die LKW sind in der Firmenfarbe von S lackiert und mit dem Firmen-Logo von S versehen. Fahrten erfolgen im Inland und im Ausland; der inländische Streckenanteil beträgt 65 %. Die auf die an die Frachtführer überlassenen LKW entfallenden Mietzahlungen an die T belaufen sich im VZ 01 insgesamt auf 400 000 €.

Abwandlung

T hat S statt LKW Know-how für Lagerverwaltung für eine jährliche Lizenzgebühr i. H. v. 100 000 € zeitlich begrenzt überlassen; das Know-how wird zu 40 % auch in den ausländischen Niederlassungen der S eingesetzt.

Frage

a) Unterliegen die Mietzahlungen, die T erhält, der deutschen Besteuerung?

b) Kann gegenüber S ggf. ein Haftungsbescheid erlassen werden?

LÖSUNG

a) Die liechtensteinische T hat weder Geschäftsleitung (§ 10 AO) noch Sitz (§ 11 AO) im Inland und ist daher gemäß § 2 Nr. 1 KStG nur mit ihren inländischen Einkünften i. S. von § 8 Abs. 1 KStG i. V. m. § 49 EStG in Deutschland beschränkt körperschaftsteuerpflichtig. Zu den inländischen Einkünften gehören nach § 8 Abs. 1 KStG i. V. m. § 49 Abs. 1 Nr. 9 EStG sonstige Einkünfte i. S. des § 22 Nr. 3 EStG, auch wenn sie bei Anwendung dieser Vorschrift einer anderen Einkunftsart zuzurechnen wären, soweit es sich u. a. (Alternative 2) um Einkünfte aus der Nutzung beweglicher Sachen im Inland handelt und insoweit steuerpflichtige Einkünfte i. S. des § 49 Abs. 1 EStG nicht vorliegen.

T hat, soweit das von S gezahlte Entgelt als Gegenleistung für eine Leistung der T anzusehen ist, die eine Nutzung einer beweglichen Sache (hier: Lkw) im Inland zur Folge hatte, beschränkt steuerpflichtige Einkünfte erzielt.

Die Nutzung der Lkw hat aber lt. Sachverhalt nicht unwesentlich außerhalb des räumlichen Anknüpfungspunkts des § 49 Abs. 1 Nr. 9 Alternative 2 EStG („Inland") stattgefunden. Im Ergebnis hat T zwar das Nutzenpotential der LKW durch die Vermietung an S verwertet; auf dieser Vergütungsgrundlage beruht auch (jedenfalls mittelbar) eine Verwendung oder Nutzung der Lkw, aber nur zu einem Bruchteil von 65 % eine allein einkünfteerhebliche inländische Verwendung. Dass die Frachtführer die Lkw auf der Grundlage von im Inland abgeschlossenen Mietverträgen und im Rahmen der inländischen unternehmerischen Zwecke der S genutzt haben reicht für eine beschränkte Steuerpflicht nicht aus. Wenn damit die Besteuerung in der Konstellation des

Streitfalls (Weitervermietung) vom Ort der tatsächlichen Nutzung durch einen Dritten abhängt, folgt dies aus der engen Abgrenzung des im Wortlaut des § 49 Abs. 1 Nr. 9 Alternative 2 EStG gewählten Inlandsbezugs.

Zwischenfazit: Nur soweit die an die selbständigen Frachtführer vermieteten Lkw im Inland benutzt wurden, liegen inländische Einkünfte i. S. des § 49 Abs. 1 Nr. 9 Alternative 2 EStG vor, d. h. 65 % von 400 000 € = 260 000 €.

Nach der Auffangklausel des Art. 21 Abs. 1 DBA-Liechtenstein (entspricht Art. 21 OECD-MA) können allerdings Einkünfte aus der Überlassung beweglicher Sachen nur in dem Wohnsitzstaat des Vermieters (T) besteuert werden, wenn sie nicht zu einem inländischen Betriebsstättengewinn gehören (Ausnahme nach Art. 21 Abs. 2 DBA-Liechtenstein). Aus diesem Grund ist das deutsche Besteuerungsrecht für die Einkünfte der T ausgeschlossen.

b) Nach § 191 Abs. 1 Satz 1 erster Halbsatz AO kann derjenige, der kraft Gesetzes für eine Steuer haftet (Haftungsschuldner), durch Haftungsbescheid in Anspruch genommen werden. Haftung im steuerlichen Sinne bedeutet, dass jemand für die Erfüllung einer fremden Steuerschuld mit seinem eigenen Vermögen einzustehen hat.

Fraglich ist, ob S eine Pflicht zum Steuerabzug (§ 50a Abs. 5 EStG) verletzt hat. Voraussetzung hierfür wäre zunächst, dass T durch die Vermietung der LKW an S beschränkt steuerpflichtige Einkünfte nach § 49 Abs. 1 Nr. 9 EStG erzielt hat; dies ist – wie oben dargelegt – zwar zu bejahen, aber es existiert ein vorrangiges Besteuerungsrechts Lichtensteins.

Ungeachtet des abkommensrechtlichen Zuweisung des Besteuerungsrechts an den Ansässigkeitsstaat der T haftet S nur für die Steuerschuld der T, wenn sie gesetzlich verpflichtet ist, von den gezahlten Vergütungen für Nutzungsüberlassungen einen Steuerabzug vorzunehmen. Nach § 50a Abs. 1 Nr. 3 1. HS EStG wird die Steuer aber nur bei Einkünften, die aus Vergütungen für die Überlassung der Nutzung oder des Rechts auf Nutzung von Rechten, insbesondere von Urheberrechten und gewerblichen Schutzrechten, von gewerblichen, technischen, wissenschaftlichen und ähnlichen Erfahrungen, Kenntnissen und Fertigkeiten, z. B. Plänen, Mustern und Verfahren herrühren, im Wege des Steuerabzugs erhoben. Vergütungen für die Überlassung beweglicher Sachen unterliegen nicht dem Steuerabzug, so dass S nicht vom FA in Haftung genommen werden kann.

Abwandlung

Die entgeltliche Überlassung von Know-how durch T führt bei dieser zu beschränkt steuerpflichtigen Einkünften gemäß § 49 Abs. 1 Nr. 9 3. Alt. EStG. Hierunter fällt nicht nur die zeitlich begrenzte Überlassung von Spezialwissen, als Ergebnis erfinderischer Tätigkeit, sondern auch von sonstigem Erfahrungswissen, dessen Wert darin besteht, dass es einem Dritten, dem es vermittelt wird, Zeit und Kosten erspart (BFH v. 13.10.2021 - I R 18/18, BStBl 2022 II 376; BFH v. 13.11.2002 - I R 90/01, BStBl 2003 II 249). Wie bei der inländischen Nutzung der beweglichen Gegenstände liegen inländische Einkünfte auch hier nur im Hinblick auf den inländischen Nutzungsanteil des Know-how, also i. H. v. 60 000 €, vor.

Die Steuer auf diese Einkünfte der beschränkt steuerpflichtigen T wird nach § 50a Abs. 1 Nr. 3 EStG im Wege des Steuerabzugs erhoben. Der Steuerabzug beträgt nach § 50a Abs. 2 Satz 1 HS 1 EStG 15 %, so dass S einen Steuerabzug i. H. von 9 000 € vornehmen muss.

Art. 12 Abs. 1 DBA-Liechtenstein (entspricht Art. 12 Abs. 1 OECD-MA) steht der Steuerpflicht nicht entgegen. Zwar sind hiernach Lizenzgebühren, die aus einem Vertragsstaat stammen und an eine in dem anderen Vertragsstaat ansässige Person (T) gezahlt werden, nur in dem anderen Staat (Liechtenstein) zu besteuern. Nach Art. 30 Abs. 1 DBA-Liechtenstein (ohne Entsprechung im OECD-MA) bleibt aber die Vornahme der Besteuerung an der Quelle davon unberührt. Macht Deutschland als Quellenstaat von seinem Besteuerungsrecht Gebrauch, hat Deutschland gemäß Art. 30 Abs. 2 DBA-Liechtenstein (ohne Entsprechung im OECD-MA) die erhobene Abzugsteuer auf Antrag zu erstatten.

Dieser Regelung folgt § 50c Abs. 1 Satz 1 EStG. Die Vorschriften über die Einbehaltung, Abführung und Anmeldung der Steuer durch den Schuldner der Kapitalerträge sind ungeachtet des DBA anzuwenden, auch wenn sie nach dem Abkommen im Inland nicht besteuert werden. Unberührt hiervon bleibt der Anspruch von T als Gläubigerin der Vergütung auf völlige oder teilweise Erstattung der abgeführten Steuer (§ 50c Abs. 1 Satz 2 EStG), so dass Deutschland bei einer Erstattung im Ergebnis keine Steuereinnahmen erzielt. Die Erstattung erfolgt auf Antrag von T auf der Grundlage einer Freistellungsbescheinigung (vgl. § 50c Abs. 2 Nr. 1 EStG).

Fehlt eine derartige Bescheinigung, sind die Vorschriften über den Steuerabzug sowie die Inhaftungnahme auch dann anzuwenden, wenn die betreffenden Einkünfte nach einem DBA nicht oder nur zu einem niedrigeren Steuersatz besteuert werden dürfen. Daher kann sich S im Haftungsverfahren nicht erfolgreich auf die Rechte der T aus dem DBA berufen (§ 50c Abs. 1 Satz 2 EStG).

Da der S lt. Sachverhalt keine Freistellungsbescheinigung vorliegt, bestand für sie eine Verpflichtung zur Einbehaltung, Anmeldung und Abführung der Abzugsteuer (§ 50a Abs. 5 EStG). Dieser Pflicht und der entsprechenden Steueranmeldungs- und Abführungspflicht ist S nicht nachgekommen.

Bei einer Verletzung der Abzugspflicht kann S als Vergütungsschuldnerin gemäß § 50a Abs. 5 Satz 5 EStG, § 73g EStDV, § 191 Abs. 1 Satz 1 AO in Haftung genommen werden oder es kann ein Nacherhebungsbescheid i. S. d. § 167 Abs. 1 Satz 1 AO, wegen Verletzung der Anmeldungspflicht des § 150 Abs. 1 Satz 3 AO i. V. m. § 50a Abs. 5 EStG und § 73e Satz 2 EStDV, ergehen. Nach ständiger Rechtsprechung des BFH (BFH v. 17.5.2022 - VIII R 14/18, BStBl 2022 II 643) besteht für das FA ein Wahlrecht, den Haftungsschuldner durch Haftungsbescheid oder durch Steuerbescheid in Anspruch zu nehmen, wenn dieser seine Anmeldepflicht nicht erfüllt hat.

Wenn die tatbestandlichen Voraussetzungen von § 191 AO vorliegen, steht die Inanspruchnahme von S als Haftungsschuldnerin im Ermessen (§ 5 AO) des FA.

Ergebnis

Grundfall; T hat keine steuerpflichtigen inländischen Einkünfte, es kann kein Haftungsbescheid gegen S ergehen.

Abwandlung: T hat inländische Einkünfte, es kann ein Haftungsbescheid gegen S ergehen.

Rechtsprechungshinweise

BFH v. 13.10.2021 - I R 18/18, BStBl 2022 II 376; BFH v. 10.4.2013 - I R 22/12, BStBl 2013 II 728; BFH v. 19.12.2012 - I R 81/11, BFH/NV 2013, 698

STICHWORTVERZEICHNIS

(Die Zahlen verweisen auf die Fälle)

183-Tage-Regelung 100, 101, 102

A

Abfertigungsrückstellung 17
Abfindung 93
Abgeltungsteuer 37, 136
Abzug 15
Abzugsteuer 39
Agent 69
Aktivitätsklausel 13
Anrechnung 15, 16, 52, 70, 74
– ausländischer Erbschaftsteuer 48
– ausländischer Körperschaftsteuer 40 f.
Anrechnungslücke 48
Anrechnungsmethode 13
Anrechnungsüberhang 43
Ansässigkeit 95
– Doppelansässigkeit 54, 95
Ansässigkeitsstaat 72, 85, 94, 120
Anwesenheitsdauer 68
Arbeitgeber 99
– inländischer 16
– wirtschaftlicher 102
Arbeitnehmerpauschbetrag 136
Arbeitsausübung 101
Arbeitseinkünfte 52
Arbeitslohn 97
Arbeitsortprinzip 20, 101, 118
Attraktivkraft 45
Aufenthalt 3
– gewöhnlicher 3, 8, 11, 38, 54, 126
Aufsichtsrat 108
– Mitglied 107
– Vergütung 38, 107 ff.
Ausländische Einkünfte 18
– Ermittlung 17
Auslandstätigkeitserlass 16
Auslandsvermögen 48
Auslandszulage 97
Ausübungstatbestand 20

B

Bardividende 36
Bauausführungen 22
Befreiungsmethode 13
Belegenheitsprinzip 71 f.
Belegenheitsstaat 71 f., 72
Berufskraftfahrer 101
Berufssportler
Beteiligung
– Körperschaften und Personenvereinigungen 42
Betrachtungsweise
– isolierende 21, 45, 71
Betriebsausgabe 39
Betriebsrente 113
Betriebsstätte 21, 22, 37, 56 ff., 62 ff., 71, 73, 79, 87, 133 f.
– gewerbliche 13
– Montage s. Montage-Betriebsstätte
Betriebsstättenausnahme 65, 66, 71, 79
Betriebsstätteneinkünfte
– nachträglich 79
Betriebsstättenvermögen 87
Betriebsvermögen 86, 87
– Sonder- 87
– verpachtetes 71
Bewertung
– Inlandsvermögen 48
– Buchführungspflicht 6

C

cost of living allowance 118

D

DBA
– Abzug 15
– Anrechnung 15

Dienst
– öffentlicher 113 f.

Diskriminierung 121

Dividende 36, 42, 80, 82, 136

Doppelansässigkeit 54, 55, 95

Dreieckskonstellation 53

Drittstaat 72

Drittstaatenbezug 13, 14

Drittstaateneinkünfte 52

E

Ehegatten 10

Einkommensteuerpflicht s. Steuerpflicht

Einkünfte
– aus Gewerbebetrieb 22 ff.
– aus Kapitalvermögen 31, 136
– aus nichtselbständiger Arbeit 31
– aus selbständiger Arbeit 30 f., 96
– aus unbeweglichem Vermögen 71 ff., 74 f.
– aus unselbständiger Arbeit 90 ff., 103, 104, 105, 118
– aus Vermietung und Verpachtung 32
– ausländische 12, 17
– inländische 9
– mit Kapitalanlagecharakter 126
– negative 13, 43
– sonstige 20
– Einrichtung
– feste 56, 57

Erbschaftsteuer 48
– Anrechnung ausländischer 48
– Auslandsvermögen 48
– Progressionsvorbehalt 49

Erstattungsverfahren 85

Erwerb
– passiver 131

F

Fernfahrer 101

Flugzeuge 30

Freistellung 71
– ausländischer Einkünfte 41
– Methode 13

Freistellungsbescheinigung 85, 137

Fremdvergleichsgrundsatz 122

G

Gastprofessor 120

Geschäftseinrichtung 58 f.
– feste 61 f.

Geschäftsführung 5

Geschäftsleiter
– ordentlich und gewissenhaft 122

Geschäftsleitung 5, 44, 55
– Mittelpunkt 5
– tatsächliche 95

Gesellschaftsanteile 86

Gesonderte Feststellung 7

Gewinn
– aus der Veräußerung von Vermögen 86 ff.

Gewinnausschüttung
– verdeckte 47

Grenzgänger 100

Gründungsaufwendungen 75

H

Haftungsbescheid 8

Hauptwohnsitz s. Wohnsitz

Hinzurechnungsbesteuerung 128 ff.

Hinzurechnungsbetrag 131 f.

Hochschullehrer 120

Homeoffice 62

I

Inländer
– Begriff 48

Inländereigenschaft 49

Inländische Einkünfte s. Einkünfte

Inländische Person des öffentlichen Rechts 11

Inländische öffentliche Kasse 19

Isolierende Betrachtungsweise 21

K

Kalkulationszeitraum
– überschaubarer 124

Kapitalgesellsch8ft 68

Kasse
– öffentliche 115

Kassenstaatsprinzip 115 f.

Katalogberuf 28 f.

Know-how 137

Körperschaftsteuer 40 ff.
- Anrechnung ausländischer 40 f.

Körperschaftsteuerpflicht 5
- beschränkte 44 ff.

Kommissionäre 69

Kontrollmeldeverfahren 137

Konzern
- Rückhalt im 123

Künstler 109 ff.

L

Land- und Forstwirtschaft 73

Lehrling 118 f.

Lizenz 33, 137

Lizenzgebühr 32, 85 f., 137

Lizenzzahlung 32

Luftfahrzeug 74, 86, 103

Luftverkehr
- internationaler 103

M

Markenrecht 125

Mehrfachansässigkeit 55

Mindestbeteiligungsquote 128

Mitbenutzung 58

N

Nebenwohnsitz s. Wohnsitz

Nutzung 137
- unbewegliches Vermögen 74

Nutzungsberechtigter 83

Nutzungsrechtseinräumung 20

O

OECD-Musterabkommen 51 ff.
- Betriebsstätte 56, 68 ff.
- feste Einrichtung 56

P

Patent 85

Pensionskasse 98

Praktikant 118 f.

Professor 120

Progressionsvorbehalt 12, 13 ff., 15, 17, 41, 52, 57, 73, 86, 93 f., 95, 103

bei der Erbschaftsteuer 49

Proportionalsteuersatz 41

Q

Quellensteuer 15, 80, 133

R

Regisseur 111

Rentenbezüge 34, 114

Rückhalt im Konzern s. Konzern

Ruhegehälter 113

S

Sachinbegriff 32

Schachtelprivileg 133

Schauspieler 111

Schiedsrichter 112

Schiff 23, 62, 86, 102

Seeschiffe 102

selbständige Tätigkeit s. Tätigkeit

Siegesprämie 109

Sitz 44

Sonderbetriebsvermögen 87

Sozialleistungen 98

Sparer-Freibetrag 36, 136

Sparer-Pauschbetrag 36

Sportler 109 ff.
- Klausel 109

Standby-Wohnung 3

Steuerabzug
- bei beschränkt Steuerpflichtigen 38 f.

Steuerbefreiung 47

Steuerpflicht
- beschränkte 12, 19, 21, 22 f., 28 f., 30, 31, 35 ff., 39
- erweitert beschränkte 126
- erweitert unbeschränkte 8

- Körperschaftsteuerpflicht 5
- unbeschränkte 9, 12
- wechselnde 12

Stipendium 118

Student 118, 119 f.

T

Tätigkeit
- freiberufliche 29
- schriftstellerische 20
- selbständige 20, 28 f.
- vorbereitende 65

Tätigkeitsstaat 101, 118

Talkshow 111

Teileinkünfteverfahren 25, 132

Tie-Breaker-Rule 55

Treaty override 137

Typenvergleich 76

U

Untätigkeit
- bezahlte 90

Urheberrecht 20

V

Veräußerung von Vermögen
- Gewinn aus der 38

Veranlagung
- beschränkt Steuerpflichtiger 35 ff.

Veranlassungsprinzip 79

Verdeckte Gewinnausschüttung 46

Verfügungsbefugnis 61

Verfügungsmacht 58 f., 61

Vergütung
- für unselbständige Arbeit 103

Verlust 36

Verlustrücktrag 43

Vermögen
- unbewegliches 32, 74 f.

Vermögenszuwachsbesteuerung 127

Verständigungsverfahren 95

Vertreter 69
- ständiger 21, 23

Vertreterbetriebsstätte 23, 69

Verwaltungsrat
- Mitglied 107
- Vergütung 107 ff.

Verwertung 19, 20, 29, 137

Verwurzelung 57

Vorrangklausel 71

Vorstand 108

W

Wechselnde Steuerpflicht s. Steuerpflicht

Welteinkommen 16

Werbemaßnahmen 124

Werbungskosten 136

Werbungskostenpauschbetrag s. Arbeitnehmerpauschbetrag

Wohnsitz 1, 2, 3, 4, 8, 11, 19, 38, 54, 128
- Hauptwohnsitz 2
- mehrere 2 f.
- Nebenwohnsitz 2

Wohnsitzstaat 52, 71, 95, 99, 102

Wohnsitzwechsel 126, 127

Wohnung 3

Z

Zentralbank 83

Zinsen 9, 36, 74, 84 f.

Zusammenveranlagung 8, 10, 11

Zwischeneinkünfte 128, 132

Zwischengesellschaft 128 f.